शमशेर बहादुर सिंह की आलोचना-दृष्टि

[आलोचना]

शमशेर बहादुर सिंह की आलोचना-दृष्टि

निर्भय कुमार

लोकभारती प्रकाशन

लोकभारती प्रकाशन
पहली मंजिल, दरबारी बिल्डिंग, महात्मा गांधी मार्ग,
इलाहाबाद–211 001
शाखाएँ : 1–बी, नेताजी सुभाष मार्ग, दरियागंज,
नई दिल्ली–110 002
अशोक राजपथ, साइंस कॉलेज के सामने,
पटना–800 006
36 ए, शेक्सपियर सरणी, कोलकाता–700 017
वेबसाइट : www.lokbhartiprakashan.com
ई-मेल : info@lokbhartiprakashan.com

पहला संस्करण : 2019

बी.के. ऑफसेट
नवीन शाहदरा, दिल्ली–110 032
द्वारा मुद्रित

SHAMSHER BAHADUR SINGH KI
ALOCHANA-DRISHTI
Criticism by Nirbhay Kumar

ISBN : 978-93-88211-41-3

मूल्य : ₹695

मेरे जीवन की सबसे पहली पाठशाला के
पहले गुरुद्वय मेरी **माँ** और **पिताजी** को समर्पित...
जिनके चुम्बन और देखरेख में मैंने 'अक्षर' पहचाना...

भूमिका

कहीं पढ़ा था कि साहित्य मनुष्य को संवेदनशील बनाता है और आलोचना उसकी संवेदना का विकास और विस्तार करती है। ऐसे में एक सवाल हमारे सामने दस्तक देने लगता है कि साहित्य और साहित्यकार तो अपनी जिम्मेदारी निभाते हैं, लेकिन क्या उसके आलोचक भी अपनी जिम्मेदारी और कर्तव्य पूरी ईमानदारी के साथ निभाते हैं? इसकी पड़ताल करना आज के सन्दर्भ में बेहद प्रासंगिक और दिलचस्प विषय हो सकता है। कहीं-न-कहीं कुछ गड़बड़ है जो साहित्यकारों-रचनाकारों को आलोचना-कर्म में आने के लिए मजबूर करता है।

शमशेर बहादुर सिंह की आलोचना-दृष्टि पर लिखने का मूल कारण जाने-अनजाने शायद यही रहा है। शमशेर बहादुर सिंह खुद एक बहुत-ही संवेदनशील कलाकार थे। और भावुक भी। मगर सकारात्मक और प्रगतिशील। उनकी आलोचनाओं में उनकी वैचारिकी और साहित्य और कला और कलाकारों और साहित्यकारों और कृति की कलात्मकता के प्रति उनका स्वस्थ दृष्टिकोण और इन सबके प्रति उनकी आत्मीयता और उनका व्यक्तिगत रुझान पाठक की संवेदनाओं को जगाते हैं। साहित्य और कला और साहित्यकारों को कुछ इस तरह भी देखा जा सकता है या देखना चाहिए, के लिए पाठक को मजबूर करते हैं।

इस विषय पर लिखने के मेरे रुझान का दूसरा बड़ा और महत्त्वपूर्ण कारण शमशेर का आलोचक-व्यक्तित्व और उनकी पहली आलोचनात्मक कृति 'दोआब' है जो इतिहास के पन्नों में अब तक हिफाजत से दबी पड़ी है। शमशेर कहते हैं—

मैं उर्दू और हिन्दी का दोआब हूँ
मैं वह आईना हूँ जिसमें आप हैं।

बेशक! फितरत जिसकी 'आईना' है। झरने के पानी-सा स्वच्छ-निर्मल। पाक-साफ। बन्द है पूरी कायनात उस आईने में। क्या हिन्दी, क्या उर्दू? और भी बहुत कुछ। संस्कृति नहीं—संस्कृतियों, भाषा नहीं—भाषाओं, साहित्य नहीं—साहित्यों और कलाओं को एक कैनवस पर कसने वाला। ठोस रूप में। ठस नहीं।

वर्ष 2011 में मैंने शमशेर की आलोचना पर काम करना आरम्भ किया और एक अद्‌भुत संयोग कि इसी वर्ष शमशेर की जन्मशती बड़ी धूमधाम से साहित्य-

जगत् में मनाई जा रही थी। मैंने अब तक शमशेर के कवि को भी ठीक से नहीं पढ़ा था, उनके आलोचक-व्यक्तित्व को जानना तो दूर की बात थी। शमशेर के जन्मशती वर्ष में उनको नई ऊर्जा के साथ पढ़ना शुरू किया। इस वर्ष हिन्दी की सभी बड़ी पत्र-पत्रिकाओं ने शमशेर पर विशेषांक निकाला और विभिन्न साहित्यिक गोष्ठियों में उन पर साहित्य के पंडितों ने अपने मुँह में जुबान महसूस किया। इन सबसे मैं शमशेर के साहित्यिक-सृजन के प्रति बेहद आकर्षित होता रहा। लेकिन साथ ही एक बात जो मुझे हर लमहा खटकती रही वह यह कि पाँच-सात सौ पन्नों के विशेषांकों में कुछ ही पन्ने शमशेर के आलोचनात्मक योगदान के लिए रहे। वह भी उदारतावश। विभिन्न गोष्ठियों में भी लोग शमशेर के आलोचक-व्यक्तित्व पर 'दो शब्द' कहकर अपना कर्तव्य पूरा करते रहे। कहीं-कहीं तो इसकी भी जरूरत महसूस नहीं की गई। ज्यादातर पत्र-पत्रिकाओं और लोगों ने शमशेर के कवि-व्यक्तित्व को ही पुनर्प्रकाशित किया। इसमें सन्देह नहीं कि शमशेर मूलत: कवि और एक बड़े कवि हैं। लेकिन यह भी सोलह आने सच है कि उनका एक आलोचक-व्यक्तित्व भी है। एक बड़े कवि होने के कारण उनका आलोचक-व्यक्तित्व दब-सा नहीं जाता जैसा कि अब तक साहित्य-समाज द्वारा दबाया जाता रहा है।

खैर! इसी वर्ष मैंने शमशेर के कवि के साथ ही उनके आलोचक-व्यक्तित्व को भी धीरे-धीरे देखने-सुनने-समझने का प्रयास आरम्भ किया। शमशेर की कविताओं के बरक्स मैंने उनकी आलोचनाओं को पूरी तबीयत से पढ़ना शुरू किया और धीरे-धीरे मन में यह बात घर करती चली गई कि चाहे सफल रहूँ या असफल, शमशेर की आलोचना-दृष्टि को जानने-समझने का उपक्रम करूँगा। आज परिणाम सामने है। मैं कदापि यह दावा नहीं कर रहा हूँ कि मैंने उनके आलोचक-व्यक्तित्व को ठीक से पूरी तरह जान और समझ लिया है। निस्सन्देह मेरे इस उपक्रम और कठिन कार्य में कई त्रुटियाँ और कमियाँ मिल सकती हैं और मेरा निष्कर्ष भ्रामक और त्रुटिपूर्ण हो सकता है। लेकिन आत्म-सन्तुष्टि के लिए मैं यही बात कह सकता हूँ कि चूँकि यह मेरा पहला और मौलिक प्रयास है, तो मुझे थोड़ी-सी छूट साहित्य-समाज से मिल ही सकती है।

खैर! मैंने शमशेर की आलोचना-दृष्टि पर काम करने के लिए 'शमशेर बहादुर सिंह की कुछ गद्य रचनाएँ' में संकलित आलोचनात्मक निबन्धों के संग्रह 'दोआब' और 'कुछ और गद्य रचनाएँ' के निबन्धों को आधार बनाया है। इसके अलावा शमशेर की डायरी के उपलब्ध अंशों, उनके साक्षात्कारों, शमशेर के काव्य-संग्रहों की भूमिकाओं, वक्तव्यों और कुछ कविताओं के माध्यम से भी अपनी बात को समझने-समझाने का प्रयास किया है। इसके साथ ही विभिन्न पत्र-पत्रिकाओं, आलोचनात्मक पुस्तकों और इंटरनेट के माध्यम से लोगों के लेखों का भी सहारा मैंने लिया है। इन सबके आधार पर सहूलियत के लिए मैंने इस विषय को तीन खंडों

में विभक्त किया है। पहला खंड है—'कवि-आलोचक की परम्परा और शमशेर'। इस खंड के अन्तर्गत तीन उप खंड हैं—भारतीय एवं पाश्चात्य कवि-आलोचक, शमशेर का आलोचक-व्यक्तित्व और 'दोआब' : शमशेर की आलोचना का प्रस्थान। पहले उप खंड के अन्तर्गत भारतीय एवं पाश्चात्य कवि-आलोचकों के आलोचनात्मक योगदान और उनके चिन्तन पर संक्षेप में प्रकाश डाला गया है। दूसरे उप खंड में उन पक्षों पर बातचीत की गई है जो शमशेर के आलोचक-व्यक्तित्व से जुड़े हैं। साथ ही शमशेर की कविताओं, भूमिकाओं और उनके वक्तव्यों के आधार पर उनकी विचारधारा को जानने-समझने का प्रयास किया है। इसमें शमशेर की आलोचनात्मक कृतियों, डायरियों, साक्षात्कारों आदि का संक्षिप्त परिचय भी दिया गया है जिनका उपयोग इस कार्य के दौरान हुआ है। तीसरे उप खंड में शमशेर के आलोचनात्मक निबन्धों के पहले संग्रह 'दोआब' के महत्त्व और उसमें आलोचना की सम्भावनाओं से सम्बन्धित कुछ महत्त्वपूर्ण सवालों को संक्षेप में उठाया गया है। चूँकि शमशेर भारतीय संस्कृति के सामासिक स्वरूप को महत्त्व देते हैं अतः इसमें 'दोआब' के निबन्धों और शमशेर की कुछ कविताओं, साथ ही अन्य सहायक पुस्तकों के माध्यम से भारतीय संस्कृति के सामासिक स्वरूप पर थोड़ी-बहुत चर्चा कर उसे जानने तथा सामासिक संस्कृति के प्रति शमशेर के रुझान और उनके नजरिए को जाँचा-परखा गया है।

दूसरा खंड इस विषय से सम्बन्धित मुख्य और केन्द्रीय खंड है जिसका शीर्षक 'शमशेर की आलोचना-दृष्टि' है। इस खंड को भी दो उप खंडों में बाँटा गया है। पहला उप खंड है—परम्परा का मूल्यांकन। इसमें उर्दू-हिन्दी के महान साहित्यकारों और उनकी परम्पराओं के प्रति शमशेर के आलोचनात्मक नजरिए पर विस्तार से बातचीत की गई है साथ ही यह जानने-समझने का प्रयास किया गया है कि शमशेर इस परम्परा को किस रूप में अपना संस्कार बनाते हैं। दूसरा उप खंड शमशेर द्वारा 'समकालीन रचनाशीलता का मूल्यांकन' है। चूँकि शमशेर ने अपने समकालीन रचनाकारों और उनकी रचनाओं पर दिलचस्पी के साथ आलोचनात्मक लेखन किया है, इसलिए इसमें विस्तारपूर्वक इसके सकारात्मक-नकारात्मक प्रभावों का जायजा लिया गया है।

तीसरा और अन्तिम खंड है—'शमशेर की आलोचना-भाषा'। इसमें तीन उप खंडों के अन्तर्गत शमशेर की आलोचना की भाषा की कुछ महत्त्वपूर्ण विशेषताओं को प्रकाशित करने का संक्षिप्त प्रयास है। चूँकि शमशेर की आलोचना की भाषा में उनका 'निजी स्वर' और उनकी 'वैचारिकी' का बोलबाला है, इसलिए इस खंड का पहला उप खंड है—निजता और वैचारिकता का आग्रह। दूसरा उप खंड है—उर्दू-हिन्दी की समरसता। इसमें हिन्दी-उर्दू आदि भाषाओं की मिली-जुली शैली और दोनों की समरसता के प्रति शमशेर के रागात्मक सम्बन्धों पर बात की गई है। शमशेर

की आलोचना-भाषा की एक अन्य विशेषता है—रेटॉरिक कौशल। अत: तीसरे उप खंड में शमशेर के 'भाषिक-विधान में रेटॉरिक' पर संक्षेप में बात की गई है। इस प्रकार इन तीन खंडों और उसके उप खंडों की सम्पूर्णता के आधार पर शमशेर की आलोचना-दृष्टि को सामने लाने का ताना-बाना बुना गया है।

इस विषय पर काम करना आरम्भ से ही मेरे लिए चुनौतीपूर्ण रहा है। इसके कई कारण हैं, जैसे मेरे सामने दो बड़े-बड़े संग्रह थे। इसके अलावा इस विषय पर सहायक सामग्री बहुत सीमित मात्रा में उपलब्ध थी, इसलिए ज्यादातर मैंने शमशेर के निबन्धों और उनकी स्थापनाओं को ही आधार बनाकर स्वविवेक से उसका विवेचन-विश्लेषण और मूल्यांकन किया है। मुझे इस कठिन, किन्तु दिलचस्प कार्य के दौरान मेरे जीवन के पहले गुरुद्वय यानी मेरी माँ और पिताजी का, हर प्रकार से सक्षम और समर्थ अब तक के मेरे समस्त अकादमिक गुरुजनों का और मेरे अनेक वरिष्ठ-कनिष्ठ मित्रों का सहयोग व संस्कार किसी-न-किसी रूप में समय-समय पर मिला है जिसके कारण यह मुश्किल काम मेरे लिए आसान हो गया। मैं इन सबके प्रति हृदय से आभारी हूँ। इसके अलावा मैं अपनी अजीज मित्र श्वेता द्वारा हर प्रकार से किया गया सहयोग ताउम्र नहीं भूल सकता। श्वेता ने मुझे शुरू से अन्त तक मानसिक और आर्थिक रूप से मदद कर मेरा हौसला बुलन्द किया जिसके कारण मैं यह मुश्किल काम पूरा करने में सफल हो सका। मैं श्वेता का हृदय से आभारी हूँ। अब अन्त में राजकमल प्रकाशन समूह के प्रबन्ध निदेशक श्री अशोक महेश्वरी के प्रति आभार व्यक्त करना चाहता हूँ जिनकी शुभेच्छा से आज यह पुस्तक 'पब्लिक स्फेयर' में है।

दिल्ली
5 दिसम्बर, 2018

—निर्भय कुमार

प्रवेश

हिन्दी आलोचना और साहित्य के क्षेत्र में आज यह बात पूरी दृढ़ता के साथ स्वीकार की जाने लगी है कि कवि-आलोचकों का भी अपना एक स्वतंत्र अस्तित्व है जिन्होंने अपने आलोचनात्मक-चिन्तन से साहित्य और साहित्य-चिन्तन को दूर तक प्रभावित किया है। इतिहास गवाह है कि कवि-आलोचकों ने समय-समय पर आलोचनात्मक-चिन्तन कर अपनी समकालीन रचनाशीलता को सही दिशा और गति प्रदान करने में महत्त्वपूर्ण भूमिका निभाई है। यह बात भारतीय साहित्य के साथ-साथ पश्चिमी साहित्य के सन्दर्भ में भी सोलह आने सच है। पश्चिम में वड्र्सवर्थ, कॉलरिज, इलियट, रिचड्र्स, मैथ्यू ऑर्नल्ड आदि कुछ ऐसे महत्त्वपूर्ण कवि हैं जिन्होंने साहित्य-सृजन के साथ-साथ साहित्य-चिन्तन भी किया है। हिन्दी में हम कवि-आलोचकों की सक्रिय भागीदारी छायावाद से देख सकते हैं। छायावाद के चारों कवियों ने समय की माँग के अनुसार आलोचनात्मक-चिन्तन कर समकालीन सृजन के साथ ही हिन्दी आलोचना को भी गहरे तक प्रभावित किया था।

दिलचस्प हो जाता है यह देखना कि यहाँ से हिन्दी आलोचना के क्षेत्र में कवि-आलोचकों की एक स्वस्थ परम्परा शुरू हो जाती है। अज्ञेय, मुक्तिबोध, रघुवीर सहाय, मलयज, विजयदेवनारायण साही, कुँवरनारायण, राजेश जोशी, अशोक वाजपेयी, अरुण कमल, उदय प्रकाश आदि ऐसे अनेक नाम हैं जो इस परम्परा को आगे बढ़ाने में पूरी तबीयत से सक्रिय दिखते हैं। कवि-आलोचकों की परम्परा में सबसे सशक्त और सबसे बड़ा नाम गजानन माधव मुक्तिबोध का है। ऐसे में एक दिलचस्प सवाल हमारे सामने दस्तक देने लगता है कि आखिर इन कवियों को आलोचना के क्षेत्र में आने की आवश्यकता ही क्यों महसूस हुई? और यह कि आलोचनात्मक-चिन्तन के क्षेत्र में ये कवि आए भी तो इनका योगदान सकारात्मक रहा या नकारात्मक? इस परम्परा और साथ ही हिन्दी आलोचना की तफ्तीश के बाद हमें पता चलता है कि इन कवियों का आलोचनात्मक-चिन्तन के क्षेत्र में आना महज एक संयोग नहीं है। इन कवियों को आलोचना के क्षेत्र में आना ही था, क्योंकि यह एक कड़वी सच्चाई है कि आलोचना ज्यादातर अपनी मर्यादा और अपनी राह से भटकती रही है। ज्यादातर हिन्दी आलोचना अकादमिक आलोचना या किसी विचारधारा

की शिकार होती रही है। ऐसे में जो रचना या रचनाकार उनकी कसौटी पर खरा उतरता है; उसका प्रशस्तिगान तो होता है, लेकिन जो उनके मिजाज के प्रतिकूल पड़ता है उस पर बात ही नहीं की जाती। इसका सबसे ज्यादा नुकसान साहित्य की कलात्मकता और साहित्यकार की रचना-प्रक्रिया को भोगना पड़ा है। पंत से लेकर मुक्तिबोध, केदारनाथ अग्रवाल जैसे कवि इस पूर्वग्रह के शिकार होते रहे हैं। यही कारण है कि ज्यादातर कवि-आलोचकों ने अपनी रचना-प्रक्रिया पर खुलकर बात करना आरम्भ किया और साथ ही समकालीन रचनाशीलता, साहित्य की परम्परा के महान कवियों और रचनाओं पर आलोचनात्मक-चिन्तन करते हुए साहित्य के मूल्यों, उसकी सार्थकता और उसके सकारात्मक-नकारात्मक प्रभावों की जाँच करनी शुरू की।

दरअसल, ऐसे में एक कवि-आलोचक के रूप में शमशेर बहादुर सिंह के आलोचनात्मक-चिन्तन पर बात करना बेहद मुनासिब लगता है। सवाल यह उठता है कि एक कवि-आलोचक के रूप में शमशेर का क्या योगदान है? समकालीन रचनाशीलता, खुद की और दूसरों की रचना-प्रक्रिया, साहित्य-चिन्तन की गति और दिशा, साहित्य की परम्परा और साथ ही सामाजिक-सांस्कृतिक सरोकारों को शमशेर किस नजरिए से देखते-समझते; और इन सबको प्रभावित करते हैं? क्या शमशेर सिर्फ एक बड़े कवि हैं या इसके साथ ही उनका एक आलोचक-व्यक्तित्व भी है? शमशेर किसी रचना या रचनाकार की आलोचना एक कवि की हैसियत से लिखते हैं या फिर एक आलोचक की हैसियत से? क्या शमशेर की आलोचना किसी एक विचारधारा की जकड़बन्दी या अकादमिक आलोचना का परिणाम है या फिर एक सृजनशील कलाकार या कवि-चिन्तक के चिन्तन का? आलोचना करते वक्त शमशेर की दृष्टि कला-पक्ष की तरफदारी करती है या वस्तु-पक्ष की? शमशेर की विचारधारा क्या है? शमशेर की आलोचना-भाषा की शैली क्या है? आदि आदि। ऐसे ही अन्य-अनेक न जाने कितने महत्त्वपूर्ण सवाल हैं जो शमशेर के आलोचनात्मक लेखन के अध्ययन के दौरान उठते रहे हैं और उनसे जूझने और किसी निष्कर्ष पर पहुँचाने का प्रयास मैंने किया है। सभी सवालों का जवाब मिल ही गया हो और सबका निष्कर्ष भी निकल गया हो--यह सम्भव नहीं है। फिर भी विश्लेषण के दौरान जो कुछ बातें सामने आई हैं, वह शमशेर के आलोचनात्मक नजरिए को जानने-समझने में मददगार हो सकती हैं।

शमशेर एक बड़े कवि के साथ-साथ एक आलोचक भी हैं। एक कवि-आलोचक। इस बात का साक्ष्य उनकी पहली आलोचनात्मक कृति 'दोआब' है। उन्होंने भारतीय साहित्य की परम्परा के महान रचनाकारों और साथ ही अपने समकालीन रचनाकारों और उनकी रचनाओं पर दिलचस्पी के साथ आलोचनात्मक-चिन्तन किया है। शमशेर ने ऐसे रचनाकारों पर उस समय आलोचनाएँ लिखी हैं जब

हिन्दी आलोचना में उन पर बात करना मुनासिब नहीं समझा जाता था; क्योंकि हिन्दी आलोचना बहुधा पूर्वग्रहों और दायित्वहीनता का शिकार होती रही है। लेकिन शमशेर किसी पूर्वग्रह के शिकार नहीं थे। उन्हें जहाँ जब किसी रचना या रचनाकार में कोई बात कहने लायक दिखती है उसे कहे बिना वे नहीं रह पाते हैं। फिर वह चाहे बड़ा रचनाकार हो या छोटा, नामवर हो या गुमनाम, शमशेर को इस बात से कोई फर्क नहीं पड़ता। ये कुछ ऐसी विशेषताएँ हैं जो शमशेर के आलोचक-व्यक्तित्व की अपनी निजता को हमारे सामने रखती हैं।

शमशेर की आलोचना-दृष्टि का सबसे सबल पक्ष उसकी प्रगतिशीलता एवं भारतीयता है। शमशेर विचारधारा के स्तर पर मार्क्सवाद से गहरे से जुड़े रहे हैं। शमशेर की विचारधारा मार्क्सवाद ही है जो उनके सम्पूर्ण साहित्य-सृजन में दिखती है। वह चाहे काव्य-सृजन कर रहे हों या फिर आलोचना-कर्म, हर जगह वह मार्क्सवाद से ही प्राणवायु लेते रहे हैं। यही कारण है कि उनकी कविताओं के साथ-साथ उनकी आलोचनाओं में भी प्रगतिशीलता के तत्त्व आने लगते हैं। शमशेर मार्क्सवाद को ऑक्सीजन की तरह महत्त्वपूर्ण मानते हैं और उनका यह भी मानना है कि मुझे रामायण भी पढ़नी होगी तो मैं मार्क्सवाद पढ़कर समझूँगा। जाहिर है विचारधारात्मक स्तर पर मार्क्सवाद उनके लिए सर्वोपरि है। लेकिन शमशेर का मार्क्सवाद औरों से जुदा-जुदा है। शमशेर बेशक घोषित रूप में मार्क्सवादी विचारधारा के हिमायती हैं, लेकिन उनका दायरा तंग नहीं है। अन्य मार्क्सवादियों से भिन्न शमशेर के लिए मार्क्सवादी सौन्दर्यशास्त्र कुछ अलग ही मायने रखता है। वह मार्क्सवादी सौन्दर्यबोध की परख के लिए किसी वर्ग विशेष या जनसमूह का चुनाव नहीं करते, बल्कि अपने आसपास की जिन्दगी और उसके यथार्थ चित्रण में ही सौन्दर्य की तलाश करते रहते हैं।

आज का परिवेश इतिहासबोध, सदियों से चली आ रही सामाजिक संरचना और मौजूदा व्यवस्था में जीवनानुकूल परिवर्तन की बात करता है। इसके लिए संघर्ष की आवश्यकता होती है। शमशेर को जिस किसी रचना और रचनाकार में यह संघर्ष दिखता है; वह शमशेर को अपील करता है। शमशेर मार्क्सवाद को उपयोगितावाद से जोड़कर नहीं देखते, बल्कि उसे उसकी मूल प्रकृति में आत्मसात् करते हैं। शमशेर के लिए मार्क्सवाद वह है जो मनुष्य और प्रकृति, मनुष्य और मनुष्य के बीच जो द्वन्द्व है उसका समाधान प्रस्तुत करता है। शमशेर का मार्क्सवाद वह नहीं है जो केवल जनाधार और मनाधार की, संघर्ष और क्रान्ति की बात करता है। यही कारण है कि शमशेर के मार्क्सवाद को लेकर आलोचना-जगत् में काफी खींचतान चलती रही है। लेकिन शमशेर की मनोभूमि और रचनात्मक चिन्ताओं को जानने-समझने के लिए उनकी कविताओं से अधिक उनकी आलोचनाओं पर भरोसा किया जा सकता है। दरअसल, शमशेर का मार्क्सवाद औरों से इसलिए अलग है, क्योंकि वह उसे

विचारधारा के रूप में आत्मसात् नहीं करते, बल्कि व्यक्ति के 'जीवन जीने के सिद्धान्त' के रूप में देखते हैं। शमशेर ने इसी को 'लिविंग प्रिंसिपल' का नाम दिया है।

इन सभी बातों पर गौर करने से जो बात निकलकर सामने आती है वह यह कि मार्क्सवाद ही शमशेर की मूल विचारधारा है लेकिन अपने एक अलग कलेवर में, अलग मिजाज के साथ। मार्क्सवाद शमशेर के लिए राजनीतिक दृष्टि मात्र नहीं है। और शमशेर राजनीति को साहित्य से ऊपर मानते भी नहीं। शमशेर के लिए मार्क्सवाद रचनाकार के व्यक्तित्व के निर्माण की आधारभूत सामग्री है। शमशेर का मार्क्सवाद उपयोगितावाद से मुक्ति का कार्यक्रम है। मार्क्सवाद शमशेर की रूहानी जरूरत है जो उन्हें रुग्ण मन:स्थिति से और अपने में डूबने से बचाता है। मार्क्सवाद शमशेर को अपने से बाहर निकालकर सभी देशों, उनके साहित्यों, धर्मों, संस्कृतियों और परम्पराओं और रीति-रिवाजों तथा मनुष्यों से जोड़ता है। ऐसी मन:स्थिति से जब शमशेर किसी रचना या रचनाकार की आलोचना में प्रवृत्त होते हैं तो उनकी आलोचना में प्रगतिशीलता अपने आप दस्तक देने लगती है और उनकी आलोचना समाज और समकालीन परिवेश की सार्थकता को बड़ी जिन्दादिली से पेश करने लगती है।

शमशेर ने अपनी आलोचनाओं में भारतीय संस्कृति पर भी चिन्तन किया है। वे अपनी आलोचना के लिए भारतीय भाषाओं की ऐसी रचनाओं का चुनाव करते हैं जो भारतीय संस्कृति के 'सामासिक स्वरूप' को सामने लाती हैं। इसके अलावा वे अपने सम्पूर्ण आलोचना-कर्म में हिन्दी और उर्दू के महान रचनाकारों पर साधिकार बात करते रहे हैं। शमशेर ने अपनी आलोचनाओं द्वारा ऐसे समय में सांस्कृतिक एकता और संवेदनशीलता पर बल दिया जब देश साम्प्रदायिकता की आग में झुलस रहा था। ऐसे में शमशेर ने सांस्कृतिक समन्वय की बात कर सामासिक संस्कृति पर बल दिया और हिन्दू-मुस्लिम सम्प्रदायों के बीच बढ़ रहे अलगावों और खाई को पाटने का काम किया। इस प्रकार शमशेर ने अपनी रचनाओं और आलोचनाओं के जरिए भारत की सामासिक संस्कृति के रचना और विकास में महत्त्वपूर्ण योगदान दिया है। आज भी भारत की एक अरब से अधिक आबादी में न जाने कितनी भाषाओं, साहित्यों और कलाओं, रीति-रिवाजों और संस्कारों को जीने वाले लोग बसते हैं। इन सबके समन्वित संस्करण से ही भारत की संस्कृति का वास्तविक रूप सामने आता है। भारत के सांस्कृतिक विकास के लिहाज से यहाँ की संस्कृति का सामासिककरण एक अनिवार्य शर्त है। शमशेर की आलोचना-दृष्टि में सबसे प्रबल पक्ष भारत की संस्कृति को सामासिक संस्कृति के रूप में देखना-दिखाना ही है।

शमशेर इतिहासबोध से सम्पन्न एक जागरूक कलाकार हैं। उन्हें भारतीय साहित्य के इतिहास और साहित्य की परम्परा के प्रति बेहद लगाव है। शमशेर ने अपना रचनात्मक संस्कार इसी परम्परा से अर्जित किया है। यही कारण है कि उन्होंने अपनी आलोचनाओं में भारतीय साहित्य की परम्परा का उचित मूल्यांकन किया है।

भारतीय साहित्य की परम्परा का मूल्यांकन करते समय शमशेर ने रहीम, मैथिलीशरण गुप्त, हाली, इक़बाल, निराला, सुमित्रानन्दन पंत, सुभद्राकुमारी चौहान, बच्चन, ग़ालिब आदि न जाने कितने हिन्दी-उर्दू के रचनाकारों पर आलोचनात्मक-चिन्तन किया है। वे इस परम्परा के मूल्यांकन से खुद की रचनात्मक ऊर्जा का विकास और विस्तार करते हैं। इस दौरान उनका प्रयास इन महान रचनाकारों पर सिर्फ अपनी राय जाहिर करना नहीं होता है, बल्कि इनके अनुशीलन से कुछ सीखना-सिखाना भी होता है। परम्परा का मूल्यांकन करते समय शमशेर ने हाली और गुप्त की जो तुलनात्मक समीक्षा की है, वह उनके प्रगतिशील दृष्टिकोण को सामने रखता है। गुप्त जी 'भारत-भारती' में अपने समय से पीछे पड़ गए से जान पड़ते हैं। शमशेर की यह स्थापना उनकी आलोचना-दृष्टि की प्रगतिशीलता, इतिहास-बोध और सजगता को हमारे सामने रखती है।

परम्परा का मूल्यांकन शमशेर की आलोचना-दृष्टि की आधारभूमि है, तो समकालीन रचनाशीलता का मूल्यांकन उनकी तटस्थता और सजगता का प्रमाण। अपने समय के प्रति जागरूक रचनाकार ही साहित्य, समाज और मनुष्य को अपनी 'मनुष्यता खोने के डर' से उबारकर इन सबको 'मनुष्यता की उच्च भूमि' पर खड़ा कर सकता है। शमशेर इस ओर कदम बढ़ाते नजर आते हैं। शमशेर उन थोड़े से कवि-आलोचकों में हैं जो हिन्दी-उर्दू और अन्य भाषाओं के महान रचनाकारों की परम्परा और अपने समकालीन वरिष्ठ, समवयस्क और कनिष्ठ रचनाकारों की रचनाशीलता पर एक साथ खरी-खरी और बेबाक आलोचना लिखने का माद्दा रखते हैं। समकालीन रचनाशीलता पर आलोचना लिखना, वह भी बेबाक लहजे में, बहुत ही कठिन काम है। और खतरनाक भी। लेकिन शमशेर ने यह खतरा मोल लिया है। 'सात आधुनिक हिन्दी कवि', 'एक बिलकुल पर्सनल एसे' में शमशेर ने अपने समकालीन रचनाकारों तथा उनकी रचनाशीलता का जो बेबाक मूल्यांकन किया है, वह थोड़े में ही सही, मगर एक युग विशेष में हिन्दी कविता के विकास-इतिहास को हमारे सामने खोलकर रख देता है।

शमशेर किसी भी रचनाकार की आलोचना करते वक्त बड़ी सहानुभूति और आत्मीयता का परिचय देते हैं, लेकिन इसका मतलब यह नहीं कि वे अपनी भावनाओं में अनायास ही बहने लगते हैं। इसके बरक्स वे एक सन्तुलित दृष्टि का परिचय देते हैं। जो बात उनको कलात्मक दृष्टि से उत्कृष्ट लगती है उसकी भरपेट तारीफ करते हैं, लेकिन कमजोर पक्षों पर उनका रुख तीखा भी उससे अधिक अनुपात में होता है। लेकिन इस तीखे तेवर के बावजूद उनका ध्येय किसी भी रचनाकार या प्रवृत्ति को खारिज करना नहीं होता है। शमशेर निर्मम आलोचक नहीं हैं। निराला, ग़ालिब, सुभद्रा कुमारी चौहान, नागार्जुन, केदार, त्रिलोचन आदि न जाने कितने रचनाकारों पर लिखी आलोचना शमशेर की सन्तुलित और स्वस्थ दृष्टिकोण को

हमारे सामने रखती है। नागार्जुन को 'मुँहफट कवि', त्रिलोचन को 'साहित्य का हनुमान' आदि कह देना शमशेर की बेबाक आत्मीयता का ही प्रमाण है।

शमशेर की आलोचना किसी विचारधारा के दबाव और प्रतिक्रियावादी मानसिकता का परिणाम नहीं है। किसी रचनाकार या रचना की आलोचना करना शमशेर की खुद की दिलचस्पी है। इसके लिए वे बहुत अधिक चिन्तन-मनन करते हैं और फिर अपनी बात अपने अनुभूत-सत्य के आधार पर करते हैं। शमशेर की आलोचना के केन्द्र में ज्यादातर कृति विशेष ही रहती है। अपनी आलोचना के लिए वे सबसे पहले कृति के कलात्मक उत्कर्ष और उसके वस्तु-सत्य को पकड़ने की कोशिश करते हैं। किसी रचनाकार का व्यक्तित्व उसकी रचना में किस हद तक आ सका है और कितनी और कैसी ईमानदारी के साथ, शमशेर के लिए यह दिलचस्पी का विषय होता है। कलाकार की जो अनुभूति है वह कितनी सच्चाई और ईमानदारी से उसकी रचना में मुखर होती है और उसकी प्रामाणिकता कितनी है—शमशेर अपनी आलोचना के माध्यम से इसी की तलाश करते रहते हैं। यही कारण है कि आलोचना के क्षेत्र में शमशेर की रुचि आरम्भ से ही कुछ खास कवियों पर आलोचना लिखने की रही है। और उन्होंने लिखा भी है। यहाँ इस बहस में इस बात को रखने का केवल यही उद्देश्य है कि इससे शमशेर का एक खास आलोचनात्मक नजरिया हमारे सामने आता है जो अन्य आलोचकों से जुदा है। शमशेर किसी रचनाकार को स्थापित करने या उसे खारिज करने के मनसूबे से आलोचना-कर्म में प्रवृत्त नहीं होते, बल्कि उनकी आलोचना का केन्द्र बिन्दु रचना और रचनाकार का व्यक्तित्व होता है। कलात्मक प्रयोग के सन्दर्भ में उसकी सफलता-असफलता होती है। और इन सबके माध्यम से रचनाकार जिस वस्तु-सत्य को हमारे सामने रखता है—उसमें उसकी अनुभूति की प्रामाणिकता कितनी सफल और कितनी असफल है, शमशेर की आलोचना-दृष्टि इसी पर काम करती है।

शमशेर कलात्मक-सत्य और वस्तु-सत्य की गहराई को समान महत्त्व देते हैं। 'तारसप्तक' के प्रयोगशील कवियों के साथ प्रगतिशील कवियों की तुलना शमशेर इसीलिए करते हैं। दरअसल, शमशेर ने अपनी आलोचना के द्वारा प्रगतिवाद और प्रयोगवाद के आपसी टकराहटों को खत्म करने का प्रयास किया है। उन्होंने सन्तुलित दृष्टि का परिचय देते हुए अपने आलोचनात्मक-लेखन द्वारा हिन्दी आलोचना की परम्परा को समृद्ध किया है। शमशेर ने रचना के स्तर पर प्रगतिशीलता और प्रयोगशीलता के सतही विरोध को दूर करने का सफलतम प्रयास किया है। यह काम उनके आलोचनात्मक-लेखन में भी दिखता है और कविताओं में भी। कृति को केन्द्र में रखकर उस पर विचार करना शमशेर की आलोचना का मूल है। शमशेर साहित्य-सृजन के लिए किसी कसौटी का निर्धारण नहीं करते और न ही उसमें किसी रचनाकार को बँधना-बाँधना पसन्द करते हैं। प्रयोगशीलता और प्रगतिशीलता के

अलग-अलग आधारों पर किसी रचना का मूल्यांकन करना शमशेर को गवारा नहीं। शमशेर की धारणा है कि एक प्रयोगशील कवि भी प्रगतिशील हो सकता है और एक प्रगतिशील कवि भी प्रयोग कर सकता है। शर्त यह है कि उसकी अनुभूति प्रामाणिक हो और उसका व्यक्तित्व वास्तविक रूप में उसकी रचना में मुखर हो। इस आधार पर यदि वह रचनाकार एक भी सफल रचना हमें देता है तो वह सफल कवि है। दरअसल, शमशेर की आलोचना-दृष्टि की यही विशिष्टता उन्हें अपने समकालीनों से अलग करती है। शमशेर जिस पर भी आलोचना लिखते हैं या टिप्पणी करते हैं, उसमें यह नहीं देखते कि उसका साहित्यिक फलक कितना व्यापक है। बल्कि उसने अगर एक भी सफल रचना समाज को दी है और उसका व्यक्तित्व उसमें उपस्थित है, तो वे बेझिझक उस रचनाकार को अपनी आलोचना का विषय बना लेते हैं।

शमशेर ने अपनी ज्यादातर आलोचनाएँ अपने प्रिय कवियों पर लिखी हैं या उन्हें प्रिय बताकर लिखी हैं। शमशेर के प्रिय कवियों की सूची बहुत लम्बी है। दरअसल शमशेर के आलोचक-व्यक्तित्व की यह निजी खासियत है, क्योंकि स्वभाव से वे एक शालीन और विनयशील व्यक्ति हैं। दरअसल, शमशेर प्रियता की यह कसौटी इसलिए तैयार करते हैं क्योंकि वे अपनी बात पूरी आजादी के साथ कह सकें। इसके लिए वे पहले कमाल की सादगी और विनम्रता का रास्ता अपनाकर उस रचनाकार के रचना-संसार में प्रवेश करते हैं और फिर उसके व्यक्तित्व और उसकी रचनाधर्मिता के एक-एक परत को बड़ी बारीकी से खोलते चलते हैं। उनकी आलोचनाएँ पढ़कर हमें ऐसा महसूस होता रहता है कि ये सब शमशेर की निजी बातें, उनकी निजी राय है। लेकिन उनकी प्रभावशीलता इतनी व्यापक होती है कि उनका 'पर्सनल-सा' लगने वाला विचार भी 'पब्लिक स्फेयर' की चीज बन जाता है।

दरअसल, शमशेर ने इन सबके लिए अपनी आलोचना की एक अलग भाषा और शैली ईजाद की है। उनकी आलोचना-भाषा में उनका निजी स्वर ही प्रमुख है जो उनके विचारों की अभिव्यक्ति में बेहद सहयोगी साबित हुआ है। शमशेर की आलोचना-भाषा में निजता और वैचारिकता का आग्रह आरम्भ से अन्त तक दिखता है। वह चाहे साहित्य की परम्परा के महान कवियों पर चिन्तन कर रहे हों या फिर अपने समकालीन कवियों पर, हर जगह उनकी भाषा अपने निजी स्वभाव को कायम रखती है और इसी के माध्यम से शमशेर की वैचारिकी साहित्य और समाज की सार्थकता के लिहाज से काम करती रहती है। शमशेर की आलोचना और कविता की भाषा एक ही है जिसमें उर्दू-हिन्दी और अन्य भाषाओं के शब्दों की मिली-जुली शैली और समरसता उनके भाषागत प्रयोगों की सार्थकता पेश करती है। शमशेर की भाषा में बोलचाल के शब्दों की लय हर जगह दिख जाती है। शमशेर ने अपनी भाषा के रूप में उर्दू-हिन्दी के मिले-जुले रूप 'हिन्दुस्तानी' का प्रयोग किया है। चूँकि शमशेर सामासिक-संस्कृति के प्रशंसक हैं। अतः उसमें किसी भी भाषा के लिए

भेद-भाव स्वीकार्य नहीं है। शमशेर की भाषा में रेटॉरिक देखते ही बनता है। चूँकि शमशेर एक वरिष्ठ कवि-आलोचक हैं, अतः उन्होंने नए साहित्यकारों को ऊँचाई पर पहुँचने के लिए कुछ निर्देश भी दिए हैं जहाँ उनकी भाषा में यह कौशल अपनी सफल भूमिका निभाता है। दरअसल, शमशेर की आलोचना-दृष्टि की परख करने के दौरान और भी बहुत-से परिणाम सामने आए हैं जिन्हें प्रसंगानुकूल इस पुस्तक में प्रस्तुत किया गया है।

—निर्भय कुमार

अनुक्रम

कवि-आलोचक की परम्परा और शमशेर **21**

भारतीय एवं पाश्चात्य कवि-आलोचक 21

शमशेर का आलोचक-व्यक्तित्व 51

'दोआब' : शमशेर की आलोचना का प्रस्थान 72

शमशेर की आलोचना-दृष्टि **89**

परम्परा का मूल्यांकन 89

समकालीन रचनाशीलता का मूल्यांकन 155

शमशेर की आलोचना-भाषा **239**

निजता और वैचारिकता का आग्रह 240

उर्दू-हिन्दी की समरसता 251

भाषिक-विधान में रेटॉरिक 260

सन्दर्भ ग्रन्थ सूची **267**

कवि-आलोचक की परम्परा और शमशेर

भारतीय एवं पाश्चात्य कवि-आलोचक

शमशेर मूलत: कवि-आलोचक हैं। साहित्य के इतिहास में कवि-आलोचकों की परम्परा लम्बे समय से चली आ रही है। वह चाहे भारतीय साहित्य का सन्दर्भ हो या फिर विश्व साहित्य का, कवियों-रचनाकारों ने यथानुकूल आलोचनात्मक-चिन्तन कर साहित्य-समाज को समृद्ध किया है। इन कवि या रचनाकार आलोचकों ने सैद्धान्तिक और व्यावहारिक दोनों प्रकार के आलोचनात्मक क्षेत्रों में महत्त्वपूर्ण भूमिका अदा की है। साहित्य का इतिहास इस तथ्य की पुष्टि करता है।

हिन्दी में सैद्धान्तिक आलोचना औपचारिक रूप से तो आधुनिक काल के आरम्भिक दौर यानी भारतेन्दु युग में शुरू हुई, किन्तु इससे पूर्व भक्तिकाल और रीतिकाल में ही आलोचना के बीज दिखाई पड़ने लगते हैं। आज से कई सौ वर्ष पहले ही भक्तिकाल में कबीर का भाषा सम्बन्धी चिन्तन 'बोलचाल की भाषा' को साहित्यिक भाषा की कसौटी पर कसता है, जिसकी वकालत कबीर यह कहकर करते हैं—

संसकिरत है कूप जल,
भाखा बहता नीर।[1]

फिर क्यों न कहा जाए कि एक कवि-आलोचक के रूप में कबीर का यह कथन काव्य-भाषा पर एक सैद्धान्तिक प्रतिमान की प्रस्तुति है। इसी परम्परा में आगे चलकर तुलसी, घनानन्द, ठाकुर, देव आदि ने अपनी रचनाओं के माध्यम से अपने आलोचनात्मक-चिन्तन को अभिव्यक्ति प्रदान की है। दरअसल, इन सब की रचनाओं में प्रसंगानुकूल काव्य-प्रयोजन, काव्य-हेतु, काव्य के लक्षणों और अन्य तत्त्वों पर चिन्तन देखने को मिलता है। काव्य-प्रयोजन पर आलोचनात्मक-चिन्तन करते हुए तुलसी ने लिखा है—

कीरति भनिति भूति भलि सोई,
सुरसरि सम सब कहँ हित होई।[2]

तुलसी का यह कथन एक प्रकार से काव्य-प्रयोजन का सैद्धान्तिक विवेचन ही तो है। इसी प्रकार रीतिकाल में रीतिमुक्त काव्यधारा के महत्त्वपूर्ण कवि घनानन्द ने एक प्रकार से काव्य-हेतुओं की चर्चा करते हुए कहा है—

लोग हैं लागि कबित बनावत,
मोहिं तौ मेरे कबित बनावत।[3]

कहना न होगा कि घनानन्द ने एक कवि के रूप में जो आलोचनात्मक-चिन्तन किया है वह दरअसल, रचनाकार और रचना के गहन आन्तरिक सम्बन्धों की स्थापना ही तो करता है। दरअसल, आलोचना की आपसी टकराहट आधुनिक काल में मुखर रूप से सामने आती है, लेकिन यह टकराहट रीतिकाल में भी देखने को मिल जाती है। एक तरफ जहाँ केशवदास अलंकार को कविता का आवश्यक अंग स्वीकार करते हुए यह कहते हैं—

जदपि सुजाति सुलच्छनी, सुबरन सरस सुवृत्त।
भूषन बिनु न बिराजई, कविता, बनिता मित्त॥[4]

वहीं दूसरी तरफ ठाकुर जैसे कवि-आलोचक कविता में अलंकारवाद का खंडन करते हैं और कविता को मनोरंजन और खेल की वस्तु बनाने वाले कवियों पर व्यंग्य करते हुए कहते हैं—

ढेल सो बनाय आय मेलत सभा के बीच,
लोगन कवित्त कीबो खेल करि जानो है।[5]

इस प्रकार रीतिकाल में ही हमें सैद्धान्तिक आलोचनात्मक विवेचन में आलोचना के आपसी टकराहटों के साक्ष्य मिल जाते हैं। रीतिकाल के ही एक प्रमुख कवि देव ने एक कवि-आलोचक के रूप में आलोचनात्मक-चिन्तन कर कविता की कोटियों को निर्धारित करने का प्रयास किया है। देव का यह चिन्तन हमें निम्न पंक्तियों में देखने को मिल जाता है—

अभिधा उत्तम काव्य है; मध्य लक्षणा लीन।
अधम व्यंजना रस बिरस, उलटी कहत नवीन॥[6]

इसके अलावा रीतिवादी आचार्य कवियों ने तो लक्षण-ग्रन्थ परम्परा में 'चन्द्रालोक कथा कुवलयानन्द' की परम्परा का प्रस्तुतिकरण किया ही है।

गौरतलब है कि इस प्रकार रीतिकाल और भक्तिकाल में इन कवियों ने कवि-आलोचक की भूमिका का निर्वाह कर आलोचनात्मक-चिन्तन किया और इस परम्परा का विकास किया। यद्यपि इन कवियों की आलोचनात्मक टिप्पणियाँ साहित्य का सम्यक् मूल्यांकन नहीं करती हैं और न ही सुव्यवस्थित दृष्टिकोण प्रस्तुत करती हैं। इनमें ज्यादातर काव्यांगों का विवेचन तथा उसके गुण-दोषों को ही सामने लाने की प्रवृत्ति दिखती है। तथापि इन टिप्पणियों से आलोचना की पृष्ठभूमि अवश्य तैयार होने लगी थी।

हिन्दी भाषा और साहित्य में भक्तिकालीन और रीतिकालीन आरम्भिक संकेतों के बावजूद हिन्दी आलोचना का वास्तविक आरम्भ भारतेन्दु युग में ही एक विधा के रूप में सामने आता है। इसलिए कवि-आलोचकों की वास्तविक व सुव्यवस्थित चिन्तन परम्परा को आधुनिक काल में भारतेन्दु युग से मानना ही ज्यादा तर्कसंगत प्रतीत होता है।

हिन्दी में सबसे पहले भारतेन्दु युग में पत्र-पत्रिकाओं का प्रकाशन आरम्भ होता है। भारतेन्दु युग के लगभग सभी रचनाकार या कहें कि कवि-आलोचक किसी-न-किसी पत्रिका से जुड़े रहे हैं। दरअसल, इस काल में आलोचना मुख्यतः पत्रकारिता के माध्यम से ही विकसित होती है। इस दृष्टि से भारतेन्दु के पत्र 'हरिश्चन्द्र मैगजीन', 'कविवचन सुधा' के साथ-साथ बालकृष्ण भट्ट का 'हिन्दी प्रदीप', प्रताप नारायण मिश्र का 'ब्राह्मण' और बदरीनारायण चौधरी 'प्रेमघन' का 'आनन्द कादम्बिनी' इस काल के प्रमुख पत्र हैं जिनमें सर्वप्रथम भारतेन्दु युगीन कवि-आलोचकों के आलोचनात्मक लेख प्रकाशित हुए। भारतेन्दु युग में सैद्धान्तिक और व्यावहारिक दोनों प्रकार की आलोचनाओं का प्रचलन लगभग साथ-साथ आरम्भ हुआ। सैद्धान्तिक आलोचना की बात करें तो, भारतेन्दु का 'नाटक' शीर्षक निबन्ध इस काल की महत्त्वपूर्ण उपलब्धि है।

इस काल में व्यावहारिक आलोचनाओं का भी चलन था जिसकी शुरुआत 'हिन्दी प्रदीप' में 'सच्ची समालोचना' नामक स्तम्भ से हुई। इस स्तम्भ में लाला श्री निवासदास के नाटक 'संयोगिता स्वयंवर' की समीक्षा हुई, जो हिन्दी की पहली व्यावहारिक पुस्तक समीक्षा मानी जाती है। इसके बाद तो इसमें भट्ट जी द्वारा 'नीलदेवी', 'परीक्षागुरु' आदि रचनाओं की भी व्यावहारिक आलोचनाएँ देखने को मिलती हैं। यह अलग बात है कि इस काल की हिन्दी आलोचना में कवि-आलोचकों का दृष्टिकोण प्रमुखतः उपयोगितावादी, नैतिक व राष्ट्रीय भावना से ओत-प्रोत दिखता है। इसलिए कहा जा सकता है कि यहाँ पर रूपवादी आलोचनाएँ लगभग न के बराबर हैं।

आचार्य रामचन्द्र शुक्ल ने अपने 'हिन्दी साहित्य का इतिहास' में हिन्दी आलोचना की परम्परा की संक्षिप्त रूपरेखा प्रस्तुत की है। लेकिन उन्होंने भी वास्तविक हिन्दी आलोचना का आरम्भ भारतेन्दु युग के कवि-आलोचकों या रचनाकार आलोचकों के चिन्तन से ही माना है। आचार्य शुक्ल के अनुसार, ''समालोचना का सूत्रपात हिन्दी में एक प्रकार से भट्ट जी और चौधरी साहब ने ही किया। समालोच्य पुस्तक के विषयों का अच्छी तरह विवेचन करके उसके गुण-दोष के विस्तृत निरूपण की चाल उन्होंने चलाई। बाबू गदाधर सिंह ने 'बंगविजेता' का जो अनुवाद किया था उसकी आलोचना कादम्बिनी में पाँच पृष्ठों में हुई थी। लाला श्रीनिवास दास के 'संयोगिता स्वयंवर' की बड़ी विस्तृत और कठोर समालोचना चौधरी जी ने कादम्बिनी के 21 पृष्ठों में निकाली थी।''[7]

जाहिर है कि आचार्य शुक्ल ने भी जिन लोगों को आलोचना की परम्परा का पुरस्कर्ता माना है वो सभी मुख्यतः सर्जक-साहित्यकार ही हैं, न कि घोषित आलोचक। बहरहाल विश्वनाथ त्रिपाठी ने भी कवि-आलोचकों की परम्परा पर प्रकाश डालते हुए यह स्वीकार किया है कि आलोचना का वास्तविक सूत्रपात भारतेन्दु युग में सर्जक साहित्यकारों द्वारा ही होता है। उनका मानना है कि "भारतेन्दु युग के जिन साहित्यकारों के द्वारा नई आलोचना का सूत्रपात हुआ उनमें प्रायः सभी मुख्यतः सर्जक साहित्यकार थे। सामाजिक उत्तरदायित्व से युक्त जीवनवादी सर्जक साहित्यकारों की इस दृष्टि ने जिस प्रकार नाटक और काव्य और आगे चलकर कथा-साहित्य को प्रभावित किया, उसी प्रकार आलोचना को भी।"[8] स्पष्ट है कि आगे होने वाले अकादमिक आलोचकों या कवि-आलोचकों पर इस युग के आलोचनात्मक चिन्तन का प्रभाव पड़ा होगा, वह चाहे शमशेर बहादुर सिंह हों या फिर अन्य कवि-आलोचक।

कालक्रम की दृष्टि से आधुनिक काल में यदि हम कवि-आलोचकों की बात करते हैं, तो सबसे पहले भारतेन्दु और उनकी सैद्धान्तिक आलोचना 'नाटक' का नाम आता है। दरअसल, इस समय तक हिन्दी में कई नाटकों की रचना हो चुकी थी, लेकिन भारतेन्दु ने एक कवि-आलोचक के रूप में 'नाटक' शीर्षक आलोचनात्मक निबन्ध लिखकर इन नाटकों के देखने-समझने-परखने का रास्ता आसान कर दिया जो अब तक दुर्लभ था। भारतेन्दु ने यह आलोचनात्मक लेख लिखकर नाटक को सीधा रंगमंच से जोड़ दिया। इस निबन्ध के विषय में रामस्वरूप चतुर्वेदी ने अपना विचार व्यक्त करते हुए कहा है कि "भारतेन्दु ने पूरे-अधूरे, मूल-अनुवाद सब मिलाकर सत्रह नाटक रचे, 'नाटक' शीर्षक से एक लम्बा निबन्ध लिखा (1883)-जो हिन्दी-आलोचना की आधारशिला कहा जा सकता है।"[9]

दरअसल, एक कवि-आलोचक के रूप में भारतेन्दु ने नाट्य-सम्बन्धी चिन्तन कर निबन्ध के आरम्भ में ही नाटक को परिभाषित करने का प्रयास किया है। उनके शब्दों में, "नाटक शब्द का अर्थ है नट लोगों की क्रिया। नट कहते हैं विद्या के प्रभाव से अपने व किसी वस्तु के स्वरूप को फेर देने वाले को, व स्वयं दृष्टि रोचन के अर्थ-फिरने को।"[10] जाहिर है कि भारतेन्दु ने नाटक को अभिनेयता की दृष्टि से स्पष्ट करने का प्रयास किया है। पूरे निबन्ध में भारतेन्दु ने नाटक के तत्त्वों का विस्तृत विवेचन करते हुए संस्कृत एवं पाश्चात्य नाट्य परम्परा के प्रभावों को अपने चिन्तन में समावेशित किया है। कहना न होगा कि एक कवि-आलोचक का ऐसा चिन्तन भावी साहित्य चिन्तन को गति प्रदान करने में सहायक है। गौरतलब है कि आलोचना के आरम्भिक दौर में, "नाट्यशास्त्र सम्बन्धी सर्वाधिक महत्त्वपूर्ण कृति भारतेन्दु का 'नाटक' है। इसकी सबसे बड़ी विशेषता यह है कि इसमें प्राचीन नाट्यशास्त्र की जानकारी कराने के साथ ही युग-प्रवृत्ति का ध्यान रखकर प्राचीन जटिल शास्त्रीय नियमों से छूट लेने की आवश्यकता पर बल दिया गया है।"[11]

दरअसल, भारतेन्दु ने अपने निजी अनुभव के आधार पर नाटक के तत्त्वों को समझने-समझाने का प्रयास किया है साथ ही प्राचीन सिद्धान्तों की महत्ता को रेखांकित कर वर्तमान में नए प्रकार से उनकी उपयोगिता पर बल दिया है। "भारतेन्दु ने नाटक पर विचार करते समय उसकी प्रकृति, समसामयिक जन-रुचि एवं प्राचीन नाट्यशास्त्र की उपयोगिता पर विचार किया है। उन्होंने बदली हुई जन-रुचि के अनुसार नाट्य रचना में परिवर्तन करने पर विशेष बल दिया है। भारतेन्दु के नाटक-विषयक लेख में आलोचना के गुण मिल जाते हैं ऐसी दशा में उन्हें आधुनिक हिन्दी साहित्य का प्रथम आलोचक कहना अनुचित न होगा।"[12]

भारतेन्दु ने एक कवि-आलोचक की भूमिका का निर्वाह करते हुए नाट्य सम्बन्धी चिन्तन तो किया ही है, साथ ही काव्य-सम्बन्धी चिन्तन भी किया है। भारतेन्दु का काव्य-सम्बन्धी चिन्तन और कविता के बारे में उनके व्यक्तिगत विचार हमें उनके आलोचनात्मक निबन्ध 'जातीय-संगीत' में देखने को मिल जाते हैं। वे कविता को संगीत से जोड़ने की अपील करते हुए कहते हैं कि "यह सब लोग जानते हैं कि जो बात साधारण लोगों में फैलेगी उसी का प्रचार सार्वदेशिक होगा और यह भी विदित है कि जितना ग्राम-गीत शीघ्र फैलते हैं और जितना काव्य को संगीत द्वारा सुनकर चित्त पर प्रभाव होता है उतना साधारण शिक्षा से नहीं होता। इससे साधारण लोगों के चित्त पर भी इन बातों का अंकुर जमाने को इस प्रकार से जो संगीत फैलाया जाए तो बहुत कुछ संस्कार बदल जाने की आशा है।"[13] कहना न होगा कि तत्कालीन समय में काव्य-रचना का उद्देश्य देश से साधारण लोगों में जागरूकता फैलाने का था जिसकी ओर संकेत एक कवि-आलोचक के रूप में भारतेन्दु ने किया। अपने समाज, संस्कृति और राष्ट्रीय समस्या पर इतनी पैनी नजर रखते हुए भारतेन्दु ने इस प्रकार कवि-आलोचकों की चिन्तन परम्परा का विकास किया जिसका प्रभाव आगे होने वाले रचनाकारों पर देखने को मिल जाता है।

इस परम्परा में महत्त्वपूर्ण मोड़ लेने का काम आगे चलकर जैसा कि आचार्य शुक्ल और अन्य विद्वानों ने माना है, बालकृष्ण भट्ट और बदरीनारायण चौधरी 'प्रेमघन' ने किया। इन दोनों के सद्प्रयासों से आलोचना रीतिवादी केंचुल उतारकर आधुनिक और नई चेतना धारण करती है। यद्यपि बालकृष्ण भट्ट को कवि-आलोचक कहा जाए या नहीं, यह बात बहुत स्पष्ट नहीं है। लेकिन वे एक रचनाकार आलोचक या सर्जक साहित्यकार थे, इससे मुँह नहीं मोड़ा जा सकता। और चौधरी जी तो कवि-आलोचक हैं ही।

भट्ट जी ने कई महत्त्वपूर्ण आलोचनात्मक निबन्ध लिखे जिनसे साहित्य और समाज में एक नई दृष्टि और चेतना का सूत्रपात हुआ। अपने पत्र 'हिन्दी प्रदीप' में 'सच्ची समालोचना' नामक स्तम्भ के अन्तर्गत उन्होंने 'साहित्य जनसमूह के हृदय का विकास है', 'साहित्य का सभ्यता से घनिष्ठ सम्बन्ध है' जैसे कई महत्त्वपूर्ण

निबन्ध लिखे। "उन्होंने जुलाई 1881 के 'हिन्दी-प्रदीप' में प्रकाशित 'साहित्य जनसमूह के हृदय का विकास है' शीर्षक अपने निबन्ध में 'साहित्य को जनसमूह (नेशन) के चित्र का चित्रपट' कहा है। साहित्य की यह परिभाषा उसके जातीय-चरित्र पर बल देती है। उन्होंने इसी निबन्ध में लिखा—'जो जाति जिस समय जिस भाव से परिपूर्ण या परिलुप्त रहती है वे सब उसके भाव उस समय के साहित्य की समालोचना से अच्छी तरह प्रकट हो सकते हैं।' बालकृष्ण भट्ट ने इस निबन्ध में साहित्य और समाज के बीच बिम्ब--प्रतिबिम्ब सम्बन्ध की स्थापना ही नहीं की, उसे देश-विदेश के साहित्यों के विवेचन से प्रमाणित भी किया।"[14] इस प्रकार एक रचनाकार आलोचक के रूप में भट्ट जी द्वारा साहित्य और समाज के आपसी सम्बन्धों की शिनाख्त करना साहित्य और समाज को एक नई दृष्टि देता है।

इतना ही नहीं, भट्ट जी ने 'सच्ची कविता' शीर्षक से अक्टूबर 1886 में 'हिन्दी प्रदीप' में एक महत्त्वपूर्ण आलोचनात्मक निबन्ध लिखकर कविता के विषय में अपनी राय व्यक्त की है। भट्ट जी ने हिन्दी कविता के विषय में अपने विचार व्यक्त करते हुए कहा कि "हिन्दी के कवि भी उन्हीं पुराने कवियों की शैली का अनुसरण कर आज तक चले आए और उस ढंग को छोड़ कोई दूसरे प्रकार की भी कविता हो सकती है यह बात उनके मन में धँसती ही नहीं जिसकी उपमा हम एक छोटे से तालाब की देंगे जिसमें न कहीं से पानी का विकास है, न नया ताजा पानी उसमें आने की कोई आशा है तब इसके अतिरिक्त और क्या हो सकता है कि उसका पानी दिन-ब-दिन सड़ता ही जाए और गन्दगी बढ़ती जाए, क्योंकि नियमबद्ध हो जाने से गिनी-गिनी बातें उनके लिए बच रहीं उन्हीं का बार-बार पिष्टपेषण किया करें।"[15] कहना न होगा कि एक सर्जक साहित्यकार कविता और कवियों के बारे में ऐसी कटु आलोचना तब कर रहा था जब समाज में परिवर्तन की लहर दौड़ रही थी और उसको गति देने के लिए काव्य रचना में नई दृष्टि और चेतना की आवश्यकता पर बल देना आवश्यक था।

'जीर्ण जनपद' और 'अलौकिक लीला' जैसे प्रबन्ध-काव्य लिखने वाले कवि बदरीनारायण चौधरी 'प्रेमघन' ने भी कवि-आलोचकों की परम्परा में महत्त्वपूर्ण योगदान दिया है। अपनी पत्रिका 'आनन्द कादम्बिनी' में लाला श्रीनिवासदास के नाटक 'संयोगिता स्वयंवर' की आलोचना चौधरी जी ने जितनी बेबाकी से की है, वह उस नाटक के पूर्ववर्ती आलोचकों तथा स्वयं नाटककार को झकझोर कर रख देती है। इस नाटक की पूर्ववर्ती आलोचकों द्वारा प्रशस्तिपरक की गई आलोचना पर चौधरी जी ने कटु व्यंग्यों का प्रहार किया साथ ही सम्पूर्ण कृति के गुण-दोषों का विवेचन कर उसकी घोषित ऐतिहासिकता पर प्रश्नचिह्न लगाया है। आचार्य शुक्ल ने 'हिन्दी साहित्य का इतिहास' में उसके कुछ अंशों को उद्धृत किया है जो देखना अपने आप में दिलचस्प होगा। "यद्यपि इस पुस्तक की समालोचना करने के पूर्व इसके समालोचकों की समालोचना करने की आवश्यकता जान पड़ती है, क्योंकि

जब हम इस नाटक की समालोचना अपने बहुतेरे सहयोगी और मित्रों को करते देखते हैं, तो अपनी ओर से जहाँ तक खुशामद और चापलूसी का कोई दर्जा पाते हैं, शेष छोड़ते नहीं दिखते।''[16] गौरतलब है कि एक कवि-आलोचक के रूप में चौधरी साहब ने आलोचना में इतनी बेबाकी का परिचय तब दिया है जब आलोचना जैसी विधा अपने अस्तित्व में नई-नई आई थी।

कवि-आलोचकों की परम्परा में प्रतापनारायण मिश्र का भी योगदान देखने को मिलता है। बालकृष्ण भट्ट और 'प्रेमघन' के बाद मिश्र जी ने भी लाला श्रीनिवासदास के नाटक 'संयोगिता स्वयंवर' की आलोचना की है। ''अपनी समीक्षा में वे नाटक को रंगमंच की दृष्टि से देखे जाने पर बल देते हैं। इसलिए अपनी समीक्षा में नाटक की संवाद-योजना की चर्चा वे विस्तारपूर्वक करते हैं। वे पात्रानुकूल भाषा का महत्त्व स्वीकार करते हुए भी क्लिष्ट संस्कृत शब्दों के प्रयोग पर आपत्ति करते हैं। भाषा का बहुत अधिक काव्यात्मक होना भी वे नाटक का दोष मानते हैं, क्योंकि इससे नाटक के मंचन में बाधा आती है।''[17] जो भी हो एक कवि-आलोचक के रूप में मिश्र जी का नाम भी कवि-आलोचकों में शामिल किया जा सकता है।

द्विवेदी युगीन कवि-आलोचकों की परम्परा में मैथिलीशरण गुप्त, रामनरेश त्रिपाठी, माखनलाल चतुर्वेदी, सुभद्राकुमारी चौहान आदि का भी नाम लिया जा सकता है। यद्यपि मैथिलीशरण गुप्त ने कोई आलोचनात्मक पुस्तक लिखी हो, ऐसा देखने में नहीं मिलता। लेकिन वे साहित्य-चिन्तन के भारतीय तथा पाश्चात्य परम्पराओं से निश्चित रूप से अवगत थे। यही कारण है कि उनके काव्यों में प्रसंगानुकूल उनका आलोचनात्मक-चिन्तन प्रतिक्रिया स्वरूप देखने को मिल जाता है।

'भारत-भारती' में गुप्त जी जब यह कहते हैं—

केवल मनोरंजन न कवि का कर्म होना चाहिए,
उसमें उचित उपदेश का भी मर्म होना चाहिए।
क्यों आज 'रामचरितमानस' सब कहीं सम्मान्य है?
सत्काव्य-युत उसमें परम आदर्श का प्राधान्य है।[18]

तब ऐसा लगता है कि एक कवि चिन्तक के रूप में वे तत्कालीन सामाजिक-राजनीतिक परिस्थितियों के सन्दर्भ में कवियों के कर्तव्य का बोध करा रहे हों। ऐसे ही वे एक स्थान पर उन कवियों पर कटाक्ष करते नजर आते हैं जिन्होंने शृंगार-रस और काम-भावना को उद्दीप्त करने वाले तत्त्वों को ही कविता का उद्देश्य मान लिया है। इस सन्दर्भ में निम्न पंक्तियाँ उल्लेखनीय हैं—

उद्देश्य कविता का प्रमुख शृंगार रस ही हो गया,
उन्मत्त होकर मन हमारा अब उसी में खो गया।
कवि-कर्म कामुकता बढ़ाना रह गया देखो जहाँ,
वह वीर रस भी स्मर-समर में हो गया परिणत यहाँ।[19]

गौरतलब है कि तत्कालीन समय में राष्ट्रीय-आन्दोलन का जो दौर चल रहा था उसमें वीर रस प्रधान विचारोत्तेजक साहित्य-सृजन की आवश्यकता थी जिसके अनुशीलन से भारतीय समाज अपने हितों की रक्षा कर सके, जिससे भारतीय जनमानस में उत्साह का संचार हो और वह अपने राष्ट्र के प्रति जागरूक हो सके। जाहिर है यह काम शृंगारपरक काव्य-सृजन से सम्भव न था। गुप्त जी ने 'भारत-भारती' की भूमिका में ही इस बात का स्पष्टीकरण किया है कि "बिना उत्साह के उद्योग नहीं हो सकता। इसी उत्साह को, इसी मानसिक वेग को उत्तेजित करने के लिए कविता एक उत्तम साधन है। परन्तु बड़े खेद की बात है कि हम लोगों के लिए हिन्दी में अभी तक इस ढंग की कोई कविता पुस्तक नहीं लिखी गई जिसमें हमारी प्राचीन उन्नति और अर्वाचीन अवनति का वर्णन भी हो और भविष्य के लिए प्रोत्साहन भी, इस अभाव की पूर्ति के लिए जहाँ तक मैं जानता हूँ, कोई यथोचित प्रयत्न नहीं किया गया।"[20] इस प्रकार हमें छिटपुट रूप में गुप्त जी के कवि और कविता सम्बन्धी विचार देखने को मिल जाते हैं जिससे ऐसा लगता है कि एक कवि-आलोचक के रूप में उन्होंने भी परोक्ष रूप में साहित्य-चिन्तन किया है। इस प्रकार द्विवेदी युग में कई कवियों ने आलोचनात्मक-चिन्तन कर आलोचना को विकसित करने में अपना महत्त्वपूर्ण योगदान दिया है।

इसके बाद छायावादी दौर शुरू होता है और कवि-आलोचकों की चिन्तन-परम्परा तब पूर्णतः अपने अस्तित्व में सामने आ जाती है जब छायावाद के चारों महत्त्वपूर्ण कवि आलोचनात्मक-चिन्तन के क्षेत्र में सक्रिय भूमिका निभाते हैं। हालाँकि छायावादी कवियों द्वारा आलोचनात्मक-चिन्तन के क्षेत्र में पहल एक विशेष उद्देश्य से होती है, क्योंकि यह धारणा है कि जब आचार्य शुक्ल जैसे स्थापित आलोचक छायावाद का विरोध करने लगते हैं, तब छायावाद के चारों कवि छायावाद के समर्थन में आलोचनाएँ लिखने लगते हैं। लेकिन इसका एक यही कारण है, ऐसा नहीं कहा जा सकता। क्योंकि छायावादी कवियों द्वारा किया गया आलोचनात्मक-चिन्तन छायावाद का समर्थन तो करता ही है, साथ ही छायावाद को समझने-समझाने की एक नई दृष्टि भी प्रदान करता है। इसके अलावा इन कवि-आलोचकों ने भाषा और साहित्य से सम्बन्धित स्वतंत्र चिन्तन भी किया जिसका प्रभाव आगे होने वाले साहित्य-सृजन पर देखा जा सकता है।

दरअसल, छायावादी कवि-आलोचकों की परम्परा में सबसे पहले सुमित्रानन्दन पंत का नाम लिया जाता है, क्योंकि छायावादी कवि-आलोचकों द्वारा आलोचनात्मक-चिन्तन का प्रभाव सबसे पहले पंत के काव्य-संग्रह 'पल्लव' की भूमिका से देखने को मिलता है। विद्वानों ने जिस प्रकार वर्ड्सवर्थ द्वारा लिखित 'लिरिकल बैलेड्स' की भूमिका 'प्रिफेस टू लिरिकल बैलेड्स' को पश्चिमी रोमांटिसिज्म का मेनिफेस्टो (घोषणा-पत्र) स्वीकार किया है, ठीक वैसे ही पंत द्वारा लिखित 'पल्लव' की भूमिका

'प्रवेश' को भारतीय छायावाद का मेनिफेस्टो माना है। जाहिर है जिस प्रकार वर्ड्सवर्थ ने 'प्रिफेस टू लिरिकल बैलेड्स' में काव्य, काव्यभाषा सम्बन्धी चिन्तन कर रूढ़िगत बन्धनों को तोड़कर एक नई दृष्टि प्रदान की है, ठीक वैसे ही पंत ने भी 'पल्लव' की भूमिका द्वारा काव्य और काव्य-भाषा सम्बन्धी चिन्तन कर खड़ी बोली को काव्य-भाषा के पद प्रतिष्ठित करने की जोरदार वकालत की है और रूढ़िगत बन्धनों का खंडन कर काव्य-चिन्तन में एक नूतन दृष्टि का संचार किया है। स्पष्ट है कि 'पल्लव' की भूमिका हमारे समक्ष छायावाद के मेनिफेस्टो के रूप में ही सामने आती है।

'पल्लव' की भूमिका से कवि-आलोचक पंत का आलोचनात्मक-चिन्तन प्रारम्भ होता है और आगे चलकर इस भूमिका के साथ 'आधुनिक कवि', 'उत्तरा', 'युगवाणी' आदि काव्य-संग्रहों की पाँच भूमिकाओं को मिलाकर 'गद्यपथ' नाम से एक पुस्तक हमें देखने को मिल जाती है। लेकिन पंत के काव्य-चिन्तन का मूल 'पल्लव' की भूमिका ही है। "पंत की इस भूमिका के कारण ही काव्य के प्रतिमानों में भी परिवर्तन हुआ और काव्य की कलागत सूक्ष्मताओं को देखने-परखने वाली एक आलोचनात्मक-दृष्टि भी विकसित हुई।"[21] पंत ने इस भूमिका में कई सौ वर्षों से काव्य-भाषा के पद पर आसीन ब्रजभाषा से टक्कर लेने का साहस किया है साथ ही आलोचना के नए प्रतिमानों को भी गढ़ने की कोशिश की है। डॉ. निर्मला जैन ने 'पल्लव' की भूमिका का महत्त्व रेखांकित करते हुए कहा है कि "छायावादी कवियों ने आलोचना को नई दिशा देने के लिए प्राचीन शास्त्रवादी साहित्यिक मूल्यों का ही विरोध नहीं किया बल्कि नए मूल्यों के प्रश्न पर आचार्य महावीर प्रसाद द्विवेदी और आचार्य रामचन्द्र शुक्ल से टक्कर भी ली। इस दृष्टि से सुमित्रानन्दन पंत के 'पल्लव' का 'प्रवेश' (1926 ई.) नए सृजन का ही नहीं बल्कि आलोचना के नए प्रतिमानों का भी पहला प्रभावशाली घोषणा-पत्र है।"[22] कहना न होगा कि एक कवि-आलोचक के रूप में पंत का यह योगदान साहित्य-चिन्तन में खासा महत्त्व रखता है।

दरअसल 'पल्लव' की भूमिका में पंत ने काव्य-भाषा-विषयक चिन्तन के दौरान भाषा के स्तर पर मध्यकालीन सौन्दर्यबोध और आधुनिक सौन्दर्यबोध में अन्तर स्पष्ट कर आधुनिक युग की विशेषताओं के अनुरूप खड़ी बोली का औचित्य स्पष्ट करते हुए कहा है कि "ब्रजभाषा में नींद की मिठास थी, इसमें—खड़ी बोली में, जागृति का स्पन्दन; उसमें रात्रि की अकर्मण्य स्वप्नमय ज्योत्स्ना, इसमें दिवस सशब्द कार्य—व्यग्र प्रकाश।"[23] पंत जी 'पल्लव' की भूमिका में 'कविता क्या है?' इसको स्पष्ट करते हुए कहते हैं कि "कविता हमारे परिपूर्ण क्षणों की वाणी है।"[24] आगे वे कविता की भाषा पर विचार करते हुए कहते हैं, "कविता के लिए चित्रभाषा की आवश्यकता पड़ती है।"[25] इस प्रकार पंत जी ने इस भूमिका में लय, छन्द, तुक, अलंकार आदि विभिन्न काव्यांगों को अपनी आलोचना का विषय बनाया है।

'पल्लव' में संकलित कविता 'आँसू' की चर्चा भी यहाँ कर लेना आवश्यक है

जिसमें काव्य-सृजन की प्रक्रिया में भी पंत के काव्य-सम्बन्धी चिन्तन के साक्ष्य मिल जाते हैं। 'आँसू' में पंत जब लिखते हैं कि—

वियोगी होगा पहला कवि,
आह से उपजा होगा गान;
उमड़ कर आँखों से चुपचाप
बही होगी कविता अनजान![26]

तब ऐसा प्रतीत होता है कि वे कविता के मूल आदि-स्रोत का विश्लेषण कर रहे हैं। दरअसल यही फर्क है एक कवि-आलोचक और अकादमिक आलोचक के आलोचनात्मक-चिन्तन में। क्योंकि एक अकादमिक आलोचक की अपेक्षा कवि-आलोचक के चिन्तन में रचनात्मक भाव का प्रसार भी देखने को मिल जाता है। बहरहाल पंत ने आगे चलकर छायावाद के समर्थन एवं उसे समझने-समझाने के विजन से 'छायावाद का पुनर्मूल्यांकन' नामक आलोचनात्मक पुस्तक भी लिखी जो साहित्यिक चिन्तन में अपनी अहम् भूमिका का निर्वाह करती है। इस प्रकार पंत ने कवि-आलोचकों की परम्परा में कुछ और गति भरने का सफल प्रयास किया है।

कवि-आलोचकों की परम्परा में सूर्यकान्त त्रिपाठी 'निराला' का भी महत्त्वपूर्ण योगदान है। निराला द्वारा लिखित दो महत्त्वपूर्ण आलोचनात्मक ग्रन्थ हैं—'रवीन्द्र कविता कानन' और 'पंत और पल्लव'। इसके अलावा निराला के काव्य-संग्रह 'परिमल' की भूमिका का 'मुक्तछन्द' सम्बन्धी आलोचनात्मक-चिन्तन में अतुलनीय स्थान है। निराला ने कहीं-कहीं छिटपुट आलोचनात्मक निबन्ध भी लिखे हैं जिनके माध्यम से एक कवि-आलोचक के रूप में उनकी वैचारिकी का पता चलता है। इन निबन्धों में 'साहित्य और भाषा', 'हिन्दी कविता-साहित्य की प्रगति', 'मेरे गीत और कला' आदि का उल्लेख किया जाता है।

निराला ने गद्य के सन्दर्भ में अपना मत व्यक्त करते हुए कहा है कि "गद्य जीवन-संग्राम की भाषा है।"[27] गद्य के सन्दर्भ में ऐसे विचार रखने वाले निराला स्वयं जो गद्य लिखते हैं, वह उन्हें अपने समकालीनों से अलग करता नजर आता है, क्योंकि अन्य छायावादी कवियों के गद्य में जहाँ हमें भाव-प्रवक्ता नजर आती है वहीं निराला के गद्य में बुद्धि-प्रवणता। कविता के सन्दर्भ में निराला का विचार है कि "कविता परिवेश की पुकार है।"[28] गौरतलब है कि यहाँ भी निराला की कविता सम्बन्धी यह धारणा उन्हें अपने समकालीनों से अलग करती है। यदि हम 'पंत और पल्लव' की बात करें तो यह प्रतिक्रिया स्वरूप लिखा गया आलोचनात्मक निबन्ध है, क्योंकि पंत ने 'पल्लव' की भूमिका में निराला की कविताओं की कुछ पंक्तियों में छन्द-विषयक दोषों का उल्लेख किया है जिसका जवाब इसमें दिया गया है। लेकिन केवल यहीं इसका महत्त्व खत्म नहीं हो जाता है। इसमें निराला ने पंत के कुछ काव्यगत दोषों का उल्लेख करते हुए प्रसंगानुकूल पंत की कविताओं का वैशिष्ट्य दिलकश तरीके से

पेश किया है। निराला ने पंत की कविताओं की पंक्तियों की प्रशंसा करते हुए लिखा है कि "इन पंक्तियों में एक साफ आईने की तरह मुझे पंत जी का हृदय दिखलाई पड़ता है...।"[29] इस प्रकार निराला ने पंत की रचनाओं की व्यावहारिक आलोचना प्रस्तुत की है।

अपने 'साहित्य और भाषा' शीर्षक निबन्ध में निराला साहित्य पर विचार करते हुए लिखते हैं कि "वह (साहित्य) किसी उद्देश्य की पुष्टि के लिए नहीं आता, वह स्वयं सृष्टि है। इसलिए उसका फैलाव इतना है, जो किसी सीमा में नहीं आता। ऐसे ही साहित्य से राष्ट्र का यथार्थ कल्याण हुआ है।"[30] दरअसल, यहाँ पर निराला की धारणा ऐसी नहीं है कि साहित्य का कोई उद्देश्य नहीं होता बल्कि वे साहित्य-सृजन की स्वतंत्रता पर बल देते नजर आते हैं। निराला 'रवीन्द्र कविता कानन' में जब रवीन्द्रनाथ ठाकुर और तुलसीदास के व्यक्तित्व और कृतित्व की तुलना करते हैं, तब वे अपनी तुलनात्मक आलोचना-दृष्टि का परिचय दे रहे होते हैं।

हिन्दी आलोचना के इतिहास में एक कवि-आलोचक के रूप में निराला द्वारा 'परिमल' की भूमिका में किया गया आलोचनात्मक-चिन्तन खासा महत्त्वपूर्ण है। इसमें छन्दों की मुक्ति की आवश्यकता पर बल देते हुए निराला कविता को जीवन की स्वच्छन्दता से जोड़ते हैं और कहते हैं कि "मनुष्यों की मुक्ति की तरह कविता की भी मुक्ति होती है। मनुष्य की मुक्ति कर्मों के बन्धन से छुटकारा पाना है और कविता की मुक्ति छन्दों के शासन से अलग हो जाना है।"[31] आगे चलकर परम्परा का हवाला देते हुए निराला साहित्य-समाज को आश्वस्त करते हैं कि मुक्त-छन्द में रचित काव्य समाज के लिए अहितकर नहीं, बल्कि कल्याणकारी ही होगा। उनका मानना है कि "मुक्त काव्य कभी साहित्य के लिए अनर्थकारी नहीं होता, प्रत्युत उससे साहित्य में एक प्रकार की स्वाधीन चेतना फैलती है जो साहित्य के कल्याण की मूल होती है।"[32]

डॉ. निर्मला जैन ने 'परिमल' की इस भूमिका तथा उसमें अभिव्यक्त निराला के आलोचनात्मक-चिन्तन का महत्त्व रेखांकित करते हुए कहा है कि "इस भूमिका का महत्त्व 'पल्लव' के 'प्रवेश' से किसी प्रकार कम नहीं है। इसमें मुक्त-छन्द का जो गहन-विवेचन प्रस्तुत किया गया है वह हिन्दी में एक नए छन्दशास्त्र की आधारशिला है।"[33] दरअसल, आगे चलकर शमशेर बहादुर सिंह ने भी मुक्त-छन्द पर स्वतंत्र आलोचनात्मक-चिन्तन किया है और निराला के साथ-साथ छन्द के विषय में पश्चिमी चिन्तन परम्पराओं का मूल्यांकन भी किया है। फिर क्यों न कहा जाए कि आगे चलकर एक कवि-आलोचक के रूप में शमशेर ने जो आलोचनात्मक-चिन्तन किया है उसकी पृष्ठभूमि निराला के चिन्तन से ही तैयार हो रही थी।

एक कवि-आलोचक के रूप में जयशंकर प्रसाद ने विस्तृत आलोचनात्मक-चिन्तन तो नहीं किया है, लेकिन जो किया है वह अपने आप में खासा महत्त्व रखता

है। प्रसाद के आलोचनात्मक निबन्धों का संग्रह नन्ददुलारे वाजपेयी ने एक लम्बी भूमिका के साथ किया है जो 'काव्य और कला तथा अन्य निबन्ध' के रूप में उपलब्ध है। प्राय: विद्वानों का ऐसा मानना है कि प्रसाद ने आलोचना-कर्म में पदार्पण छायावाद के समर्थन में किया, क्योंकि आचार्य शुक्ल जैसे आलोचक ने छायावाद को एक शैली मात्र मानते हुए उसका स्रोत विदेशों और ईसाई सन्तों की देन के रूप में बताया। प्रतिक्रियास्वरूप प्रसाद ने छायावाद पर लगाए गए आक्षेपों के परिहार हेतु आलोचनात्मक-चिन्तन कर उन आरोपों का खंडन किया साथ ही छायावादी काव्य को देखने-समझने और परखने का रास्ता आसान कर दिया।

दरअसल 'काव्य और कला तथा अन्य निबन्ध' में कई आलोचनात्मक लेख संकलित हैं जिनमें 'काव्य और कला', 'रहस्यवाद', 'यथार्थवाद और छायावाद' विशेष महत्त्वपूर्ण हैं। ''इन निबन्धों से यह स्पष्ट है कि इनकी रचना के मूल में छायावाद पर लगाए गए आक्षेपों के परिहार की प्रेरणा प्रधान है। यह अलग बात है कि प्रसाद ने इस सन्दर्भ में छायावाद की मनोभूमि को भी स्पष्ट किया है और काव्य से सम्बद्ध अनेक प्रश्नों पर विचार भी किया है।''[34] दरअसल, प्रसाद ने 'काव्य और कला' शीर्षक निबन्ध में परोक्ष रूप में आचार्य शुक्ल द्वारा छायावाद पर लगाए गए आरोपों पर खेद व्यक्त करते हुए कहा है कि ''विज्ञ समालोचक भी हिन्दी की आलोचना करते-करते 'छायावाद', 'रहस्यवाद' आदि वादों की कल्पना करके उन्हें विजातीय, विदेशी तो प्रमाणित करते ही हैं, यहाँ तक कहते हुए लोग सुने जाते हैं कि वर्तमान हिन्दी कविता में, अचेतनों में, जड़ों में, चेतनता का आरोप करना हिन्दी वालों ने अंग्रेजी से लिया है क्योंकि अधिकतर आलोचकों के गीत का टेक यही रहा है कि हिन्दी में जो कुछ नवीन विकास हो रहा है, वह सब बाह्य-वस्तु (Foreign element) है। कहीं अंग्रेजी में उन्होंने देखा कि 'गॉड इज लव'। फिर क्या ? कहीं भी हिन्दी में ईश्वर के प्रेम-रूप का वर्णन देखकर उन्हें अंग्रेजी के अनुवाद या अनुकरण की घोषणा करनी पड़ती है।''[35] जाहिर है कि प्रसाद यहाँ छायावाद को एक नवीन भारतीय काव्य प्रवृत्ति समझने की वकालत कर रहे हैं साथ ही शुक्ल जी जैसे आलोचकों के स्थापनाओं से असन्तोष भी।

इसी निबन्ध में प्रसाद संगीत और कविता पर विचार करते हुए कहते हैं कि ''संगीत-कला और कविता अमूर्त कलाएँ हैं। संगीत-कला नादात्मक है और कविता उससे उच्च कोटि की अमूर्त कला है।''[36] आगे चलकर वे कविता को परिभाषित करते हुए कहते हैं कि ''काव्य आत्मा की संकल्पात्मक अनुभूति है... ।''[37] इस प्रकार प्रसाद ने काव्य-सम्बन्धी चिन्तन किया है। अपने 'रहस्यवाद' नामक निबन्ध में 'रहस्यवाद' को स्पष्ट करते हुए प्रसाद का मानना है कि ''काव्य में आत्मा की संकल्पात्मक मूल अनुभूति की मुख्य धारा रहस्यवाद है।''[38] आगे चलकर प्रसाद ने अपने 'यथार्थवाद और छायावाद' शीर्षक निबन्ध में 'छायावाद' को भी परिभाषित

करने का प्रयास किया है। उनका कहना है कि ''कविता के क्षेत्र में पौराणिक युग की किसी घटना अथवा देश-विदेश की सुन्दरी के बाह्य वर्णन से भिन्न जब वेदना के आधार पर स्वानुभूतिमयी अभिव्यक्ति होने लगी, तब हिन्दी में उसे छायावाद के नाम से अभिहित किया गया।''[39] दरअसल, प्रसाद ने व्यावहारिक आलोचनाएँ नहीं की हैं, लेकिन फिर भी छायावाद के समर्थन में ही सही जो चिन्तन उन्होंने किया है वह कवि-आलोचकों की परम्परा को गति प्रदान करता है।

कवि-आलोचकों की परम्परा में महादेवी वर्मा भी अपना स्थान रखती हैं। यद्यपि इन्होंने भी बहुत विस्तृत आलोचनात्मक-चिन्तन नहीं किया है, लेकिन जो किया है उसे दरकिनार नहीं किया जा सकता। कारण भी है, क्योंकि जब तक महादेवी जी चिन्तन के क्षेत्र में आती हैं तब तक छायावाद सम्बन्धी लगभग सारे विवाद समाप्त हो चुके होते हैं। इसलिए इनके सामने समर्थन और विरोध का प्रश्न ही नहीं रह जाता। इनके आलोचनात्मक निबन्ध 'महादेवी का विवेचनात्मक गद्य' नाम से संकलित है। इनमें जो प्रमुख निबन्ध हैं, उनमें 'काव्यकला', 'छायावाद', 'रहस्यवाद', 'गीतिकाव्य', 'यथार्थ और आदर्श' तथा 'सामयिक समस्या' आदि का नाम लिया जा सकता है। आगे चलकर गंगाप्रसाद पांडेय ने इस संग्रह के साथ 'यामा' और 'दीपशिखा' की भूमिकाओं को मिलाकर 'साहित्यकार की आस्था तथा अन्य निबन्ध' नाम से पुस्तकाकार रूप में प्रकाशित कराया है जिसके अनुशीलन के आधार पर एक कवि-आलोचक के रूप में महादेवी जी के अलोचनात्मक चिन्तन पर बहस की जा सकती है।

कला और साहित्य के विषय में चिन्तन करते हुए महादेवी जी उसे आश्चर्य लोक की वस्तु नहीं मानतीं, बल्कि उसका सम्बन्ध साधारण जीवन शैली से जोड़ते हुए उसे ठोस और यथार्थ के अधिक नजदीक मानती हैं। उनका कहना है कि ''...यदि वे अपनी असाधारण स्थिति को जीवन की व्यापकता में साधारण न बना सके तो आश्चर्य की वस्तु मात्र रह जाएँगे। महान कलाकार भी हमारे भीतर कौतुक का भाव न जगाकर, एक परिचय भरा अपनापन ही जगाएगा।''[40] इसी प्रकार महादेवी जी छायावाद की प्रमुख विशेषता कल्पना का सम्बन्ध भी ठोस यथार्थ से जोड़ती हैं। उनका मानना है कि ''कल्पना के विषय में यह स्मरण रखना उचित है कि वह स्वप्न से अधिक ठोस धरती चाहती है।''[41] महादेवी जी ने अपने 'रहस्यवाद' शीर्षक निबन्ध में रहस्यवाद की स्थिति स्पष्ट करने का प्रयास किया है। उन्होंने प्राचीन भारतीय साहित्य में रहस्यवाद का स्पष्टीकरण करते हुए उसे आधुनिक सन्दर्भों में भी व्याख्यायित करने और उसमें बुद्धितत्त्व की महत्ता को रेखांकित करने का उपक्रम किया है।

अपने 'गीतिकाव्य' शीर्षक निबन्ध में महादेवी जी ने गीतिकाव्य और गीत को स्पष्ट करने का प्रयास किया ही है साथ ही गीतों के क्षेत्र में विशेषकर लोकगीतों के महत्त्व को भी रेखांकित किया है। वे गीत को परिभाषित करते हुए कहती हैं कि

"सुख-दुख की भावावेशमयी अवस्था विशेष का, गिने-चुने शब्दों में स्वरसाधना के उपयुक्त चित्रण कर देना ही गीत है।"[42] महादेवी जी का 'सामयिक समस्या' शीर्षक निबन्ध खासा महत्त्वपूर्ण है क्योंकि उसमें उनकी जो आलोचनात्मक टिप्पणियाँ हैं वे एक रूप में आगे चलने वाले प्रगतिवाद एवं उसके कवियों की आलोचना प्रतीत होती है। महादेवी जी लिखती हैं कि "इतना स्पष्ट है कि श्रमिकों की वाणी में बोलने वाली यह कविता ऐसे मध्यवर्ग के कंठ से उत्पन्न हो रही है जो श्रमिक जीवन से नितान्त अपरिचित और अपने जीवन की विषमता से पूर्णतः क्लान्त है।"[43] गौरतलब है कि प्रगतिवाद के लगभग सभी साहित्यकार मध्यवर्ग से ताल्लुक रखते हैं और निम्न वर्ग या श्रमिक वर्ग के साहित्यकारों की उपस्थिति प्रगतिवाद में हो, यह संशय की ही बात है। जाहिर है जो साहित्यकार जिस वर्ग के समाज और जीवन का चित्रण अपने साहित्य में कर रहा है, उसमें उस यथार्थ को भोगे बिना उसने उसे कितनी ईमानदारी से अभिव्यक्त किया?—यह अपने आप में एक दिलचस्प सवाल है जिसकी तरफ महादेवी जी ने संकेत किया है। इसी प्रकार महादेवी जी ने अपने निबन्धों में छायावाद, रहस्यवाद, यथार्थ आदि को परिभाषित करने का प्रयास किया है। डॉ. निर्मला जैन ने महादेवी जी के आलोचनात्मक योगदान को स्वीकार करते हुए लिखा है कि "छायावाद सम्बन्धी आलोचना को उनकी दो मौलिक देनें स्वीकार की जा सकती हैं। अपने 'गीत' विषयक निबन्ध में उन्होंने लोकगीतों के आधार पर गीतिकाव्य की विशेषताएँ बताईं और 'छायावाद' सम्बन्धी निबन्ध में प्रगतिशील आन्दोलन की रोशनी में छायावाद की सामाजिकता और यथार्थवादिता की व्याख्या की।"[44] बहरहाल छिटपुट रूप में ही सही, महादेवी जी ने एक कवि-आलोचक के रूप में जो आलोचनात्मक-चिन्तन किया है वह कवि-आलोचकों की परम्परा को समृद्ध करता है।

छायावादी कवि-आलोचकों के बाद छायावादोत्तर काल में भी कवियों ने साहित्य-सृजन के साथ-साथ आलोचनात्मक-चिन्तन किया है। छायावादोत्तर काल के कवि-आलोचक में हम रामधारी सिंह 'दिनकर' का नाम ले सकते हैं। रामधारी सिंह दिनकर ने काव्य-सृजन के साथ ही साहित्य तथा साहित्येतर विषयों पर आलोचनात्मक-चिन्तन कर साहित्य और समाज को दूर तक प्रभावित किया है। दिनकर की बहुचर्चित पुस्तक 'संस्कृति के चार अध्याय' इस दृष्टि से विशेष उल्लेखनीय है। इसमें दिनकर ने भारतीय संस्कृति के चार सोपानों का हवाला पेश करते हुए इसके विकास और इतिहास की जाँच-परख की है। इसके साथ ही वे साहित्य, समाज, विभिन्न कलाओं, धर्म, जाति आदि की चर्चा करते चलते हैं। इन सब ने भारतीय संस्कृति और भारतीय जनमानस को किस रूप में प्रभावित किया है, इसका दिलचस्प विश्लेषण दिनकर ने इस पुस्तक में किया है। इसके अलावा दिनकर का 'शुद्ध कविता की खोज' शीर्षक निबन्ध बेहद महत्त्वपूर्ण है जिसमें उन्होंने काव्य-सम्बन्धी चिन्तन किया है। साथ ही

दिनकर की काव्य-कृतियों जैसे 'उर्वशी' आदि में भी एक विचारक के रूप में उनकी छवि हमारे सामने आती है जहाँ उन्होंने साहित्य, कला और संस्कृति सम्बन्धी चिन्तन किया है। इसीलिए कवि-आलोचकों की परम्परा में दिनकर का नाम सम्मानपूर्वक लिया जा सकता है।

कवि-आलोचकों की परम्परा में नलिन विलोचन शर्मा का नाम भी लिया जा सकता है। नलिन जी ने कवि के रूप में ही अपनी साहित्यिक यात्रा आरम्भ की और आगे चलकर दो अन्य रचनाकारों के साथ मिलकर 'नकेनवाद' का प्रवर्तन किया। लेकिन एक कवि-आलोचक की हैसियत से उन्होंने साहित्य-चिन्तन भी किया है। नलिन जी ने "पटना से प्रकाशित त्रैमासिक पत्र 'साहित्य' का सम्पादन किया। उनकी आलोचनात्मक टिप्पणियाँ और लेख अधिकांशत: इसके सम्पादकीय के रूप में ही लिखे गए। उनके निबन्धों का संग्रह 1947 में 'दृष्टिकोण' नाम से प्रकाशित हुआ। सन् '60 में उनकी विशेषरूप से उल्लेखनीय पुस्तक 'साहित्य का इतिहास दर्शन' प्रकाशित हुई जो मूलत: उनकी भाषण-माला का परिवर्धित रूप थी।"[45] नलिन जी ने कथा-साहित्य पर भी आलोचनात्मक-चिन्तन किया है। इस सन्दर्भ में उनकी पुस्तक 'हिन्दी उपन्यास : विशेषत: प्रेमचन्द' विशेष महत्त्वपूर्ण है। नलिन जी ने कथा-साहित्य पर आलोचनात्मक-चिन्तन करते हुए भारतेन्दु युगीन कथाकारों के साथ-साथ प्रेमचन्द, अज्ञेय, हजारीप्रसाद द्विवेदी, अश्क आदि की रचनाओं को अपने चिन्तन का विषय बनाया हैं। इसी प्रकार कवियों में उन्होंने मैथिलीशरण गुप्त, सुमित्रानन्दन पंत, दिनकर, त्रिलोचन आदि की रचनाओं को अपने चिन्तन द्वारा प्रभावित किया है। इसके साथ ही नलिन जी ने साहित्य का समाजशास्त्रीय विश्लेषण कर वस्तु और शिल्प के सन्दर्भ में भी रचनाकारों की पहल का जायजा लिया है। इस सन्दर्भ में " 'छायावाद और प्रगतिवाद', 'साहित्यकार की सामाजिक चेतना', 'साहित्य में परिस्थितियों की चेतना' आदि में उनकी आलोचनात्मक टिप्पणियों को देखा जा सकता है। नलिन जी के आलोचनात्मक-चिन्तन का विश्लेषण करते हुए कुछ विद्वान् उनके चिन्तन को सामाजिक आशय से सम्पुष्ट मानते हैं तो कुछ को उनका चिन्तन रूपवादी लगता है। जो हो, एक कवि-आलोचक के रूप में नलिन जी ने जो साहित्य चिन्तन किया है वह साहित्य-समाज को काफी हद तक प्रभावित करता है। कवि-आलोचकों की परम्परा प्रगतिवादी दौर से भी गुजरती है। प्रगतिवादी कवि-आलोचकों में नागार्जुन और त्रिलोचन का नाम सर्वाधिक महत्त्वपूर्ण है। नागार्जुन ने छायावाद के महाकवि निराला को अपनी आलोचना का विषय बनाकर व्यक्तिपरक आलोचना की है।

कवि-आलोचकों की परम्परा में अब शमशेर के समकालीनों का दौर आरम्भ होता है। शमशेर के समकालीन कवि-आलोचकों में अज्ञेय, मुक्तिबोध, विजयदेवनारायण साही और रघुवीर सहाय का नाम विशेष महत्त्व रखता है। सबसे

पहले हम कवि-आलोचकों के रूप में मुक्तिबोध की बात करेंगे, क्योंकि उनका नाम एक प्रगतिशील समीक्षक के रूप में लिया जाता है और उन्होंने सबसे पहले आलोचना में चुनौतीपूर्ण कार्य करने का साहस किया है।

एक कवि-आलोचक के रूप में मुक्तिबोध के साहित्य-चिन्तन का क्षेत्र बहुत व्यापक है। कारण कि मुक्तिबोध का आलोचनात्मक लेखन पुस्तकाकार रूप में तो उपलब्ध है ही, साथ ही उनका आलोचनात्मक-चिन्तन 'निबन्ध' या 'डायरी' आदि में भी बिखरा पड़ा है। मुक्तिबोध की प्रथम आलोचनात्मक रचना 'कामायनी : एक पुनर्विचार' है। हालाँकि इसका प्रकाशन सन् 1961 में होता है, लेकिन 'कामायनी' पर 'कामायनी : कुछ नए विचार' शीर्षक दो लेख 1945-46 में ही 'हंस' में प्रकाशित हो चुके थे। इसके बाद मुक्तिबोध की 'एक साहित्यिक की डायरी' बहुचर्चित आलोचनात्मक निबन्धों का संग्रह है। यह अलग बात है कि यह एक 'डायरी' है जिसमें मुक्तिबोध का निजी स्वर प्रबल है, लेकिन इसमें मुक्तिबोध ने रचना-प्रक्रिया से लेकर नई कविता और कलाकार की व्यक्तिगत ईमानदारी तक की पड़ताल की है। इसके अलावा मुक्तिबोध ने अपने स्वतंत्र आलोचनात्मक-कर्म में अपने समकालीनों के साथ-साथ परम्परा का भी मूल्यांकन किया है जो साहित्य-चिन्तन के क्षेत्र में अद्वितीय योगदान है। इसका महत्त्व इसलिए बढ़ जाता है, क्योंकि मुक्तिबोध द्वारा किया गया चिन्तन एक कवि-आलोचक का आलोचना-कर्म है जिसमें दूसरों के साथ-साथ वह खुद की भी रचना-प्रक्रिया पर बात करते हैं और दूसरों के साथ-साथ वह खुद का भी मूल्यांकन करते चलते हैं। यही फलसफा हमें शमशेर में भी देखने को मिलता है।

यहाँ पर नेमिचन्द्र जैन की वह टिप्पणी कोट करने लायक है जहाँ वह 'मुक्तिबोध रचनावली, भाग-5' का सम्पादन करते हुए उसमें संकलित आलोचनात्मक निबन्धों और मुक्तिबोध के आलोचना-कर्म पर अपनी राय देते हुए करते हैं। नेमिचन्द्र जैन का कहना है कि "इस खंड में मुक्तिबोध के फुटकर आलोचनात्क निबन्ध हैं, जो समग्रत: सृजन-कर्म से जुड़े बहुत से सैद्धान्तिक तथा व्यावहारिक सवालों पर एक जागरूक रचनाकार के प्रखर और संवेदनशील चिन्तन को प्रस्तुत करते हैं। वे यह भी जाहिर करते हैं कि इन सवालों के सही-सही सर्जनात्मक और व्यापक सामाजिक सन्दर्भों को परिभाषित-निर्धारित करने और हिन्दी के नए-पुराने लेखन के सन्दर्भ में उनका परीक्षण करने की उनमें कैसी बेचैनी थी। विशेषकर उनका समीक्षात्मक लेखन इस बात का सबूत है कि अपने जमाने के बुजुर्ग, समवयसी और युवतर रचनाकारों के काम में उनकी गहरी दिलचस्पी थी।"[46] जाहिर है मुक्तिबोध एक कवि-आलोचक के रूप में अपनी परम्परा के साथ-साथ अपने समय के साहित्यिक समाज और रचनाशीलता के प्रति सजग और जागरूक आलोचक थे।

मुक्तिबोध की पहली आलोचनात्मक कृति 'कामायनी : एक पुनर्विचार' की

बात करें, तो उन्होंने कामायनी पर पुनर्विचार करने की प्रेरणा के कारणों को स्पष्ट करते हुए कहा है कि " 'कामायनी' साहित्य के रसवादी-छायावादी पुराणपंथियों के हाथ में, नवीन प्रगति-शक्तियों के विरुद्ध एक शस्त्र बन गई।"[47] एक प्रगतिशील-समीक्षक की हैसियत से उन्होंने यह भी स्पष्ट किया कि "भाववादी आलोचकों ने प्रसाद जी के भी आगे बढ़कर 'कामायनी' का रहस्यवादी मनोवैज्ञानिक अर्थ लगाया और उसके उपयोगी तत्त्वों को प्रच्छन्द कर दिया।"[48] मुक्तिबोध ने यह भी स्पष्ट किया कि "उन्होंने 'कामायनी' के सम्बन्ध में हर तरह की ऊँचे किस्म की गलतफहमियाँ भी फैलाई।"[49] दरअसल, मुक्तिबोध द्वारा 'कामायनी' की आलोचना करने के पूर्व 'कामायनी' की कई आलोचनाएँ प्रकाशित हो चुकी थीं जिनसे मुक्तिबोध को गहरा असन्तोष था। जाहिर है अपने समय के प्रति सचेत कलाकार चुप कैसे रह सकता था? यही कारण है कि मुक्तिबोध ने 'कामायनी' की नई व्याख्या कर उसे नए नजरिए से देखने की अपील की और प्रसाद की सीमाओं को रेखांकित कर उसके प्रगतिशील पक्षों को उजागर किया।

इसके बाद मुक्तिबोध की आलोचनात्मक कृतियाँ और निबन्ध कविता की रचना-प्रक्रिया और मुक्तिबोध की स्वयं की रचना-प्रक्रिया के आत्मसजग विश्लेषण की उपज हैं। सन् 1964 ई. में प्रकाशित दो कृतियाँ 'एक साहित्यिक की डायरी' और 'नई कविता का आत्मसंघर्ष तथा अन्य निबन्ध' इस दृष्टि से विशेष महत्त्वपूर्ण हैं। 'एक साहित्यिक की डायरी' का पहला निबन्ध 'तीसरा क्षण' रचना-प्रक्रिया के विश्लेषण के दृष्टिकोण से सर्वाधिक महत्त्वपूर्ण है जिसमें मुक्तिबोध ने कला के तीन क्षणों की व्याख्या करते हुए भाषा तथा फैंटेसी शिल्प के आपसी सम्बन्धों को उजागर किया है। रचना-प्रक्रिया के दौरान कलाकार कला के तीन क्षणों से गुजरता है और मुक्तिबोध के अनुसार, "कला का पहला क्षण है जीवन का उत्कट तीव्र अनुभव-क्षण। दूसरा क्षण है इस अनुभव का अपने कसकते-दुखते हुए मूलों से पृथक् हो जाना और एक ऐसी फैंटेसी का रूप धारण कर लेना मानो वह फैंटेसी अपनी आँखों के सामने ही खड़ी हो। तीसरा और अन्तिम क्षण है इस फैंटेसी के शब्दबद्ध होने की प्रक्रिया का आरम्भ और उस प्रक्रिया की परिपूर्णावस्था तक की गतिमानता।"[50] मुक्तिबोध ने फैंटेसी को स्पष्ट करते हुए कहा है कि "फैंटेसी अनुभव की कन्या है और उस कन्या का अपना स्वतंत्र विकासमान व्यक्तित्व है। वह अनुभव से प्रसूत है इसलिए वह उससे स्वतंत्र है।"[51] रचना-प्रक्रिया की इतनी बारीक व्याख्या शायद ही हिन्दी आलोचना में देखने को मिलती है और मजा यह है कि यह काम किया भी तो एक कवि-आलोचक ने। भाषा और फैंटेसी के बारे में मुक्तिबोध की राय है कि "भाषा फैंटेसी को काटती-छाँटती है और इस प्रक्रिया के विपरीत फैंटेसी भाषा को सम्पन्न और समृद्ध भी करती है।"[52] एक सजग और रचनाशील कलाकार साहित्य-सृजन के साथ-साथ भाषा का निर्माण और विकास करता चलता है और मुक्तिबोध

के अनुसार, ''जो कवि भाषा का निर्माण करता है, विकास करता है, वह निस्सन्देह महान कवि है।''[53] कहना न होगा कि मुक्तिबोध ने एक कवि-आलोचक के रूप में रचना-प्रकिया के उन दुर्लभ बिन्दुओं पर प्रकाश डाला है जो भावी सृजन को दिशा प्रदान करता है।

इसी पुस्तक के अगले निबन्ध 'एक लम्बी कविता का अन्त' के अन्तर्गत मुक्तिबोध ने स्वयं की रचना-प्रक्रिया का भी जायजा लिया है। उनका कहना है कि ''यथार्थ के तत्त्व परस्पर गुम्फित होते हैं, साथ ही पूरा यथार्थ गतिशील होता है। अभिव्यक्ति का विषय बनकर जो यथार्थ प्रस्तुत होता है वह भी ऐसा ही गतिशील है, और उसके तत्त्व परस्पर गुम्फित हैं। यही कारण है कि मैं छोटी कविताएँ लिख नहीं पाता और जो छोटी होती हैं वे वस्तुतः छोटी न होकर अधूरी होती हैं।''[54] दरअसल इस 'डायरी' के सभी निबन्ध अपने आप में खासा महत्त्व रखते हैं जिसमें मुक्तिबोध में 'नई-कविता', 'नई कहानी' आदि पर महत्त्वपूर्ण आलोचनात्मक टिप्पणियाँ की हैं। दरअसल, मुक्तिबोध के आलोचना-कर्म का परिचय इतने कम में देना उनके साथ अन्याय करना है, लेकिन हमें अपनी सीमा का भी खयाल है कि हम शमशेर पर काम कर रहे हैं। बहरहाल, एक कवि-आलोचक के रूप में मुक्तिबोध का आलोचनात्मक योगदान किसी विशेषण का मोहताज नहीं है और यह बात सारा साहित्य-समाज स्वीकार करता है।

कवि-आलोचकों में मुक्तिबोध और शमशेर के समान ही अज्ञेय का नाम भी विशेष महत्त्वपूर्ण है। अज्ञेय ''शुद्ध आलोचक न होते हुए भी अपने आलोचनात्मक विचारों के लिए हिन्दी आलोचना के इतिहास में इसलिए उल्लेखनीय हैं कि उन्होंने छायावादी कवियों से भी अधिक नई कविता के आस्वाद और मूल्यांकन के लिए उपयुक्त नई आलोचना के लिए आधार तैयार किया है।''[55] प्रयोगवाद के प्रवर्तन के साथ ही अज्ञेय ने 'तारसप्तक', 'दूसरा सप्तक' और 'तीसरा सप्तक' का सम्पादन किया और 'तीसरा सप्तक' की लम्बी भूमिका लिखकर छायावादी कवियों के तर्ज पर 'सप्तक' के कवियों को स्वयं प्रयोगवाद के समर्थन में आलोचना-कर्म में प्रवृत्त होने और उसकी व्याख्या-विश्लेषण कर साहित्य-समाज को प्रयोगवाद के प्रति एक ठोस नजरिया विकसित करने-कराने की अपील की। 'तीसरा सप्तक' की भूमिका में अज्ञेय ने लिखा कि ''नई कविता का अपने पाठक और स्वयं के प्रति उत्तरदायित्व बढ़ गया है। यह मानकर कि शास्त्रीय आलोचकों से उसे सहानुभूतिपूर्ण तो क्या पूर्वग्रहरहित अध्ययन भी नहीं मिला है, यह आवश्यक हो गया है कि स्वयं आलोचक तटस्थ और निर्मम भाव से उसका परीक्षण करें। दूसरे छन्दों में परिस्थिति की माँग यह है कि कविगण स्वयं एक-दूसरे के आलोचक बनकर सामने आएँ।''[56] यह आकस्मिक नहीं कि अज्ञेय के इस अपील का प्रभाव कहीं-न-कहीं मुक्तिबोध, शमशेर, विजयदेवनारायण साही, रघुवीर सहाय आदि के आलोचनात्मक-चिन्तन पर दिखता

है। शमशेर ने तो घोषित रूप में बेबाक तरीके से प्रयोगवाद और उसके कवियों की आलोचना की है। इसकी चर्चा हम आगे के अध्याय में करेंगे।

गौरतलब है कि प्रगतिवादी आलोचकों द्वारा 'प्रयोगवाद' और 'नई कविता' की घोर अपेक्षा के कारण ही अज्ञेय ने स्वयं आलोचना कर्म में सक्रिय भूमिका निभाई साथ ही अन्य लोगों को भी इस क्षेत्र में आने का आह्वान किया। कवि या कविता चाहे कितनी ही महान क्यों न हो उसका पाठक और आलोचक न हो, तो वह धूमिल-सी पड़ने लगती है। यही कारण है कि अज्ञेय ने अपने जर्नल 'भवन्ति' में इस बात को रेखांकित किया कि "आलोचना गौण या उपजीवी कर्म भले ही हो, कवि को उसकी आवश्यकता रहती है। आलोचना की अनुपस्थिति में वह मुरझाता है, उसकी प्रतिभा मलिन होती है।"[57] अज्ञेय ने इस सन्दर्भ में न सिर्फ आलोचनाएँ लिखीं, बल्कि अपनी कविता की रचना-प्रक्रिया, उसकी व्याख्या के साथ-साथ अपने कुछ समकालीन रचनाकारों की आलोचनाएँ भी कीं। साथ ही काव्य तथा साहित्य सम्बन्धी कुछ महत्त्वपूर्ण सैद्धान्तिक स्थापनाएँ भी दीं। अज्ञेय की आलोचना पुस्तकों में 'त्रिशंकु', 'आत्मनेपद', 'अद्यतन', 'संवत्सर' आदि महत्त्वपूर्ण हैं। साथ ही उनकी 'सप्तक' की भूमिकाओं में की गई आलोचनात्मक टिप्पणियों को भी लिया जा सकता है जिसमें उनकी आलोचना-दृष्टि दिखती है।

अज्ञेय ने काव्य और कला सम्बन्धी अपने विचारों को विस्तारपूर्वक अपने आलोचनात्मक निबन्धों के पहले संग्रह 'त्रिशंकु' में प्रस्तुत किया है। " 'त्रिशंकु' में संकलित अपने निबन्ध 'कला का स्वभाव और उद्‌देश्य' में वे कला को 'सामाजिक अनुपयोगिता की अनुभूति के विरुद्ध अपने को प्रमाणित करने के प्रयत्न' के रूप में परिभाषित करते हैं। वे इसे 'अपर्याप्तता के विरुद्ध विद्रोह' के रूप में देखते हैं। ...अज्ञेय लेखक से कला के प्रति आत्यन्तिक समर्पण और आत्मदान की अपेक्षा करते हैं।"[58] दरअसल, अज्ञेय पर अंग्रेजी कवि-आलोचक इलियट का काफी प्रभाव देखा जा सकता है। यही कारण है कि अज्ञेय ने अपनी रचना और आलोचना दोनों में 'निर्वैयक्तिकता' के सिद्धान्त की स्थापना पर बल दिया है जो छायावादी काव्य-सिद्धान्त का विरोधी प्रतीत होता है। 'त्रिशंकु' में संकलित निबन्धों में भी अज्ञेय के चिन्तन में इलियट का प्रभाव देखा जा सकता है। "कविता को अज्ञेय निरन्तर निर्वैयक्तिक रचना एवं अहं के विचलन का साधन मानते रहे, शायद आज भी मानते हैं।"[59] अज्ञेय के दूसरे आलोचनात्मक संग्रह 'आत्मनेपद' में भी वैयक्तिकता और निर्वैयक्तिकता सम्बन्धी चिन्तन को देखा जा सकता है। 'आत्मनेपद' में संकलित निबन्ध 'वैयक्तिक निबन्धों' में अज्ञेय ने स्वविवेक से अपने आप को आधुनिक रचनाशीलता से अलग दिखाने का प्रयास किया है। उनका कहना है कि "आज का कवि तो कविता को वरंच व्यक्तित्व की, व्यक्ति के अहं की, प्रखरतर अभिव्यक्ति और उस अहं को पुष्ट करने वाली रचना मानता है। मैं कहूँ कि इस चरम कोटि का

आधुनिक कवि मैं नहीं हूँ, अधिक से अधिक उस श्रेणी में हूँ जो कविता को अहं के विलयन का साधन मानते हैं।''[60] 'आत्मनेपद'—जैसा कि नाम से ही स्पष्ट है कि इसमें अज्ञेय के स्वानुभूत सत्य को अभिव्यक्ति मिली है, लेकिन फिर आलोचना के सूत्र वहाँ से निकल ही पड़ते हैं।

'आत्मनेपद' में ही अज्ञेय ने आज की कविता (आधुनिक कविता) पर मनोविज्ञान की छाप का विश्लेषण कर उसकी सौन्दर्य की कोटियाँ निर्धारित करते हुए लिखा है कि ''आधुनिक कविता पर मनोविज्ञान की गहरी छाप है। क्यों? क्योंकि व्यक्ति और उसकी परिस्थितियों में इतना कम सामंजस्य, इतना तीखा विरोध कभी नहीं हुआ, और उस विरोध के दबाव की कवि के मन पर गहरी छाप है। इतनी गहरी कि वह उसे सीधे-सीधे व्यक्त भी नहीं कर पाता है, केवल ध्वनित करता है, केवल एक संकेत देता है जिससे हम आगे बढ़कर उसे देख सकें। एक सौन्दर्य होता है जो बाहर फुलवारी में बैठता है, एक होता है जो घर में रहता है और अतिथियों द्वारा देखा जा सकता है। एक और होता है जिसे हम बन्द कमरे की खिड़की से आते हुए आलोक को देखकर अपनी संवेदना के सहारे ही मूर्त कर लेते हैं।...आज की कविता का सौन्दर्य इस तीसरी कोटि का ही सौन्दर्य है।''[61] कविता और कव्य-भाषा के सन्दर्भ में अज्ञेय का विचार है कि ''कविता भाषा में नहीं होती है, वह शब्दों में भी नहीं होती; कविता शब्दों के बीच की नीरवताओं में होती है।''[62] जाहिर है अज्ञेय के लिए मौन भी कुछ अहमियत रखता है। नीरवता ही काव्य को ध्वनित करती है। शायद इसलिए अज्ञेय लिखते भी हैं कि 'मौन भी अभिव्यंजना है।'

इस प्रकार अज्ञेय ने अपनी रचना-प्रक्रिया को स्पष्ट किया है। मुक्तिबोध की समस्या यह है कि वह छोटी कविताएँ नहीं लिख पाते, लेकिन अज्ञेय के यहाँ प्रायः छोटी कविताएँ ही देखने को मिलती हैं। अज्ञेय ने इस बारे में लिखा है कि ''छोटी कविता को महत्त्व भी देता हूँ 'नावक के तीर' वाली बात ही नहीं है, यों भी मैं मानता हूँ कि भावना-प्रधान कविता छोटी ही हो सकती है, नहीं तो भावों का 'पैराफ्रेज' होने लगता है। 'जो घनीभूत पीड़ा थी मस्तक में स्मृति-सी छाई' वह एक आँसू बनकर आए, यहाँ तक तो ठीक है, किन्तु जब वह बरसात की झड़ी-सी बरसने लगती है तब वह शायद वही पीड़ा नहीं रहती और घनीभूत तो भला रह ही कैसे सकती है। लम्बी कविताएँ भी होती हैं, हो सकती हैं, अच्छी भी हुई हैं; पर उनको कलात्मक एकता और गठन देने वाली चीज फिर दूसरी हो जाती हैं—भाव की संहति और तीव्रता नहीं। वह ढंग दूसरा है, और कहूँ कि मेरा वह नहीं है।''[63] गौरतलब है कि यहाँ हम अज्ञेय के समक्ष मुक्तिबोध या निराला या प्रसाद को रखें तो कविता की बनावट और भाव-बोध में एक दिलचस्प अन्तर देखने को मिलता है। और अज्ञेय ने अपनी आलोचना में रचना-प्रक्रिया के विश्लेषण के दौरान इसको स्पष्ट भी किया है।

दरअसल, अज्ञेय की व्यवस्थित और वस्तुपरक आलोचना उनके 'आधुनिक हिन्दी साहित्य' में देखने को मिलती है। इसमें उन्होंने भारतीय संस्कृति, परम्परा और इतिहासबोध का विश्लेषण किया है। भारतीय संस्कृति के सन्दर्भ में शुद्धता पर बल देने वालों पर कटाक्ष करते हुए अज्ञेय लिखते हैं कि "जो लोग भारतीय संस्कृति की दुहाई देते हैं वे प्रायः भूल जाते हैं कि अन्य सभी संस्कृतियों की भाँति भारतीय संस्कृति भी एक मिश्र और सामासिक संस्कृति है—कि संस्कृति मात्र समन्वित होती है, क्योंकि एक समन्वित-दृष्टि ही उसकी एकता का आधार होती है..."[64] गौरतलब है कि संस्कृति सम्बन्धी ऐसा ही चिन्तन शमशेर की आलोचना में भी देखने को मिलता है। जिस सामासिक संस्कृति की बात यहाँ अज्ञेय कर रहे हैं, भारतीय संस्कृति के सन्दर्भ में सामासिक संस्कृति की वकालत ही शमशेर की आलोचना और सर्जना का प्रबल स्वर है।

अज्ञेय ने भारतीय संस्कृति और परम्परा का मूल्यांकन करने के साथ-साथ अपने समकालीनों पर भी चिन्तन किया है। लेकिन अपने समकालीन साहित्य पर कुछ कहना जोखिम का काम मानते हैं। 'सर्जना और सन्दर्भ' में वे कहते हैं कि "एक तो कृतिकार का समकालीन साहित्य के बारे में कुछ भी कहना जोखिम का काम होता है जब तक कि पाठक इतना सतर्क और उदार न हो कि कृतिकार और समीक्षक की बातों का मूल्यांकन करने की अलग-अलग कसौटियाँ रख सके और यह समझ सके कि यह अलगाव पाखंड नहीं बल्कि दृष्टि है।"[65] ऐसी टिप्पणी अज्ञेय दरअसल अपने कवि रूप और आलोचक रूप में अलगाव दिखाने के लिए करते हैं, क्योंकि वे स्वयं को आलोचक नहीं मानते। जोखिम चाहे जो भी हो, कवि-आलोचकों ने इससे मुक़ाबला किया है और अज्ञेय ने भी।

कवि-आलोचकों की परम्परा में विजयदेवनारायण साही का नाम भी उल्लेखनीय है। ये शमशेर के समकालीन तथा 'तीसरा सप्तक' के कवि हैं, लेकिन इन्होंने आलोचनात्मक-चिन्तन भी किया है। साही जी का आलोचना-कर्म बहुत व्यापक नहीं है, लेकिन इन्होंने दो निबन्धों के कारण ही हिन्दी आलोचना में अपना स्थान बना लिया। ये दो महत्त्वपूर्ण निबन्ध हैं—'लघु मानव के बहाने हिन्दी कविता पर एक बहस' और 'शमशेर की काव्यानुभूति की बनावट'। आज भी इन निबन्धों का महत्त्व इस बात में है कि इसमें साही जी के आलोचनात्मक-चिन्तन की गहराई और विचारों की मौलिकता स्पष्ट दिखाई देती है। साही जी को 'नई कविता' के महत्त्वपूर्ण सिद्धान्तकार के रूप में भी जाना जाता है। इसके अलावा साही जी का 'जायसी' और 'छठवाँ दशक' शीर्षक आलोचनात्मक पुस्तकें भी हिन्दी आलोचना में अपना स्थान रखती हैं।

साही ने 'लघु मानव के बहाने हिन्दी कविता पर एक बहस' शीर्षक अपने निबन्ध में 'लघु मानव' की अवधारणा पर ध्यान केन्द्रित करते हुए अज्ञेय की आलोचना की

तथा उनकी प्रसाद से तुलना करते हुए प्रसाद की परम्परा में रखा। परम्परा की व्याख्या करते हुए वे कहते हैं कि "यदि परम्परा हमेशा परिवर्तन और वैपरीत्य की दिशाओं में फूटती चलती है, तो अज्ञेय, आगे के इतिहासकार को, प्रसाद की 'परम्परा' में ही दिखलाई पड़ेंगे।"[66] साही ने अज्ञेय और प्रसाद की काव्ययात्रा में समानता की खोज करते हुए कहा कि "वही शालीनता, वही शब्दों की चौकसी, वही अभिजात्य और कुछ खुला हुआ और कुछ डूबा हुआ व्यक्तित्व।"[67] डॉ. निर्मला जैन ने इस ओर संकेत करते हुए लिखा है कि " 'लघु मानव' की अवधारणा को केन्द्र में रखते हुए, और बहुत-सी बातों के बीच उन्होंने परम्परा की व्याख्या की और अज्ञेय को उन्हीं 'प्रसाद' की परम्परा से जोड़ा जिन्हें अज्ञेय केवल विश्वविद्यालयों का कवि मानते थे।"[68] जाहिर है प्रसाद और अज्ञेय की काव्य-यात्रा के बीच एक लम्बा फासला है और ऐसे में साही जब प्रसाद और अज्ञेय को आमने-सामने रखते हैं, तब उनके सामने छायावाद, प्रगतिवाद और प्रयोगवाद के तीन मोड़ हिन्दी कविता में दिखाई पड़ते हैं। ऐसे में 'लघु मानव' की अवस्था के स्पष्टीकरण में साही इस सम्पूर्ण काव्य-यात्रा में तीन अवस्थाओं को रेखांकित करते हैं और कहते हैं कि "छायावाद में उसका महत्त्व लघु की महानता का है, तीसरे दशक में लघु की महिमा का और उसके बाद की कविता में लघु के 'महत्त्व' का है।"[69] इस प्रकार साही ने इस निबन्ध में 'लघु मानव' की यात्रा का विश्लेषण कर हिन्दी की काव्य प्रवृत्तियों को उजागर किया जो आज भी बराबर चर्चा और प्रेरणा का विषय बना हुआ है।

साही के 'शमशेर की काव्यानुभूति की बनावट' शीर्षक निबन्ध में उनकी आलोचना का विषय स्वयं शमशेर का काव्य-जगत् है, लेकिन इसी बहाने उन्होंने 'नई कविता' और उसके कवियों-आलोचकों पर भी आलोचनात्मक टिप्पणियाँ की हैं। साही का मानना है कि "नई कविता की बहसों में यह मान्यता अन्तर्भुक्त रही है कि न सिर्फ कविता का ऊपरी कलेवर बदला है, या नए प्रतीकों या बिम्बों या शब्दावली की तलाश हुई है, बल्कि गहरे स्तर पर काव्यानुभूति की बनावट में ही परिवर्तन आ गया है। पर बहस में इस पर बल कम दिया गया है। चेतना के जो तत्त्व काव्यानुभूति के आवश्यक अंग दिखते थे, उनमें से कुछ अनुपयोगी या असार्थक दिखने लगे, कुछ अन्य जो पहले अनावश्यक या विरोधी लगते थे, काव्यानुभूति के केन्द्र में आ गए। और कुल मिलाकर काव्यानुभूति और जीवन की काव्येतर अनुभूतियों में जो रिश्ता दिखता था, वह रिश्ता भी बदल गया।"[70] इस प्रकार साही ने शमशेर की काव्यानुभूति की बनावट को इन परिवर्तनों और बदलते रिश्तों के बीच समझने-समझाने का प्रयास किया है। साही का कहना है कि "शमशेर ने कविता के छन्द, लय, शब्दावली सबमें बहुत से नए प्रयोग किए हैं। उन्होंने ऐसे नए प्रतीकों और बिम्बों का सृजन किया है जो कविता के अभ्यस्त पाठकों और श्रोताओं को अकसर चुनौती की तरह लग सकते हैं।"[71] साही ने शमशेर के काव्य-व्यक्तित्व को कवि-

जीवन के संघर्षों के साथ जोड़कर देखने का प्रयास किया है और शमशेर के प्रयोगों और नएपन को रेखांकित किया है।

साही के मरणोपरान्त प्रकाशित पुस्तक 'जायसी' का भी हिन्दी आलोचना में उल्लेखनीय योगदान है। इस पुस्तक में "उन्होंने जायसी को न शोधार्थी की दृष्टि से देखा न निपट आलोचक की। उन्होंने अपने कवि-हृदय की संवेदना के सहारे उनके काव्यत्व की गहराई की थाह ली और आग्रह किया कि जायसी की परख 'सूफी' नहीं 'कवि' के रूप में की जानी चाहिए।"[72] इसके अलावा साही के आलोचनात्मक लेखों का संग्रह 'छठवाँ दशक' भी अपने कलेवर में विचारोत्तेजक है। इसके सम्बन्ध में साही का कहना है कि "चूँकि 'छठवें दशक' के पिघलाने वाले ताप में ये लेख लिखे गए थे, इसलिए इनमें उस वक्त की गर्मी मौजूद है।"[73] जो हो, एक कवि-आलोचक के रूप में साही ने जो आलोचनात्मक-चिन्तन किया है वह कम भले ही हो, लेकिन वैचारिकी और मौलिकता के लिहाज से उसका अलग महत्त्व है।

कवि-आलोचकों की परम्परा में लक्ष्मीकान्त वर्मा का नाम भी लिया जा सकता है। वर्मा जी 'अतुकान्त' के कवि के रूप में प्रसिद्ध हैं, लेकिन उन्होंने आलोचनात्मक-चिन्तन भी किया है। यह अलग बात है कि उनके आलोचना कर्म की शुरुआत 'नई कविता' की समर्थनपूर्ण व्याख्या-विश्लेषण के रूप में सामने आती है। इस दृष्टि से वर्मा जी के दो आलोचनात्मक पुस्तकों 'नई कविता के प्रतिमान' तथा 'नए प्रतिमान : पुराने निकष' का नाम उल्लेखनीय है। आरम्भ में वर्मा जी विजयदेवनारायण साही के बौद्धिक प्रेरणा के प्रभाव में रहे और 'लघु मानव' की प्रतिष्ठा का जिम्मा सँभाल उसे 'नई कविता' के मूल में स्थापित करने का विवादास्पद प्रयास किया। लेकिन जल्द ही उन पर अज्ञेय का प्रभाव हावी हो गया और वे अज्ञेय की तर्ज पर नई कविता में छायावादी भाव-बोध के खिलाफ खड़े होकर स्वयं अज्ञेय, शमशेर बहादुर सिंह, धर्मवीर भारती, सर्वेश्वरदयाल सक्सेना और कुँवरनारायण आदि 'सप्तक' के कवियों की रूमानी भाव-बोध का विरोध करने लगे।

वर्मा जी की इस बदलती हुई मानसिकता का अच्छा उदाहरण उनकी दूसरी पुस्तक 'नए प्रतिमान : पुराने निकष' है। इसमें संकलित एक निबन्ध 'ताजी कविता : कुछ जोड़, बाकी' में उन्होंने नई कविता के लिए 'नए प्रतिमानों' की आवश्यकता पर बल देकर तथा पुराने मानदंडों के प्रयोगों पर खेद जताते हुए कहा कि "जिस 'लिरिकल मूड' को पिछले पन्द्रह वर्षों से नया कवि तोड़ना चाहता था, आज वह पूरी तरह उस पर सवार हैं।"[74] वर्मा जी का मानना है कि "नई कविता और छायावाद के बीच अर्द्धचेतन में प्रयोगवाद के रूप में समझौता हुआ था।"[75] जाहिर है कि वर्मा जी नई कविता के मूल्यांकन के लिए 'नए प्रतिमान' की आवश्यकता पर बल देते हैं साथ ही रसबोध के आधार पर नई कविता के मूल्यांकन का विरोध भी करते हैं।

इसके अतिरिक्त वर्मा जी ने कथा-साहित्य पर भी आलोचनात्मक टिप्पणियाँ

की हैं। सन् 1954 ई. में 'आलोचना' का एक उपन्यास विशेषांक निकला था जिसमें वर्मा जी ने 'प्रेमचन्दोत्तर काल : नए धरातल' शीर्षक एक निबन्ध लिखा। इस निबन्ध में वर्मा जी ने प्रेमचन्द तथा बाद के उपन्यासकारों पर कुछ आलोचनात्मक टिप्पणियाँ की थीं। इन टिप्पणियों के आधार पर कथा-साहित्य के विषय में वर्मा जी की आलोचना-दृष्टि का सहज अनुमान लगाया जा सकता है। वर्मा जी ने प्रेमचन्द के विषय में लिखा है कि "समाजगत मूल्यों और वैयक्तिक मूल्यों की सीमाएँ उनके उपन्यासों में केवल उठकर रह जाती हैं; उनका स्पष्टीकरण सफलतापूर्वक नहीं हो पाता... ।"[76] इसी निबन्ध में वर्मा जी प्रेमचन्द के विषय में अपना निष्कर्ष भी दे जाते हैं और कहते हैं कि "कहने का सारांश यह कि समस्त राष्ट्रीय चेतना के प्रति जागरूक होते हुए भी प्रेमचन्द में आधुनिकता नहीं थी। उनके उपन्यासों और कहानियों में बहुत कुछ परम्परा का परिष्कृत रूप है, आधुनिक विचारों का संसर्ग नहीं..."[77] इसी प्रकार वर्मा जी ने जैनेन्द्र, अज्ञेय, इलाचन्द्र जोशी आदि के बारे में आलोचनात्मक टिप्पणियाँ की हैं। यह अलग बात है कि वर्मा जी की आलोचना की अपनी सीमाएँ हैं, लेकिन एक कवि-आलोचक के रूप में उनकी यह पहल सहज ही ध्यान आकर्षित करती है।

धर्मवीर भारती भी कवि-आलोचकों की परम्परा में सक्रिय रहे हैं। सबसे पहले धर्मवीर भारती की 'प्रगतिवाद : एक समीक्षा' सन् 1949 ई. में प्रकाश में आती है। धर्मवीर भारती "प्रयोगशील नई कविता के पक्षधर प्रवक्ताओं में होने के कारण आलोचक-कर्म में अधिक तत्पर दिखाई पड़ते हैं। उनके आलोचनात्मक लेखों के दो संग्रह प्रकाशित हुए—'साहित्य और मानव मूल्य' (1960 ई.) और 'पश्यन्ती' (1969 ई.)। भारती ने मुख्य रूप से नई कविता के मूल्यों को सैद्धान्तिक स्तर पर स्थापित करने का प्रयास किया है और इस प्रक्रिया में उन्होंने पुरानी पीढ़ी की धुरीहीनता पर आक्रमण भी किया है।"[78] धर्मवीर भारती के आलोचनात्मक निबन्धों में परम्परा, आधुनिकता और सांस्कृतिक संकट के प्रति बेचैनी दिखाई पड़ती है। 'मानव मूल्य और साहित्य' की भूमिका में भारती ने सांस्कृतिक संकट तथा उसकी व्याख्या में खड़ी उलझनों को रेखांकित करते हुए कहा है कि "हिन्दी के प्रसंग में लेखक ने द्वन्द्ववाद और प्रगतिवाद दोनों के प्रति असन्तोष व्यक्त किया है, क्योंकि उसके विचारों में एक ने मूल समस्या का सामना ही नहीं किया और दूसरे ने समस्या को गलत परिप्रेक्ष्य में उठाकर उलझनें बढ़ा दीं..."[79] दरअसल, भारती की वास्तविक चिन्ता यह है कि सांस्कृतिक संकट से उबरने के लिए शाश्वत मूल्यों पर विशेष बल आज का साहित्यिक क्यों नहीं दे रहा, वह चाहे प्रगतिवाद का सन्दर्भ हो या प्रयोगशील नई कविता का सन्दर्भ।

धर्मवीर ने सन् 1954 ई. में अपने सहयोगियों के साथ मिलकर 'आलोचना' पत्रिका का सम्पादन भी किया और उपन्यास विषयक विशेषांक में प्रेमचन्द के साथ-

साथ बाद के उपन्यासकारों को अपनी आलोचना का विषय बनाया। दरअसल, इसका उद्देश्य प्रेमचन्द के विरुद्ध मनोवैज्ञानिक और प्रयोगशील उपन्यासों को स्थापित करना ही था। प्रेमचन्द के विषय में भारती के साथ-साथ सहयोगियों का भी मानना था कि प्रेमचन्द में परम्परा का ही परिष्कृत रूप मिलता है, आधुनिक विचार दृष्टि नहीं। अपनी इस जद्दोजहद में भारती ने अपने आलोचनात्मक विश्लेषण में पश्चिम के साहित्य चिन्तकों के साथ-साथ सोवियत रूस के साहित्य में समाजवादी उत्थान-पतन का जायजा भी लिया है।

भारती ने मार्कण्डेय के कहानी-संग्रह 'पान-फूल' पर 'रागात्मक यथार्थ का उद्घाटन' शीर्षक निबन्ध में आलोचनात्मक-चिन्तन किया है। इस संग्रह की कहानियों की ताजगी, मार्मिकता और कलात्मकता की पहचान करते हुए भारती ने इसके वैशिष्ट्य को रेखांकित किया है। भारती कहते हैं कि "जिन कहानियों में लेखक ने अपने परिचित ग्रामीण वातावरण का चित्रण किया है और प्रयोग अथवा उद्देश्यपरकता के प्रति विशेष सचेतन रहकर मनुष्य-जीवन के रागात्मक यथार्थ को चित्रित करने का प्रयत्न किया है, और मानवीय रागात्मक सम्बन्धों के सूक्ष्मतम और कोमलतम तन्तुओं को पकड़ने और उसकी रसमयता में डूबकर कथा कहने की दिशा अपनाई है, वहाँ उसे मार्मिक सफलता मिली है।"[80] दरअसल, भारती की ऐसी ही आलोचनात्मक टिप्पणियाँ छिटपुट रूप में देखने को मिल जाती हैं, जिससे एक कवि-आलोचक के रूप में उनकी आलोचना-दृष्टि के सूत्र मिल जाते हैं।

कवि-आलोचकों में 'तारसप्तक' के कवि गिरिजाकुमार माथुर का नाम भी लिया जा सकता है। माथुर ने "'तारसप्तक' के कवि-वक्तव्य में कविता के अन्तर्गत प्रयोज्य 'तकनीक' का जैसा सूक्ष्म विवेचन प्रस्तुत किया है उससे पंत के 'पल्लव' के 'प्रवेश' की सूक्ष्म शिल्प-चर्चा याद आ जाती है। कुछ दिनों बाद उन्होंने 'नए सिद्धान्त : ध्वनियों के मौलिक अर्थ' शीर्षक निबन्ध में उन्हीं मान्यताओं को विस्तार दिया।"[81] आगे चलकर उन्होंने शिल्प-चर्चा के अतिरिक्त 'नई कविता' के भाव-बोध, गीतात्मकता, मानवीय मूल्यों आदि को अपनी आलोचना का विषय बनाया। इस सन्दर्भ में माथुर के आलोचनात्मक निबन्धों का संग्रह बकौल निर्मला जैन 'नई कविता : सीमाएँ और सम्भावनाएँ' नाम से प्रकाश में आया। दरअसल, माथुर का आलोचनात्मक-चिन्तन अन्य प्रयोगवादी कवियों की तरह व्यवस्थित रूप में नहीं है, लेकिन उनके वक्तव्यों और टिप्पणियों में उनकी साहित्यिक समझ की पड़ताल की जा सकती है। कवि-आलोचकों की इस सशक्त परम्परा में आगे चलकर रघुवीर सहाय, मलयज, जगदीश गुप्त आदि न जाने कितने रचनाकारों ने साहित्य चिन्तन कर इस परम्परा को गति दी और उसे समृद्ध बनाया। आज भी हम समकालीन आलोचकों के रूप में कुँवरनारायण, अशोक वाजपेयी, अरुण कमल, राजेश जोशी, मंगलेश डबराल, उदय प्रकाश आदि का नाम ले सकते हैं जो दैनंदिन साहित्य चिन्तन

कर उसकी दशा और दिशा बदलने में अपना-अपना अप्रत्याशित योगदान दे रहे हैं।

दरअसल, अब तक हमने भारतीय साहित्य के अन्तर्गत हिन्दी भाषा से सम्बन्धित कवि-आलोचकों की परम्परा को रेखांकित किया है। लेकिन अगर विश्व साहित्य का सन्दर्भ लें, तब पाश्चात्य साहित्य में भी कवि-आलोचकों की परम्परा साथ-साथ विकसित होती दिखाई देती है।

साहित्य-सृजन के साथ-साथ ही साहित्य के मूल्यों और मानदंडों को निरूपित और रेखांकित करने के लिए आलोचना के कुछ बीज और संकेतों का भी सृजन साहित्य रचना के अन्तर्गत होता चलता है। इस प्रकार कहा जा सकता है कि साहित्य-सृजन की परम्परा जितनी प्राचीन है, उतनी ही प्राचीन आलोचनात्मक-चिन्तन की परम्परा भी है। इससे एक बात और स्पष्ट हो जाती है कि कवि या रचनाकार आलोचकों की परम्परा भी उतनी ही प्राचीन है जितना साहित्य सृजन। साहित्य का इतिहास इसका गवाह है कि कोई भी आलोचक सर्वप्रथम साहित्य सृजन के दौर से ही गुजरा है, बाद में भले ही वह कवि-कर्म या रचना-कर्म से विलग होकर आलोचना के क्षेत्र में महारत हासिल कर घोषित आलोचक हो गया हो। यह अलग बात है कि यह प्रवृत्ति आधुनिक काल में अपना तेवर दिखाती है जब आलोचना जैसी भी कोई विधा होती है—इसका स्पष्टीकरण हो जाता है। लेकिन कवि-चिन्तक या कवि-आलोचक प्राचीन काल से ही सक्रिय भूमिका में दिखने लगते हैं। पाश्चात्य साहित्य-जगत् में भी ऐसा ही कुछ देखने को मिलता है।

पाश्चात्य साहित्य-जगत् में भी कवि-चिन्तकों या कवि-आलोचकों की परम्परा प्लेटो से लेकर आज तक अपनी रफ्तार कायम रखे है। डॉ. देवेन्द्रनाथ शर्मा ने इस परम्परा में प्लेटो जैसे कवि-आलोचक का महत्त्व रेखांकित किया है। उनके शब्दों में ''पाश्चात्य आलोचना के इतिहास में प्लेटो का स्थान जितना विशिष्ट है, उतना ही प्रभावी। यों, उनका प्रकृत क्षेत्र था दर्शन और उद्देश्य था आदर्श गणराज्य की स्थापना, किन्तु हृदय उन्हें कवि का मिला था और अभिव्यंजना में काव्य की रोचकता तथा मोहकता थी। अत: आलोचक न होने पर भी उनके लेखन में आलोचना के जो संकेत हैं, वे बड़े ही महत्त्वपूर्ण हैं और उन्होंने विधि-निषेध दोनों ही रूपों में उत्तरवर्ती आलोचना को प्रभावित एवं निर्देशित किया है।''[82]

स्पष्ट है कि पाश्चात्य साहित्य के सन्दर्भ में भी साहित्य-चिन्तन की परम्परा उतनी ही पुरानी है जितना साहित्य-सृजन। दरअसल, ''कालजयी साहित्यिक कृतियाँ अपने सृजन के साथ कुछ मूल्य-मान लेकर आती हैं। वे पाठकों की रुचि का निर्धारण करती हैं और उनमें आगे आने वाली कृतियों के लिए कुछ विशेष अपेक्षाएँ जगाती हैं। इस प्रकार साहित्य-समीक्षा का आरम्भ एक प्रकार से साहित्य के साथ ही हो जाता है।''[83] कहना न होगा कि यह काम पहले-पहल साहित्य-सर्जक द्वारा ही सम्पन्न होता है बाद में भले ही वह किसी आलोचक या चिन्तक के मूल्यांकन से गुजरता है।

दरअसल, एक कवि–आलोचक के रूप में प्लेटो का दृष्टिकोण नैतिकतावाद और उपयोगितावाद का हिमायती है। कवि और दार्शनिक का ऐसा संयोग साहित्य के इतिहास में कम ही देखने को मिलता है। एक कवि–चिन्तक के रूप में "काव्य और कला के विषय में प्लेटो की मुख्य चिन्ता है आदर्श राज्य में उनकी उपयोगिता।"[84] एक कवि–आलोचक के रूप में प्लेटो का चिन्तन भावी आलोचकों के दिशा–निर्देश एवं काव्यशास्त्री विवेचन में दर्शन की भूमिका को भी निरूपित करता है। मसलन "एक ओर प्लेटो ने काव्य की उपयोगिता पर प्रश्नचिह्न लगाकर भावी आलोचकों को, जिनमें उनके शिष्य अरस्तू भी हैं, काव्य की पक्षधरता के लिए प्रेरित किया तो दूसरी ओर कलापरक विवेचन को गम्भीर दार्शनिक निरूपण का विषय बनाया। काव्य एवं कला के स्वरूप, प्रयोजन तथा प्रभाव से सम्बद्ध अनेक विचारणाओं के प्राचीनतम उद्‌भावक प्लेटो ही हैं।"[85] इस प्रकार पाश्चात्य साहित्य–चिन्तन में प्लेटो के साथ ही कवि–आलोचकों की परम्परा यहाँ से अपनी रफ्तार पकड़ती है जो आज तक साहित्य–समाज में सक्रिय भूमिका निभा रही है।

यह परम्परा प्लेटो के बाद अरस्तू के साहित्य-चिन्तन से गुजरती है। अरस्तू के दो महत्त्वपूर्ण ग्रन्थ 'काव्यशास्त्र' और 'भाषाशास्त्र' इस दिशा में महत्त्वपूर्ण उपलब्धि हैं। आलोचना की आपसी टकराहट यहाँ भी प्लेटो और अरस्तू के चिन्तन में देखने को मिलता है। प्लेटो जहाँ कला को 'अनुकरण का अनुकरण' होने के कारण समाज से बहिष्कृत कर देते हैं, वहीं "अरस्तू ने काव्य को प्रकृति की अनुकृति कहा है।"[86] अरस्तू कविता को इतिहास और प्रकृति से बढ़कर मानते हैं। "कविता को वे इसलिए इतिहास से श्रेष्ठ मानते थे कि यह इतिहास की भाँति विशेष तथ्य तक सीमित न रहकर सम्भावनाओं की ओर भी संकेत करती है। कविता, कला या शिक्षा, प्रकृति द्वारा अधूरी छोड़ी गई स्थितियों को पूरा करने की चेष्टा करती है, अतः इसका स्थान प्रकृति से बढ़कर है।"[87] इस प्रकार कविता या कला ग्राह्य भी है।

यह परम्परा अनेक टकराहटों से गुजरती है और अरस्तू के बाद "सबसे पहले रोमन कवि होरेस (65–85 ई. पू.) की 'आर्स पोएटिका' के नाम से प्रसिद्ध रचना में साहित्य के मानों का उल्लेख मिलता है।"[88] यह बात अलग है कि स्वयं होरेस की रचनाओं में व्यावहारिक रूप में इनका पालन नहीं मिलता। "होरेस का भाषा–सम्बन्धी सिद्धान्त भी काव्यालोचन के क्षेत्र में उनका एक महत्त्वपूर्ण अवदान रहा है।"[89] इसमें उन्होंने आवश्यकता एवं उपयोगिता के आधार पर भाषा के उदात्त एवं अनुदात्त रूपों के प्रयोग पर बल दिया है। इस प्रकार होरेस ने भी कवि–आलोचकों की परम्परा को अपने चिन्तन से प्रभावित किया है।

इस परम्परा में प्लेटो और अरस्तू के पश्चात् अगला महत्त्वपूर्ण योगदान एक साहित्यिक–चिन्तक या आलोचक के रूप में लोंगिनुस का है जिनकी एक मात्र रचना है 'पेरिइप्सुस'। लोंगिनुस ने 'उदात्त' की अवधारणा प्रस्तुत कर साहित्य–समाज को

झकझोर-सा दिया है। "...लोंगिनुस एक ऐसा साहित्यिक-चिन्तक था जो अपने युग के व्यापक सांस्कृतिक ह्रास से चिन्तित था और 'पेरिइप्सुस' उसी सांस्कृतिक ह्रास से उबरने का बौद्धिक प्रयास है।"[90] यह महज संयोग नहीं है कि आधुनिक काल में 'दोआब' में शमशेर ने भी 'मुसद्दस' और 'भारत-भारती' का सांस्कृतिक अध्ययन कर इस सांस्कृतिक ह्रास और विघटन से उबरने का प्रयास किया है जब देश विभाजन की त्रासदी से गुजर रहा था और सामाजिक-सांस्कृतिक मूल्यों का ह्रास और विघटन हावी था। ऐलन टेट ने यही कारण है कि लोंगिनुस को "अपूर्ण होते हुए भी प्रथम साहित्यिक आलोचक"[91] माना है। निर्मला जैन ने एक चिन्तक के रूप में लोंगिनुस का महत्त्व रेखांकित करते हुए कहा है कि "लोंगिनुस ने जिस रूप में व्यावहारिक आलोचक की भूमिका का निर्वाह किया, उससे यह बात तो सर्वथा स्पष्ट है कि उसने शास्त्रीय नियमों के आतंक से अप्रभावित रहकर तटस्थ और पूर्वग्रह-मुक्त मन से अपने दायित्व का वहन किया।"[92]

तत्पश्चात् हम कवि-आलोचकों की परम्परा में कॉलरिज और वड्र्सवर्थ का नाम ले सकते हैं। एक कवि-आलोचक के रूप में इन दोनों ने साहित्य चिन्तन के क्षेत्र में महत्त्वपूर्ण भूमिका का निर्वाह किया है। कॉलरिज के काव्य-चिन्तन सम्बन्धी विचार 'बायोग्राफिया लिटरेरिया', 'लिटरेरी रिमेन्स', 'मिसलैनियस क्रिटिसिज्म', 'शेक्सपियरियन क्रिटिसिज्म' आदि ग्रन्थों में देखने को मिल जाते हैं। इनमें से 'बायोग्राफिया लिटरेरिया' इनकी महत्त्वपूर्ण पुस्तक है जिसमें इन्होंने कविता सम्बन्धी विचार-विमर्श विस्तार से किया है। एक कवि-आलोचक के रूप में कॉलरिज का 'कल्पना-सिद्धान्त' पाश्चात्य साहित्य-जगत् में बहुत ही महत्त्वपूर्ण और श्रेष्ठ उपलब्धि है। कॉलरिज के अनुसार, "कल्पना वह शक्ति है जो मस्तिष्क में संवेदनों से प्राप्त अनुभवों के बिम्ब बनाती है और उन बिम्बों का यथातथ्य नहीं, बल्कि अपने तरीके से नया और अनूठा संयोजन कर सकती है।"[93] कॉलरिज ने कल्पना को काव्य-सर्जना की शक्ति मानकर उस पर विस्तारपूर्वक विचार किया है। दरअसल, "कविता विश्व के व्यापक तथ्यों को सार रूप में प्रस्तुत करती है और कल्पना के द्वारा ही मनुष्य कविता करने में समर्थ होता है।"[94] इतना ही नहीं इन्होंने कविता और गद्य के आन्तरिक तत्त्वों की एकरूपता पर भी विचार किया है। "कॉलरिज का विचार है कि कविता में वही तत्त्व है, जो गद्य में है, परन्तु, अन्तर उनकी रचना और संघटन में है।"[95] इसके साथ ही कॉलरिज ने स्वच्छन्दतावाद का उद्घोष करने वाले सबसे पहले कविता-संग्रह 'लिरिकल बैलेड्स' का सम्पादन विलियम वड्र्सवर्थ के साथ मिलकर किया और साहित्य की बदलती प्रवृत्ति को सबल रूप से रेखांकित किया।

कवि-आलोचकों की परम्परा को आगे बढ़ाने में वड्र्सवर्थ का भी बेहद महत्त्वपूर्ण योगदान है। इन्होंने कॉलरिज के साथ ही अपना साहित्यिक जीवन आरम्भ किया, लेकिन आगे चलकर कॉलरिज ने इनके विचारों से असहमति व्यक्त की और फिर

दोनों स्वतंत्र चिन्तन करने लगे। वड्र्सवर्थ ने कॉलरिज के साथ मिलकर 'लिरिकल बैलेड्स' नामक कविता-संग्रह प्रकाशित कराया। इस संकलन की भूमिका 'एडवरटाइजमेंट' नाम से वड्र्सवर्थ ने लिखी, जिससे कॉलरिज उस समय पूर्णत: सहमत थे। इस भूमिका में इस संग्रह में संकलित कविताओं की विषयवस्तु और काव्य-भाषा पर विस्तार से प्रकाश डाला गया था जिसकी तीखी आलोचना नव-अभिजात्यवादी आलोचकों ने की।

लगभग सन् 1800 ई. में 'लिरिकल बैलेड्स' का दूसरा संस्करण प्रकाशित हुआ जिसमें वड्र्सवर्थ ने एक लम्बी भूमिका 'प्रिफेस टु लिरिकल बैलेड्स' नाम से जोड़ी जिसमें उन्होंने अपने आलोचकों द्वारा उठाए गए प्रश्नों का निराकरण किया। 'प्रिफेस टु लिरिकल बैलेड्स' एक रूप में स्वच्छन्दतावादी काव्यधारा का 'मेनिफेस्टो' कहा जा सकता है जिसमें वड्र्सवर्थ ने एक कवि-आलोचक के रूप में कवि, कविता, काव्य की विषयवस्तु, काव्य-प्रयोजन, काव्य-भाषा आदि तत्त्वों का विस्तृत विवेचन करते हुए नवीन एवं मौलिक विचार प्रस्तुत किया। इसमें वड्र्सवर्थ ने परम्परागत काव्य-भाषा एवं काव्य शैली का तीव्र विरोध प्रकट किया है। इतना ही नहीं वड्र्सवर्थ ने कवि-आलोचक के रूप में 'कविता क्या है ?—इस पर चिन्तन करते हुए कहा कि "Poetry is the spoutaneoust over flow of powerful feeling."[96] अर्थात् "कविता प्रबल मनोवेगों का सहज उच्छलन है।"[97] दरअसल, वड्र्सवर्थ ने 'प्रिफेस टु लिरिकल बैलेड्स' में कृत्रिम एवं आडम्बरपूर्ण भाषा का विरोध करते हुए काव्य-सृजन में सहज, स्वाभाविक एवं बोलचाल की भाषा को काव्यभाषा के पद पर प्रतिष्ठित करने की कवायद की है। फिर क्यों न कहा जाए कि वड्र्सवर्थ ने कवि होते हुए भी एक आलोचक की भूमिका में काव्य-सम्बन्धी चिन्तन कर साहित्य-सृजन को दूर तक प्रभावित किया है।

कवि-आलोचकों की परम्परा में मैथ्यू आर्नल्ड का महत्त्व भी काबिले-तारीफ है। उन्होंने साहित्य-सृजन द्वारा अपना साहित्यिक जीवन आरम्भ किया और आगे चलकर प्रख्यात अंग्रेजी कवि, निबन्धकार और आलोचक के रूप में साहित्य-समाज को दूर तक प्रभावित किया। "इनके आलोचनात्मक निबन्धों का संग्रह 'एसेज इन क्रिटिसिज्म' (Essays in criticism) 1865 में प्रकाशित हुआ।"[98] डॉ. देवेन्द्रनाथ शर्मा ने आर्नल्ड के कवि-आलोचक रूप को महत्त्व देते हुए कहा है कि "आर्नल्ड को प्रथम आधुनिक आलोचक या महान आधुनिक आलोचक कहा गया है, क्योंकि अंग्रेजी की आधुनिक आलोचना का सूत्रपात उन्हीं से होता है।"[99]

दरअसल, आर्नल्ड की आलोचना का दायरा काफी विस्तृत है। वह काव्य सम्बन्धी चिन्तन तो करते ही हैं, साथ ही संस्कृति, धर्म, शिक्षा यहाँ तक कि जीवन की व्याख्या आदि तक अपने विचारों को विस्तार देते हैं। एक कवि-आलोचक के रूप में इतना विस्तृत चिन्तन आर्नल्ड को विशिष्ट महत्त्व का हकदार बनाता है। आर्नल्ड ने काव्य-

चिन्तन के दौरान काव्य को 'जीवन की आलोचना'[100] कहा है। "आर्नल्ड साहित्य का, विशेषकर कविता का लक्ष्य जीवन की आलोचना मानते थे।"[101]

इस प्रकार एक कवि-आलोचक के रूप में आर्नल्ड ने भावी साहित्य सृजन एवं आलोचना को काफी दिशा-निर्देश प्रदान कर इस परम्परा को समृद्ध किया है। कवि-आलोचक की परम्परा को समृद्ध करने में टी.एस. इलियट का भी महत्त्वपूर्ण योगदान है। इलियट बीसवीं शताब्दी के महत्त्वपूर्ण एवं सर्वश्रेष्ठ कवि और आलोचक के रूप में विख्यात हैं। काव्य-चिन्तन के सन्दर्भ में कॉलरिज के बाद इलियट का ही स्थान है। "सन् 1920 में इलियट की प्रथम आलोचनात्मक कृति—'दि सेक्रेड वुड' प्रकाशित हुई, जिसमें 'ट्रेडिशन एंड दि इंडिविजुअल टैलेंट' नामक प्रसिद्ध लेख संगृहित है। यह लेख इलियट की आलोचना का मूलाधार है और प्रस्थान-बिन्दु भी।"[102] ऐसा नहीं है कि इलियट ने सुनियोजित रूप में आलोचना पर कोई स्वतंत्र ग्रन्थ लिखा है, लेकिन उनके आलोचनात्मक विचार विभिन्न लेखों, भाषणों तथा समीक्षाओं से प्राप्त हो जाते हैं जो साहित्य-सृजन की दिशा निर्धारित करते हैं। दरअसल, इलियट के चिन्तन और सृजन को अलग-अलग करके नहीं देखा जा सकता, क्योंकि उनमें काव्य और आलोचना के तत्त्व एक-दूसरे से घुले-मिले हैं।

इलियट ने एक कवि-आलोचक के रूप में 'परम्परा और वैयक्तिक प्रज्ञा' का जो सिद्धान्त दिया उसने बीसवीं शताब्दी के काव्य-चिन्तन की दिशा ही मोड़ दी। इलियट का मानना है कि "सच्ची आलोचना तथा सूक्ष्म परिशंसा का लक्ष्य कवि नहीं बल्कि काव्य है।"[103] दरअसल, इलियट सर्जक साहित्यकार की दृष्टि से आलोचना-कर्म में प्रवृत्त होते हैं, उनकी आलोचना पाठक की दृष्टि से नहीं लिखी गई है। इलियट परम्परा तथा इतिहासबोध को काफी महत्त्व देते हैं। उनका मानना है कि "क्लासिकल या उत्कृष्ट साहित्य की रचना तभी हो सकती है, जब सभ्यता, भाषा, साहित्यिक दृष्टि, साहित्यकार का अनुभव और मस्तिष्क प्रौढ़ हो।"[104] इलियट दरअसल, 'नई कविता' और 'नई आलोचना' के प्रेरक माने जाते हैं। उन्होंने 'परम्परा और वैयक्तिक प्रज्ञा' नामक लेख में रोमांटिसिज्म का खुलकर विरोध किया है। उनका कहना है कि "कविता कवि-व्यक्तित्व की अभिव्यक्ति नहीं, व्यक्तित्व से पलायन है।"[105]

दरअसल, इलियट के कवि-कर्म और आलोचना-दृष्टि पर अरस्तू, वड्र्सवर्थ और दांते जैसे महान विचारकों का प्रत्यक्ष और परोक्ष प्रभाव दिखता है, लेकिन उन्होंने समन्वय का रास्ता अपनाकर अपने विवेक और रचनात्मकबोध को प्रमुख स्थान दिया है। इन सब विद्वानों का प्रभाव रहते हुए भी इलियट ने किसी का भी पूर्णतः अनुगमन नहीं किया है। एक कवि-आलोचक के रूप में इलियट ने पाश्चात्य ही नहीं भारतीय साहित्य को भी प्रभावित किया है, इस बात से मुँह नहीं मोड़ा जा सकता है।

कवि–आलोचकों की परम्परा में रिचर्ड्स का नाम भी आदर से लिया जाता है। इनकी आलोचनात्मक पुस्तकों में 'प्रिंसिपल्स ऑफ लिटरेरी क्रिटिसिज्म' (1924), 'प्रैक्टिकल क्रिटिसिज्म' (1929) 'फिलॉसफी ऑफ रेटॉरिकी' (1936), 'हाउ टु रीड ए पेज' (1942) आदि प्रमुख हैं। रिचर्ड्स ने काव्य–सम्बन्धी व्यापक चिन्तन किया है, लेकिन उनके द्वारा प्रतिपादित 'मूल्य–सिद्धान्त' और 'सम्प्रेषण–सिद्धान्त' साहित्य–जगत में सर्वथा नवीन और मौलिक चिन्तन है जिसने साहित्य–सृजन को काफी प्रभावित किया। रिचर्ड्स का मानना है कि "कविता का ध्येय मनुष्य की अधिक–से–अधिक वृत्तियों को अधिक–से–अधिक सन्तुष्ट करके उनमें सन्तुलन स्थापित करना है।"[106] ऐसा करने से ही साहित्य का मूल्य सामने आता है। और जो साहित्य जितना अधिक वृत्तियों को सन्तुष्ट कर मनुष्य के जीवन–संघर्ष को सन्तुलित करता है वह साहित्य उतना ही हमारे लिए मूल्यवान हो जाता है। गौरतलब है कि रिचर्ड्स ने साहित्यकार या अकादमिक आलोचक की दृष्टि से नहीं, बल्कि किसी भी कृति की पाठक की दृष्टि से आलोचना करने पर बल दिया है। कहना न होगा कि एक कवि–आलोचक की भूमिका में रिचर्ड्स ने जो चिन्तन किया है, वह साहित्य–सृजन की सामाजिक उपयोगिता को रेखांकित करता है। यही कारण है कि रिचर्ड्स के चिन्तन का प्रभाव भारतीय साहित्य में आचार्य रामचन्द्र शुक्ल जैसे घोषित आलोचक पर भी दिखता है जो लोकमंगल को ही साहित्य का लक्ष्य मानते हैं।

शमशेर का आलोचक-व्यक्तित्व

जिस साहित्य में कवि–आलोचकों की इतनी सशक्त परम्परा रही हो वहाँ शमशेर बहादुर सिंह जैसा जागरूक और रचनाशील कलाकार–चिन्तक चुप रह सकता है, ऐसी कल्पना करना भी बेमानी लगता है। एक कवि–आलोचक के रूप में शमशेर अपने समय के समाज और साहित्य, साथ ही उसकी परम्परा से भी लगातार मुठभेड़ करते रहे हैं। दरअसल, शमशेर के विषय में साहित्य–समाज की मूलतः यह धारणा रही है कि वह प्रगति–प्रयोगशील सम्बद्ध नई कविता के एक विशिष्ट कवि हैं। अज्ञेय ने शमशेर को 'कवियों का कवि'[107] कहकर सम्बोधित किया था। इस सम्बोधन के पीछे अज्ञेय की क्या धारणा रही होगी(?), साहित्य–समाज स्वविवेक से उसका अन्दाजा लगाता रहा है।

अशोक वाजपेयी के लिए शमशेर 'शब्दों के बीच की नीरवता का कवि'[108] या फिर 'प्रेम की असम्भावना के कवि'[109] हैं। मलयज को शमशेर 'मूड्स के कवि'[110] या फिर 'अन्तर्विरोधों का कवि'[111] लगते हैं। नामवर सिंह शमशेर को 'सुन्दरता का कवि'[112] मानते हैं, तो विजयदेवनारायण साही 'बिम्बों का कवि।'[113] अरुण कमल के लिए शमशेर जीवन की पदार्थमयता के कवि हैं, तो रामस्वरूप चतुर्वेदी के लिए 'ऐब्स्ट्रैक्ट के कवि।'[114] गोपाल कृष्ण कौल को शमशेर 'फार्मलिस्ट'[115] कवि लगते

हैं, तो मधुरेश को 'तनाव और अन्तर्द्वन्द्वों के कवि'[116]। सत्यकाम शमशेर को 'कवियों का पुंज'[117] तक कह देते हैं। कोई शमशेर को 'बिम्बों का राजा' मानता है तो कोई 'प्रेम का कवि'। लेकिन सब उन्हें 'कवि', 'सिर्फ और सिर्फ कवि' ही मानते हैं। शायद ही ऐसा कोई देखने में मिले जो शमशेर के आलोचक-व्यक्तित्व या गद्यकार रूप को दावे के साथ प्रस्तुत करता हो। जो भी हो, शमशेर का एक आलोचक-व्यक्तिव और गद्यकार रूप भी है। नामवर सिंह ने अपने एक वक्तव्य में शमशेर के आलोचक-व्यक्तित्व की तरफ इशारा करते हुए कहा है कि "उन्होंने आलोचना भी लिखी। खासतौर से 'दोआब' में हाली के 'मुसद्दस' और मैथिलीशरण गुप्त के 'भारत-भारती' की तुलना करते हुए उन्होंने जो तन्कीद की वह बेहद बेबाक है।"[118] और बात सच भी है, क्योंकि शमशेर का गद्य और उनकी आलोचनात्मक कृतियाँ दावे के साथ बेबाकी से इस तथ्य को प्रस्तुत करती हैं। क्यों न कहें कि जहाँ कृतियाँ ही बोलती हों, वहाँ कृतिकार या किसी और को बोलने की इजाजत भी नहीं होनी चाहिए। बहरहाल, कुछ लोग उदारतावश यह दलील देने लगते हैं कि शमशेर की काव्यात्मकता के प्रभामंडल ने उनके समस्त साहित्य पर ऐसा आच्छादन डाला कि उसके भीतर उनका गद्यकार स्वरूप, एक चिन्तक, विश्लेषणकर्त्ता और व्याख्याता का स्वरूप मानो सामान्य पाठक की दृष्टि से ओझल ही हो गया। खैर! यहाँ जरूरत दलील की नहीं, उस पर काम करके उसे प्रकाश में लाने की है।

दरअसल, एक कवि के साथ-साथ शमशेर का एक आलोचक, एक गद्यकार व्यक्तित्व भी है। शमशेर बहादुर सिंह का एक आलोचक या गद्यकार के रूप में न केवल एक अपने ढंग का अलग, प्रभावी और सशक्त पहलू है, बल्कि अनेक आलोचकों की दृष्टि में तत्कालीन गद्यकारों की तुलना में कहीं अधिक पुष्ट, ठोस और सुगठित आलोचना और गद्य शमशेर ने लिखा है। यह बात तब और भी अधिक महत्त्वपूर्ण लगने लगती है, जब हम शमशेर द्वारा लिखित आलोचनाओं या गद्य रचनाओं के रचनाकाल पर दृष्टि डालते हैं। दरअसल, शमशेर की अधिकांश आलोचनाएँ और गद्य-लेखन सन् 1937 से 48 के मध्य का है। गौरतलब है कि उस समय शमशेर उस रूप में कवि नहीं थे जिस रूप में आज माने जाते हैं। लेकिन एक आलोचक या गद्यकार के रूप में वे तब स्थापित थे, अब लोग नजरअन्दाज करते हैं उनके आलोचक को, यही विडम्बना है।

एक और बात जो मार्के की है वह यह कि शमशेर हिन्दी और उर्दू दोनों भाषाओं के साहित्य की परम्परा से वाकिफ थे और दोनों भाषाओं के साहित्यकारों पर साधिकार लिखा करते थे। शमशेर के समय शायद ही कोई ऐसा हिन्दी भाषा का रचनाकार हो जो उर्दू जबान और उसके साहित्य से वाकिफ न हो। मगर उस क्षेत्र में साधिकार पहल शमशेर द्वारा ही देखने को मिलती है। दरअसल, शमशेर एक कवि और आलोचक के रूप हिन्दी और उर्दू दोनों के हैं। इस क्षेत्र में तुलनात्मक आलोचना की भागीदारी

शमशेर ने ही निभाई। नामवर सिंह ने शमशेर जन्मशती पर हैदराबाद में अपने एक वक्तव्य में शमशेर के आलोचक-व्यक्तित्व और हिन्दी-उर्दू जबान के प्रति उनकी प्रतिबद्धता को रेखांकित करते हुए कहा है कि "शमशेर बहादुर सिंह हिन्दी और उर्दू दोनों भाषाओं के बड़े कवि थे। गद्यकार भी वे उतने ही बड़े थे। वे इकलौते ऐसे आलोचक हैं जिन्होंने हाली की उर्दू रचना 'मुसद्दस' और मैथिलीशरण गुप्त की हिन्दी रचना 'भारत-भारती' की गहराई से तुलना करते हुए दोनों के रिश्ते की पहचान की। इक़बाल पर भी हिन्दी में उन्होंने ही सबसे पहले लिखा। वे हिन्दी और उर्दू के बीच किसी भी प्रकार के भेदभाव और टकराव के विरोधी थे। इसलिए तो उन्होंने कहा था—'वो अपनों की बातें, वो अपनों की ख़ूँ बूँ/हमारी ही हिन्दी, हमारी ही उर्दू।' इतना ही नहीं, नितान्त निजी क्षणों में भी उन्हें उर्दू जबान ही याद आती थी। उदाहरण के लिए मुक्तिबोध पर उनकी उर्दू में लिखी कविता को देखा जा सकता है।"[119] जाहिर है नामवर सिंह का संकेत यहाँ केवल शमशेर के कवि-व्यक्तित्व की तरफ ही नहीं है, बल्कि हिन्दी-उर्दू के रचनाकारों को अपने चिन्तन का विषय बनाने के कारण उनके आलोचक-व्यक्तित्व को प्रकाश में लाना भी नामवर जी का अभीष्ट है।

हिन्दी में शमशेर के अतिरिक्त अनेक कवियों-रचनाकारों ने आलोचनात्मक निबन्ध या गद्य-रचनाएँ लिखी हैं; लेकिन शमशेर का चिन्तन अलग राह का राहबर है। शमशेर की काव्यानुभूति की संरचना से, स्वयं उनके कवित्व से प्रायः उनकी अन्य रचनाएँ भी प्रभावित हैं। यहाँ पर हम यदि मुक्तिबोध को याद करें, उनकी आलोचनात्मकता को देखें-परखें, तो मुक्तिबोध ने विवेचनात्मक और विश्लेषणपरक गद्य या आलोचनात्मक निबन्ध लिखते समय सायास अपने कवित्व को अलग रखा है। मुक्तिबोध के यहाँ कवि-मुक्तिबोध और आलोचक-मुक्तिबोध दोनों दो व्यक्तित्व सामने आते हैं। अज्ञेय के यहाँ भी हमें यही बात देखने को मिलती है। जहाँ तक शमशेर की बात है, तो उनके जैसा आलोचनात्मक निबन्ध या गद्य-रचना हिन्दी के किसी दूसरे कवि ने लिखा हो, शायद ही ऐसा देखने को मिले। और गद्यकारों ने तो खैर लिखा ही नहीं है।

शमशेर ने गद्य की अनेक विधाओं में सफलतापूर्वक अपनी लेखनी का जादू बिखेरा है, जैसे—आलोचना, निबन्ध, डायरी, कहानी, स्केच इत्यादि। क्यों न कहें कि इस दृष्टिकोण से शमशेर में पर्याप्त विधात्मक कलात्मकता भी परिलक्षित होती है। दरअसल, शमशेर के सर्जनात्मक व्यक्तित्व को अगर ध्यान से देखा जाए, तो उनके सम्पूर्ण गद्य-लेखन में एक अद्वितीय एकरूपता-एकरसता नजर आती है। जाहिर है यह बात तब समझ में आएगी जब हम विधाओं के बन्धन से ऊपर उठकर उनके सर्जनात्मक व्यक्तित्व की सम्पूर्णता में परख करें। दरअसल, शमशेर चाहे निबन्ध लिख रहे हों या फिर आलोचना या डायरी या कहानी या हिन्दी-उर्दू के रचनाकारों

पर कविताएँ ही क्यों न लिख रहे हों, सब जगह उनका एक चिन्तक, विश्लेषक या विवेचक व्यक्तित्व ही सामने नजर आता है। एक ऐसे चिन्तक-आलोचक का व्यक्तित्व जो कलाकार की व्यक्तिगत रचनात्मक ईमानदारी के साथ, अपनी सजगता-जागरूकता और अध्ययनशीलता के साथ, विकास की समाज-सापेक्ष गति के साथ ताना-बाना बुनते हुए अपने निष्कर्षों-प्रमाणों को स्थापित करता चलता है। बिलकुल अपनी धुन में। जहाँ उसका निजी स्वर ही प्रमुख होता है।

शमशेर के आलोचक-व्यक्तित्व के सन्दर्भ में एक और बात जो मार्के की है वह यह कि हिन्दी-साहित्य के इतिहास में शमशेर के कवि-रूप को लेकर भी साहित्य-समाज में आपसी भिड़न्त होती रही है। लेकिन इस भिड़न्त से कोई स्पष्ट परिणाम सामने आया हो, ऐसा भी नहीं है। बदले में अपनी नासमझी का ठीकरा शमशेर को 'दुरूह' और 'कठिन' कवि बताकर फोड़ा गया। जाहिर है इसका खमियाजा शमशेर के आलोचक या गद्यकार को भी भोगना था। दरअसल, हिन्दी-साहित्य में आरम्भ से ही यह आलोचकीय-परम्परा चली आ रही है कि किसी कवि या रचनाकार का एक रूप यदि चर्चित हो जाए या उसकी अत्यधिक प्रशंसा हो जाए या फिर उसका वह रूप विवादास्पद ही क्यों न हो जाए, तब साहित्य-समाज अन्य विधाओं में उस रचनाकार द्वारा किए गए महत्त्वपूर्ण कार्यों या उल्लेखनीय योगदान की चर्चा करना लगभग भूल ही जाता है। कई दफा तो रचनाकार का वह रूप एकदम उपेक्षित ही रह जाता है।

गौरतलब है कि हिन्दी-साहित्य के इतिहास में आलोचना की इस सशक्त परम्परा में शमशेर भी आते हैं। शमशेर की कविताओं की बनावट को लेकर कभी उन्हें 'कवियों का कवि' कहकर नवाजा गया, तो कभी बेहद दुरूह और कठिन कवि कहकर। दरअसल, शमशेर की कविताओं की आलोचना में ऐसे वादों-प्रतिवादों-विवादों को प्रचारित किया गया कि हिन्दी के पाठक-समाज के समक्ष शमशेर की कविताओं को सम्प्रेषित करने, उनकी काव्यानुभूति की संरचना और सौन्दर्यानुभूति की निजी विशेषताओं को समझने-समझाने का आलोचकीय दायित्व लगभग गायब ही हो गया। इसका नतीजा यह निकला कि लम्बे समय तक साहित्य-समाज में शमशेर की स्वीकार्यता प्रश्नचिह्न बनी रही। शमशेर को अपनी स्वीकार्यता के लिए संघर्ष करना पड़ा। यहाँ तक कि शमशेर के समकालीन आलोचक भी इस मसले को सुलझा नहीं सके। नतीजन शमशेर के आलोचक-व्यक्तित्व या गद्यकार रूप को इसका परिणाम भुगतना पड़ा। खैर! शमशेर के आलोचक-व्यक्तित्व को ठीक से जानने-समझने के लिए उनकी विचारधारा पर थोड़ी-सी बहस की गुंजाइश बनती है जो आवश्यक और प्रासंगिक भी है, क्योंकि शमशेर एक विचारशील कवि और आलोचक हैं। उनके रचनाकार के पास एक स्वस्थ दृष्टिकोण है और यह बात उनकी कविताओं और आलोचनाओं में मुखरता के साथ प्रकट होती है।

यदि हम शमशेर बहादुर सिंह की विचारधारा की बात करते हैं, तो वह घोषित रूप से मार्क्सवादी विचारधारा के हिमायती हैं। शमशेर मार्क्सवाद को जीवन में ऑक्सीजन की तरह अनिवार्य मानते हैं। रघुवीर सहाय ने 'दूसरा सप्तक' के अपने वक्तव्य में इसका स्पष्टीकरण करते हुए लिखा है कि "कोशिश तो यही रही है कि सामाजिक यथार्थ के प्रति अधिक से अधिक जागरूक रहा जाए और वैज्ञानिक तरीके से समाज को समझा जाए। वास्तविकताओं की ओर ऐसा ही दृष्टिकोण रहना चाहिए और यही जीवन को स्वस्थ बनाए रख सकता था। शमशेर बहादुर का यह कहना मुझे बराबर याद रहेगा कि जिन्दगी में तीन चीजों की बड़ी जरूरत है : ऑक्सीजन, मार्क्सवाद और अपनी वह शक्ल जो हम जनता में देखते हैं।"[120] जाहिर है यहाँ रघुवीर सहाय सामाजिक यथार्थ को समझने के लिए जिस वैज्ञानिक तरीके या आधार की बात कर रहे हैं वह मार्क्सवाद ही है जो शमशेर के विचार से ऑक्सीजन के समान है।

शमशेर ने भी 'दूसरा सप्तक' के अपने वक्तव्य में नई कविता के सन्दर्भ में छह बातों की तरफ ध्यान आकर्षित करते हुए सामाजिक यथार्थ और सामाजिक सौन्दर्यबोध की परख के लिए जिस वैज्ञानिक आधार की बात कही है, वह मार्क्सवाद ही है। शमशेर कहते हैं कि "...अपने चारों तरफ की जिन्दगी में दिलचस्पी लेना, उसकी ठीक-ठीक यानी वैज्ञानिक आधार पर (मेरे नजदीक यह वैज्ञानिक आधार मार्क्सवाद है) समझना और अनुभूति और अपने अनुभव को इसी समझ और जानकारी से सुलझाकर स्पष्ट करके, पुष्ट करके अपनी कला-भावना को जगाना। यह आधार इस युग के हर सच्चे और ईमानदार कलाकार के लिए बेहद जरूरी है। इस तरह अपनी कला-चेतना को जगाना और उसकी मदद से जीवन की सच्चाई और सौन्दर्य को अपनी कला में सजीव से सजीव रूप देते जाना : इसी को मैं 'साधना' समझता हूँ। और इसी में कलाकार का संघर्ष छिपा हुआ देखता हूँ।"[121] मार्क्सवादी विचारधारा के साधक शमशेर का दायरा तंग नहीं है। वह मार्क्सवादी सौन्दर्यबोध की परख के लिए किसी विशेष वर्ग या जनसमूह का चुनाव नहीं करते, बल्कि अपने आसपास की जिन्दगी और उसके यथार्थ चित्रण में ही सौन्दर्य की तलाश करते रहते हैं।

दरअसल, मार्क्सवादी विचारधारा के प्रति शमशेर का रुझान उनके लेखन के आरम्भिक दौर से ही देखने को मिल जाता है। शमशेर के आरम्भिक दौर में ही भारतीय साहित्य में प्रगतिशील आन्दोलन और मार्क्सवादी विचारधारा का जोर-शोर से समर्थन और प्राबल्य देखने को मिल जाता है। यह वह समय है जब प्रेमचन्द जैसे प्रगतिशील रचनाकार 'प्रगतिशील लेखक संघ' के प्रथम अधिवेशन की अध्यक्षता कर तत्कालीन युवा साहित्यकारों के लिए ऊर्जा का काम कर रहे थे। अपने लेखन से हिन्दी और उर्दू की साझी विरासत को आगे बढ़ा रहे थे। गौर से देखा जाए तो शमशेर पर भी इसका असर साफ-साफ देखा जा सकता है। यह सामाजिक संघर्ष

और कला के संघर्ष का दौर है। इसी कारण राष्ट्रीय आन्दोलन को भी गति मिल रही थी। शमशेर ने अपने 'वक्तव्य' में मार्क्सवाद के प्रति अपने आरम्भिक रुझान और उसे आत्मसात् न कर पाने की बेचैनी के कुछ संकेत दिए हैं। उनका कहना है कि "जन आन्दोलनों को समझने और उनका एक धुँधला–सा रूप भी अपनी भावनाओं के रंग में बाँधने की कुछ कोशिश मैंने पिछले सालों में की है। 'इस ऊँच रुचि और मति' को अपनी कविता में अभी तक अच्छी तरह पकड़ न पाने के दो कारण रहे हैं। एक, जनता के हृदय में मेरी दूरी; दूसरा मार्क्सवाद का उथला ज्ञान; खासकर किसान–मजदूर के संघर्षों के इतिहास के ज्ञान की कमी।"[122] इस पूरे वक्तव्य में 'ऊँच रुचि और मति', जिसको शमशेर ने इन्वर्टेड कॉमा में लिखा है तथा 'जनता के हृदय में मेरी दूरी' और 'मार्क्सवाद का उथला ज्ञान' पर गौर फरमाने की जरूरत है। पहली बात तो यह है कि शमशेर जिसे 'ऊँच रुचि और मति' कहते हैं वह कुछ और नहीं, बल्कि तत्कालीन समय में साहित्यिक क्षेत्र में चलने वाला प्रगतिशील आन्दोलन है, जिसकी विचारधारा मार्क्सवाद ही है और यही शमशेर का अभीष्ट और आदर्श भी है। जिससे वह जुड़ना चाहते हैं। उसको आत्मसात् करना चाहते हैं। मगर कर नहीं पाते। इसका पहला कारण वह बताते हैं कि जनता के हृदय में दूरी और दूसरा मार्क्सवाद का उथला ज्ञान।

गौरतलब है कि जिस विचारधारा को शमशेर ऑक्सीजन के समकक्ष रखने के आग्रही हैं उसके प्रति उनका रुझान और उसे आत्मसात् करने की बेचैनी उनमें आरम्भ से ही देखने को मिलती है और वह विचारधारा है मार्क्सवाद। मार्क्सवाद इतिहासबोध की बात करता है और सदियों से चले आ रहे सामाजिक संरचना और मौजूदा व्यवस्था में बदलाव और परिवर्तन की माँग करता है। और व्यापक परिवर्तन के लिए सामाजिक संघर्ष होना अनिवार्य है। इस सामाजिक संघर्ष को गति और दिशा तभी हासिल हो सकती है जब साहित्य और कला के क्षेत्र में भी संघर्ष हो। शमशेर कहते हैं कि "कला का संघर्ष समाज के संघर्षों से एकदम कोई अलग चीज नहीं हो सकती और इतिहास आज इन संघर्षों का साथ दे रहा है। सभी देशों में, बेशक यहाँ भी, दरअसल, आज की कला का असली भेद और गुण उन लोक कलाकारों के पास है, जो जन–आन्दोलनों में हिस्सा ले रहे हैं। टूटते हुए मध्यवर्ग के मुझ–जैसे कवि उस भेद को जहाँ वह है, वहीं से पा सकते हैं, वे उसको पाने की कोशिश में लगे हुए हैं।"[123] जाहिर है यह कोशिश मार्क्सवाद का सम्यक् ज्ञान, उसकी विचारधारा की सही परख और अपने इतिहासबोध और समझ की कोशिश है जो शमशेर को अपनी ओर आकर्षित करती है। शमशेर इसके लिए प्रयासरत भी हैं।

इस दौरान शमशेर अपने रास्ते में आने वाली कठिनाइयों का हवाला भी देते हैं। पहली कठिनाई तो जनता से न जुड़ पाने की कठिनाई है, दूसरी अपने जीवन की व्यक्तिगत समस्याओं के कारण उत्पन्न एकाकीपन की समस्या आदि। शमशेर लिखते

हैं कि "मेरी कविताओं में यह कोशिश उदिता के आखिरी अधिकांश भाग में और पिछले दो-तीन सालों की कविताओं के संग्रह 'बात बोलेगी हम नहीं' में मौजूद हैं। इसके बीज मेरी सन् '38-39 की कविताओं में भी मिल जाएँगे, हालाँकि कि उस वक्त से सन् '42 तक मेरा रुझान ज्यादातर क्या बिलकुल अपनी ही अकेली दुनिया के अन्दर खिंचते चले जाने की तरफ रहा। उस एकाकीपन की घुटन और उसी की मजबूरियों से पैदा होने वाले पलायन के सपनों और गीतों से छुटकारा पाने के लिए धीरे-धीरे जो संघर्ष मेरे अन्दर सन् '42-43 में शुरू हुआ, वह मेरी चारों तरफ की जिन्दगी में बहुत पहले पैदा हो चुका था।"[124] जाहिर है शमशेर को अपने इस एकाकीपन और घुटन से निजात पाने का रास्ता मार्क्सवादी विचारधारा में दिखा। यही कारण है कि वे प्रगतिशील आन्दोलन से जुड़े, और सिर्फ जुड़े ही नहीं अपने लेखन तथा व्यक्तिगत भागीदारी से सक्रिय भूमिका का निर्वाह किया। शमशेर का साहित्यिक जीवन संघर्षों से आरम्भ हुआ। पत्नी की आकस्मिक मृत्यु ने शमशेर को तोड़कर रख दिया। वह एकाकीपन और अपनी मजबूरियों के कारण पलायन के गीत गाने लगे। इन सबसे उबरने का रास्ता शमशेर को मार्क्सवादी विचारधारा में नजर आया जो व्यक्तिगत समस्याओं से ऊपर उठकर व्यापक जनसमूह की समस्याओं में शरीक होने तथा व्यापक जन-आन्दोलन के द्वारा परिवर्तन की माँग कर रहा था। वो किसी फिल्म का एक गीत है न कि 'दुनिया में कितना गम है, मेरा गम कितना कम है...', शमशेर इसी तर्जुमे को आत्मसात् कर अपने से बाहर निकल पाए जिसका कारण प्रगतिशील आन्दोलन और मार्क्सवाद था। शमशेर की व्यक्तिगत समस्याओं ने बार-बार उनको झकझोरा, लेकिन उनके सामने निराला, पंत, प्रेमचन्द, जोश, मजाज, केदारनाथ अग्रवाल, नागार्जुन जैसे प्रगतिशील लेखक और उनकी रचनाएँ मौजूद थीं। इन्हीं सबसे ऊर्जा ग्रहण कर शमशेर ने अपनी विचारधारा और अपने लेखन को गति दी। इन सबके पीछे मार्क्सवादी विचारधारा का ही समर्थन रहा। जिसका उल्लेख शमशेर ने अपने समूचे वक्तव्य में किया है।

शमशेर के मार्क्सवादी होने को लेकर आलोचन-जगत् में काफी उधेड़बुन चलती रही है। अकसर आलोचकों द्वारा शमशेर को खाकों में बाँटकर देखा गया है। यहाँ तक कि मार्क्सवादी आलोचकों ने भी सही अर्थों में शमशेर के मार्क्सवादी होने को लेकर आपत्ति जाहिर की है। कारण कि शमशेर उन अर्थों में मार्क्सवादी नहीं हैं जिन अर्थ-सन्दर्भों में उनके मार्क्सवाद को जाँचा-परखा और समझा गया है। शमशेर का मार्क्सवाद अन्य आलोचकों और रचनाकारों से भिन्न प्रकृति का है। शमशेर ने सच्चे अर्थों में मार्क्सवाद को उसकी मूल प्रकृति में आत्मसात् किया है। जिसमें मनुष्य को मनुष्य के रूप में देखने की अपील है। जो मनुष्य के हृदय को शान्ति पहुँचाने का उपक्रम करता है। मनुष्य के वास्तविक सौन्दर्य को उकेरना तथा उसको समृद्ध बनाना जिसका लक्ष्य है। जो मानवीय संवेदनाओं को उपयोगिता के दायरे से बाहर निकालकर

उनकी स्वतंत्र सत्ता में स्वीकार करने का आग्रह और संघर्ष करता है। जिसके मूल में व्यक्ति की सकारात्मक आजादी, बराबरी की कल्पना निहित है। जिसमें मनुष्य का पुनः एकीकरण, मनुष्य की मनुष्य के पास वापसी, मनुष्य के आत्मनिर्वासन का अतिक्रमण और मनुष्य के लिए मनुष्य के द्वारा मानवीय सत्त्व का वास्तविक अर्थों में अधिग्रहण है। शमशेर के लिए मार्क्सवाद वह है जो मनुष्य और प्रकृति तथा मनुष्य और मनुष्य के बीच जो द्वन्द्व है उसका वास्तविक समाधान प्रस्तुत करता है। जो अपने से बाहर निकलकर सबके सुख-दुख, रीति-रिवाज, परम्पराओं, संस्कृतियों में शरीक होने की वकालत करता है। शमशेर का मार्क्सवाद वह नहीं है जो केवल जनाधार और मनाधार, संघर्ष और क्रान्ति की ही बात करता हो। इन्हीं अर्थों में शमशेर का मार्क्सवाद औरों से अलग है।

दरअसल, शमशेर का मार्क्सवाद इसलिए अलग है, क्योंकि वह उसे मात्र विचारधारा के रूप में आत्मसात् नहीं करते, बल्कि व्यक्ति के जीवन जीने के सिद्धान्त या कहें कि जीवन के प्रति व्यक्ति के नजरिए के रूप में देखते-समझते हैं। शमशेर किसी भी व्यक्ति या रचना के विचारधारा को विचारधारा के रूप में नहीं बल्कि उनके शब्दों में व्यक्ति के 'लिविंग प्रिंसिपल' के रूप में देखते हैं। "कोई रचनाकार या कलाकार शमशेर बहादुर सिंह के लिए आकर्षक इसलिए होता है कि वह कोई ऐसी चीज पैदा कर रहा होता है, जिससे हम जाने-अनजाने अपनी अनुभूतियों या अपने अनुभवों की तुलना करते चलते हैं।"[125] दरअसल, इस रचनाकार या कलाकार या उसकी रचना या कला को शमशेर किस नजरिए से देखते हैं?—इस सन्दर्भ में उनकी टिप्पणी है कि "चूँकि मेरी दिलचस्पी शैली और प्रकार में और तकनीक में रही है, तो अलग-अलग रचनाकारों की, कवियों की, आर्टिस्टों की जो शैलियाँ हैं, उनमें भी रही है।...मैं डिस्कवर करना चाहता हूँ कि इस व्यक्ति का जो एक लिविंग प्रिंसिपल है वह क्या है।"[126] शमशेर की आलोचनाओं और रचनाओं में इसी 'लिविंग प्रिंसिपल' की तलाश शुरू से आखिरी तक मौजूद है, जो उनकी विश्वदृष्टि, उनकी विचारधारा और रचनाकारों और उनकी रचनाओं के प्रति शमशेर के नजरिए को रेखांकित करता है। "अकसर रचनाकारों की विश्वदृष्टि या विचारधारा की खोज की जाती है। इस विश्वदृष्टि और विचारधारा की जगह शमशेर रचनाकार के 'लिविंग प्रिंसिपल' को खोजने, समझने की जरूरत बताते हैं, और यह स्वयं उन्हें समझने के लिहाज से एक सही रवैया लगता है।"[127] कहना न होगा कि शमशेर का यह 'लिविंग प्रिंसिपल' मार्क्सवाद ही है, कुछ और नहीं। लेकिन ये और मार्क्सवादियों से भिन्न और अलग ही मिजाज का है।

रघुवीर सहाय ने अपने वक्तव्य में विचारधारा के प्रति शमशेर के मार्क्सवादी रुझान को 'बड़ी जरूरत' के रूप में बताया, लेकिन खुद शमशेर का मार्क्सवाद से क्या रिश्ता रहा है? इसको एक इन्टरव्यू में शमशेर ने स्पष्ट करते हुए कहा है कि

"मार्क्सवाद से नजरिया बेहतर, वैज्ञानिक और विश्वसनीय होने के साथ–साथ दृष्टि में विस्तार मिलता है और विश्वबन्धुता का अहसास भी होता है। मार्क्सवाद से रचनाकार को दिशा मिलती है और उसकी वेदना में धार आ पाती है।"[128] गौरतलब है कि रचनाकार की जिस विचारधारा या विश्वदृष्टि या 'लिविंग प्रिंसिपल' की तलाश शमशेर को रहती है, उसको समझने की दिशा उन्हें मार्क्सवाद से ही मिलती है। मार्क्सवाद ही शमशेर के खुद का 'लिविंग प्रिंसिपल' या कहें कि विचारधारा है। लेकिन इसी मार्क्सवाद से शमशेर के रिश्ते को लेकर हिन्दी आलोचना में काफी खींचतान होती रही है।

इस बेवजह खींचतान के बावजूद शमशेर हमेशा से अपनी रचनाओं और वक्तव्यों में मार्क्सवाद से अपने रिश्ते को स्पष्ट करते रहे हैं। लेकिन बिला वजह लोग उनके मार्क्सवादी होने को लेकर बौद्धिक संघर्ष करते रहे हैं। सन् 1988 में प्रकाशित शमशेर के काव्य–संग्रह 'काल से है होड़ मेरी' में इसी शीर्षक से उद्धृत कविता में उन्होंने मार्क्सवाद से अपने रिश्ते को स्पष्ट किया है—

जो मैं हूँ
मैं कि जिसमें सब कुछ है...
क्रान्तियाँ, कम्यून,
कम्यूनिस्ट समाज के
नाना कला—विज्ञान और दर्शन के
जीवन्त वैभव से समन्वित
व्यक्ति में
मैं जो वह हरेक हूँ
जो, तुझसे, ओ काल, परे हैं।[129]

दरअसल, शमशेर ने शुरू से आखिर तक इसी विचारधारा की हामी भरी है। मार्क्सवाद ही शमशेर के जीवन जीने और उनकी रचनाशीलता का एक मात्र सिद्धान्त रहा है। कहने को यह उनका अन्तिम काव्य–संग्रह है, लेकिन उनके आरम्भिक कविताओं के संग्रह 'उदिता' की भूमिका भी इसी बात की ओर संकेत करती है कि मार्क्सवाद ही शमशेर की विचारधारा का प्रस्थान-बिन्दु है और चरमोत्कर्ष भी। इस लिहाज से 'उदिता' की भूमिका की ये पंक्तियाँ भी गौरतलब हैं कि "...अगर मेरी वाणी में इनसान का दर्द है—छोटा-सा ही दर्द सही, मगर सच्चा दर्द...भावुकता, ललक, आकांक्षा, तड़प और आशा, कभी घोर रूप में निराशा भी लिए हुए, कभी उदासी, कभी–कभी उल्लास भी...एक प्रेमी कलाकार, एक मध्यवर्गीय भावुक नागरिक का, जो मार्क्सवाद से रोशनी भी ले रहा है और सांस्कृतिक और धार्मिक विविध परम्पराओं में अपनी नैसर्गिक शक्ति और ऊर्जा के स्रोत भी (अपनी सीमा में अपनी शक्ति भर) तलाश रहा है : एक ऐसा व्यक्ति जिसको सभी देशों और साहित्यों से

प्यार है और सबसे अपने दिल को जोड़ता है (प्रेम की भावुकता ने जो बीज बोया वह मैं देखता हूँ कि अकारत नहीं गया : क्योंकि पूरी मनुष्य जाति से प्रेम, युद्ध से नफरत और शान्ति की समस्याओं से दिलचस्पी—ये सब बातें उसी से धीरे-धीरे मेरे अन्दर पैदा हुई...तो, अगर उपर्युक्त तमाम सूत्रों के साथ इनसान से जुड़ता हूँ, तो मेरे लिए फिलहाल इतना काफी है।''[130] इस पूरे पैराग्राफ में 'वाणी में इनसान का दर्द', 'मार्क्सवाद से रोशनी', 'सांस्कृतिक और धार्मिक विविध परम्पराओं में अपनी नैसर्गिक शक्ति और ऊर्जा के स्रोत', 'सभी देशों और साहित्यों से प्यार', 'पूरी मनुष्य जाति से प्रेम, युद्ध से नफरत और शान्ति की समस्याओं से दिलचस्पी' आदि बातें ध्यान आकर्षित करती हैं। इन्हीं बातों से जाहिर होता है कि शमशेर का मार्क्सवाद अपने आप में निराला और दूसरों से भिन्न प्रकृति का है, जो यह संकेत करता है कि शमशेर ने मार्क्स द्वारा अभिव्यक्त विचारों को अपने ही अन्दाज में उसकी मूल प्रकृति में आत्मसात् किया है। दरअसल, शमशेर की रचनाओं और आलोचनाओं तथा निबन्धों में इसी दर्द, इसी रोशनी, इसी सांस्कृतिक-धार्मिक परम्पराओं की ऊर्जा और शक्ति, सभी देशों और साहित्यों से प्यार, मानव जाति से प्रेम, युद्ध से नफरत और मानव हृदय की शान्ति की पुकार निहित है।

दरअसल, विचारधारा के स्तर पर शमशेर के लिए मार्क्सवाद उपर्युक्त गुणों से युक्त चेतना और संवेदना की ही बात करता है, केवल जनाधार, मनाधार, आन्दोलन और क्रान्ति का स्वर ही उसका एकमात्र स्वर नहीं है जैसा कि पहले भी इस तरफ संकेत किया जा चुका है। ''कम्यूनिस्टों का प्रशिक्षण ही कुछ ऐसा होता है कि भावुक होने को वे कमजोर होने की निशानी मानते हैं। शमशेर भावुकता को वस्तुपरकता के साथ शत्रुतापूर्ण रिश्ते में नहीं रखते। प्रायः यह समझा जाता रहा है कि ठंडी वस्तुपरक दृष्टि अपनाने के लिए भावुकता से दूर रहना बहुत जरूरी है। ऐसी धारणा वाले शमशेर को दुर्बल भावुक समझते रहे हैं।''[131] जाहिर है कि ऐसी ही धारणा वालों की समझ के कारण शमशेर को पार्टी छोड़नी पड़ी हो, क्योंकि शमशेर के लिए प्रगातिशील आन्दोलन और मार्क्सवाद कोई राजनीतिक उथल-पुथल मचाने वाला एजेन्डा नहीं रहा है, बल्कि वह प्रेरणा रहा है शमशेर की भावनाओं-संवेदनाओं का, प्रेम की भावुकता का, इनसानों के दर्द को समझने का, इनसानों के साथ सच्चा रिश्ता कायम करने का जिसमें विभिन्न संस्कृतियों, परम्पराओं, साहित्यों और भाषाओं को बाँटकर देखने का नहीं, बल्कि सम्मानपूर्वक उन्हें एक करके देखने की अपील है। शमशेर की प्रेम की भावुकता ही समाज का पूरा ढाँचा बदलने की ताकत रखती है। यही उनके लिए क्रान्ति भी है। प्रेरणास्रोत भी। शमशेर इसी क्रान्ति के मुरीद हैं। यह क्रान्ति तब होती है जब भावनाओं का विस्फोट होता है। शमशेर के यहाँ यही मानवीय प्रेम, यही दर्द, यही बातें बोलती हैं, खुद शमशेर नहीं। तभी तो उनका कहना है—''बात बोलेगी हम नहीं/भेद खोलेगी बात ही।''[132] यही प्रेम की भावना, यही

मानवीय सौन्दर्य की परख शमशेर को दुर्बल और कमजोर बनाने के बजाय इनसानों के साथ सही रिश्ते कायम करने में मददगार साबित होती है। यही है शमशेर का मार्क्सवाद। यही है उनकी विचारधारा। जो उनकी कविताओं और आलोचनाओं में व्याप्त है।

मुक्तिबोध जैसे रचनाकार सबसे पहले इस बात का ऐलान करते हैं कि 'आपकी राजनीति क्या है?' शमशेर के सन्दर्भ में नहीं, हर प्रगातिशील रचनाकार के सन्दर्भ में। वहीं अज्ञेय जैसे बड़े रचनाकार ने शमशेर के बारे में कहा कि शमशेर की रचनाओं में अभिव्यक्त मूल्य-दृष्टि और उनकी घोषित राजनीति में, राजनीतिक दृष्टि में लगातार विरोध रहा है जो अन्तिम दौर तक कायम है। मुक्तिबोध और अज्ञेय के लिए यह राजनीति विचारधारा ही है। और अज्ञेय जब शमशेर के बारे में ऐसा कहते हैं तब वह शमशेर की विचारधारा यानी मार्क्सवाद को ही रेखांकित कर रहे होते हैं। लेकिन शमशेर के लिए मार्क्सवाद घोषित राजनीति या राजनीतिक दृष्टि है या फिर कुछ और?—इसका स्पष्टीकरण शमशेर ने खुद किया है कि वह मार्क्सवाद से कैसे और क्यों जुड़ते हैं। उनका कहना है कि "मार्क्सवाद को मैं सामाजिक, राजनीतिक पहलुओं से नहीं देखता, बल्कि हमारे युग में वह मानव के गहनतम चिन्तनों से जुड़ा है।"[133] गौरतलब है कि गहनतम चिन्तनों से यहाँ शमशेर का तात्पर्य विचारों से है, विचारप्रणाली से नहीं। शमशेर विचारों से प्रभावित होना जानते हैं, विचारप्रणाली में बँधना उन्हें गवारा नहीं। शमशेर के लिए विचारधाराएँ बन्द किलों की तरह हैं। जो रचनात्मकता को कुन्द कर देती हैं।

दरअसल, शमशेर का मार्क्सवाद को देखने का एक अपना ही अन्दाज है। अपने आप में अलग और निराला। यही कारण है कि मार्क्सवादी तथा गैरमार्क्सवादी हिन्दी आलोचकों के लिए शमशेर का मार्क्सवाद हमेशा संशय का विषय बना रहा है। शमशेर यह कहते हैं कि "एक लेखक के रूप में मार्क्सवादी होना जरूरी है, इस तथ्य को मैं व्यावहारिक रूप से मानता हूँ।"[134] लेकिन शमशेर यह भी कहते हैं कि "मैं उस अर्थ में मार्क्सवादी कभी नहीं रहा जिस अर्थ में मेरे प्रगतिशील दोस्त, मसलन शिवदान सिंह चौहान और राजीव सक्सेना हैं।"[135] यहाँ कहने की आवश्यकता नहीं है कि शमशेर का मार्क्सवाद कैसे अपने समकालीन रचनाकारों से भिन्न प्रकृति का है, क्योंकि शमशेर के समकालीन प्रगतिशील रचनाकारों ने मार्क्सवाद को जहाँ राजनीतिक दृष्टि और सिद्धान्त और विचारप्रणाली के रूप में अपनाया, वहीं शमशेर ने मार्क्सवाद को व्यावहारिक धरातल पर आत्मसात् किया। शमशेर कहते हैं कि "मार्क्सवाद के मूल में व्यक्ति की जो सकारात्मक आजादी का पक्ष छिपा है, उसे ठीक से समझे बिना मनुष्य के बराबरी की समाज की कल्पना नहीं की जा सकती।"[136] यही कारण है कि शमशेर ने मार्क्सवाद को व्यवहार का हिस्सा बनाया। शमशेर जिस सकारात्मक आजादी की बात कर रहे हैं वह मार्क्सवाद की विचारप्रणाली में बँध जाने से हासिल

नहीं हो सकता। यही कारण है कि शमशेर के लिए मार्क्सवाद कोई विचारधारा या विचारप्रणाली नहीं, बल्कि 'लिविंग प्रिंसिपल' है।

अज्ञेय ने शमशेर की रचनाओं के आधार पर उनकी मूल्य-दृष्टि और राजनीतिक दृष्टि में, सीधा-सीधा कहें तो उनके मार्क्सवाद (विवेक) और भावबोध में विरोध देखा। जाहिर है ये विरोध औरों को भी नजर आया जिसको लेकर शमशेर से बार-बार बात बदलकर प्रश्न किया गया। ऐसा ही एक प्रश्न महावीर अग्रवाल ने एक साक्षात्कार में जब शमशेर के सामने रखा कि क्या आप रचनाकार के लिए वैचारिक प्रतिबद्धता का होना जरूरी मानते हैं? तब शमशेर ने कहा कि "मार्क्सवाद को मैं आदमी के इतिहास को समझने की दृष्टि से बहुत जरूरी समझता हूँ, पर जब विचारधारा को कविता के स्तर पर लाने की कोशिश करता हूँ तो मेरी खास कोशिश यही रही है कि किसी भी कीमत पर काव्यात्मकता न खोने पाए। मार्क्सवाद से मेरा नजरिया बेहतर हुआ। अधिक वैज्ञानिक और अधिक विश्वसनीय भी हुआ। इससे अपनी दृष्टि में विस्तार आता है, साथ ही विश्वबन्धुता का एहसास भी होता है। मार्क्सवाद का अध्ययन मैं हर रचनाकार और कलाकार के लिए बहुत जरूरी मानता हूँ। उसके बिना रचनाकार को न दिशा मिल सकती है और न ही उसकी चेतना विकसित हो सकती है। उसके बिना उसमें वेदना आती है पर धार नहीं आ पाती। जिस धार की बात मैं कर रहा हूँ वह बांग्ला के सुकांत भट्टाचार्य के यहाँ है। उसने सक्रिय जिन्दगी के बीच अपनी चेतना को बनते हुए महसूस किया। हिन्दी में नागार्जुन में वह धार है।"[137] दरअसल, शमशेर वैचारिक प्रतिबद्धता को आवश्यक तो मानते हैं, लेकिन यहाँ भी उनका संकेत उसे व्यावहारिक स्तर पर आत्मसात् करने की तरफ भी है। स्वविवेक के आधार पर न कि उस विचारप्रणाली में खुद को बाँधकर। विचारधारा और रचनात्मकता का आपसी द्वन्द्व तो यहाँ है, लेकिन मूल्य दृष्टि भी है। इस द्वन्द्व से रचनात्मकता में धार आती है जिसकी बात शमशेर कर रहे हैं।

दरअसल, कोई भी विचारधारा रचना-प्रक्रिया के दौरान या आलोचना-कर्म के दौरान रचना या रचनाकार के लिए बाधक नहीं होती, बशर्ते उसे स्वविवेक से लिए निर्णयों के आधार पर आत्मसात् किया जाए। किसी भी बन्धन अथवा परिपाटी में खुद को बाँधकर कोई विचार विकसित नहीं हो पाता, न ही उसमें गति आ पाती है। तब कोई भी रचनाकार या आलोचक खुद को किसी विचारप्रणाली में क्यों बाँधे?— शमशेर इसी समस्या पर हर जगह बल देते नजर आते हैं। एक साक्षात्कार में जब शमशेर के सामने यह प्रश्न रखा गया कि विचारधारा रचना के लिए सृजन-प्रक्रिया के दौरान बाधक है या सहायक, तब शमशेर ने कहा कि "बाधक तो कभी नहीं है, बाधक वह कभी नहीं होता। लेकिन इसको मैं दूसरे एंगिल से देखता हूँ। पहली बात तो यह कि साहित्य और कला की रचना, जिस तरह से इनका निर्माण होता है, उसमें

ये काफी स्वतंत्र हैं, स्वभाव से। ऊपर से जो चाहे थ्योरी लाद दें, लेकिन कला और साहित्य की जो अपनी अनुभूत वाणी है, अनुभूत स्वर है उसको दबाना मैं गलत समझता हूँ। गलत इसलिए समझता हूँ कि अकसर यह देखा गया है कि उसको बहुत यांत्रिक तरह से लोग शामिल करते हैं। अगर कहानी होगी तो जरूर उसमें ट्रेड यूनियन आएगा, ट्रेड यूनियन का कार्यकर्ता आएगा तो हीरो होगा—पीड़ित जनता के प्रतिनिधि के रूप में आदि-आदि...तो क्या सिर्फ यही यथार्थ है, इतना ही। कहने का मेरा मतलब है कि मेरा अलग दृष्टिकोण रहा है। दूसरा सप्तक के वक्तव्य में लिखा भी है मैंने जिसे रघुवीर सहाय ने उद्धृत भी किया है : दो चीजें जरूरी हैं, एक ऑक्सीजन दूसरा मार्क्सवाद। ऑक्सीजन कैसे प्राप्त होता है, एक तो खुले में रहने से। बन्द-बन्द जगहों में बँधे-खिंचे रहने से वह प्राप्त नहीं होता। जैसा कि होना चाहिए। देहात में रहने वाले इसलिए कमजोर चाहे दिखें लेकिन उनके पंजर में एक गर्मी, एक आग, एक अजब स्वास्थ्य की लहर होती है। दूसरे मार्क्सवाद जो बौद्धिक मानसिक स्वास्थ्य के लिए आवश्यक है। वह आधुनिक भारतीय की गीता है और आधुनिक मुस्लिम के लिए कुरान की आयतें हैं। मेरा मार्क्सवाद में विश्वास है लेकिन मार्क्सवाद के इतने स्कूल हैं, इतनी किस्में हो गई हैं कि मैं किन्ही में अपना नाम दर्ज नहीं कराना चाहता।''[138] इस वक्तव्य का अन्तिम वाक्य इसी सकारात्मक आजादी की वकालत है जिसकी वकालत मार्क्सवाद करता है। शमशेर मार्क्सवाद में आस्था तो रखते हैं और सभी रचनाकारों में इस आस्था को जरूरत के रूप में बताते हैं लेकिन किसी विचारप्रणाली में यंत्रवत् बँधकर नहीं। इन्हीं अर्थों में शमशेर की विचारधारा अन्य मार्क्सवादियों से भिन्न प्रकृति की है।

विचारधारा के स्तर पर मार्क्सवाद और मार्क्सवादियों से शमशेर की क्या समस्या रही है?—इसका स्पष्टीकरण शमशेर ने अपने एक साक्षात्कार में किया है। जब महावीर अग्रवाल ने उनसे पूछा कि बहुत से लोग कहते हैं कि मार्क्सवाद असफल हो गया, इस सम्बन्ध में आपके क्या विचार हैं? तब शमशेर ने मार्क्सवाद का जोरदार समर्थन करते हुए तत्कालीन समय में उसकी समस्याओं की ओर इशारा करते हुए कहा कि ''वह तो अपने विकसित होने की प्रक्रिया में है। मार्क्सवाद हमें बहुत ऊपर ले जाता है। मार्क्स ने तो निरन्तर परिवर्तन और संशोधन पर बल दिया था। चीन में जब व्यापक परिवर्तन हुए, तब मैंने अपने एक साक्षात्कार में कहा था, 'चीन का युवा वर्ग और आम जनता उस 'वुडेननेस' के खिलाफ हो गई है जो कम्यूनिस्ट नेताओं में घर कर गई है। कम्यूनिस्टों के पुराने, हठी और पत्थरनुमा चरित्र के विरुद्ध जनता कहीं-न-कहीं विचारों की मुक्ति चाहती है, जीवन में सकारात्मक, संवेदनात्मक आजादी की माँग करती है।' एक लेखक के रूप में मार्क्सवादी होना जरूरी है, इस तथ्य को मैं व्यावहारिक रूप से मानता हूँ। मैंने मार्क्सवाद को पढ़ा, प्रगतिशील आन्दोलन से जुड़ा, मार्क्सवादी साहित्य का अनुवाद किया और सन् 1940-41 से लेकर अब

तक इस धारा का समर्थक रहा हूँ। मुझे यह स्वीकारने में कोई संकोच नहीं है कि मार्क्सवाद ने मुझे अपनी भावनाओं के विश्लेषण में और विभिन्न धर्मों और संस्कृतियों को समझने में मेरी सहायता की है।''[139] शमशेर का यह पूरा वक्तव्य तत्कालीन समय में चल रहे प्रगतिशील आन्दोलन और मार्क्सवाद का बनावटी झंडा ढोने वाले रचनाकारों और पार्टी कार्यकर्ताओं की नासमझी का ब्योरा प्रस्तुत करता है। मार्क्सवाद का उथला ज्ञान लेकर जो लोग उस समय सक्रिय भूमिका अदा कर रहे थे, वे दरअसल, उसे संकीर्ण और बन्धन बना रहे थे। वह मार्क्सवाद को रूढ़ियों और परम्पराओं से जकड़ रहे थे। परिवर्तन व बदलाव जिन्हें गवारा न था। लेकिन शमशेर ने स्वविवेक से मार्क्सवाद को अपने चिन्तन और लेखन का हिस्सा बनाया। सकारात्मक और संवेदनात्मक आजादी का हिस्सा।

शमशेर आजीवन मार्क्सवाद के पक्षधर इसलिए बने रहे, क्योंकि संवेदनाओं की समृद्धि और संवेदनाओं की आजादी से उनका गहरा रिश्ता रहा। और इस समृद्धि में रिश्ते को देख और समझ पाने की रोशनी उन्हें मार्क्सवाद से मिली। उन्होंने मानवीय संवेदनाओं को उपयोगिता के दायरे से बाहर निकालकर उनकी स्वतंत्र सत्ता में स्वीकार किया जिसमें मार्क्सवाद उनका मददगार रहा। शमशेर मार्क्सवाद को रूढ़ियों और परम्पराओं के बन्धन में जकड़ने के आग्रही नहीं थे, इसके खिलाफ उन्होंने संघर्ष भी किया। उनका मानना था कि ''विचारधाराएँ भी अगर रूढ़ियों या परम्पराओं में जकड़ दी जाएँ तो वे सड़ाँध पैदा करने लगती हैं। किसी भी विचारधारा के जीवित रहने के लिए यह लाजिमी है कि उसमें परिवर्तन और संशोधन का प्रवाह बना रहे। मार्क्सवाद एक लोककल्याणकारी और वैज्ञानिक विचारधारा है। मार्क्सवाद के मूल में व्यक्ति की जो सकारात्मक आजादी का पक्ष छिपा है, उसे ठीक से समझे बिना मनुष्य के बराबरी के समाज की कल्पना नहीं की जा सकती। यह बात कम्यूनिस्ट नेताओं को अब समझनी होगी। मार्क्सवाद के बुनियादी पहलू हमें अवश्य प्रेरणा देंगे।''[140] यहाँ भी शमशेर का आग्रह मार्क्सवाद की मूल प्रकृति और उसके बुनियादी पहलू को आत्मसात् करने की है जिसमें परिवर्तन और संशोधन की दरकार है। जिसमें किसी प्रकार का बन्धन या संकीर्णता नहीं है।

इन सभी बातों पर विचार करने पर यही निर्णय लिया जा सकता है कि मार्क्सवाद ही शमशेर की मूल विचारधारा है, लेकिन अपने एक अलग कलेवर में। मार्क्सवाद उनके लिए राजनीतिक दृष्टि मात्र न होकर उनके रचनाकार व्यक्तित्व के निर्माण की आधारभूत सामग्री है। शमशेर का मार्क्सवाद उपयोगितावाद से मुक्ति का कार्यक्रम है। मार्क्सवाद शमशेर की रूहानी जरूरत है जो उन्हें रुग्ण मन:स्थिति और अपने में डूबने से बचाता है। मार्क्सवाद शमशेर को अपने से बाहर निकालकर सभी देशों, साहित्यों, धर्मों, संस्कृतियों, परम्पराओं और रीति-रिवाजों तथा मनुष्यों से जोड़ता है। यही कारण है कि शमशेर भारत की सामासिक संस्कृति की जोरदार वकालत

करते हैं। जितने अधिकार से वह हिन्दी के रचनाकारों पर आलोचनाएँ लिखते हैं उतने ही अधिकार से उर्दू साहित्य पर भी।

शमशेर अपने आरम्भिक दौर से ही प्रगतिवादी आन्दोलन से जुड़े रहे हैं। मार्क्सवाद को शमशेर ऑक्सीजन की तरह आवश्यक मानते हैं। उनकी कविताओं और आलोचनाओं में यह विचारधारा स्पष्ट अपनी उपस्थिति दर्ज करती है। अफसोस प्रगतिवादी आलोचकों द्वारा भी उनके आलोचक-व्यक्तित्व को प्रकाश में लाया गया होता। शमशेर की आस्था मार्क्सवाद में कितनी गहरी और कितने रूपों में थी, इस पर पर्याप्त बहस होती रही है। यहाँ तक कि उनके गद्य की प्रशंसा हो रही है। उनके गद्य को अद्‌भुत और मानक गद्य माना जा रहा है, लेकिन उनकी मान्यताओं पर बात नहीं की जा रही। क्या शमशेर की आलोचनात्मक मान्यताएँ हिन्दी-आलोचना का विकास नहीं करतीं? यहाँ तक कि मार्क्सवादी आलोचना का? इस सन्दर्भ में लोगों को मुक्तिबोध याद आ जाते हैं, लेकिन शमशेर नहीं। ऐसा क्यों? शमशेर की आलोचनाओं में भी मुक्तिबोध सरीखे शक्ति निहित है इस बात से मुँह नहीं मोड़ा जा सकता।

दरअसल, शमशेर की कविताओं की तरह उनका आलोचनात्मक गद्य भी साहित्य-चिन्तन को दूर तक प्रभावित करने का माद्‌दा रखता है। ''शमशेर का आलोचनात्मक गद्य भी कमाल का है। ग़ालिब, फैज और सुभद्राकुमारी चौहान पर उन्होंने जिस निष्ठा और तन्मयता के साथ लिखा है, वह अपूर्व है। बकौल शमशेर ग़ालिब की दिलचस्पी किसी भी प्रकार के आदर्शवाद में नहीं थी। वे इनसान के विडम्बनापूर्ण मगर हौसलेमन्द जीवन्त नाटक में भरोसा करते थे। फैज के बारे में उनकी मान्यता है कि उनकी शायरी भाषा की हदों से ऊपर उठकर बोलती है और अपने लहजों के नर्म और गर्म तेवर से हमारी आज की जिन्दगी के बहुत से राज खोलती चलती है।''[141] ऐसे ही अन्य अनेक प्रकार की महत्त्वपूर्ण बातें और मान्यताएँ हिन्दी-उर्दू-अंग्रेजी के रचनाकारों और उनकी रचनाओं के सन्दर्भ में शमशेर ने अपनी आलोचनाओं के माध्यम से दी हैं, जो साहित्य के विकास की गति को प्रभावित करती हैं, जिनकी चर्चा हम शमशेर की आलोचना-दृष्टि के सन्दर्भ में करेंगे।

शमशेर का व्यक्तित्व कवि के रूप में ही प्रसिद्ध है। एक श्रेष्ठ कवि के रूप में। और वह 'कवियों के कवि' भी हैं। लेकिन इससे उनका आलोचक-व्यक्तित्व धूमिल हो जाता है, ऐसा भी नहीं है। शमशेर ने हिन्दी-उर्दू की रचनाओं पर तो आलोचनाएँ लिखी ही, 'तारसप्तक' की पहली आलोचना शमशेर ने ही लिखी। इतना ही नहीं, 'प्रयोगवाद' से जुड़े होने के बावजूद 'प्रयोगवाद' और उसमें सम्मिलित कवियों की बेबाक आलोचना भी शमशेर ने लिखी। मुक्तिबोध की कविताओं को केन्द्र में रखकर 'चाँद का मुँह टेढ़ा है' की महत्त्वपूर्ण आलोचनात्मक भूमिका शमशेर ने ही लिखी जो आज भी प्रासंगिक है। डॉ. निर्मला जैन ने इस ओर संकेत करते हुए लिखा है कि

शमशेर "अपनी कविताओं के समान ही आलोचनाओं के द्वारा भी 'कवियों के कवि' के रूप में सामने आते हैं। कला की जैसी बारीक परख शमशेर में है, वैसी अन्यत्र नहीं मिलती—अज्ञेय में भी नहीं। 'दूसरा सप्तक' में उन्होंने जो कवि-वक्तव्य दिया है, वह एक सच्चा कलाकार ही दे सकता था। उस वक्तव्य से 'इम्प्रेशनिज्म' की 'शुद्ध कविता' तथा कुछ-कुछ प्रतीकवादी कविता के कला-सिद्धान्तों का अनुभव-सम्मत विवेचन प्राप्त होता है। इसके अतिरिक्त शमशेर ने 'हंस' और 'नया-साहित्य' में काफी दिनों तक समकालीन कृतियों की समीक्षाएँ कीं, जिनका संकलन 'दोआब' (1948 ई.) नाम से प्रकाशित हुआ। इन समीक्षाओं में 'तारसप्तक' की समीक्षा उल्लेखनीय है। इसके अतिरिक्त उनका 'मुक्त छन्द' शीर्षक निबन्ध इस विषय पर निराला के बाद का एकमात्र महत्त्वपूर्ण विवेचन है। उसी तरह जैसे 'चाँद का मुँह टेढ़ा है' की विस्तृत भूमिका, मुक्तिबोध की कविताओं का अब तक किया गया सबसे अधिक सार्थक और विवेकवान विश्लेषण है जिसमें एक संवेदनशील कवि की अचूक दृष्टि सर्वत्र दिखाई पड़ती है। शमशेर को प्रयोग की अज्ञेय-भिन्न नई परिभाषा करने का भी श्रेय प्राप्त है।"[142] जाहिर है कि एक कलाकार के रूप में शमशेर की सृजनशीलता का दायरा काफी व्यापक था। शमशेर अपने को किसी एक ही विधा तक बाँधकर नहीं चल सकते थे। यही कारण है कि उन्होंने जितनी सफल कविताएँ लिखीं, उतना ही सफल आलोचनात्मक चिन्तन भी किया।

शमशेर के आलोचनात्मक निबन्धों और उनके गद्य को लेकर डॉ. रामविलास शर्मा तथा कुछ अन्य लोगों ने थोड़ी-बहुत बात की है, लेकिन ज्यादातर उसकी तकनीक और शैलीगत विशेषताओं पर ही बात की गई है, आलोचनात्मक मान्यताओं पर नहीं। गरज यह है कि शमशेर की आलोचनात्मक मान्यताओं पर भी विस्तार से बातचीत की जाए। शमशेर की आलोचनाएँ आलोचना कम रचना अधिक लगती हैं। अतएव उसके वस्तु-सत्य पर भी बहस की गुंजाइश है। शमशेर की आलोचनाओं में अपनेपन की गन्ध महसूस होती है। शमशेर की आलोचनाएँ अपने समय के साहित्यिक-माहौल को प्रकाशित करती हैं, अत: उन पर भी बात होनी चाहिए। सुलतान अहमद ने अपने एक लेख में शमशेर की आलोचना की इन खूबियों की तरफ संकेत करते हुए लिखा है कि "उनकी आलोचना में अपनेपन की इतनी जबरदस्त खुशबू रहती है कि आप चाहें तो बहुतेरे संस्मरणों को छोड़कर उनकी आलोचना पढ़ सकते हैं। उनकी आलोचना की खूबी यह है कि उसके द्वारा हमें उनके समय की हिन्दी कविता के माहौल का आत्मीय परिचय प्राप्त हो जाता है। वे हर रचना को जिस अपनेपन से देखते हैं, उसमें अगर मुरव्वत का पुट नहीं आता तो समीक्षा बड़ी जानदार बन जाती है। 'तारसप्तक' आदि पर लिखी गई आलोचनाएँ इसीलिए उल्लेखनीय बनती हैं।"[143] कहना न होगा कि जिनके आलोचक-व्यक्तित्व में इतनी रचनात्मक खूबियाँ मौजूद हों, उसकी उपेक्षा साहित्य-समाज द्वारा किया जाना खुद साहित्य-समाज की ही कमजोरी है।

जो भी हो! अब साहित्य–समाज की अभिरुचि और जिज्ञासा में परिवर्तन आ रहा है। बदलती हुई पीढ़ियाँ परिवर्तन के कई मोड़ों से गुजरकर स्वविवेक से साहित्यकारों तथा उनकी रचनात्मकता को सम्पूर्णता में देखने की कवायद कर रही हैं। आज विस्तार से न सही, थोड़े में ही शमशेर के आलोचक–व्यक्तित्व, उनके गद्यकार रूप को स्वीकृति दी जा रही है। शमशेर की आलोचनात्मक मान्यताओं पर बात करने की पहल की जा रही है। आज पत्र–पत्रिकाओं में शमशेर की कविताओं के विश्लेषण के साथ–साथ उनके आलोचनात्मक–चिन्तन को भी उजागर करने की पहल हो रही है। आज साहित्य–समाज यह मानने को मजबूर दिख रहा है कि कवि–व्यक्तित्व के साथ–साथ शमशेर का एक आलोचक–व्यक्तित्व, एक गद्यकार स्वरूप भी है। अब हमारे सामने शमशेर के आलोचनात्मक निबन्धों, उनके गद्य आदि का व्यवस्थित संग्रह भी उपलब्ध है। शमशेर की डायरियों, उनके साक्षात्कारों आदि में भी उनकी आलोचना–दृष्टि को देखने का प्रयास किया जा रहा है। 'महात्मा गांधी अन्तर्राष्ट्रीय हिन्दी विश्वविद्यालय' द्वारा शमशेर की रचनावली निकालने का काम जारी है जिससे शमशेर की बहुत–सी अप्रकाशित रचनाएँ सामने आएँगी और आगे शमशेर पर किए जाने वाले शोध कार्यों को दिशा मिलेगी। खैर! इस पुस्तक में शमशेर की आलोचना–दृष्टि की परख करने से पहले हमें उनके आलोचनात्मक–निबन्धों, डायरियों, साक्षात्कारों आदि का परिचयात्मक विश्लेषण कर उनसे रूबरू हो लेना आवश्यक है।

शमशेर के आलोचनात्मक निबन्धों का पहला संग्रह 'दोआब' शीर्षक से सन् 1948 ई. में प्रकाशित होता है। शमशेर ने 'दोआब' के निबन्ध सन् 1937 से 1948 ई. के बीच लिखा था और अधिकतर निबन्ध प्रगतिशील–पत्र 'हंस' और 'नया साहित्य' में प्रकाशित हुए। यह दौर शमशेर के साहित्यिक जीवन का आरम्भिक दौर है। 'दोआब' अपने प्रकाशन के साथ ही साहित्य–समाज में चर्चा का विषय बन गया। इसका कारण था शमशेर का विचारोत्तेजक चिन्तन और उसकी मौलिकता। 'दोआब' का प्रकाशन पुस्तकाकार रूप में हुआ था, लेकिन अब शायद वह पुस्तकाकार रूप में उपलब्ध नहीं है।

मलयज ने शमशेर के निबन्धों, डायरियों, कहानियों, स्केचों आदि को मिलाकर सन् 1989 में 'शमशेर बहादुर सिंह की कुछ गद्य रचनाएँ', शीर्षक से एक संग्रह सम्पादित किया जिसमें 'दोआब' के निबन्धों को हू–ब–हू सम्मिलित कर लिया गया है। शमशेर के बाद के निबन्धों का संग्रह डॉ. रंजना अरगड़े ने 'कुछ और गद्य रचनाएँ' शीर्षक से सन् 1992 में सम्पादित किया है। इसमें भी शमशेर के विचारोत्तेजक निबन्धों को शामिल किया गया है जिसमें मुक्तिबोध के काव्य–संग्रह 'चाँद का मुँह टेढ़ा है' की महत्त्वपूर्ण आलोचनात्मक भूमिका भी शामिल है।

शमशेर के प्रकाशित आलोचनात्मक निबन्धों के दो बड़े संग्रह उपलब्ध हैं जिनमें, 'शमशेर बहादुर सिंह की कुछ गद्य रचनाएँ' में 'दोआब' शीर्षक के अन्तर्गत कुल

सत्रह तथा 'कुछ और गद्य रचनाएँ' में बाईस (छब्बीस) (?) निबन्धों को संकलित किया गया है। इन निबन्धों में शमशेर ने हिन्दी-उर्दू और अंग्रेजी के रचनाकारों तथा उनकी रचनाओं की बेबाक आलोचना की है। इन निबन्धों का वर्गीकरण करना अत्यन्त कठिन, असाध्य और भ्रामक भी हो सकता है, क्योंकि इन निबन्धों में प्रवृत्ति का भेद अधिकांशत: नहीं के बराबर है। दरअसल, शमशेर का सम्पूर्ण साहित्यिक-व्यक्तित्व अविभाज्य रूप से अपनी समस्त रचनाशीलता में व्याप्त है और निबन्ध लेखन में वे जिस अन्तरंगता से उधेड़-बुन करते हैं, उसके आधार पर शमशेर के समस्त निबन्धों को वैयक्तिक कहा जा सकता है। फिर भी, शमशेर ने व्यावहारिक आलोचनात्मक निबन्ध भी लिखे हैं और सैद्धान्तिक आलोचनात्मक निबन्ध भी।

दरअसल, शमशेर के इन सभी निबन्धों की शैली मूलत: वैयक्तिक ही रही है जिसमें शमशेर का निजी स्वर कदम-दर-कदम व्याप्त है। बिलकुल मुक्तिबोध की तरह बेपरवाह। साहित्यकारों तथा उनकी रचनाओं की सैद्धान्तिक आलोचना करते वक्त भी शमशेर ने किसी विशेष काव्य-सिद्धान्त या विचारधारा के दबाव या उसको आधार बनाकर अपनी आलोचनाएँ लिखी हों, ऐसा भी नहीं है। मसलन रचनाओं पर अपनी वैयक्तिक प्रतिक्रिया जाहिर करते वक्त भी शमशेर सहज रूप से आलोचना करते चले गए हैं। शमशेर का यह व्यक्तित्व ही काव्य-सिद्धान्तों और साहित्य पर उसके सामाजिक प्रभावों का ऐसा पारखी है कि उनकी बेहद, सहज-स्वाभाविक वैयक्तिक प्रतिक्रिया भी शमशेर के आलोचक-व्यक्तित्व और आलोचना का रूप ले लेती है।

अपनी समस्त वैयक्तिकता और रचनात्मक अन्तरंगता के बावजूद शमशेर ने जो निबन्ध लिखे हैं, अध्ययन की सुविधा के हिसाब से उन निबन्धों को निम्न शीर्षकों में विद्वानों ने वर्गीकृत किया है :

1. आलोचनात्मक निबन्ध।
2. सैद्धान्तिक आलोचनात्मक निबन्ध।
3. वैयक्तिक निबन्ध।

यदि हम आलोचनात्मक निबन्धों की बात करें तो 'दोआब' के सारे निबन्ध इसी कोटि में आएँगे। दरअसल, 'दोआब' अपने जिस विचारोत्तेजक निबन्ध के कारण साहित्य-समाज में चर्चा का विषय बना रहा, वह उसका पहला ही निबन्ध 'मुसद्दस' और 'भारत-भारती' की सांस्कृतिक भूमिका' है। इसमें शमशेर ने हाली के 'मुसद्दस' और मैथिलीशरण गुप्त की 'भारत-भारती' का तुलनात्मक अध्ययन कर उसकी सांस्कृतिक पृष्ठभूमि की पड़ताल की है और साहित्य-समाज को 'सामासिक-संस्कृति' से रूबरू कराने का प्रयास किया है। इस निबन्ध में शमशेर की व्यावहारिक आलोचना का उत्स देखा जा सकता है। ऐसे ही 'दोआब' के अन्य निबन्ध जैसे—'राष्ट्रीय वसन्त की प्रथम कोकिला', 'पल्लविनी', 'ग्राम्या : एक परिचय', 'मुक्त छन्द', 'पलाशवन',

'सतरंगिनी', 'अपनी रोटी, अपना राज!', 'सात आधुनिक हिन्दी कवि', 'पहाड़ी की कहानी-कला', 'सफर', 'उपेन्द्रनाथ 'अश्क' : कहानीकार', 'तिलिस्मे-खयाल में, हमारे रोगी समाज की झाँकियाँ', 'उर्दू कविता', 'एक फुटनोट : उर्दू शायरी का', 'आधुनिक रंग', 'इक़बाल की कविता', 'उर्दू कवयित्रियाँ' और 'आधुनिक युग' शीर्षक निबन्ध भी शमशेर द्वारा की गई व्यावहारिक आलोचना ही है।

इन निबन्धों में शमशेर ने सुभद्राकुमारी चौहान, पंत, नरेन्द्र शर्मा, बच्चन, पहाड़ी, अश्क, कृश्नचन्दर, इक़बाल आदि के व्यक्तित्व और कृतित्व का व्यावहारिक आलोचनात्मक मूल्यांकन किया है। इसके साथ ही 'मुक्त-छन्द', 'प्रयोगवाद', 'तारसप्तक' के कवियों, 'उर्दू कविता', 'उर्दू-शायरी', 'उर्दू कवयित्रियों' और 'आधुनिक युग' आदि विषयों, प्रवृत्तियों आदि का व्यावहारिक मूल्यांकन किया है।

शमशेर के व्यावहारिक आलोचनात्मक निबन्धों के अन्तर्गत 'कुछ और गद्य रचनाएँ' में संकलित 'एक बिलकुल पर्सनल एसे', 'हमारे सांस्कृतिक समन्वय का एक प्रतीक-रहीम', 'लुई अरागाँ : नए यूरोपियन साहित्य का एक व्यक्तित्व', 'कविता की बातें : निराला की कविताएँ', 'सुभद्राकुमारी चौहान : एक अध्ययन', 'नरेन्द्र', 'कैफी आजमी का कवि व्यक्तित्व', 'ग़ालिब : मेरी दृष्टि में', 'सादगी व पुरकारी', 'एक सच्चा लिरिक कवि', 'नामवर', 'एक विलक्षण प्रतिभा', 'फूल नहीं रंग बोलते हैं', 'मोहभंग का साक्षात्कार और संघर्ष', 'अश्क', 'आधी मंजिल पर' शीर्षक निबन्धों को रखा जा सकता है। इनमें भी शमशेर ने नागार्जुन, केदारनाथ अग्रवाल, त्रिलोचन, डॉ. रामविलास शर्मा, प्रभाकर माचवे, रामकेर, रामबहादुर सिंह, बालकृष्ण राव, रघुवीर सहाय, सर्वेश्वरदयाल सक्सेना, अज्ञेय, मुक्तिबोध, नरेश मेहता, नेमिचन्द्र जैन, भारतभूषण अग्रवाल, गिरिजाकुमार माथुर, शकुन्तला माथुर, इन्दु जैन, राजेन्द्र किशोर, मदन वात्स्यायन, कीर्ति चौधरी, श्रीकांत वर्मा, रामा सिंह, उमाकांत मालवीय, मलयज, वीरेन्द्र मिश्र, प्रेमलता वर्मा, प्रभात रंजन, देव कुमार आदि न जाने कितने छोटे-बड़े रचनाकारों और उनकी रचनाओं पर व्यावहारिक रूप से आलोचनात्मक टिप्पणियाँ एक ही निबन्ध 'एक बिलकुल पर्सनल एसे' में किया है।

उसके अलावा शमशेर ने रहीम, अंग्रेजी रचनाकार लुई अरागाँ, निराला, नरेन्द्र शर्मा, कैफी आजमी, ग़ालिब, बालकृष्ण राव, घनश्याम अस्थाना, नामवर सिंह, दिविक रमेश, अंग्रेजी कवि डॉ. ओडोनेल स्मेकल, अश्क आदि के व्यक्तित्व और कृतित्व को अपनी आलोचना का विषय बनाया है। इन निबन्धों में शमशेर ने हिन्दी-उर्दू-अंग्रेजी की कुछ रचनाओं की व्यावहारिक समीक्षा की है जो उल्लेखनीय योगदान माना जाता है।

'भारत-भारती', 'पल्लविनी', 'ग्राम्या', 'पलाशवन', 'सतरंगिनी', 'बंगाल का काल', 'सफर', 'फूल नहीं रंग बोलते हैं', 'रास्ते के बीच', 'मेरी प्रीत तेरे गीत' आदि विविध विधाओं की रचनाओं की, की गई समीक्षा इसी के उदाहरण हैं। इस

प्रकार शमशेर ने व्यावहारिक आलोचना के क्षेत्र में पर्याप्त लेखन किया है और अपने चिन्तन व मूल्यांकन से साहित्य की गति व विकास को निरूपित किया है।

शमशेर के सैद्धान्तिक आलोचनात्मक निबन्धों की बात करें तो 'कुछ और गद्य रचनाएँ' में संकलित कुछ ऐसे निबन्ध हैं जो इस कोटि में रखे जा सकते हैं। जैसे— 'सामाजिक सत्य और रचना का माध्यम', 'भाषा और साहित्य पर एक नए दृष्टिकोण की माँग', 'अमूर्त्त कला', 'कला और साहित्य में प्रयोगवाद', 'काल और सृजन', तथा परिशिष्ट के अन्तर्गत संकलित 'कवि कर्म : प्रतिभा और अभिव्यक्ति-1', 'कवि कर्म : प्रतिभा और अभिव्यक्ति-2' तथा 'आशु कविता' आदि। दरअसल, ये ऐसे निबन्ध हैं, जिनकी आधारभूमि सैद्धान्तिक है। इन निबन्धों में शमशेर ने जो विचार-सूत्र अभिव्यक्त किए हैं, वे आलोचना के सैद्धान्तिक प्रतिमानों को प्रतिष्ठित करते हैं साथ ही उनका विकास भी। इन निबन्धों को आधार बनाकर शमशेर की सैद्धान्तिक आलोचना-दृष्टि की परख की जा सकती है। हालाँकि शमशेर ने मुक्तिबोध की तरह सैद्धान्तिक आलोचना नहीं की है और न ही किसी विशिष्ट सैद्धान्तिक प्रतिमान का निरूपण किया है, फिर भी, भाषा, साहित्य और समाज के प्रति शमशेर के सैद्धान्तिक नजरिए को समझने-समझाने में ये निबन्ध अध्ययन की दृष्टि से सहायक हो सकते हैं।

जहाँ तक शमशेर के वैयक्तिक निबन्धों की बात है, तो शमशेर के लगभग सभी निबन्ध वैयक्तिक ही कहे जाते हैं जिनमें शमशेर का निजी स्वर प्रधान है। लेकिन फिर भी यदि नाम लेना हो, तो 'कुछ और गद्य रचनाएँ' में संकलित 'किस तरह आखिरकार मैं हिन्दी में आया' शीर्षक निबन्ध को लिया जा सकता है। इस प्रकार का निबन्ध लिखने की उम्मीद शमशेर के अलावा मुक्तिबोध से ही की जा सकती है। दरअसल, शमशेर ने अपने सभी निबन्धों में अपने जीवन के अर्जित किए हुए जीवन-मूल्यों का पुट डाला है। शमशेर जब किसी रचना या रचनाकार को अपनी आलोचना का विषय बनाते हैं, तब वे उसके प्रति—इतने आत्मीय भाव-संवेदनों से जुड़ जाते हैं कि बेबाक टिप्पणी करने लगते हैं। इसका मतलब यह नहीं कि वे सिर्फ सहानुभूति के शब्द बटोरते चलते हैं, बल्कि अपने प्रिय रचनाकारों तथा रचनाओं की कटु आलोचना करते हैं। यह सब शमशेर की वैयक्तिक प्रतिक्रिया का परिणाम होता है। यही कारण है कि शमशेर के सारे निबन्ध वैयक्तिक लगने लगते हैं। स्वयं की रचनाशीलता के प्रति भी शमशेर का यही विजन होता है। शमशेर स्वयं के कटु आलोचक भी हैं। डॉ. रामविलास शर्मा ने शमशेर के इन निबन्धों की महत्ता को रेखांकित करते हुए लिखा है कि "शमशेर बहादुर सिंह के इन निबन्धों का ऐतिहासिक महत्त्व है, क्योंकि इनमें वे चक्करदार रास्ते दिखाई देते हैं जिनसे होकर बहुत से कवि और लेखक आगे बढ़े हैं। इन निबन्धों को पढ़ना इसलिए जरूरी है कि शमशेर की पुरानी मान्यताओं में बहुत कुछ मूल्यवान है जिसे आज के बहुत से कवि भूल गए

हैं और उनमें बहुत सी खामियाँ हैं जिन्हें न पहचान कर कुछ लोग आज भी अलगाव की राह पर चल रहे हैं।''[144] डॉ. शर्मा ने लिखा है कि ''शमशेर के इन निबन्धों का साहित्यिक महत्त्व बहुत दिनों तक ताजा रहेगा। वे एक अत्यन्त संवेदनशील कवि के निबन्ध हैं जो रचनाओं पर मुग्ध होता है, गद्य में अपनी अनुभूति व्यक्त करता है, जो विवेकशील तार्किक मात्र नहीं है। ये निबन्ध उन रचनाकारों पर लिखे गए हैं जो हिन्दी-उर्दू साहित्य की प्रगति पर अच्छा-बुरा असर डालते रहे हैं। निबन्धों की यह पुस्तक उन थोड़ी-सी किताबों में है जिनमें हिन्दी-उर्दू साहित्य की समस्याओं पर एक जगह विचार किया गया है।''[145] डॉ. शर्मा की ये टिप्पणी शमशेर के आलोचक-व्यक्तित्व को रेखांकित करती है, साथ ही हिन्दी-उर्दू साहित्य के विकास और मूल्यांकन में शमशेर के आलोचनात्मक योगदान को भी स्थापित करती है। इसलिए इन निबन्धों को ही आधार बनाकर हम आगे शमशेर की आलोचना-दृष्टि की परख करने का प्रयास करेंगे।

जब एक रचनाकार या कवि आलोचना की आवश्यकता महसूस कर आलोचक की भूमिका में आता है, तब उसकी सम्पूर्ण रचनाशीलता में आलोचनात्मकता के बीज और सूत्र अनायास ही आने प्रारम्भ हो जाते हैं। वह स्वतंत्र रूप से आलोचना तो लिखता ही है, साथ ही उसकी अन्य विधाओं में भी आलोचना की बातें देखने को मिल जाती हैं। चाहे वह कविता लिख रहा हो या कहानी या फिर डायरी। हिन्दी साहित्य की परम्परा में दिनकर, मुक्तिबोध, अज्ञेय, मलयज आदि ऐसे बहुत से कवि-आलोचक हैं, जिनमें यह फलसफा देखने को मिल जाता है। शमशेर बहादुर सिंह का आलोचक-व्यक्तित्व भी कुछ ऐसा ही है।

दरअसल, शमशेर ने स्वतंत्र रूप से आलोचनात्मक लेखन तो किया ही है, साथ ही उन्होंने जो डायरियाँ लिखी हैं उनमें भी प्रसंगानुकूल आलोचनात्मक टिप्पणियाँ करते चले गए हैं। शमशेर की डायरियों के कुछ अंश उनके निबन्ध-संग्रह 'शमशेर बहादुर सिंह की कुछ गद्य रचनाएँ' में प्रकाशित किए गए हैं। हालाँकि इस संग्रह में शमशेर की डायरियों का पूरा अंश मौजूद नहीं है और न ही अब तक किसी दूसरे स्रोत से प्रकाश में आया है। इस संग्रह में डायरियों के जो अंश हैं वह पृष्ठ संख्या 269 से पृष्ठ संख्या 339 तक ही है जिसमें जनवरी 1952 से लेकर 6 मार्च, 1967 तक का ही लेखन मौजूद है। फिर भी इतने में ही सही, शमशेर ने इसमें हिन्दी-उर्दू-अंग्रेजी के विभिन्न साहित्यकारों, साहित्यों, कलाओं, साहित्य की विविध विधाओं, प्रवृत्तियों जैसे प्रयोगवाद आदि के विषय में जो आलोचनात्मक टिप्पणियाँ की हैं और स्वयं की रचना-प्रक्रिया के विषय में जो बातें बताई हैं, वह सब साहित्य को समझने के साथ-साथ शमशेर की आलोचना-दृष्टि को भी सामने लाते हैं।

शमशेर की आलोचनात्मकता अलग-अलग समय पर अलग-अलग लोगों को दिए गए उनके साक्षात्कारों में भी देखी जा सकती है। हालाँकि शमशेर के साक्षात्कार

उनके दोनों निबन्ध-संग्रहों में शामिल नहीं है, लेकिन हिन्दी-साहित्य से सम्बन्धित विभिन्न पत्र-पत्रिकाओं में समय-समय पर उसे प्रकाशित किया जाता रहा है। शमशेर बहादुर सिंह के तथा उन पर दूसरों के साक्षात्कारों से शमशेर के समकालीन रचनाकारों, रचनाओं और प्रवृत्तियों को समझने में मदद मिलती ही है, साथ ही शमशेर की खुद की रचनाशीलता पर भी प्रकाश पड़ता है। शमशेर के साक्षात्कार 'सापेक्ष' और 'उद्भावना' आदि पत्रिकाओं के 'शमशेर बहादुर सिंह विशेषांक' में प्रकाशित हुए हैं। इसके अलावा कई किताबों जैसे 'शमशेर बहादुर सिंह' (प्रकाशन विभाग, सूचना और प्रसारण मंत्रालय, भारत सरकार) में, रंजना अरगड़े की किताब 'कवियों के कवि शमशेर में', 'नटरंग' पत्रिका के जुलाई-दिसम्बर-2011 वाले अंक में और कई किताबों में प्रकाशित किए गए हैं। इसके अतिरिक्त जवाहरलाल नेहरू विश्वविद्यालय के 'भारतीय भाषा केन्द्र' से जुलाई 1990 में हुए पी-एच.डी. के एक शोध-प्रबन्ध में भी शमशेर का एक साक्षात्कार शामिल किया गया है। इन सभी सामग्रियों का उपयोग शमशेर की आलोचना-दृष्टि की परख करने के लिए किया जा सकता है।

इतना ही नहीं शमशेर के कविता-संग्रहों जैसे 'कुछ और कविताएँ', 'उदिता', 'इतने पास अपने', 'टूटी हुई बिखरी हुई', 'काल तुझसे होड़ है मेरी' आदि की भूमिकाओं में भी शमशेर ने जो आलोचनात्मक टिप्पणियाँ की हैं, वह भी साहित्य के प्रति शमशेर के दृष्टिकोण को प्रस्तुत करती हैं। 'दूसरा सप्तक' में शमशेर का 'वक्तव्य' भी स्वयं शमशेर की विचारधारा और उनकी आलोचना-दृष्टि को समझने का महत्त्वपूर्ण जरिया है। इसके अलावा शमशेर ने हिन्दी-उर्दू-अंग्रेजी के जिन रचनाकारों पर कविताएँ लिखी हैं जैसे 'नव कवि का आह्वान', 'निराला के प्रति', 'ये कैसे कवि का', 'ईमान गड़बड़ी में है', 'राग', 'शशि बकाया की याद में', 'मार्क्सवाद', 'अज्ञेय से', 'न पलटना उधर', 'बनियों ने समाजवाद को', 'गजानन मुक्तिबोध', 'मित्रवर डॉ. प्रभाकर माचवे से', 'बाबा हमारे, नागार्जुन बाबा', 'नेरूदा', 'लेनिनग्राद', 'मेमायर्स' पढ़ने के बाद', 'कवि घंघोल देता है', 'मदर टेरेसा', 'आख्मातोवा की कविताओं के कांता कृत अनुवाद' पढ़ने के बाद, तथा 'संदर्श' पत्रिका के पाँचवें अंक (1991) में छपी 'भुवनेश्वर' आदि कविताओं के आधार पर भी हम शमशेर का साहित्य और साहित्यकारों के प्रति नजरिया क्या है? —इसका पता लगा सकते हैं। अत: आगे इन्हीं सामग्रियों का उपयोग करते हुए शमशेर की आलोचना-दृष्टि की परख करने का प्रयास किया जाएगा।

'दोआब' : शमशेर की आलोचना का प्रस्थान

'दोआब' का प्रकाशन बीसवीं शताब्दी में चालीस के दशक (1948 ई.) के आसपास होता है। यदि शमशेर के समकालीन आलोचकों और आलोचनात्मक पुस्तकों के

साथ 'दोआब' और शमशेर को रखा जाए तो 'दोआब' का अपना अलग ही वैशिष्ट्य प्रकाश में आने लगता है। लिहाजा वह चाहे भाषा या गद्य के स्तर पर हो या मसलन कथ्य के स्तर पर। दरअसल, आधुनिक काल में भारतेन्दु, बालकृष्ण भट्ट, बदरीनारायण चौधरी 'प्रेमघन', महावीरप्रसाद द्विवेदी के आलोचनात्मक-चिन्तन द्वारा आलोचना अपनी शैशवावस्था से युवावस्था की तरफ विकासमान दिखाई देती है। छायावादी कवियों के चिन्तन से समृद्ध होकर उसकी रीढ़ की हड्डी मजबूत होती है और वह शुक्ल जी के समर्पण और योगदान से पूरी तरह स्थापित हो जाती है। फिर आलोचना के क्षेत्र में नए-नए मोड़ देखने को मिलते हैं और अलग-अलग मानदंडों और विचारधाराओं के प्रभाव से आलोचना के विभिन्न स्कूल बनने लगते हैं।

गौरतलब है कि बीसवीं शताब्दी के चौथे दशक तक आचार्य शुक्ल के बाद नन्ददुलारे वाजपेयी, हजारीप्रसाद द्विवेदी, शिवदान सिंह चौहान, प्रकाशचन्द्र गुप्त, रामविलास शर्मा आदि का आलोचनात्मक-चिन्तन मुखर हो रहा था और उनकी आलोचनात्मक पुस्तकें उस समय के आलोचना के मानदंडों को निर्धारित करने का उपक्रम कर रही थीं। लेकिन शमशेर बहादुर सिंह किसी आलोचनात्मक स्कूल से नहीं जुड़ सके, क्योंकि वे उस रूप में आलोचक नहीं हैं जैसे अन्य। वे मूलत: कवि-चिन्तक या कवि-आलोचक हैं, जो निर्मम आलोचना और बन्धन से मुक्त रहकर स्वविवेक से आलोचनात्मक-चिन्तन करता है। दरअसल, एक कवि या रचनाकार जब आलोचक की भूमिका में होता है, तब वह रचना और रचनाकार के मर्म, रचना के आवश्यक एवं उचित उपकरणों, उसके प्रयोग, चुनाव और शैली को और खासकर रचना के 'वस्तु-सत्य' को भी एक निरे आलोचक की अपेक्षा ज्यादा गहराई से पहचान और समझ सकता है। ऐसी उम्मीद करना गुस्ताखी नहीं होनी चाहिए। बदस्तूर शमशेर बहादुर सिंह एक ऐसे ही कवि-आलोचक या कहें कि चिन्तक हैं।

शमशेर के आलोचनात्मक निबन्ध-संग्रह 'दोआब' को किसी आलोचनात्मक स्कूल के प्रस्तावना के रूप में नहीं लिया जा सकता। दरअसल, 'दोआब' सभी प्रकार के बन्धनों, मानदंडों और दायरों से मुक्त होकर हमारे सामने बहुत सारे महत्त्वपूर्ण सवाल खड़े करता है जिनके उत्तरों की तलाश करना अपने आप में एक दिलचस्प और मौजूँ उपक्रम हो सकता है।

'दोआब' पढ़ने के बाद जो सवाल खड़ा होता है वह यह कि—क्या शमशेर का कोई समकालीन आलोचक उस समय में सामासिक संस्कृति (Composite Culture) को अपनी आलोचना का केन्द्र बनाकर आलोचनात्मक-चिन्तन कर रहा था? दरअसल, यह सवाल इसलिए अत्यधिक महत्त्वपूर्ण हो जाता है, क्योंकि यह वह समय है जब देश विभाजन की त्रासदी से गुजर रहा था। भारतीय साहित्य के रचनाकार तो अपना काम कर रहे थे, लेकिन आलोचक?

सवालों का सिलसिला आगे बढ़ने पर जो नया सवाल हमारे सामने आता है वह

यह कि—क्या उस समय शमशेर के अलावा कोई व्यक्तिपरक आलोचना को महत्त्व दे रहा था ? क्या शमशेर के समकालीनों में आलोचना की भाषा सामासिक संस्कृति की शैली पर विकसित करने की पहल हो रही थी ? दरअसल, ऐसे ही अन्य-अनेक सवाल 'दोआब' का अध्ययन करते हुए हमारे जेहन में उठते हैं जो उसके महत्त्व और मूल्यांकन की दरकार करने लगते हैं। शमशेर की आलोचना-दृष्टि की पड़ताल करते हुए हम आगे इन सवालों का उत्तर ढूँढ़ने की कोशिश करेंगे। खैर! शमशेर की आलोचना-दृष्टि पर नए सिरे से बात करना इसलिए महत्त्वपूर्ण लगने लगता है, क्योंकि शमशेर ने 'दोआब' के माध्यम से आलोचना के रुख को सामासिक संस्कृति (Composite Culture) की तरफ मोड़ा। संस्कृति मानव सभ्यता के विकास की एक महत्त्वपूर्ण कड़ी है। वह चाहे भारत के सन्दर्भ में हो या विश्व स्तर पर। और सामासिक संस्कृति तो भारत की महत्त्वपूर्ण पहचान है। भारत विभिन्न संस्कृतियों का संगम स्थल है। और यही भारतीय जनमानस की महत्त्वपूर्ण शक्ति और पहचान भी है। देश विभाजन के समय इस शक्ति और पहचान का विखंडन और टकराव पैदा होने लगा था। ऐसे में एक कवि-आलोचक के रूप में सामासिक संस्कृति पर बल और उसकी जोरदार वकालत 'दोआब' और खुद शमशेर को महत्त्वपूर्ण बना देती है।

दरअसल, शमशेर ने 'दोआब' के माध्यम से व्यक्तिपरक आलोचना को भी महत्त्व दिया। उन्होंने निराला, अज्ञेय, मुक्तिबोध, साही, अश्क, त्रिलोचन, नागार्जुन, ग़ालिब, इक़बाल, लुई अरागाँ और न जाने कितने रचनाकारों तथा उनके व्यक्तित्व और कृतियों को अपनी आलोचना और रचना का विषय बनाया। इस शैली का प्रभाव आगे चलकर नामवर सिंह और रामविलास शर्मा के आगे होने वाले आलोचनात्मक लेखन पर स्पष्ट दिखाता है। जैसे रामविलास शर्मा का निराला पर, नामवर सिंह का मुक्तिबोध पर व्यक्तिपरक दृष्टिकोण से आलोचनात्मक-चिन्तन। ऐसे ही नागार्जुन ने निराला पर लिखा। निर्मल वर्मा ने अज्ञेय, मुक्तिबोध आदि पर व्यक्तिपरक दृष्टिकोण से आलोचनात्मक-चिन्तन किया। एक और बात जो मार्के की है, वह यह कि शमशेर के आलोचनात्मक-चिन्तन का क्षेत्र तंग नहीं था, बल्कि उसका दायरा बहुत व्यापक था। वह चाहे भारतीय साहित्यकार हो या मसलन विश्व की अन्य भाषाओं का, शमशेर ने सबको अपने विवेक के आधार पर अपनी आलोचना का विषय बनाया। फिर क्यों न कहा जाए कि शमशेर ने 'दोआब' के माध्यम से सामासिक संस्कृति की शैली पर विकसित भाषा के रूप में आलोचना की भाषा का विकास और संवर्द्धन भी किया है। दरअसल, शमशेर ने अपने आलोचनात्मक संग्रह 'दोआब' एवं अन्य स्थलों पर उद्धृत आलोचनात्मक टिप्पणियों के द्वारा साहित्य और साहित्यकारों का मूल्यांकन तो किया ही है, साथ ही खुद की रचना-प्रक्रिया और साहित्य पर भी बेबाकी से बोलते नजर आते हैं। कहा जाए कि शमशेर द्वारा शमशेर का मूल्यांकन। शमशेर समाज को कैसे देखते हैं ? साहित्य, कला, संस्कृतियों, परम्पराओं को देखने का

शमशेर का नजरिया क्या है? राष्ट्रीय स्वाधीनता आन्दोलन और उसमें सक्रिय रूप से रचनाशील रचनाकारों का महत्त्व शमशेर के लिए क्या मायने रखता है? ऐसे बहुत से सवाल हैं जिनके जवाब हम शमशेर की आलोचना-दृष्टि पर बात करते हुए 'दोआब' एवं अन्य टिप्पणियों के माध्यम से जान और समझ सकते हैं। लिहाजा 'दोआब' केवल इतिहास की वस्तु नहीं है, बल्कि अपने ऐतिहासिक महत्त्व के साथ ही वर्तमान सन्दर्भों में भी हमारे लिए बेहद महत्त्वपूर्ण हो उठता है जो शमशेर की आलोचना-दृष्टि पर एक नए ढंग से बात करने के लिए हमें मजबूर करता है।

'दोआब' का महत्त्व प्रकाशित करने के दौरान हमें भारतीय संस्कृति के स्वरूप और उसके विकास-इतिहास पर थोड़ी-बहुत बात कर लेना आवश्यक है। ऐसा इसलिए आवश्यक है, क्योंकि शमशेर ने इस पूरे संग्रह में भारतीय संस्कृति की मूल प्रकृति को प्रकाशित करने का उपक्रम किया है। साथ ही भारत की सांस्कृतिक एकता, संवेदनशीलता और साम्प्रदायिक सद्भाव को बरकरार रखने के लिए हमें नए सिरे से सोचने पर मजबूर किया है। शमशेर के लिए भारतीय संस्कृति अपनी मूल प्रकृति में सामासिक संस्कृति है। हालाँकि शमशेर अपनी आलोचना में कहीं भी इस पद का प्रयोग करते नहीं दिखते, लेकिन उन्होंने अपनी आलोचनाओं के जरिए जो ताना-बाना बुना है वह अपनी प्रभावशीलता में भारतीय संस्कृति के सामासिक रूप को ही सामने लाता है। आखिर क्या है यह सामासिक संस्कृति और शमशेर इसे 'दोआब' के माध्यम से कैसे देखते हैं? इसकी परख करना दिलचस्पी का विषय है।

सामासिक संस्कृति के लिए अंग्रेजी में (Composite Culture) पद का प्रयोग किया जाता है। इसे 'साझा-संस्कृति' या 'समेकित संस्कृति' भी कहा जा सकता है। दरअसल, ''संस्कृति शब्द बहुत व्यापक और गहरे अर्थ को प्रतिध्वनित करता है।''[146] और जब सामासिक संस्कृति की बात हो रही हो तब यह और भी व्यापक सन्दर्भ को निरूपित करने लगता है। 'संस्कृति' दरअसल, मनुष्य के 'संस्कार' और 'संवेदना' से परिचालित होने वाली प्रक्रिया है। प्राचीन समय में ''यह शब्द इस रूप में प्रयोग में बहुत कम आता था। अब यह शब्द अंग्रेजी शब्द कल्चर के अर्थ को इंगित करने के लिए प्रयोग में बहुत और बहुधा आने लगा है। शब्द मूलतः 'संस्कार' है, जिसका अर्थ है—दोष का निराकरण, गुण का आधान। पाणिनि की 'अष्टाध्यायी' में इसी अर्थ में इसकी व्युत्पत्ति दी गई है...संस्कार के ये अर्थ-कल्चर के वाचक शब्द संस्कृति में समाहित हैं। संस्कार जहाँ एक कारक व्यापार है, वहीं संस्कृति क्रिया है।''[147] चूँकि संस्कृति एक प्रक्रिया है, इसलिए यह मनुष्य में नई-नई शक्तियों की उद्भावना भी करती है। मनुष्य के संस्कार और संवेदना को परिष्कृत करती है। गतिशीलता ही इसका गुण है जड़ता या ठहराव नहीं। ''आधुनिक सन्दर्भ में संस्कृति की एक परिभाषा आचार्य नरेन्द्र देव ने दी। संस्कृति मानव चित्र की खेती है। खेत की उर्वरता को बार-बार सुनिश्चित करने के लिए जोता जाता है। नीचे की मिट्टी ऊपर, ऊपर की

मिट्टी नीचे लाई जाती है और उसगें से सुषुप्त ऊर्जा निकाली जाती है, तो उसे संस्कृति कहते हैं।''[148] संस्कृति मानवता की पोषक होती है। वह मानव की विविद्य गतिविधियों, रीति-रिवाजों और संस्कारों को प्रकाशित करती है। वह किसी एक धर्म या समूह की बनी-बनाई या पकी-पकाई वस्तु नहीं है। गतिशीलता और विभिन्न समूहों के संस्कारों को समेकित रूप में प्रदर्शित करना ही उसका गुण है। संस्कृति अपने को बेहतर बनाने का संकल्प है। इस अपने में कई समुदाय सम्मिलित हैं। संस्कृति किसी-न-किसी उच्चतर जीवन-उद्देश्य या मूल्य से प्रेरित है। केवल अपने लिए जीना सार्थक जीना नहीं है। विभिन्न धर्मों, विभिन्न मानव समुदायों को एकमेव करके देखना ही संस्कृति का चरम है। संस्कृति का सामासिक रूप ही मनुष्यता की असली पहचान कराता है।

दरअसल, संस्कृति कभी नष्ट नहीं होती है, उसमें कतिपय परिवर्तन या बदलाव भले ही सम्भव हो, क्योंकि जैसे संस्कार हमें विरासत में मिला होता है, शैशवावस्था से ही हम उसका अनुकरण और पालन करते हैं। संस्कृति भी उसी संस्कार की देन है। ''जैसे कुम्हार कच्चे घड़े पर जो रंग चढ़ा देता है, आवें में पक जाने के पश्चात् वह रंग कभी भी उतरता या नष्ट नहीं होता। इसी प्रकार बचपन के पारिवारिक वातावरण के संस्कार भी कभी नष्ट नहीं होते। अर्थात् संस्कृति कोई नष्ट होने वाली वस्तु नहीं है।''[149] सेठ गोविन्ददास ने संस्कृति के लक्षणों पर बात करते हुए कहा है कि ''व्यक्ति अथवा राष्ट्र के आचार-विचार के सम्यक् स्वरूप को संस्कृति कह सकते हैं।''[150] यहाँ पर 'सम्यक्-स्वरूप' पर गौर करने की जरूरत है, खास कर भारत के सन्दर्भ में, क्योंकि भारत राष्ट्र की कल्पना केवल हिन्दू, केवल मुस्लिम या फिर सिख और ईसाई समूह के लोगों और उनके धर्म और उनके आचार-विचार को केन्द्र में रखकर नहीं की जा सकती। इन सबके सम्यक् स्वरूप में ही भारत राष्ट्र की कल्पना निहित है। और इनका सम्यक् स्वरूप ही भारतीय संस्कृति का प्रतिनिधित्व करता है। और इसे ही सामासिक संस्कृति कहा जाता है।

इसीलिए भारतीय परिप्रेक्ष्य में जब हम 'हिन्दू-संस्कृति' या 'भारतीय-संस्कृति' की बात करते हैं, तब हमें यह समझना चाहिए कि ये नाम किसी जाति या धर्म विशेष के लोगों से सम्बन्धित नहीं है, बल्कि यह भारत की भौगोलिक सीमा में बसने वाले सभी जातियों और धर्मों के लोगों के सम्यक् स्वरूप का प्रतिनिधित्व करने वाला नाम है।

दरअसल, संस्कृति की परिभाषा करना बेहद कठिन और भ्रामक हो सकता है। संस्कृति के लक्षणों पर बात की जा सकती है, लेकिन उसको परिभाषित करना दुष्कर कार्य है। क्योंकि ''संस्कृति ऐसी चीज नहीं कि जिसकी रचना दस-बीस या सौ-पचास वर्षों में की जा सकती हो। अनेक शताब्दियों तक एक समाज के लोग जिस तरह खाते-पीते, रहते-सहते, पढ़ते-लिखते, सोचते-समझते और राज-काज चलाते

अथवा धर्म-कर्म करते हैं, उन सभी कार्यों से उनकी संस्कृति उत्पन्न होती है। हम जो कुछ भी करते हैं, उसमें हमारी संस्कृति की झलक होती है, यहाँ तक कि हमारे उठने-बैठने, पहनने-ओढ़ने, घूमने-फिरने और रोने-हँसने में भी हमारी संस्कृति की पहचान होती है, यद्यपि हमारा कोई भी एक काम हमारी संस्कृति का पर्याय नहीं बन सकता। असल में संस्कृति जिन्दगी का एक तरीका है और यह तरीका सदियों से जमा होकर उस समाज में छाया रहता है जिसमें हम जन्म लेते हैं। इसलिए जिस समाज में हम पैदा हुए हैं अथवा जिस समाज से मिलकर हम जी रहे हैं उसकी संस्कृति हमारी संस्कृति है, यद्यपि अपने जीवन में हम जो संस्कार जमा करते हैं, वह भी हमारी संस्कृति का अंग बन जाता है और मरने के बाद हम अन्य वस्तुओं के साथ अपनी संस्कृति की विरासत भी अपनी सन्तानों के लिए छोड़ जाते हैं। इसलिए संस्कृति वह चीज मानी जाती है, जो हमारे सारे जीवन को व्यापे हुए है तथा जिसकी रचना और विकास में अनेक सदियों के अनुभवों का हाथ है।''[151] भारतीय संस्कृति की रचना और विकास अनेक सदियों के अनुभवों का ही परिणाम है। इन अनुभवों में हिन्दू, मुस्लिम, सिख, आदि सभी धर्मों, रीति-रिवाजों और मानव समूहों का अनुभव शामिल है। भारतीय संस्कृति के स्वरूप निर्धारण में जितना योगदान हिन्दू जातियों का है, उतना ही मुस्लिम और अन्य जातियों और सभ्यताओं का भी है। यही कारण है कि भारतीय संस्कृति को सामासिक संस्कृति या साझा संस्कृति की संज्ञा विद्वानों ने दी है। और शमशेर बहादुर सिंह इसी संस्कृति के रचना और विकास की जोरदार वकालत अपनी आलोचनाओं और रचनाओं के माध्यम से करते हैं।

भारतीय संस्कृति विश्व की समस्त संस्कृतियों से अलग और निराली संस्कृति है, क्योंकि इसमें अधिक से अधिक संस्कृतियों को पचा जाने और आत्मसात् कर लेने की क्षमता विद्यमान है। ऐसा इसलिए सम्भव हो पाया है, क्योंकि भारतीय संस्कृति की सदियों से यह विशेषता रही है कि वह देशकाल में रहते हुए भी देशकाल का अतिक्रमण करते रहने का सामर्थ्य रखती है। यह सामर्थ्य देशकाल में पूरी तरह संयुक्त हुए बिना, दूसरे शब्दों में कहें तो देशकाल को साधे बिना नहीं आता। जहाँ रहें, जब रहें, उसके साथ संगति बिठाकर रहें, उसकी अपेक्षाओं को पूरा करें, पर उस देशकाल के आगे की सम्भावनाओं का भी ध्यान रखें और जहाँ कहीं असंगति या कुछ असन्तुलन आ रहा है वहाँ देशकाल का अतिक्रमण करने का साहस और जज्बा रखें। उदाहरण के लिए जब किसी सोने के डिब्बे में सत्य ढकने लगे तब उस समय सोने का लोभ छोड़कर उस ढक्कन को जोर लगाकर अलग फेंक देना ही वाजिब है ताकि जो वास्तविकता और सत्य है वह प्रकाशित हो जाए। सनातन संस्कृति बेशक सोने के समान है लेकिन उसमें छिपा सत्य यह है कि वह सामासिक है। वह जितनी हिन्दुओं की है उतनी ही मुसलमानों और अन्य सम्प्रदायों की। इस सच्चाई को सामने लाने का साहस कोई समुदाय नहीं दिखाता, समुदाय को जीने वाला या साधने वाला कोई

साधक दिखाता है, तपस्वी दिखाता है, कोई अवतार दिखाता है, कोई बोधिसत्त्व दिखाता है, कोई जिन दिखाता है, कोई कवि दिखाता है, कोई कलाकार या चितेरा दिखाता है। शमशेर बहादुर सिंह वही कवि, वही आलोचक और वही कलाकार हैं जिन्होंने अपनी रचनाओं और आलोचनाओं के जरिए इस सत्य को सामने लाने का साहस दिखाया है।

भारतीय संस्कृति लम्बे समय से अपनी मूल प्रकृति में सामासिक है। जो लोग भारतीय संस्कृति के वर्तमान स्वरूप को केवल एक धर्म, जाति या सम्प्रदाय विशेष का साबित करने की कोशिश करते हैं उन्हें भारतीय संस्कृति की मूल प्रकृति और इसके समृद्ध इतिहास पर गौर करने की जरूरत है। क्योंकि भारतीय संस्कृति ने अपनी इस लम्बी यात्रा में अलग-अलग दौर में एक नहीं, अनेक सामाजिक-धार्मिक-राजनीतिक सत्ताओं का सामना किया है और उसके कुछ तत्त्वों को आत्मसात् किया है। वैदिक काल से लेकर मुगल काल और आधुनिक काल तक आत्मसात् करने की यह प्रक्रिया चलती रही है। इस संस्कृति की यह खूबी रही है कि इसने अपनी यात्रा में अनेक आगत तत्त्वों को समाहित कर लिया है। दरअसल, "भारतीय संस्कृति जड़ न होकर प्रगतिशील रही है और इसका एक सुनिश्चित इतिहास है। भारतीय संस्कृति असाम्प्रदायिक है और इसमें अखिल भारतीय भावना निहित है। किसी राष्ट्र के सांस्कृतिक विकास में उसकी भाषा, वहाँ का वाङ्मय, वहाँ का दर्शन तथा वहाँ की ललित कलाएँ अपनी अहम भूमिका निभाती हैं।"[152] और भारत में केवल हिन्दी ही नहीं उर्दू, तमिल, तेलुगू, कन्नड़, बंगला, मलयालम आदि कितनी भाषाएँ हैं। इन भाषाओं में रचित साहित्य है। अनेक ललित कलाएँ हैं। अनेक दर्शन और विचारधाराएँ हैं। और इन सबके समन्वय से जो संस्कृति विकसित हुई है वह सामासिक संस्कृति है, न कि केवल एक धर्म, जाति या सम्प्रदाय विशेष की संस्कृति। इन सबकी साझी विरासत ही भारत की सांस्कृतिक छवि को सामने लाता है जो विश्व की अनेक संस्कृतियों के लिए एक मिसाल है।

यदि हम भारत के संवैधानिक ढाँचे पर विचार करें तो भारत का संविधान ही सामासिकता को रेखांकित करता है, क्योंकि भारत का संविधान अपनी मूल प्रकृति में साझा संविधान है। इसमें कई देशों के संविधान के गुणात्मक तत्त्वों को शामिल किया गया है। फिर क्यों न कहें कि जिस देश का संविधान ही सामासिक हो उसकी संस्कृति, सामासिक संस्कृति ही हो सकती है। भारतीय संविधान के 'अनुच्छेद-351' में भी भारत की सामासिक संस्कृति की बात करते हुए हिन्दुस्तानी भाषा, जिसमें हिन्दी और उर्दू दोनों के तत्त्व विद्यमान हैं, के विकास और अन्य भाषाओं को आत्मसात् करने पर बल दिया गया है। 'अनुच्छेद-351' के अनुसार, "संघ का यह कर्तव्य होगा कि वह हिन्दी भाषा का प्रसार बढ़ाए, उसका विकास करे जिससे वह भारत की सामासिक संस्कृति के सभी तत्त्वों के अभिव्यक्ति का माध्यम बन सके और उसकी

प्रकृति में हस्तक्षेप किए बिना हिन्दुस्तानी में और आठवीं अनुसूची में विनिर्दिष्ट भारत की अन्य भाषाओं में प्रयुक्त रूप, शैली और पदों को आत्मसात् करते हुए और जहाँ आवश्यक या वांछनीय हो वहाँ उसके शब्द भंडार के लिए मुख्यत: संस्कृत से और गौणत: अन्य भाषाओं के शब्द ग्रहण करते हुए उसकी समृद्धि सुनिश्चित करे।''[153] भारत के संविधान निर्माता भी भारतीय संस्कृति को सामासिक मानने के पक्षधर हैं, क्योंकि उनके सामने यह महत्त्वपूर्ण तथ्य है कि भारत एक विशाल महाद्वीप है और भारतीय संस्कृति एक महासागर है। इसमें विश्व की तमाम संस्कृतियाँ आकर समाहित हो गई हैं। आज जिसे लोग 'हिन्दू संस्कृति' मानते हैं वह वस्तुत: भारतीय संस्कृति है जो सिन्धु घाटी की सभ्यता, प्रागैतिहासिक और वैदिक संस्कृति का विकसित रूप है। इसने अनेक धर्मों, सभ्यताओं एवं संस्कृतियों को आत्मसात् कर लिया है। यही कारण है कि भारतीय संस्कृति सामासिक कहलाती है।

जिस प्रकार भारत के संविधान, यहाँ की भाषाओं, साहित्यों, दर्शनों और विचारधाराओं में लचीलापन और अन्य सकारात्मक पहलुओं को आत्मसात् कर लेने का गुण विद्यमान है, ठीक वैसे ही भारतीय संस्कृति में भी। यही कारण है कि ''सांस्कृतिक विषयों पर चिन्तन करने वाले मनीषी एकमत हैं कि भारतीय संस्कृति एक सामासिक संस्कृति है और उसने विभिन्न संस्कृतियों को पचाने में और अपने स्वभाव से समन्वित करने में अद्‌भुत प्रतिभा और लचीलेपन का परिचय दिया है।''[154] यह सर्वविदित तथ्य है कि कोई भी रूढ़ वस्तु अपनी जड़ता के कारण शीघ्र ही टूट या विनष्ट हो जाती है। विश्व में कितनी संस्कृतियाँ अपनी जड़ता के कारण आज नष्ट होने के कगार पर हैं। लेकिन भारतीय संस्कृति के साथ ऐसी स्थिति नहीं है। पाश्चात्य विद्वानों ने भी भारतीय संस्कृति के सामासिक पहलू को इसका सर्वप्रमुख गुण बताया है।

दरअसल, भारतीय संस्कृति की सामासिकता की पहचान करने के लिए इसके समृद्ध इतिहास का अवलोकन आवश्यक है। भारतीय संस्कृति की यात्रा वैदिक काल से आरम्भ होकर आधुनिक काल तक पहुँची है। इस यात्रा में इसे कई मोड़ों और टकरावों का सामना करना पड़ा है। रामधारी सिंह 'दिनकर' ने अपनी पुस्तक 'संस्कृति के चार अध्याय' में भारतीय संस्कृति की विकास यात्रा और इतिहास का जायजा लेते हुए इसे सामासिक संस्कृति साबित करने का सफलतम प्रयास किया है। दिनकर का मानना है कि ''भारतीय संस्कृति में चार बड़ी क्रान्तियाँ हुई हैं, और हमारी संस्कृति का इतिहास उन्हीं चार क्रान्तियों का इतिहास है। पहली क्रान्ति तब हुई, जब आर्य भारतवर्ष में आए अथवा भारतवर्ष में जब उनका आर्येतर जातियों से सम्पर्क हुआ। आर्यों ने आर्येतर जातियों के साथ मिलकर जिस समाज की रचना की, वही आर्यों अथवा हिन्दुओं का बुनियादी समाज हुआ और आर्य तथा आर्येतर संस्कृतियों के मिलन से जो संस्कृति उत्पन्न हुई, वही भारत की बुनियादी संस्कृति बनी।''[155] इस

उद्धरण में दिनकर ने लिखा है कि 'आर्य भारतवर्ष में आए'। इस कथन का समर्थन आज तक अनेक इतिहासकारों और चिन्तकों ने किया है कि आर्य भारत में बाहर से आए। दरअसल, यह एक रणनीति के तहत बार-बार उद्धृत किया जाने वाला कथन है जो यहाँ की मूल जातियों को भी बाहरी साबित करने के लिए कहा जाता रहा है जिसकी प्रामाणिकता सन्देह के घेरे में है। मैं ऐसा इसलिए कह रहा हूँ, क्योंकि यदि आर्य भारत में बाहर से आए तो आज तक कोई इतिहासकार, चाहे वह भारत का हो या विश्व का, यह क्यों नहीं बताता कि आर्य भारत में कहाँ से आए? यह प्रश्न आज भी अनुत्तरित है जो उपरोक्त कथन की प्रामाणिकता को संदिग्ध बनाता है। दरअसल, यह गम्भीर सवाल है जिसको दरकिनार नहीं किया जाना चाहिए।

खैर! दिनकर ने आगे लिखा है कि "दूसरी क्रान्ति तब हुई, जब महावीर और गौतम बुद्ध ने इस स्थापित धर्म और संस्कृति के विरुद्ध विद्रोह किया तथा उपनिषदों की चिन्तनधारा को खींचकर वे अपनी मनोवांछित दिशा की ओर ले गए। ...तीसरी क्रान्ति उस समय हुई, जब इस्लाम, विजेताओं के धर्म के रूप में, भारत पहुँचा और इस देश में हिन्दुत्व के साथ उसका सम्पर्क हुआ। और चौथी क्रान्ति हमारे अपने समय में हुई, जब भारत में यूरोप का आगमन हुआ तथा उसके सम्पर्क में आकर हिन्दुत्व व इस्लाम, दोनों ने नवजीवन का अनुभव किया।"[156] दरअसल, दिनकर की धारणा है कि भारतीय संस्कृति में चार बड़ी क्रान्तियाँ हुई हैं और भारतीय संस्कृति का इतिहास उन्हीं चार क्रान्तियों का इतिहास है। वास्तव में ये चारों क्रान्तियाँ भारतीय संस्कृति के सामासिक होने की प्रक्रिया के चार चरणों को रेखांकित करती हैं। आज जब हम भारतीय संस्कृति की बात करते हैं तब केवल इसके आरम्भिक स्वरूप को ही अतीत की आँखों से देखने लगते हैं और इसे किसी खास धर्म, जाति या सम्प्रदाय विशेष का साबित करने में अनेक विवादों को पुनर्जीवित करने लगते हैं। जरूरत इस बात की है कि भारतीय संस्कृति को हम आज की आँखों से देखें। इसकी विकास यात्रा में आए अनेक मोड़ों, टकराहटों, परिवर्तनों और समन्वय की प्रक्रिया की वास्तविक पहचान करें। ऐसा करने से भारतीय संस्कृति निश्चित रूप से सामासिक दिखाई देगी।

यही कारण है कि दिनकर ने भी इस किताब की भूमिका में निष्कर्ष रूप में भारतीय संस्कृति को सामासिक बताया है। उनका मानना है कि "भारत की संस्कृति, आरम्भ से ही, सामासिक रही है। उत्तर-दक्षिण, पूर्व-परिश्चम, देश में जहाँ भी जो हिन्दू बसते हैं, उनकी संस्कृति एक है एवं भारत की प्रत्येक क्षेत्रीय विशेषता हमारी इसी सामासिक संस्कृति की विशेषता है। तब हिन्दू एवं मुसलमान हैं, जो देखने में अब भी दो लगते हैं, किन्तु, उनके बीच भी सांस्कृतिक एकता विद्यमान है, जो उनकी भिन्नता को कम करती है। दुर्भाग्य की बात है कि हम इस एकता को पूर्ण रूप से समझने में असमर्थ रहे हैं। यह कार्य राजनीति नहीं, शिक्षा और साहित्य के द्वारा सम्पन्न

किया जाना चाहिए।''[157] शमशेर बहादुर सिंह ने अपनी साहित्य साधना के बल पर यही कार्य किया है। यही कारण है कि उनकी कविताओं और आलोचनाओं के विषय केवल हिन्दी और उसके रचनाकार ही नहीं, बल्कि उर्दू और उसके रचनाकार भी रहे हैं। इस समन्वय और सम्यक् विवेचन-विश्लेषण के आधार पर ही शमशेर सामासिक संस्कृति की विकास-यात्रा में अपना योगदान देते हैं।

जैसा कि दिनकर ने इस बात पर बल दिया है कि भारतीय संस्कृति के सामासिक पहलू को प्रकाश में लाने का कार्य शिक्षा और साहित्य द्वारा सम्पन्न किया जाना चाहिए। ऐसा इसलिए आवश्यक है, क्योंकि ''संस्कृतियाँ और साहित्य परस्पर सरोकारों से जुड़े रहते हैं। संस्कृति साहित्य का आधार बनती है और साहित्य में संस्कृति की ही अभिव्यक्ति होती है। भारतीय साहित्य विविध भाषाओं में रचा गया है, लेकिन इसका आधार-फलक लगभग समान रहा है। इसका कारण विभिन्न प्रकार की विविधताओं में अन्तर्भूत सांस्कृतिक एकता ही है।''[158] इस सांस्कृतिक एकता का सबसे बेहतरीन उदाहरण हाली का 'मुसद्दस' और मैथिलीशरण गुप्त की 'भारत-भारती' है। यही कारण है कि शमशेर बहादुर सिंह ने इस सांस्कृतिक एकता को प्रकाशित करने के लिए इन दोनों रचनाओं के सांस्कृतिक अध्ययन को अपनी आलोचना का विषय बनाया है।

अपनी सामासिकता और सांस्कृतिक एकता तथा अन्य महत्त्वपूर्ण विशेषताओं के कारण ही भारतीय संस्कृति ने न सिर्फ भारतीय साहित्य की दशा और दिशा निर्धारित किया है, बल्कि विदेशी साहित्यों को भी अपने प्रभाव के घेरे में लिया है। तुलसी, जायसी, कबीर, रवीन्द्रनाथ टैगोर, निराला, प्रेमचन्द आदि के साहित्य में अभिव्यक्त सांस्कृतिक विरासत ने सम्पूर्ण भारतीय साहित्य को प्रभावित किया ही है, भारत से बाहर के साहित्य में भी इनकी प्रभावशीलता जगजाहिर है। यदि हम भारतीय भाषाओं के साहित्य की सांस्कृतिक यात्रा का जायजा लें तो ''प्राचीन समय से ही विविध भाषाओं के बावजूद भारतीय साहित्य की आत्मा एक रही है। यदि यह आत्मा एक रही है तो इसका कारण संस्कृति का विराट स्वरूप ही है। भारत में अनेक धर्मों के कारण एक बहुलतावादी सामासिक संस्कृति विकसित हुई है। साहित्य और संस्कृति का व्यापक समन्वय जितना भारतीय साहित्य में मिलता है उतना अन्य किसी साहित्य में नहीं मिलता। इसका कारण ही यह है कि संसार में सबसे अधिक प्राचीन भारत की संस्कृति है।''[159] मोटे तौर पर भारतीय संस्कृति के इतिहास, उसकी विकास-यात्रा और उसके लक्षणों पर किए गए इस विचार-विमर्श से यही निष्कर्ष निकलकर सामने आता है कि भारतीय संस्कृति अपनी मूल प्रकृति में सामासिक है।

अब हम उपरोक्त निष्कर्ष के आलोक में शमशेर बहादुर सिंह की बात करें तो यह दावे के साथ कहा जा सकता है कि वे अपने समकालीन रचनाकारों में एकमात्र कवि-आलोचक हैं जो सामासिक संस्कृति के पक्षधर हैं। वह चाहे कविता लिख रहे

हों या आलोचना, हर जगह उनका विषय भारत की सांस्कृतिक एकता को रेखांकित करने वाली सामासिक सांस्कृतिक ही है। सामासिक संस्कृति के प्रति उनकी पक्षधरता खुद उनकी निम्न पंक्तियों में देखी जा सकती है जब वे कहते हैं कि—

मैं उर्दू और हिन्दी का दोआब हूँ।
मैं वह आईना हूँ जिसमें आप हैं।[160]

दरअसल, शमशेर खुद को हिन्दी और उर्दू की साझी सांस्कृतिक विरासत का आईना मानते हैं। ऐसा इसलिए है, क्योंकि वे हिन्दी और उर्दू के साहित्य और साहित्यकारों को अलग-अलग करके देखने के हिमायती नहीं हैं। उन्होंने जितने अधिकार से हिन्दी के रचनाकारों और रचनाओं को अपनी आलोचना का विषय बनाया है, उतने ही अधिकार से उर्दू के साहित्य और साहित्यकारों को भी। डॉ. रामविलास शर्मा ने सामासिक संस्कृति के प्रति शमशेर की पक्षधरता को रेखांकित करते हुए लिखा है कि "शमशेर हिन्दी के उन थोड़े से लेखकों में हैं जो उर्दू कवियों पर साधिकार लिखते हैं। ...हिन्दी-उर्दू साहित्य एक ही जाति का साहित्य है, इसलिए जातीय साहित्य के दोनों रूपों पर एक साथ लिखना बहुत सही तरीका है।"[161] दरअसल शमशेर को भारतीय संस्कृति की मूल प्रकृति और इतिहास की सही पहचान थी। वे इसकी सामासिकता को भली-भाँति पहचान गए थे। यही कारण है कि हिन्दी के कवि-आलोचक होते हुए भी उन्होंने उर्दू के प्रति अत्यधिक रागात्मक सम्बन्ध स्थापित किया।

सामासिक संस्कृति के प्रतिनिधि के रूप में शमशेर एक ओर जहाँ निराला, पंत, मैथिलीशरण गुप्त, बच्चन, सुभद्राकुमारी चौहान, अश्क, सप्तक के कवियों, केदारनाथ अग्रवाल, नरेन्द्र शर्मा, नामवर सिंह, रहीम आदि हिन्दी के रचनाकारों और प्रवृत्तियों को अपनी आलोचना का विषय बनाते हैं, वहीं दूसरी ओर ग़ालिब, कैफी आजमी, इक़बाल, हाली, उर्दू कवयित्रियों और उर्दू साहित्य पर भी साधिकार आलोचनाएँ लिखते हैं। शमशेर का सांस्कृतिक दायरा तंग नहीं है। यही कारण है कि उन्होंने अपनी आलोचनाओं में विदेशी भाषा के साहित्यकारों जैसे लुई अरागाँ आदि को भी स्थान दिया है। दरअसल, शमशेर की धारणा रही है कि उत्कृष्ट साहित्य जब हम पढ़ते हैं, चाहे वह किसी भाषा का हो, वह किसी निश्चित देशकाल से सम्बन्धित हो, उसमें रचित हो, लेकिन जब पढ़ने वाला अपने देशकाल और साहित्य में वर्णित देशकाल से भी अलग हो जाए, तभी वह साहित्य उत्कृष्ट साहित्य की कोटि में आता है। और यह सब सांस्कृतिक समन्वय की बदौलत ही सम्भव हो पाता है। संस्कृति का यह अभिलक्षण चित्त के गहरे मन्थन का ही एक ऐसा प्रकार है जिसमें चित्त का विचित्रीकरण हो जाता है। मन उन्मीलित हो जाता है। चित्तवृत्ति की गम्भीर-से-गम्भीर साधना के बगैर भारतीय संस्कृति का उच्चत्तर प्रयोजन सिद्ध नहीं हो सकता। अपनी आलोचनाओं में शमशेर का बल भारतीय संस्कृति के उच्चत्तर प्रयोजन को सिद्ध करने पर रहा है।

यही कारण है कि वे सामासिक संस्कृति की जोरदार वकालत अपनी आलोचनाओं के जरिए करते हैं।

सामासिक संस्कृति के चितेरे कवि–आलोचक शमशेर बहादुर सिंह का व्यक्तित्व ही सामासिकता के तत्त्वों से बना है। वे भारतीय संस्कृति को धर्म या राजनीति के नजरिए से नहीं देखते, बल्कि मानवीय सौन्दर्य की दृष्टि से देखते हैं। उनके सांस्कृतिक विश्लेषण में उच्चतर जीवन–मूल्यों की अभिव्यक्ति है। तत्कालीन परिवेश में शमशेर की इस मनोभूमि की शिनाख्त की जाए तो यह राष्ट्रीय आन्दोलन के चरम का दौर है। यह वह दौर है जब देश–विभाजन और हिन्दू–मुस्लिम अलगाव की त्रासदी प्रारम्भ हो चुकी थी। शमशेर ने ऐसे समय में सांस्कृतिक समन्वय की बात कर सामासिक संस्कृति पर बल दिया जिससे इस अलगाव और हिन्दू–मुस्लिम के बीच बढ़ती खाई को पाटा जा सके। शमशेर हिन्दी और उर्दू के बीच किसी भी प्रकार के भेदभाव और टकराव को नहीं देखना चाहते थे। शमशेर के लिए हिन्दी और उर्दू भाषाएँ तथा उसके रचनाकार तथा उस जबान को जीने वाले लोग अलग–अलग या आपस में गैर नहीं थे। वे इन सबको एक मानने के आग्रही थे, क्योंकि भारतीय संस्कृति की सामासिकता को बनाए रखने के लिए यह आग्रह अनिवार्य था। तभी तो वे जोर देकर कहते हैं कि—

वो अपनों की बातें, वो अपनों की खू बू।
हमारी ही हिन्दी, हमारी ही उर्दू।[162]

संक्षेप में कहा जाए तो शमशेर ने अपनी रचनाओं और आलोचनाओं के जरिए भारत की सामासिक संस्कृति के रचना और विकास में महत्त्वपूर्ण योगदान दिया है। आज भी भारत की एक अरब आबादी में न जाने कितनी भाषाओं, साहित्यों, कलाओं, रीति–रिवाजों और संस्कारों को जीने वाले लोग बसते हैं। इन सबके समन्वित संस्करण से ही भारत की संस्कृति का वास्तविक रूप सामने आता है। भारत के सांस्कृतिक विकास के लिहाज से यहाँ की संस्कृति का समासीकरण एक अनिवार्य शर्त है। शमशेर की आलोचना–दृष्टि में सबसे प्रबल पक्ष भारत की संस्कृति को सामासिक संस्कृति के रूप में देखना–दिखाना ही है। शमशेर के इस पक्ष पर मैं अपनी बात 'उदिता' की भूमिका की उन पंक्तियों से खत्म करना चाहता हूँ जिसमें शमशेर ने संस्कृति का मतलब बताते हुए कहा है कि "हमारी संस्कृति जिन्दगी के हर मोड़ पर अगर हमारा साथ नहीं दे सकती, हमारी आँखों को आगे का रास्ता पहचानने की रोशनी और दुनिया के कोने–कोने तक ज्ञान और वैभव और प्रेम के जनतंत्र, डेमोक्रेसी, का भोग करने की शक्ति हमसे छीनने लगती है, तो समझ लीजिए हमारे पुरखों का सत् हमारे खून से निकल गया और यकीन कीजिए हम अपनी सन्तान को उन नीचाइयों में पीछे ढकेल देना चाहते हैं, जिनसे उठकर हमारे पुरखे ऊपर आए थे।"[163]

सन्दर्भ

1. सन्त काव्य में विद्रोह का स्वर—डॉ. किरण नन्दा, पृ. 95
2. 'श्रीरामचरितमानस'—गोस्वामी तुलसीदास, गीताप्रेस, गोरखपुर, पृ. 18
3. घनआनन्द और आनन्दघन (ग्रन्थावली), (संपा.) विश्वनाथ प्रसाद मिश्र, पृ. 68
4. केशवदास, (संपा.) विजय पाल सिंह, ('केशवदास'—आचार्य रामचन्द्र शुक्ल के लेख से उद्धृत), पृ. 34
5. हिन्दी साहित्य का इतिहास—आचार्य रामचन्द्र शुक्ल, पृ. 265
6. वही, पृ. 182
7. वही, पृ. 323
8. हिन्दी आलोचना—विश्वनाथ त्रिपाठी, पृ. 15
9. हिन्दी साहित्य और संवेदना का विकास—रामस्वरूप चतुर्वेदी, पृ. 85
10. हिन्दी आलोचना का विकास—मधुरेश, पृ. 13
11. हिन्दी साहित्य का इतिहास—डॉ. नगेन्द्र, पृ. 465
12. हिन्दी आलोचना—विश्वनाथ त्रिपाठी, पृ. 19
13. हिन्दी आलोचना का विकास—नन्दकिशोर नवल, पृ. 21-22
14. साहित्य का समाजशास्त्रीय चिन्तन, (संपा.) निर्मला जैन, पृ. 12
15. हिन्दी आलोचना का विकास—नन्दकिशोर नवल, पृ. 23-24
16. हिन्दी साहित्य का इतिहास—आचार्य रामचन्द्र शुक्ल, पृ. 323
17. हिन्दी आलोचना का विकास—मधुरेश, पृ. 17
18. 'भारत-भारती'—मैथिलीशरण गुप्त, पृ. 157
19. वही, पृ. 112
20. वही, पृ. 6
21. हिन्दी आलोचना का विकास—मधुरेश, पृ. 133
22. हिन्दी आलोचना की बीसवीं सदी—निर्मला जैन, पृ. 41
23. 'पल्लव'—सुमित्रानन्दन पंत ('प्रवेश' से उद्धृत), पृ. 16
24. वही, पृ. 33
25. वही, पृ. 30
26. 'पल्लव'—सुमित्रानन्दन पंत ('आँसू' कविता से उद्धृत), पृ. 62
27. हिन्दी आलोचना—विश्वनाथ त्रिपाठी, पृ. 90
28. वही, पृ. 90
29. वही, पृ. 94
30. वही, पृ. 90
31. हिन्दी आलोचना की बीसवीं सदी—निर्मला जैन, पृ. 44
32. वही, पृ. 44
33. वही, पृ. 44
34. वही, पृ. 45
35. काव्य और कला तथा अन्य निबन्ध—जयशंकर प्रसाद, पृ. 20-21
36. वही, पृ. 22

37. वही, पृ. 25
38. वही, पृ. 31
39. वही, पृ. 78
40. हिन्दी आलोचना—विश्वनाथ त्रिपाठी, पृ. 96
41. वही, पृ. 97
42. वही, पृ. 97
43. वही, पृ. 99
44. हिन्दी आलोचना की बीसवीं सदी—निर्मला जैन, पृ. 48
45. हिन्दी आलोचना का विकास—मधुरेश, पृ. 140
46. मुक्तिबोध रचनावली (भाग-5), (संपा.) नेमिचन्द्र जैन, पृ. 10
47. मुक्तिबोध रचनावली (भाग-4), (संपा.) नेमिचन्द्र जैन, पृ. 301
48. वही, पृ. 301
49. वही, पृ. 301
50. 'एक साहित्यिक की डायरी'—गजानन माधव मुक्तिबोध, पृ. 20-21
51. वही, पृ. 21
52. वही, पृ. 28
53. वही, पृ. 28
54. वही, पृ. 29-30
55. हिन्दी आलोचना की बीसवीं सदी—निर्मला जैन, पृ. 83
56. वही, पृ. 83
57. वही, पृ. 83
58. हिन्दी आलोचना का विकास—मधुरेश, पृ. 203
59. हिन्दी आलोचना की बीसवीं सदी—निर्मला जैन, पृ. 83
60. वही, पृ. 84
61. वही, पृ. 84
62. कवि कह गया है—अशोक वाजपेयी, पृ. 48
63. हिन्दी आलोचना की बीसवीं सदी—निर्मला जैन, पृ. 85
64. हिन्दी आलोचना का विकास—मधुरेश, पृ. 203
65. समकालीन हिन्दी आलोचक और आलोचना—डॉ. रामबक्ष, पृ. 99-100
66. हिन्दी आलोचना की बीसवीं सदी—निर्मला जैन, पृ. 86
67. वही, पृ. 86
68. वही, पृ. 86
69. वही, पृ. 86
70. विवेक के रंग, (संपा.) देवीशंकर अवस्थी, पृ. 72-73
71. वही, पृ. 72
72. हिन्दी आलोचना की बीसवीं सदी—निर्मला जैन, पृ. 87
73. वही, पृ. 88
74. वही, पृ. 88

75. वही, पृ. 89
76. हिन्दी आलोचना का विकास—मधुरेश, पृ. 210
77. वही, पृ. 210
78. हिन्दी आलोचना की बीसवीं सदी—निर्मला जैन, पृ. 91
79. हिन्दी आलोचना का विकास—मधुरेश, पृ. 205
80. विवेक के रंग, (संपा.) देवीशंकर अवस्थी, पृ. 233
81. हिन्दी आलोचना की बीसवीं सदी—निर्मला जैन, पृ. 91
82. पाश्चात्य काव्यशास्त्र—देवेन्द्रनाथ शर्मा, पृ. 17
83. पाश्चात्य साहित्य चिन्तन—निर्मला जैन, पृ. 13
84. वही, पृ. 34
85. पाश्चात्य काव्यशास्त्र—देवेन्द्रनाथ शर्मा, पृ. 17
86. पाश्चात्य साहित्य चिन्तन—निर्मला जैन, पृ. 47
87. वही, पृ. 15
88. वही, पृ. 15
89. वही, पृ. 15
90. वही, पृ. 66
91. वही, पृ. 67
92. वही, पृ. 77
93. वही, पृ. 85
94. वही, पृ. 85
95. पाश्चात्य काव्यशास्त्र—डॉ. भगीरथ मिश्र, पृ. 74
96. पाश्चात्य काव्यशास्त्र—देवेन्द्रनाथ शर्मा, पृ. 112
97. पाश्चात्य साहित्य चिन्तन—निर्मला जैन, पृ. 95
98. पाश्चात्य काव्यशास्त्र—डॉ. भगीरथ मिश्र, पृ. 79
99. पाश्चात्य काव्यशास्त्र—देवेन्द्रनाथ शर्मा, पृ. 158
100. वही, पृ. 155
101. पाश्चात्य साहित्य चिन्तन—निर्मला जैन, पृ. 107
102. पाश्चात्य काव्यशास्त्र—देवेन्द्रनाथ शर्मा, पृ. 187
103. वही, पृ. 188
104. पाश्चात्य काव्यशास्त्र—भगीरथ मिश्र, पृ. 119-20
105. पाश्चात्य साहित्य चिन्तन—निर्मला जैन, पृ. 123
106. वही, पृ. 135
107. 'स्रवंति' (शमशेर बहादुर सिंह विशेषांक, अप्रैल-2011) (सह संपा.) डॉ. जी. नीरजा, पृ. 3
108. कवि कह गया है—अशोक वाजपेयी, पृ. 47
109. 'होड़ में पराजित काल' ('उद्‌भावना'—शमशेर बहादुर सिंह विशेषांक, 2012), (संपा.) विष्णु खरे, पृ. 96
110. 'स्रवंति' (शमशेर बहादुर सिंह विशेषांक, अप्रैल-2011) (सह संपा.) डॉ. जी. नीरजा, पृ. 3
111. 'होड़ में पराजित काल' ('उद्‌भावना'—शमशेर बहादुर सिंह विशेषांक, 2012), (संपा.) विष्णु खरे, पृ. 69

112. 'स्रवंति' (शमशेर बहादुर सिंह विशेषांक, अप्रैल-2011) (सह संपा.) डॉ. जी. नीरजा, पृ. 3
113. वही, पृ. 3
114. वही, पृ. 3
115. वही, पृ. 3
116. वही, पृ. 3
117. वही, पृ. 3
118. वही, पृ. 5
119. वही, पृ. 6
120. 'दूसरा सप्तक', (संपा.) अज्ञेय, पृ. 138
121. वही, पृ. 87-88
122. वही, पृ. 85
123. वही, पृ. 85-86
124. वही, पृ. 85-86
125. सुन्दर का स्वप्न—अपूर्वानन्द, पृ. 181
126. वही, पृ. 181
127. वही, पृ. 181
128. वही, पृ. 181
129. 'काल तुझसे होड़ है मेरी'—शमशेर बहादुर सिंह, पृ. 40
130. 'उदिता'—शमशेर बहादुर सिंह, पृ. 7
131. सुन्दर का स्वप्न—अपूर्वानन्द, पृ. 182
132. 'प्रतिनिधि कविताएँ'—शमशेर बहादुर सिंह, (संपा.) नामवर सिंह, पृ. 43
133. सुन्दर का स्वप्न—अपूर्वानन्द, पृ. 183
134. वही, पृ. 186
135. वही, पृ. 186
136. वही, पृ. 187
137. 'सापेक्ष' (शमशेर जी—शमशेर बहादुर सिंह विशेषांक, 1994), (संपा.) महावीर अग्रवाल, पृ. 275
138. समकालीन काव्य विकास और शमशेर के काव्य के मूल्यांकन की समस्याएँ (शोध-प्रबन्ध, जवाहरलाल नेहरू विश्वविद्यालय), रमण प्रसाद सिन्हा, पृ. 239
139. 'सापेक्ष' (शमशेर जी—शमशेर बहादुर सिंह विशेषांक, 1994), (संपा.) महावीर अग्रवाल, पृ. 284
140. वही, पृ. 285
141. 'उद्भावना' ('शमशेर बहादुर सिंह विशेषांक का शेषांश), पृ. 116 (नवभारत टाइम्स, 17 जून, 2012 को मुम्बई से प्रकाशित)
142. हिन्दी आलोचना की बीसवीं सदी—निर्मला जैन, पृ. 90-91
143. 'होड़ में पराजित काल' ('उद्भावना'—शमशेर बहादुर सिंह विशेषांक, 2012), (संपा.) विष्णु खरे, पृ. 244
144. शमशेर बहादुर सिंह की कुछ गद्य रचनाएँ, (संपा.) मलयज, पृ. 22

145. वही, पृ. 22-23
146. वही, पृ. 287
147. मानव-मूल्यपरक शब्दावली का विश्वकोश (पंचम खंड), (संपा.) डॉ. धर्मपाल मैनी, पृ. 1887
148. वही, पृ. 1887
149. भारत और भारतीय संस्कृति—परमानन्द शास्त्री, (संपा.) सतीशधर, रमेश शर्मा, पृ. 24
150. वही, पृ. 25
151. 'दिनकर' रचनावली, (भाग-8)—(संपा.) नन्दकिशोर नवल, पृ. 75-76
152. 'सागरिका' ब्लौग में 'सामासिक संस्कृति के साहित्य साधक बालशौरी रेड्डी' शीर्षक से 5 अप्रैल, 2011 को प्रकाशित नीरजा का रिपोर्ट। स्रोत : www.google.com
153. भारत का संविधान (Base Act rigle at) प्राक्कथन—डॉ. जय जय राम उपाध्याय, पृ. 199
154. राजस्थान साहित्य अकादमी द्वारा प्रकाशित लेख, भारतीय साहित्य और सामासिक संस्कृति, स्रोत : www.google.com
155. संस्कृति के चार अध्याय—रामधारी सिंह दिनकर, पृ. 9
156. वही, पृ. 9
157. वही, पृ. 9
158. भारतीय साहित्यकोश (खंड-1), (संपा.) डॉ. सुरेश गौतम, पृ. 108
159. वही, पृ. 136
160. 'स्रवंति' (शमशेर बहादुर सिंह विशेषांक, अप्रैल-2011, (सह संपा.) डॉ.जी. नीरजा, पृ. 5
161. शमशेर बहादुर सिंह की कुछ गद्य रचनाएँ, (संपा.) मलयज, पृ. 17
162. 'स्रवंति' (शमशेर बहादुर सिंह विशेषांक, अप्रैल-2011, (सह संपा.) डॉ. जी. नीरजा, पृ. 6
163. 'उदिता'—शमशेर बहादुर सिंह, पृ. 106

शमशेर की आलोचना-दृष्टि

परम्परा का मूल्यांकन

शमशेर आधुनिक काल के कवि और आलोचक हैं, लेकिन भारतीय साहित्य की परम्परा के प्रति उनकी दिलचस्पी उनकी आलोचना-दृष्टि को विशिष्ट बनाती है। अपनी परम्परा के प्रति सजग कलाकार ही भारतीय साहित्य का सही मूल्यांकन कर सकता है। आधुनिकता की अवधारणा की बात की जाए तो 'आधुनिकता' शब्द एक सापेक्ष अर्थ व्यक्त करता है। आधुनिकता को प्राचीनता या परम्परा के सापेक्ष देखना ही उसकी सार्थकता है, क्योंकि पारम्परिक मूल्यों के सापेक्ष ही नवीन आधुनिक मूल्यों की पहचान की जा सकती है। और यह प्राचीन और आधुनिक का क्रम पीढ़ी-दर-पीढ़ी अनवरत चलता रहता है।

शमशेर ने अपनी आलोचना में भारतीय साहित्य की परम्परा का मूल्यांकन किया है। सामासिक संस्कृति के हिमायती शमशेर ने केवल हिन्दी ही नहीं, उर्दू और अन्य भाषाओं के साहित्य की परम्परा के महत्त्वपूर्ण रचनाकारों को अपनी आलोचना का विषय बनाया है। एक ओर शमशेर रहीम, मैथिलीशरण गुप्त, निराला, सुमित्रानन्दन पन्त, हरिवंशराय बच्चन, सुभद्राकुमारी चौहान आदि के साहित्य और व्यक्तित्व की परख करते नजर आते हैं, वहीं दूसरी तरफ ग़ालिब, इक़बाल, हाली और उर्दू कवयित्रियों की रचनाओं और उनके रचनात्मक व्यक्तित्व की भी। वे जितने अधिकार से हिन्दी साहित्य की प्रवृत्तियों और तकनीकों और विमर्शों जैसे अमूर्त कला, प्रयोगवाद, मुक्त-छन्द आदि पर बेबाक टिप्पणी करते हैं, उतने ही अधिकार से उर्दू क़विता, उर्दू शायरी और उर्दू साहित्य की परम्परा पर भी। इतना ही नहीं वे यूरोपीय साहित्य के लुई अरागाँ को भी अपनी आलोचना में समेट लेते हैं। इसके अलावा शमशेर रवीन्द्रनाथ टैगोर और भारतीय साहित्य की परम्परा में प्रतिष्ठित अन्य बड़े रचनाकारों पर भी यथास्थान, यथासम्भव, आवश्यकतानुसार टिप्पणी करते चलते हैं। शमशेर जब भारतीय साहित्य की परम्परा का मूल्यांकन करते हैं तब हिन्दी और उर्दू दोनों जुबानों के रचनाओं और रचनाकारों को समान महत्त्व देते हैं। बल्कि उर्दू के प्रति उनका रागात्मक सम्बन्ध ज्यादा गहरा दिखता है। यही कारण है कि उन्होंने खुद को हिन्दी-उर्दू का 'दोआब' कहा है। दरअसल, वह ऐसा इसलिए करते हैं, क्योंकि उनका मकसद लम्बे समय

से चले आ रहे हिन्दी–उर्दू के बीच के अलगावों और तनावों को पाटने का रहा है और यह भारतीय समाज के साम्प्रदायिक सद्‌भाव के लिहाज से आवश्यक भी है। शमशेर के सामने कुछ लोगों की संकीर्ण मानसिकता के फलस्वरूप हिन्दी–उर्दू के बीच उत्पन्न अलगाव और झगड़े का इतिहास था। यह अलगाव आधुनिक काल में भारतेन्दु के समय तक जोरों पर चलता रहा। इतिहासबोध से सम्पन्न कवि–आलोचक को यह समझने में देर न लगी।

परम्परा से चली आ रही हिन्दू–मुस्लिम एकता और संवेदनशीलता को बाँटने का जो उपक्रम इनके द्वारा चलाया गया था उसमें भारतीय अवाम भी शामिल होती चली गई। इसका परिणाम यह निकला कि आज हिन्दी केवल हिन्दुओं और उर्दू केवल मुसलमानों की अस्मिता बनकर रह गई है। शमशेर ने ऐसे समय में इस एकता और संवेदनशीलता को जोड़ने का प्रयास किया जब इसकी सख्त जरूरत थी। सन् 1946 ई. में 'नया साहित्य' पत्रिका में प्रकाशित 'मुसद्दस' और 'भारत–भारती' की सांस्कृतिक भूमिका' नामक आलोचनात्मक लेख में शमशेर ने इसी एकता और संवेदनशीलता के अलग–अलग होते जाने के पहलुओं का जायजा लिया है। यह काम शमशेर ने साहित्य के माध्यम से किया है इतिहास के माध्यम से नहीं। शमशेर ने उर्दू के रचनाकार हाली और हिन्दी के रचनाकार मैथिलीशरण गुप्त की कविताओं 'मुसद्दस' और 'भारत–भारती' को अपनी आलोचना का विषय बनाकर यह साबित किया है कि इन दोनों रचनाकारों के सामने भारतीयता की स्वस्थ कल्पना–शक्ति थी। दोनों कवियों के लिए भारतीय संस्कृति का मतलब केवल हिन्दू या इस्लामी संस्कृति नहीं, बल्कि इनका सामासिक रूप है। इससे एक बात और निकलकर सामने आती है कि भारतीय संस्कृति की सच्ची व्याख्या के लिए केवल इतिहास ही नहीं साहित्य पर भी भरोसा करना यथोचित है।

परम्परा के मूल्यांकन में शमशेर की सबसे पहली और सबसे बड़ी चिन्ता सांस्कृतिक विघटन की है, साथ ही आधुनिकता की खोखली गतिशीलता का भी। भाषा और साहित्य शमशेर के लिए एक नई चुनौती के रूप में सामने आते हैं। वह सांस्कृतिक भटकाव का स्वार्थपरक, संकुचित सुख नहीं है। साहित्यिकों से शमशेर की अपील पुराने और नए साहित्य के माध्यम से आज की समस्याओं का रूप देखने की क्षमता के विकास की है। ऐसी अपील जिसमें भाषा और साहित्य की समस्याओं में उनके बोलने वालों की सांस्कृतिक आवश्यकताओं का और उन आवश्यकताओं को कैसे पूरा किया जा सकता है, की सच्ची ललक है। शमशेर के लिए भारतीय संस्कृति के सन्दर्भ में सामासिक संस्कृति की कोई भी परिकल्पना हिन्दी–उर्दू और अन्य भारतीय भाषाओं के बगैर अधूरी है। शमशेर साहित्य को राजनीति से ऊपर मानते हैं। उनके सामने प्रेमचन्द जैसे रचनाकार प्रेरणा के रूप में मौजूद थे। शमशेर ने जब 'मुसद्दस' और 'भारत–भारती' का चुनाव किया होगा तब उनके सामने निश्चित

रूप से इस सांस्कृतिक भटकाव और प्रेमचन्द की साहित्यिक-सांस्कृतिक अवधारणा रही होगी। इसीलिए उन्होंने लिखा, ''हाली की मशहूर कौमी नज्म 'मुसद्दस' अब से छह पीढ़ी पूर्व और मैथिलीशरण जी की 'भारत-भारती' चार पीढ़ी पूर्व देश की जागरूक भावनाओं का प्रतिबिम्ब है। दोनों मिलकर हमारी आज की जातिगत राष्ट्रीय भावनाओं की भूमिका प्रस्तुत करती हैं। दोनों में हमारी संस्कृति के मुख्य आधारों का परिचय देने का प्रयत्न किया गया है। 'मुसद्दस' में मुस्लिम संस्कृति का, 'भारत-भारती' में हिन्दू संस्कृति का।''[1]

डॉ. रामविलास शर्मा को शमशेर की इस धारणा पर आपत्ति है कि उन्होंने 'मुसद्दस' को मुस्लिम संस्कृति और 'भारत-भारती' को हिन्दू संस्कृति का प्रतिदर्पण माना है। वे 'अच्छे गद्य की पहचान' शीर्षक निबन्ध में लिखते हैं कि ''हिन्दी-उर्दू के प्रगतिशील लेखकों में और बहुत से कम्यूनिस्ट नेताओं में यह विचारधारा बहुत गहराई से जड़ जमाए हुए है कि देश में हिन्दुओं की एक संस्कृति है, मुसलमानों की दूसरी। यह विचारधारा काफी खुले रूप में सन् '47 के आसपास प्रकट की जाती थी। शमशेर के निबन्धों पर इस विचारधारा का असर जहाँ-तहाँ दिखाई देता है। हाली के 'मुसद्दस' और मैथिलीशरण गुप्त की 'भारत-भारती' में दो संस्कृतियों का परिचय दिया गया है—'मुसद्दस' में मुस्लिम संस्कृति का, 'भारत-भारती' में हिन्दू संस्कृति का।''[2] डॉ. शर्मा आगे शमशेर की इस धारणा के बारे में नहीं बात करना चाहते जहाँ शमशेर ने हाली को साम्प्रदायिक संकीर्णता से मुक्त और मैथिलीशरण गुप्त को 'जातिगत कटुता अथवा संकुचित दृष्टिकोण' से ऊपर उठा हुआ बताया है। वे इस विवाद में भी नहीं पड़ना चाहते कि अतीत-भविष्य सम्बन्धी कल्पना में गुप्तजी अपने समय से पीछे क्यों पड़ गए हैं। डॉ. शर्मा का ''मुख्य प्रश्न यह है कि 'भारत-भारती' और 'मुसद्दस' को हिन्दू-मुस्लिम संस्कृतियों के ग्रन्थ कहना क्या उचित है?''[3]

आगे डॉ. शर्मा अपने इस प्रश्न की प्रासंगिकता और शमशेर की इस धारणा को भ्रम साबित करने के लिए विश्व साहित्य में मिल्टन और दांते का हवाला देते हैं। वे लिखते हैं कि ''हिन्दू धर्म या इस्लाम का नाम लेने से या उनसे प्रभावित होने से किसी कवि की रचना जातीय संस्कृति से खारिज नहीं हो जाती। जितना हिन्दू धर्म और इस्लाम 'भारत-भारती' और 'मुसद्दस' में है, उससे बहुत ज्यादा मात्रा में ईसाई धर्म दांते और मिल्टन के महाकाव्यों में है। फिर भी वे काव्य इतालवी और ब्रिटिश जातियों के महाकाव्य माने जाते हैं। किसी ने ईसाई और गैर-ईसाई संस्कृतियों के आधार पर यूरोप के साहित्य का विभाजन नहीं किया।''[4] दरअसल, डॉ. रामविलास शर्मा की धारणा जातीयता की अवधारणा से जुड़ी हुई है। वे भारतीयता और भारतीय साहित्य की या जातीय साहित्य की बात करते हैं। इसलिए वे इन दोनों संस्कृतियों को भी जातीय संस्कृति मानते हैं। इस जातीय संस्कृति और साहित्य की अवधारणा

में विभिन्न संस्कृतियों और अलग-अलग भाषाओं के साहित्य को एक में ही रखा जाता है। डॉ. शर्मा की यह अपील कुछ हद तक ठीक भी है कि इन दोनों को बाँटकर देखना जायज नहीं है। लेकिन शमशेर ने इसे बाँटकर नहीं देखा है। उन्होंने लिखा है, "दोनों में हमारी संस्कृति के मुख्य आधारों का परिचय देने का प्रयत्न किया गया है।"[5] यहाँ पर 'हमारी संस्कृति' पर गौर करने की जरूरत है। 'हमारी संस्कृति' कहने से उसी जातीय संस्कृति की महक आती है जो डॉ. शर्मा की दलील है। यह सही है कि भारत या यूरोप में विभिन्न भाषाओं और संस्कृतियों का साहित्य है और उनके समन्वित रूप में भारत या यूरोप की पूर्ण कल्पना निहित है। लेकिन भारत में ही एक मलयालम और तेलुगू भाषी को भारतीय भाषा परिवार में उनकी भाषायी अस्मिता के आधार पर अलग-अलग परिचय देना कहाँ तक गलत है। इनको अलग-अलग बताने से वे भारतीय भाषा परिवार से अलग तो नहीं हो जाते। शमशेर ने भारतीय सामासिक संस्कृति के महत्त्वपूर्ण दो घटकों मुस्लिम-संस्कृति और हिन्दू-संस्कृति को क्रमशः 'मुसद्दस' और 'भारत-भारती' में देखा है। खैर! इस विवाद पर लम्बी बहस की गुंजाइश है, मगर यहाँ स्पेस नहीं है।

'मुसद्दस' और 'भारत-भारती' अपने समय के साथ कदम से कदम मिलाकर चलने का माद्दा रखती हैं। यह काम रचनाकारों के लिए थोड़ा कठिन होता है कि वह अपनी रचनाओं में युगीन ज्वलंत समस्याओं पर खुलकर बात कर सकें। और शमशेर के आलोचक को वही रचनाएँ अपील करती हैं जिनमें उनका युग बोलता हो साथ ही रचनाकार का सक्रिय व्यक्तित्व। इन दोनों रचनाओं में यह विशेषता है। शमशेर की आलोचना-दृष्टि इस बारीकी को पकड़ पाती है। यही कारण है कि उन्होंने लिखा, "इन दोनों कविताओं में कवियों ने बहुत कठिन जिम्मेदारी अपने ऊपर ली और उसे शक्ति भर निभाया। उन्होंने लोकप्रिय काव्य रूप में जातीय इतिहास का मूल्यांकन, 'वर्तमान' का सच्चा वर्णन और भविष्य के लिए स्पष्ट कर्तव्य-निर्देश हमें दिया।"[6] 'मुसद्दस' और 'भारत-भारती' की तुलना करते हुए शमशेर ने इन दोनों रचनाओं को अपने वर्ण्य-विषय और उद्देश्य में समान पाया। दोनों ही रचनाएँ भारतीय संस्कृति और समाज की स्वस्थ तस्वीर प्रस्तुत करती हैं। दोनों रचनाओं में भारतीय साहित्य और संस्कृति की परम्परा की झलक हमें देखने को मिलती है। यही कारण है कि शमशेर ने दोनों को समान महत्त्व देते हुए अपनी आलोचना के लिए चुना और उनकी बारीकियों की तुलना करते हुए भारत की सामासिक संस्कृति में उनके योगदान को बेबाकी से रेखांकित किया।

'मुसद्दस' और 'भारत-भारती' दोनों क्रमशः उर्दू और हिन्दी में अपने युग की श्रेष्ठ रचनाएँ हैं। यदि शमशेर चाहते तो अपना हिन्दी-प्रेम दिखाते हुए केवल 'भारत-भारती' को अपनी आलोचना का विषय बनाते और उसी का गुणगान करते। लेकिन नहीं, शमशेर के पास भारतीय साहित्य और संस्कृति के प्रति एक स्वस्थ दृष्टिकोण

था जो केवल 'भारत-भारती' या केवल 'मुसद्दस' को अपनी आलोचना के केन्द्र में रखने से सामने नहीं आता। इन दोनों की तुलनात्मक आलोचना द्वारा शमशेर उस सांस्कृतिक एकता को मजबूत करना चाहते थे जिसकी मजबूत इमारत टूटने वाली थी। यही कारण है कि शमशेर के लिए हिन्दी-उर्दू के बीच बनाई गई दीवार बहुत छोटी मालूम पड़ने लगी और उन्होंने दोनों की स्वस्थ तुलनात्मक आलोचना कर साहित्य-समाज को सोचने पर मजबूर कर दिया।

ऐसा नहीं कि उन्होंने यह काम केवल आलोचनाओं में ही किया, बल्कि उनके सम्पूर्ण लेखन में हिन्दी-उर्दू के साहित्य के प्रति उनका स्वस्थ दृष्टिकोण ही दिखता है। उनके काव्य-संग्रह 'कुछ और कविताएँ' की भूमिका की ये पंक्तियाँ इसी का साक्ष्य प्रस्तुत करती हैं जब वह लिखते हैं कि "जो संस्कार मुझे अपने पूर्वजों से मिले, उनमें कम से कम उर्दू-हिन्दी के बीच की दीवारें नहीं थीं; बल्कि उनके बीच एक ऐसी जमीन थी, जहाँ दोनों लगभग एक नजर आती हैं। बेशक दोनों को एक-दूसरे से इतना भिन्न रूप दिया जा सकता है कि दोनों के लेखक और वक्ता एक-दूसरे का मुँह देखें; मगर उनका एक ऐसा भी सहज रूप है, गद्य-पद्य दोनों में, जहाँ वे सुनने या पढ़ने वालों को अभिन्न-सी जान पड़ें, या उनमें बराय नाम ही अन्तर मालूम हो। हर भाषा की जान होता है मुहावरा। और मुहावरे हिन्दी-उर्दू दोनों के बिलकुल एक हैं। उर्दू का समुन्नत गद्य-पद्य मैं खड़ी बोली की ही निधि समझता हूँ। इन दोनों के भेद-भाव के पीछे 'राजनीति' और जातीयता के स्वार्थों का और गुलामी के जमाने की शिक्षण-नीति का इतिहास है। मैं इस इतिहास का कायल नहीं हूँ।"[7] गौरतलब है कि आरम्भ में हमने हिन्दी-उर्दू के भेदभाव के इतिहास की जो चिन्ता व्यक्त की है, वही चिन्ता यहाँ शमशेर की भी है। शमशेर के सामने रहीम, ग़ालिब, इक़बाल, हाली, मैथिलीशरण गुप्त, निराला, प्रेमचन्द आदि न जाने कितने महान रचनाकार उनके पूर्वजों और प्रेरणास्रोत के रूप में मौजूद थे। शमशेर इनकी परम्परा और इतिहास के गम्भीर पारखी भी थे। शमशेर ने इस परम्परा और अपने दौर की विशिष्टता और समस्याओं को निकट से देखा-परखा था। शायद इसीलिए उन्होंने उर्दू-हिन्दी की इन महान रचनाओं को समान महत्त्व देते हुए हाली और गुप्त को अपनी आलोचना में आमने-सामने रखा।

इस लेख में शमशेर ने सबसे पहले हाली के 'मुसद्दस' की चर्चा की है। इसके अर्थ को स्पष्ट करते हुए उन्होंने लिखा है कि " 'मुसद्दस' का अर्थ है छह-छह पदों के बन्द वाली कविता। हाली के इस मुसद्दस का शीर्षक 'मद्दो-जजे-इस्लाम' अर्थात् 'इस्लाम का ज्वार-भाटा' है, पर वह 'मुसद्दसे-हाली' अथवा केवल 'मुसद्दस' के नाम से ही अधिक विख्यात है।"[8] शमशेर ने हाली की 'मुसद्दस' की भूमिका को उद्धृत करते हुए बात शुरू की है। इस भूमिका में हाली ने इस रचना के लिए उकसाने वाले और प्रेरणास्रोत 'धर्म के सच्चे खैरख्वाह' को बताया है। साथ ही

जमाने का नया ठाठ और युग की ज्वलन्त समस्याओं को भी। शमशेर लिखते हैं कि यह 'धर्म का सच्चा खैरख्वाह' सर सैयद अहमद खाँ थे। इन्होंने एक व्यापक सांस्कृतिक आन्दोलन चलाया था और 'मुसद्दस' का सम्बन्ध इसी आन्दोलन से है। इसके बाद शमशेर मुसलमानों के राष्ट्रीय इतिहास की एक झलक प्रस्तुत करते हैं, जिसमें 1857 की क्रान्ति की विफलता के पश्चात् मुसलमानों में घोर निराशा घर कर गई थी। इस निराशा से उबारने और उनमें नव चेतना भरने का काम सर सैयद ने किया। लिहाजा "हाली ने भी अपनी कविता का पुराना स्वर बदल दिया, और जाति और देश के लिए मंगलकारी उद्देश्यपूर्ण रचनाएँ लिखना आरम्भ कर दी; जैसे—'बेवाओं की मनाजात', 'बरखा-रुत', 'आधुनिक शैली पर काव्यालोचना', आदि। देशवासियों की भावनाओं का परिष्कार और परिमार्जन वे उसी प्रकार कर रहे थे जिस प्रकार सर सैयद उनकी रूढ़ मान्यताओं और पुराने विचारों का। उत्तर भारत के सांस्कृतिक समुत्थान में हाली का इसलिए ऐतिहासिक महत्त्व है।"[9] इस जन-जागरूक काल में ये दोनों योद्धा अपना-अपना मोर्चा सँभाले हुए देश की सुषुप्त जनता में युग की बदलती माँगों और रूढ़िगत मान्यताओं से मुक्ति पाने के लिए अपने-अपने तरीके से नव चेतना का संचार कर रहे थे।

शमशेर ने हाली के 'मुसद्दस' को उनकी सबसे महत्त्वपूर्ण रचना मानते हुए उसे मुसलमानों के लिए छोटी-मोटी गुटका-रामायण कहा है। शमशेर लिखते हैं कि "हाली के काव्य में उनका पूरा युग बोलता है। उस युग की पूरी माँगें मुखर होती हैं; और कितना दर्द है उस स्वर की उन्मुखता में, कितना निश्छल अपनाव, कितना सीधा-साधा असर!"[10] शमशेर ऐसा नाहक नहीं लिखते केवल हाली का गुणगान करने के लिए, बल्कि 'मुसद्दस' की रुबाइयाँ इस बात का प्रमाण हैं। 'मुसद्दस' का आरम्भ ही युग की इन समस्याओं और माँगों से होता है। हाली ने कौम की दर्दनाक हालत देखी थी और उसी को अपने काव्य में सामने रखा। लेकिन वे इन भयावह परिस्थितियों से हताश नहीं हुए। अगर ऐसा होता तो पूरा का पूरा 'मुसद्दस' केवल करुण गाथा बनकर रह जाता। लेकिन समाज और देश में हो रहे परिवर्तनों और लोगों के बीच धीरे-धीरे बढ़ रहे आत्मविश्वास को वे महसूस कर रहे थे। शमशेर ने हाली की कल्पना-शक्ति को रेखांकित करते हुए लिखा है कि "हाली जन-समाज के बढ़ते हुए आत्मविश्वास को, लोकतंत्र की बढ़ती रौ को, आने वाले आन्दोलनों को, धुँधला-धुँधला मगर असंदिग्ध रूप से महसूस कर रहे थे।"[11] लेकिन इस प्रकरण में हाली के अन्दर "अहं का भाव इस पूरे 'मुसद्दस' में कहीं नहीं उठता। हाली में किसी प्रकार की साम्प्रदायिक संकीर्णता की बू कहीं दूर तक भी हमें नहीं मिलती।"[12]

दरअसल, हाली का 'मुसद्दस' शमशेर को बेहद अपील करता है तो उसका कारण भी है; क्योंकि "शमशेर उस काव्यधारा के विकास पर बल देते हैं जो मानव-केन्द्रित और उदार है, जिसकी प्रेरणा का स्रोत तर्कशील, विज्ञानसम्मत दृष्टिकोण है।

राष्ट्र-प्रेम इसकी धुरी है, चूँकि यह भावना काव्य-रचना को सांस्कृतिक तथा कलात्मक प्रतिष्ठा देती है। हाली इस कलात्मकता को उन सभी गुणों से पुष्ट करते नजर आते हैं जिनका प्रतिफलन हमने बीसवीं सदी के सामाजिक-ऐतिहासिक विकास में देखा।''[13] शमशेर 'मुसद्दस' के संगठन और पूरी बनावट के ताने-बाने को बड़ी बारीकी और कलात्मकता से हमारे सामने रख देते हैं। उनका मानना है कि ''जब हम पूरी रचना को देखते हैं तो उसका संगठन अद्भुत रूप से पुष्ट जान पड़ता है। कोई एक भाव बिलकुल उसी रूप में दोहराया नहीं गया। पूरी कविता की लड़ियाँ आपस में इस तरह गुँथी हुई हैं, कि अगर एक को भी तोड़कर अलग करें तो पूरी कविता का सौन्दर्य उसी परिमाण में टूटता और बिखरता है। एक-एक बंद की लड़ी भी स्वयं पूरी शृंखला में बँधी रहकर ही अपना पूरा चमत्कार और प्रभाव दिखाती है। किसी कलात्मक रचना की सफलता की शायद सबसे बड़ी कसौटी यही है कि उसके सब जोड़-बंद इस तरह एक-दूसरे से मिले हुए चले जाएँ कि वह एकाएक महसूस न हों। इस दृष्टिकोण से यह पूरा 'मुसद्दस'—(रुबाई) 'मुसद्दस' (एक प्रकार का छंद), 'जमीमा' (परिशिष्ट) बल्कि 'दुआ' को भी मिलाकर—एक प्रबन्ध काव्य नहीं, एक लिरिक काव्य है। इसका वही रस-सौन्दर्य है जो एक सरस दोहे का होता अथवा एक शेर या 'सानेट' का माना जाता है, अर्थात् सम्पूर्ण रचनाएँ भावों की आन्तरिक एकता की सहज परिव्याप्ति; जैसे संगीत के राग में होती है।''[14] शमशेर को पूरा का पूरा 'मुसद्दस' एक लिरिक काव्य लगता है और उनके दृष्टिकोण से एक सफल लिरिक काव्य के जो भी मानदंड होते हैं, वो सब इस रचना में मौजूद हैं। इसके संगठन और बनावट की कुशलता इस बात में है कि कवि के भाव भी अपना प्रभाव क्रमवार बिखेरते जाते हैं, मगर उनमें लेश मात्र भी दुहराव नहीं दिखता।

'मुसद्दस' हाली की एक कौमी नज्म है और इसकी प्रेरणा के पीछे 'धर्म के सच्चे खैरख्वाह' और आन्दोलन की भूमिका है, लेकिन शमशेर को लगता है कि इसका फलक इतना व्यापक है कि इसमें भारत ही नहीं सम्पूर्ण विश्व समुदाय के प्रति अगाध प्रेम बरसने लगता है। विश्व की जो भी जाति अपनी उन्नति में पीछे है उसके अन्दर यह रचना स्पर्धा का संचार करती है। शमशेर को 'मुसद्दस' में ''अपने देश और अपनी जाति से ही नहीं, संसार की समस्त जातियों और देशों से उनका स्वाभाविक प्रेम झलकता है। उनकी उन्नति से ईर्ष्या का नहीं, स्पर्धा का भाव उनमें जोश मारता है।''[15] इसके प्रमाण में शमशेर 'मुसद्दस' की कुछ पंक्तियाँ उद्धृत करते हैं—

वह देखेगा हरसूँह हजारों चमन वाँ :

× × ×

नजर आते हैं होनहार उनके पौदे।[16]

शमशेर की धारणा है कि यह कौमी नज्म केवल अपने कौम की ही वकालत

नहीं करती, बल्कि सभी कौमों की सुन्दरता एक बगीचे में लगे किस्म-किस्म के फूलों के सौन्दर्य के रूप में प्रकाशित हो, इसके लिए प्रेम की वकालत करती है। शमशेर को लगता है कि "इस पूरे बंद के लहजे में संसार की विभिन्न जातियों से हाली का वही प्रेम टपकता है जो एक पुराने माली का अपने उद्यान से होता है।"[17] बेशक हाली में देश-प्रेम की आकांक्षा भी है जैसा कि उनकी रचना 'हुब्बे वतन' में जोरों पर दिखती है, लेकिन यहाँ हाली का दायरा तंग नहीं है।

अब बारी आती है 'भारत-भारती' और मैथिलीशरण गुप्त की। तुलनात्मक आलोचना के लिए यह आवश्यक होता है कि दो या उससे अधिक आलोच्य रचनाओं में समानता और असमानता बराबर नहीं तो उन्नीस-बीस की मात्रा में अवश्य मौजूद हो। अगर दोनों रचनाओं में समानता ही समानता हो या फिर इसके विपरीत असमानता ही असमानता व्याप्त हो, लिहाजा वहाँ पर तुलनात्मक अध्ययन सम्भव नहीं। शमशेर का आलोचक इस बात से वाकिफ है। यही कारण है कि उन्होंने इन दोनों आलोच्य रचनाओं की तुलना बड़ी सावधानी से की है। मैथिलीशरण गुप्त ने 'भारत-भारती' की भूमिका में लिखा है, "संसार में ऐसा काम नहीं जो सचमुच उद्योग से सिद्ध न हो सके। परन्तु उद्योग के लिए उत्साह की आवश्यकता है। बिना उत्साह के उद्योग नहीं हो सकता। इसी उत्साह को, इसी मानसिक वेग को उत्तेजित करने के लिए कविता एक उत्तम साधन है। परन्तु बड़े खेद की बात है कि हम लोगों के लिए हिन्दी में अभी तक इस ढंग की कोई कविता पुस्तक नहीं लिखी गई जिसमें हमारी प्राचीन उन्नति और अर्वाचीन अवनति का वर्णन भी हो और भविष्यत् के लिए प्रोत्साहन भी, इस अभाव की पूर्ति के लिए जहाँ तक मैं जानता हूँ, कोई यथोचित प्रयत्न नहीं किया गया।"[18] जाहिर है 'भारत-भारती' की रचना के पीछे उसके युग-विशेष की संस्कृतियाँ, उनकी समस्याएँ और माँग, हाली के 'मुसद्दस' और राजा राममोहन राय जैसे सामाजिक आन्दोलनकर्त्ता और तत्कालीन आन्दोलनों की प्रेरणा रही है। शमशेर ने भी अपनी बात इसकी भूमिका से ही शुरू की है और इसकी रचना की पृष्ठभूमि का जायजा लेते हुए लिखा है कि " 'भारत-भारती' हिन्दी में हिन्दुओं के लिए बीसवीं सदी के प्रारम्भ में हाली के कौमी 'मुसद्दस' की कमी भी—एक सांस्कृतिक माँग की-पूर्ति है, जैसा कि इसकी रचना का कारण बताते हुए स्वयं मैथिलीशरण जी भूमिका में लिखते हैं।"[19]

शमशेर का मानना है कि 'भारत-भारती' की प्रेरक शक्तियों के पीछे एक युग विशेष की संस्कृतियाँ, उनकी माँगें और समस्याएँ थीं। 'मुसद्दस' के पीछे सर सैयद द्वारा चलाया जा रहा सामाजिक-सांस्कृतिक आन्दोलन काम कर रहा था, तो 'भारत-भारती' के पीछे राजा राममोहन राय, ईश्वरचन्द्र विद्यासागर, केशवचन्द सेन, दयानन्द सरस्वती और विवेकानन्द आदि की पुनरुत्थानवादी गतिविधियाँ काम कर रही थीं। लेकिन 'भारत-भारती' की रचना के समय तक हिन्दू-जनता के संस्कारों में बहुत से

धर्म-सम्बन्धी नए दृष्टिकोण अपना दस्तक दे चुके थे। हिन्दू जनता में चारों तरफ 'वैदिक युग' और 'आर्य सभ्यता' की जय-ध्वनि सुनाई पड़ रही थी। 'वेदों की ओर लौटो' का नारा प्रबल हो चुका था। शमशेर को लगता है कि उन्नीसवीं शताब्दी में ''बहुत कुछ मनुस्मृति का 'सनातनी' पक्ष भी लिए हुए एक प्रगतिशील समन्वय के रूप में 'भारत-भारती' उसी की भावुक प्रतिध्वनि''[20] बनकर सामने आई। लेकिन बकौल शमशेर ''कवि की आदर्श समाज-कल्पना का आधार रामायण-महाभारत कालीन चतुरवर्णाश्रम है।''[21] आज के समाज में जो निराशा, अकर्मण्यता, चतुरवर्ण-दोष और निःशक्तता पैदा हो गई है, उसको कवि उसी रामायण-महाभारत कालीन चतुरवर्णाश्रम-व्यवस्था को पुनर्जीवित करके दूर करना चाहता है। शमशेर लिखते हैं कि ''हिन्दू समाज के चारों वर्णों में जो दोष पैदा हो गए हैं, कवि चाहता है कि वे दूर हो जाएँ; पर वह यह भी चाहता है कि वह व्यवस्था आज परिस्थितियों के अनुकूल बनकर अपनी पूर्ण मर्यादा को अक्षुण्ण रखे।''[22] जहिर है कवि का अतीत के प्रति मोह उसे बेचैन करता है। कवि उस स्वर्णिम अतीत के प्रति इतना भावुक है कि आज की समस्याओं को सुलझाने के लिए उसी अतीत में डूबना चाहता है जिसके फलस्वरूप यह समस्याएँ धीरे-धीरे अपनी जड़ जमा चुकी हैं।

शमशेर जब दोनों रचनाओं को आमने-सामने रखते हैं, तो उन्हें लगता है कि '' 'मुसद्दस' और 'भारत-भारती' दोनों अपने वर्ण्य-विषय और उद्देश्य में समान हैं; पर भिन्न-देशकाल के प्रभाव से उनके निहित दृष्टिकोण और भावनाओं के रूप में कुछ अन्तर आ गया है—मौलिक अन्तर।''[23] क्या है वह मौलिक अन्तर और क्यों है? दरअसल, हाली जब 'मुसद्दस' की रचना कर रहे थे, उस समय के आन्दोलन और जागरण की प्रवृत्तियाँ गुप्त जी के 'भारत-भारती' तक अपनी भूमिका अदा कर समाज में काफी कुछ बदलाव ला चुकी थीं। सामाजिक-सांस्कृतिक परिस्थितियों में काफी कुछ बदलाव हो चुका था। उस समय तक समाज में नए दृष्टिकोण आ चुके थे। सामाजिक सुधार और राष्ट्रीय जागरण में नव-युगीन चेतना घर कर गई थी। युग की विचारधारा कुछ और कह रही थी और भावनाओं में भी काफी परिवर्तन देखने को मिल रहा था। गुप्त जी को था कि वह इन बदलावों को समझते और अपनी रचना में कुछ नया करने की कोशिश करते। लेकिन वे इस समय भी हाली के स्वर में ही स्वर मिला रहे थे। शमशेर को हाली के स्वर में स्वर मिलाने वाला रचनाकार भारतेन्दु के रूप में दिखता है, क्योंकि दोनों के समय परिस्थितियों की माँग एक थी।

शमशेर ने भारतेन्दु को हाली के समानान्तर रखते हुए लिखा है कि ''हिन्दी में हाली का समानान्तर साहित्यकार वास्तव में भारतेन्दु हरिश्चन्द्र हैं। दोनों की प्रेरक शक्तियाँ वे दो उपरोक्त सुधारवादी-सांस्कृतिक आन्दोलन हैं, जिनके प्रतीक रूप राजा राममोहन राय और (उनसे लगभग 30 वर्ष बाद) सर सैयद अहमद माने जाते हैं। हिन्दुओं और मुसलमानों की राजनीतिक-सांस्कृतिक नव चेतना में वह तीस-पैंतीस

वर्ष का अन्तर हमारी बहुत-सी राष्ट्रीय, साम्प्रदायिक और सांस्कृतिक समस्याओं के मूल में है।''[24] मैथिलीशरण गुप्त के समय तक समाज और राष्ट्र में लोगों की आकांक्षाएँ हाली और भारतेन्दु के करामात की नहीं, बल्कि गुप्त जी के करामात को देखने की थी। शमशेर लिखते हैं कि ''मैथिलीशरण जी के वयस्क होने तक यह अनुभव संस्कार-रूप में परिणत हो चुका था और नई धार्मिक-सांस्कृतिक मान्यताएँ बहुत कुछ स्थिर हो चुकी थीं।''[25] ऐसे में गुप्त जी को था कि वे इन स्थिर मान्यताओं का अपने काव्य में उपयोग करते और राष्ट्रीय और सांस्कृतिक आन्दोलन को एक नई दिशा देते और उस समय के समाज को ऐसी रचना की प्रतीक्षा भी थी जो नई गति और नई दिशा दे। जबकि हाली के समय में परिस्थितियाँ इसके विपरीत थीं। मुसलमानों द्वारा उन्हें 'मुसद्दस' के लिए विरोध भी झेलना पड़ा था। शमशेर लिखते हैं कि '' 'मुसद्दस' की तो पहले-पहल बाज मुस्लिम हलकों में कटु उपेक्षा भी की गई थी, पर 'भारत-भारती' की 'मुसद्दस' के एक वृहद, सुपरिवर्धित, 'आर्य' संस्करण की तो, अब शुरू से ही माँग थी।''[26] गुप्त जी ने इस माँग की पूर्ति अपने युवाकाल में ही कर दी और धूम मचाकर रख दिया। लेकिन शमशेर के आलोचक को इन सबके बावजूद विचारधारा, दृष्टिकोण और भावनाओं के स्तर पर 'भारत-भारती' और 'मुसद्दस' के बीच का मौलिक अन्तर बहुत खटकता है।

इन दोनों रचनाओं में शमशेर को एक और अन्तर यह नजर आता है कि हाली की चिन्ता आदि से अन्त तक वर्तमान की समस्याओं से जूझने और निजात पाने की है, जबकि गुप्त जी का झुकाव ज्यादातर अपने स्वर्णिम अतीत में ही है। वह उसी का गुणगान करते ज्यादा दिखते हैं कि काश वह 'स्वर्ण युग' फिर से आ जाए। शमशेर ने लिखा है, '' 'मुसद्दस' में आरम्भ से अन्त तक हाली की सारी चिन्ता वर्तमान के ही विषय में है। भूतकालीन 'सच्चरित्र', 'विद्या' और 'वैभव' का उत्कर्ष पग-पग पर वर्तमान की अधोगति की ओर संकेत करता है। मुस्लिम जाति को स्पष्ट शब्दों में सीधे-सीधे उपदेश आरम्भ हो जाते हैं। 'मुसद्दस' के ऐतिहासिक अंश को शिक्षाप्रद बनाने का, हर उदाहरण में वर्तमान के लिए उसकी उपयोगिता ढूँढ़ने का दृष्टिकोण बंद-बंद में, पद-पद में अपना प्रमाण देता चलता है। शिक्षा, उद्योग, और पुरुषार्थ के आदर्शों पर जोर देकर, जाति को उठाकर, किस प्रकार उसके देश की अन्य प्रगतिशील जातियों के समकक्ष लाया जाए, मात्र यही हाली की चिन्ता थी। यह चिन्ता हाली के पूरे युग की चिन्ता थी। उस युग की जो नवीन शिक्षा-आन्दोलन का युग था, बड़ी सांस्कृतिक हलचलों का युग था। हाली का पाठक उस चिन्ता से स्वयं भर उठता है।''[27] मैथिलीशरण गुप्त की 'भारत-भारती' में भी युग और पाठक की चिन्ता यही है, बल्कि कहा जाए तो कुछ नए बदलाव के साथ है। 'भारत-भारती' में भी अतीत, वर्तमान और भविष्यत् खंड हैं। गुप्त जी के समय में भी राष्ट्रीय आन्दोलन काफी विकसित अवस्था में चल रहा था, साम्राज्यवाद विरोधी भावना, बंगाल-विभाजन

और स्वदेशी आन्दोलन के रूप में अपने चरम पर चल रही होती है। लेकिन शमशेर को लगता है कि "मैथिलीशरण जी ने लगभग हाली के ही स्वर में स्वर मिलाकर जब कहा कि—

देते हुए भी कर्म-फल हम पर हुई उसकी दया।
भेजा प्रसिद्ध उदार जिसने ब्रिटिश राज्य यहाँ नया॥

तो वह अपने समय की प्रगति से कुछ पीछे पड़ गए-से जान पड़ते हैं।"[28] यह वही बात हुई कि आज से कुछ वर्ष पहले देश के प्रधानमंत्री मनमोहन सिंह ने आजादी के 60 साल बाद साम्राज्यवादी शक्तियों से मुक्ति मिल जाने और प्रगति और विकास में दुनिया के साथ कदम से कदम मिलाकर चलने के बावजूद यह कहा कि यदि अंग्रेज भारत नहीं आए होते तो आज भारत इतना विकास नहीं कर सका होता।

शमशेर ने हाली के 'मुसद्दस' की बनावट की विशेषता रेखांकित की और कहा कि उसका संगठन ऐसा पुष्ट है कि उसमें कहीं भी भावों को दुहराया नहीं गया है, लेकिन 'भारत-भारती' में अतीतानुरागी भावों का दुहराव उसको कमजोर बना देता है। शमशेर लिखते हैं कि "बार-बार और ध्यान से 'भारत-भारती' को पढ़ने पर जो भाव मुख्य रूप से हृदय पर जमता है, वह अपने प्राचीन गौरव का है—इसके बावजूद कि इस काव्य के तीन खंड हैं—अतीत, वर्तमान और भविष्यत्! फिर भी सम्पूर्ण का भाव लेकर देखें तो भविष्यत् मानो अतीत का ही प्रतिदर्पण है, और वर्तमान उस अतीत का न होना, जिनकी भविष्य के लिए आकांक्षा।"[29] शमशेर अपनी बात को और साफ करते हुए कहते हैं कि इसका वर्तमान खंड यद्यपि हिन्दी में अभी तक की मिसाल है, लेकिन अतीत की समाज व्यवस्था कवि को इतनी अपील करती है कि वह उसी का उपदेश तीनों खंडों में देता रहता है। लिहाजा उसका दृष्टिकोण "मूलतः सुधारवादी भावनाओं में रोमांटिक रूप से अतीतानुरागी"[30] लगने लगता है। अपने वर्ण्य-विषय और उद्देश्य दोनों में समान होने के बावजूद 'भारत-भारती' के विषय में "यह सन्दर्भ शमशेर को अनेक सम्बन्धित विचार-सूत्रों की तरफ संकेत करने को बाध्य करता है—मसलन, सामाजिक सुधार और राष्ट्रीय जागरण से जुड़े विषय, मध्य वर्ग की सामाजिक शक्ति का उभार और वयस्क मैथिलीशरण गुप्त में विकसित तथा स्थिरीकृत संस्कारों की भूमिका। और शमशेर हैं कि इन पक्षों को एक-दो वाक्यों में 'खारिज' करके आगे बढ़ जाते हैं। लेकिन टिप्पणियों के स्वर में इतनी ताकत और तीव्रता है कि खारिज किए हुए पक्ष बाद में की गई व्याख्या का सतत सन्दर्भ बने रहते हैं—इस स्वर का संयम शमशेर को दो-टूक बात करने में विशेष सहायता करता है।"[31]

हम जब गौर से देखते हैं तो इस लेख के आरम्भ से ही 'मुसद्दस' और 'भारत-भारती' तथा हाली और गुप्त जी के प्रति शमशेर का विशेष आदर-भाव दिखता है। दोनों ने कठिन परिश्रम से अपने दायित्व का निर्वहन किया है आदि। हिन्दी में नई

रचनाशीलता को लाने, 'भारत-भारती' के वर्तमान खंड को हिन्दी में मिसाल के तौर पर देखने आदि बातें गुप्त जी के प्रति शमशेर की अतिरिक्त श्रद्धा की सूचना देती हैं। पाठक भी बार-बार की इस प्रशंसा से मुग्ध रहता है। लेकिन अचानक जब गुप्त जी पर शमशेर का प्रहार होता है—मीठा-मीठा ही सही, तब पाठक भी सकते में पड़ जाता है। दरअसल, शमशेर अपनी आलोचना के केन्द्र में रचना को रखकर बात करते हैं। अगर वह रचनाकार पर भी बात कर रहे होते हैं, तो रचना के माध्यम से उसका व्यक्तित्व जिस रूप में सामने आता है, उसके आधार पर ही बात करते हैं। इस लेख में गुप्त जी की तुलना में हाली के प्रति अतिरिक्त श्रद्धा और सम्मान देखने को कम ही मिलता है। कारण कि शमशेर का मकसद हाली और गुप्त जी की प्रशंसा करना नहीं, बल्कि उनकी रचनाओं की सार्थकता और युगीन सन्दर्भों में उसकी प्रासंगिकता को प्रकाशित करना है। शमशेर की इस परीक्षा में हाली तो पास हो जाते हैं, लेकिन गुप्त जी असफल साबित होते हैं। और उनकी यह असफलता भविष्य की उनकी रचनात्मक शक्ति को अतीत के स्वर्णिम-स्वप्न तक ही सीमित कर देती है। शमशेर लिखते हैं कि " 'भारत-भारती' में कवि की भावुकता और भावनाओं की आधारभूमि आगे की समस्त कृतियों के लिए सीमित हो गई है। 'भारत-भारती' कवि के भविष्य के लिए स्पष्ट दिशा इंगित कर देती है। मानो अतीत में ही हमारे स्वर्णादर्श हैं, अतीत में ही 'राम राज्य' है—स्वर्गिक कार्य-कलापों का स्वप्न-लोक, वह 'कर्मभूमि' अयोध्या नहीं, साकेत है। हमारे उसी अतीत के स्वप्न, जो इन आगामी रचनाओं में कृतिबद्ध होते चले गए हैं—'जयद्रथ-वध', 'हिन्दू', 'गुरुकुल', 'साकेत', 'यशोधरा', 'द्वापर', 'सिद्धराज'...। चौबीस वर्ष बाद भी कवि कहता है—

मुझ पर चढ़ने से रहा, राम! दूसरा रंग।[32]

ऐसा भी नहीं है कि इस नए युवा कवि की रचनाशीलता पर युग का प्रभाव नहीं पड़ा। युगीन प्रभाव से वह पूर्णतः संपृक्त है, उस समय के आदर्शों, आन्दोलनों, साहित्यिक प्रवृत्तियों, राजनीतिक हलचलों आदि को उसने पूरी तरह अपनी रचना में आत्मसात् किया है, लेकिन शमशेर का आलोचक मन इस बात से दुखी है कि इन सब युगीन विशेषताओं को कवि ने अतीत के आईने में रखकर देखा है। शमशेर लिखते हैं कि "समय अपने साथ बहुत से नए अनुभव लाया, सब अन्ततोगत्वा उसी अतीत गौरव की महत् भावना में मिल गए। राष्ट्रीयता की नई चेतना, सविनय अवज्ञा आन्दोलन की भावना, उसके नैतिक राजनीतिक आधार, सत्य और अहिंसा, चर्खा और खादी—गांधीवाद के ये सभी आदर्श कवि ने अपनाए। यहाँ तक कि समय के प्रभाव से 'रहस्यवाद' की छाप भी कवि के भक्त हृदय ने किंचित् ग्रहण की; पर इन सबको उसने अपनी उसी पुरातन मुखापेक्षी जातीयमूलक-सुधारवादी राष्ट्रीयता के रंग में रँग लिया, और उस रंग में वयःक्रम के साथ भक्ति की व्यंजना और रूढ़ होती गई।"[33] शमशेर को अफसोस इसी बात का है कि यह कवि उस युग का होकर भी

उस युग का नहीं हो सका, क्योंकि उसका दृष्टिकोण और उसकी भावनाएँ उसकी सारी रचनाशीलता और कलात्मक प्रभाव को अतीत के गर्त में डाल देते हैं। 'भारत-भारती' का कवि ब्रिटिश शासन के प्रभाव में विक्टोरिया युग का गुणगान तब कर रहा होता है जब 'भारत-भारती' का युग इन प्रवृत्तियों को पीछे छोड़ता जा रहा है। यही कवि की समस्या है और शमशेर के आलोचक की चिन्ता।

बावजूद इसके शमशेर ने 'भारत-भारती' के उन मार्मिक और महत्त्वपूर्ण बिन्दुओं को पूरी तबीयत से विवेचित-विश्लेषित कर उसकी प्रासंगिकता और महत्ता को उजागर किया है। उन्होंने गुप्त जी के उदार दृष्टिकोण और सांस्कृतिक समन्वय की प्रशंसा कर उसकी प्रभावशीलता को एक अस्त्र के रूप में देखा है। शमशेर की राय है कि "चरित्र-निर्माण और सांस्कृतिक शिक्षा के लिए कविता का, एक अस्त्र की भाँति, कैसे उपयोग किया जा सकता है, 'भारत-भारती' सचमुच उसका मार्मिक उत्तर है।"[34] शमशेर ने तत्कालीन समय में 'भारत-भारती' और 'मुसद्दस' के सांस्कृतिक अध्ययन की प्रासंगिकता पर प्रकाश डालते हुए यह अपील की है कि आज भी इतने वर्ष बाद युग की समस्याएँ अपने नए वेश में मौजूद हैं, संघर्षमय युग उपस्थित हो चुका है, राष्ट्रीय और अन्तर्राष्ट्रीय स्तर पर स्वाधीनता, अधिकार, जाति, वर्ग, समाज, साहित्य और संस्कृतियों की नई-नई परिभाषाएँ गढ़ी जा रही हैं, मनुष्य अपने इतिहास और परम्परा को जानना-समझना चाहता है, "ऐसी पृष्ठभूमि में 'मुसद्दस' और 'भारत-भारती' का गम्भीर अध्ययन न केवल खड़ी बोली के नए साहित्यिक के लिए, बल्कि हिन्दी और उर्दू के साधारण पाठक के लिए भी सर्व-विशेषकर सांस्कृतिक दृष्टिकोण से, उपयोगी और महत्त्वपूर्ण।"[35]

'मुसद्दस' और 'भारत-भारती' का सांस्कृतिक अध्ययन कर शमशेर ने भारत में सांस्कृतिक समन्वय, हिन्दी-उर्दू और हिन्दू-मुस्लिम एकता और संवेदनशीलता को मजबूत करने की पहल की। इसी क्रम में शमशेर को एक ऐसा रचनाकार नजर आया जिसका पूरा का पूरा व्यक्तित्व और काव्य हमारे सांस्कृतिक समन्वय का प्रतीक बनकर हिन्दी साहित्य के इतिहास में उभरा था। यह रचनाकार और प्रतिभाशाली व्यक्तित्व रहीम के नाम से जाना जाता है। इतिहास गवाह है कि रहीम का रचनाकाल मुगल शासन के बीच का है, लेकिन रहीम की रचनाएँ हमें हिन्दी में प्राप्त होती हैं। यहाँ फिर से उन धर्म के ठेकेदारों को रहीम का उदाहरण पेश किया जा सकता है जो हिन्दी को हिन्दू धर्म और उर्दू को इस्लाम धर्म की बपौती बताते हैं। शमशेर के मत में इन लोगों में इतिहासबोध की कमी है जो इन दोनों भाषाओं को बाँटकर देखते हैं। रहीम भारत की सामासिक संस्कृति के एक प्रतीक रूप में शमशेर को अपील करते हैं। वे भारत की संस्कृति की गहराई और गम्भीरता को रेखांकित करते हुए रहीम तक पहुँचते हैं। लिखा है, "देश की संस्कृति का आज बहुत नाम लिया जाता है। उसका जीवन्त रूप क्या है? उसका रूप यदि विशद और महान है। यदि उसमें सैकड़ों

शताब्दियों की गहराई और गम्भीरता और जीवन है तो उसे हम इतिहास का सहारा लिए बिना कैसे समझ सकते हैं? संस्कृति अन्धे की लकड़ी नहीं कि जिसे लिए-लिए लोग सर्वत्र घूमें—बिना जाने क्या उसकी परिभाषा इतनी सहज है? वह तो कल्पतरु है। जिसकी शाखाओं की शाखाएँ—हम आप—आज जीवित हैं। उसकी छाँह में बैठकर ही कहीं एक जगह से हम उस पूरे का रूप नहीं देख सकते, न पा सकते हैं, न समझ सकते हैं? चार सौ साल हुए इसी कल्पतरु की एक शाखा पर एक पंछी आकर बैठ गया था। उसकी मीठी बोली हम आज भी सुन रहे हैं। उसका नाम रहीम था।''[36]

दरअसल, अपने आरम्भिक राजनीतिक जीवन में बेहद क्रूर, किन्तु बाद के जीवन में अकबर की उदारता इतिहास की एक मूल्यवान चीज है। मुगल शासक होते हुए उसने जितनी भारतीय संस्कृति की प्रतिष्ठा की उतना कोई नहीं कर सका। बकौल शमशेर रहीम अकबर महान की देन हैं। रहीम अरबी, फारसी, तुर्की, संस्कृत, ब्रजभाषा और अवधी आदि भाषाओं और बोलियों के जानकार थे। लेकिन शमशेर को लगता है कि ''सबसे बढ़कर वह थे एक इनसान। ऐसे इनसान जिनके लिए ग़ालिब ने कहा है कि 'आदमी को मयस्सर नहीं इंसाँ होना।' उस युग के सन्त तुलसीदास के ये परम मित्र थे। यह इनकी इनसानियत का सबसे बड़ा सबूत है। यद्यपि सबसे बड़ा प्रमाण स्वयं इनका काव्य है।''[37] शमशेर ने इस छोटे-से लेख में उनके काव्य की कुछ महत्त्वपूर्ण विशेषताओं, उनके काव्य और व्यक्तित्व की प्रभावशालीनता और उनकी लोकप्रियता को रेखांकित करते हुए कहा है कि ''हमारी परम्परा हमारी विचारधारा और संस्कारों में जो व्यक्ति इतना डूबा हुआ हो और साथ ही अपनी ओर से उस संस्कृति में योग दे रहा हो वह 400 साल बाद आज भी हृदय में बसा हुआ है और आगे भी हमारा कंठहार रहेगा।''[38] शमशेर इस कवि पर इतना मुग्ध हैं तो उसका कारण है, क्योंकि रहीम भारतीय संस्कृति के पोषक रहे हैं। वह और उनका काव्य भारतीय संस्कृति की मूल प्रकृति में स्वर में स्वर मिलाकर उसको मजबूती प्रदान करता है। जाति के मुसलमान होते हुए भी उनमें धर्म को लेकर लेश मात्र भी दुराग्रह नहीं है। रहीम सच्चे अर्थों में हमारे सांस्कृतिक समन्वय के प्रतीकचिह्न हैं। शमशेर की ऐसी धारणा रहीम को बहुत ऊँचा स्थान देती है जिसके वे अधिकारी भी हैं। यद्यपि किसी विशेष काव्यधारा से जुड़े न होने के कारण बहुत कम आलोचकों ने उन पर अपनी कलम चलाने का प्रयास किया है। लेकिन शमशेर के आलोचक को ऐसा ही रचनाकार अपील करता है जो किसी आलोचक का मोहताज न हो।

शमशेर ने भारतीय साहित्य की परम्परा में ग़ालिब का भी मूल्यांकन किया है। यद्यपि ग़ालिब पर शमशेर का आलोचनात्मक लेख आकार में बेहद छोटा है, लेकिन ग़ालिब के काव्य और व्यक्तित्व का दिलचस्प विश्लेषण इसके फलक को व्यापक बना देता है। ग़ालिब को अपनी आलोचना का विषय बनाने वाले हिन्दी के आलोचकों में शमशेर शायद पहले आलोचक हैं। लेकिन अपने पहले प्रयास में ही उन्होंने ग़ालिब

को उनकी समकालीनता में समझने-समझाने का उपक्रम किया है। साथ ही ग़ालिब के तत्कालीन रचनाकारों की अपेक्षा उनके काव्य और व्यक्तित्व का वैशिष्ट्य किस प्रकार उन सबसे अलग और विशेष दर्जा ग़ालिब को प्रदान करता है, शमशेर ने इसकी भी पड़ताल की है। उन्हें लगता है कि "ग़ालिब खुद एक बड़ा हीरो है अपनी व्यापकता के केन्द्र में, जो कि स्पष्ट एक आधुनिक चीज है। व्यक्ति का निर्बाध अपनापन। हर बात में अपने व्यक्तित्व को, अपने निजी दृष्टिकोण को सामने रखना। मैं खुद किस पहलू से सोचता हूँ, किस ढंग से महसूस करता हूँ, यह उसके लिए महत्त्व की बात है।"[39] ग़ालिब का निजी स्वर और सबसे निराला अन्दाज उनके व्यक्तित्व की विशेषता है और यही व्यक्तित्व उनके सम्पूर्ण लेखन में परिव्याप्त है।

शमशेर इस व्यक्तित्व के कायल हैं। उन्होंने ग़ालिब का एक शेर, जो निराला को बेहद प्रिय था, को उद्धृत करते हुए इस मौजूँ रचनाकार के दृष्टिकोण और जवाँमर्दी को रेखांकित किया है—"हर बात की तह में जाने की—अपने विशिष्ट तौर पर उसका मर्म समझने की—उसकी कोशिश सर्वत्र प्रकट है। उसकी मुसीबतें, उनका संघर्ष, जिसको यह कभी छिपाता नहीं...उसके शब्दों में हू-ब-हू आधुनिक-सा लगता है। अजब बात है। उसमें आज के आधुनिक साहित्यकार की-सी पूरी तड़प और वेदना के बीच, एक तटस्थ यथार्थवादी दृष्टि है। उसका यथार्थवाद निर्मम है। मुक्तिबोध और निराला, अपने भिन्न संस्कारों के अस्त-व्यस्त परिवेश में, उसको कुछ-न-कुछ प्रतिबिम्बित करते हैं। निराला का यह प्रिय शेर था :

रगों में दौड़ते फिरने के हम नहीं काइल
जब आँख ही से न टपका तो फिर लहू क्या है।[39]

क्या ताज्जुब है जो उसके युग ने उसको नहीं पहचाना।"[40] जाहिर है शमशेर को ग़ालिब अपने समकालीन और आधुनिक रचनाकार लगते हैं, क्योंकि उनके काव्य और व्यक्तित्व में आज की तड़प और बेचैनी है।

ग़ालिब के काव्य-शिल्प पर शमशेर को उनके पूर्वजों का प्रभाव दिखता है। लेकिन यह कवि उस शिल्प को निजता की कसौटी पर कसता है। उसे कलात्मक विशेषताओं से लैश करता है और फिर अपने एक खास तेवर के साथ पाठकों को पेश करता है। फिर वह शिल्प अपने पूर्वजों, उस्तादों का नहीं उसका अपना हो जाता है। शमशेर लिखते हैं कि "जो शख्स एक अर्से से अंग्रेजी अमलदारी और कानून-व्यवस्था और नीतियों को निकट से और विचारपूर्ण दृष्टि से देखता आ रहा हो, जो कलकत्ते के वातावरण को भी खासी-अच्छी तरह सूँघ आया हो, वह जीविका के लिए मुगल दरबार से बँधा रहकर भी, अपनी चेतना में पिछले युग से कभी जुड़ा हुआ नहीं रह सकता। इस अर्थ में ग़ालिब अपने युग में अकेला था।"[41] शमशेर को यह शख्स अपने युग में अकेला लगता है, क्योंकि वह अपनी काव्य-रचना रीतिकालीन परिपाटी में आश्रयदाताओं की प्रशस्ति और वाहवाही पाने के लिए नहीं करता, "बल्कि

अपनी प्रतिभा का ओज, काव्यकला पर अपना पूर्ण अधिकार, अर्थात्, कसीदे की विधा का सांगोपांग पूर्ण स्वरूप प्रस्तुत करना—अपने समकालीनों को दिखाना : यह होता था उसका काव्यात्मक उद्देश्य।''[42] शमशेर ने ग़ालिब में अपने समकालीनों के प्रति स्पर्धा का भाव देखा है और स्पर्धा कला को और निखारती है। ग़ालिब का कवि अपनी बात कहता है, अपना लोहा मनवाने के लिए अपने समकालीनों में फोर्स के साथ अपने को प्रस्तुत करता है।

शमशेर को लगता है कि ''शायद एक चीज जो स्थायी है वह कला है—और वह है ग़ालिब के लिए ग़ालिब की अपनी कला। इस कला के मर्म में स्थित कवि पूर्णतया आश्वस्त निर्द्वन्द्व और अमर-सा दिखता है। कम से कम स्वयं को, अपनी दृष्टि में।...और बहुत बाद में हमको भी वह वैसा ही दिखता है।''[43] ग़ालिब की कला का उत्तराधिकारी किसी को नहीं बनाया जा सकता, क्योंकि वह उसकी अपनी कला है, अपने निराले अन्दाज में सादगी और पुरकारी के साथ। इस कला को लेकर वह अकेला खड़ा है अपने युग में। और आज भी। शमशेर को लगता है कि ''ग़ालिब की दिलचस्पी किसी भी प्रकार के आदर्शवाद में नहीं थी। थी तो केवल इनसान में। उसके विडम्बनापूर्ण मगर हौसलेमन्द जीवन्त नाटक में। और इसलिए कि आदमी को भी मयस्सर नहीं इंसाँ होना। वह स्वयं कितना बड़ा इनसान था, हाली के मार्मिक शब्द इसकी पुष्टि करते हैं।''[44] यह कवि जितना बड़ा इनसान था, उससे व्यापक उसका दायरा था। उसमें इनसानों के लिए जगह थी, उसके दिल में इनसानों का दर्द था। धर्म के आधार पर खुद को और समाज को बाँटकर देखने वाले हैवानों के लिए वहाँ कोई जगह नहीं थी। शमशेर को अफसोस इस बात का है कि आज उसी ग़ालिब के लिए हिन्दी में एक अलग खाना है और उर्दू में एक अलग। लेकिन सुकून इस बात की है कि आज शायद ही ऐसा कोई इनसान मिले जिसे तुलसी, सूर, कबीर, रहीम आदि के साथ ग़ालिब की कुछ पंक्तियाँ याद न हों।

ग़ालिब के अन्दर अपनी कला और प्रतिभा को लेकर जो नाज और आत्मसम्मान का भाव भरा था, उसके पीछे उसके आत्मविश्वास की मजबूत और धारदार तलवार थी, जिसे लेकर वह कोई भी किला फतह कर सकता था। शमशेर का आलोचक इसको पहचान लेता है। तभी वह लिखते हैं कि ''अपनी कला पर ग़ालिब को कितना दृढ़ विश्वास है। अपने सर्वोपरि होने से उसे किंचित् भी सन्देह नहीं। देखिए, उसका सेहरा देखिए। उसकी फारसी गजल, जिसमें उसने भविष्यवाणी की है कि आगामी युगों में ही उसकी सही पहचान हो सकेगी, हालाँकि तब बहुत से मूर्ख भी उसको समझने-समझाने का दावा करेंगे। अपने समकालीन विद्वान् मौलाना आजुर्दा को वह तमककर कहता है—अगलों के गुणगान करते तुम नहीं थकते, मगर तुम्हारी आँखों के सामने जो महाकवि बैठा अपनी अमर रचना सुना रहा है, उसको पहचानने की शक्ति नहीं रखते, कितने आश्चर्य की बात है।''[45] आत्मविश्वास से परिपूर्ण

जवाँमर्दी का दावा करने वाला यह कवि शमशेर को बहुत अपील करता है। वे इस कवि के लिए हिन्दी की सभी बहसों को कुर्बान कर सकते हैं। एक साक्षात्कार में शमशेर ने ग़ालिब के अन्दाजेबयाँ और महत्त्व को रेखांकित करते हुए कहा है कि "गजल में ग़ालिब किसी भी मौके पर याद आ जाते हैं। मेरे दोस्त के समान हैं। 'फ्री इन लाइफ'। हिन्दी की सारी बहसें एक तरफ और ग़ालिब एक तरफ। दरअसल, ग़ालिब जीवन के अन्दर तक धँसे हैं। समस्या को देखने की खास नजर और उसको रखने का अनूठा ढंग ग़ालिब की महत्ता का कारण है।"[46] शमशेर का आलोचक मन ग़ालिब के इस खास नजर और अनूठे ढंग का दीवाना है। शमशेर ही नहीं आज की सारी अवाम ग़ालिब की ही दीवानी है, चाहे वह हिन्दी की हो या उर्दू की।

शमशेर ने इक़बाल को भी भारतीय संस्कृति के पुरस्कर्त्ता के रूप में देखा है। 'इक़बाल की कविता' शीर्षक अपने आलोचनात्मक लेख में वे इक़बाल के कवि-व्यक्तित्व और काव्य के कई महत्त्वपूर्ण पहलुओं को, जैसे—दार्शनिक इक़बाल, इक़बाल और वतन, इक़बाल की काव्य-कला, प्रकृति-चित्रण आदि शीर्षकों के अन्तर्गत हमारे सामने प्रस्तुत करते हैं। इक़बाल के कवि को रेखांकित करते हुए वह लिखते हैं कि "उर्दू और फारसी की कविता के इतिहास में ग़ालिब के बाद हम इक़बाल के अतिरिक्त और कोई दूसरा प्रसिद्ध नाम नहीं ले सकते; और आधुनिक युग में भारत के रवीन्द्र और इक़बाल ही दो कवि हैं, जिनको संसार ने अपने महाकवियों में स्थान दिया है।"[47] इक़बाल के सन्दर्भ में ऐसी धारणा से शमशेर की अतिशयोक्तिपूर्ण व्यंजना का भाव सामने आता है, क्योंकि ग़ालिब और इक़बाल जैसे दो महत्त्वपूर्ण कवियों के अतिरिक्त उर्दू साहित्य के इतिहास ने अकबर इलाहाबादी, मीर, सौदा, नजीर और हिन्दी साहित्य के इतिहास ने निराला, प्रसाद आदि न जाने कितने महत्त्वपूर्ण कवियों को दिया है। हिन्दी और उर्दू साहित्य का गगन मंडल ऐसे अनेक महत्त्वपूर्ण कवियों से जगमगाता रहा है। ऐसे में शमशेर की यह धारणा कि दो ही महत्त्वपूर्ण कवि हैं—एक अतिशयोक्तिपूर्ण प्रयोग लगता है। लेकिन शमशेर को अपनी इस गुस्ताखी का एहसास भी है, क्योंकि उनका मानना है कि कभी-कभी संसार की कुछ महा विभूतियों के लिए हमें अतिशयोक्ति का प्रयोग करना पड़ता है। क्योंकि "जीवन की गतिविधि को मोड़ते, देश की संस्कृति को अधिक परिष्कृत और माधुर्यपूर्ण करने, मनुष्य के वर्तमान को अधिक मूल्यवान बनाने, उसके भविष्य को अनन्त ज्योति की सत्ता से अधिक सजीव करने का पुण्य-श्रेय इन्हीं आत्माओं को प्राप्त होता है।"[48] यह अलग बात है कि अपने भावुक स्वभाव के कारण शमशेर इन आत्माओं की सूची बनाते वक्त चूक जाते हैं और उनकी यह सूची रवीन्द्रनाथ टैगोर और इकबाल तक संकुचित हो जाती है।

इक़बाल वही कवि हैं जिन्होंने राष्ट्रप्रेम से अभिभूत होकर 'सारे जहाँ से अच्छा हिन्दोस्ताँ हमारा' जैसा राष्ट्र गीत लिखा है जिसे भारत की अवाम आज भी अपने

सरआँखों पर रखती है। यह वही कवि है जिसमें आरम्भ से ही राष्ट्र प्रेम की जवानी की अँगड़ाइयाँ हिलोरें मार रही थीं, जिसने देश की सभी जातियों को प्रेम के एक सूत्र में बाँधने को ही अपने जीवन का लक्ष्य बना लिया था। वह धर्म के आधार पर हिन्दू-मुस्लिम से नहीं, बल्कि इनसानों से प्यार करता था। लेकिन संयुक्त भारत की यह बहुत बड़ी त्रासदी है कि आगे चलकर बाद में यह व्यक्ति देश-विभाजन का सूत्रधार बना। यह इक़बाल के व्यक्तित्व पर सबसे बड़ा धब्बा है। यही कारण है कि इक़बाल भारत के सर्वाधिक विवादास्पद चरित्र रहे हैं। लेकिन महज यह अनुमान लगाया जा सकता है कि शमशेर का आलोचक उस राष्ट्रभक्त और प्रेमी कवि इक़बाल में अपनी दिलचस्पी रखता है, इस विवादास्पद चरित्र और राजनीतिक इक़बाल में नहीं। यही कारण है कि शमशेर दार्शनिक इक़बाल पर बात करते हुए लिखते हैं कि "मनुष्य का जीवन कितना विवश है; उसे सँभालने, उसे आशा की सांत्वना से शान्त, सशक्त और मंगलमय करने की कितनी आवश्यकता है, यह युग-प्रवर्तक कवियों की वाणी के स्वर और कम्पन, उनकी विह्वल आशाओं, उनके प्राणों की असह्य वेदना से ही कुछ-कुछ हम जान सकते हैं।"[49] शमशेर को लगता है कि यह युग-प्रवर्तक कवि इक़बाल ही हैं जिनके अन्दर मानव जीवन को सुखी बनाने की उत्कट आकांक्षा है। उनकी वाणी इसी का उपक्रम करती है।

शमशेर इक़बाल के इस राष्ट्र भक्ति और देश के सभी जातियों से प्रेम की भावना को पाठक के सामने रखने के लिए उनकी आरम्भिक कविता की कुछ पंक्तियाँ उद्धृत करते हैं जिसमें इक़बाल एक-एक मनुष्य के हृदय में प्रेम का प्रकाश जलाकर विश्व का अँधियारा दूर करना चाहते हैं। उद्धृत पंक्तियाँ हैं—

जलाना है मुझे हर शमए-दिल को सोजे-पिन्हाँ से,
तेरी जुलमत में रौशन चिरागाँ कर के छोड़ूँगा।[50]

शमशेर को लगता है कि इन पंक्तियों के रचयिता कवि की "आँखों में देश की स्वतंत्रता का स्वप्न था और हृदय में स्वदेश-प्रेम का दर्द। नवयुवक कवि को अपनी उच्चाकांक्षा और कल्पना के विहार के लिए एक क्षेत्र मिल गया था। अपनी वाणी के द्वारा देश की सब जातियों को 'प्रेम के एक सूत्र में बाँधना' ही कवि ने अपना लक्ष्य बनाया—

पिरोना एक ही तस्वीह के इन बिखरे दानों को—
जो मुश्किल है तो इस मुश्किल को आसाँ कर के छोड़ूँगा

इस प्रेम-सूत्र के द्वारा अपनी निहित शक्तियों को जानने और बाह्यज्ञान प्राप्त करने के लिए कवि विकल है। वह विश्व की एकता का मनुष्य और प्रकृति में, जड़ और चेतन में, सब में प्रत्यक्ष अनुभव करना चाहता है।"[51]

इक़बाल के इस स्वभाव और व्यक्तित्व पर शमशेर इतने मुग्ध हैं कि उनकी कविता की पंक्तियों की अच्छी-खासी झड़ी लगा देते हैं। इसी दौरान वे इनकी कविता

'तस्वीरे-ए-दर्द' तक पहुँचते हैं तब उन्हें लगता है कि ''नवयुवक इक़बाल की इस बेताली, जोश और तड़प से हम पहले-पहल 'तस्वीरे-ए-दर्द' में प्रभावित होते हैं। कवि के स्वदेश-प्रेम, मानसिक तथा आध्यात्मिक स्वतंत्रता के लिए उसकी महत्त्वाकांक्षा और उसकी ओर प्रेरणा, एकता और प्रेम की अद्‌भुत विश्व-विजयिनी शक्ति और चमत्कार—इन सबका सुन्दर दिग्दर्शन इसमें होता है। और फिर कैसी—प्रवाहमय, ओजपूर्ण भाषा में प्रबल कल्पना द्वारा इस भाव-शृंखला का पोषण हुआ है।''[52] लेकिन हम देखते हैं कि डॉ. रामविलास शर्मा को शमशेर द्वारा इक़बाल का यह विश्लेषण गवारा नहीं है। वे इस मूल्यांकन पर आपत्ति जाहिर करते हैं। डॉ. शर्मा की धारणा है कि यदि इक़बाल का स्वदेश-प्रेम, राष्ट्रभक्ति और देश की सभी जातियों को एक सूत्र में बाँधने का प्रेम इतना ही परवान चढ़ा था, तो उन्होंने धर्म के आधार पर देश के विभाजन की माँग क्यों की? 'अच्छे गद्य की पहचान' शीर्षक निबन्ध में हाली के प्रसंग में वे अपनी बात रखते हुए कहते हैं कि ''हाली मुसलमानों की उन्नति चाहते थे लेक्नि मुसलमानों का अलग राज्य बनाने का प्रचार उन्होंने नहीं किया था। इक़बाल ने राष्ट्रीय एकता की जमीन छोड़कर साम्प्रदायिक संकीर्णता का रास्ता अपनाया था। इस परिवर्तन के बारे में शमशेर ने क्या मत प्रकट किया है?''[53] गौरतलब है कि इकवाल के सन्दर्भ में यह सवाल आज तक अनुत्तरित ही है।

आगे डॉ. शर्मा ने शमशेर की वे पंक्तियाँ उद्‌धृत की हैं जिसमें शमशेर इस कड़वे सच से बचकर निकलना चाहते हैं। इक़बाल के व्यक्तित्व और मानसिकता में अचानक आए बदलाव के कारण उस समय उन्हें काफी विरोधों और आक्षेपों का सामना करना पड़ा था। शमशेर इस सन्दर्भ में यह सफाई देते हुए दिखते हैं कि ''अस्तु, देश-प्रेम के लोकप्रिय तरानों का स्थान इक़बाल की बाद की कविता में इस्लाम-धर्म से अभिभावित एक अधिक व्यापक प्रकार के आदर्शवाद ने ले लिया, जिसमें इस्लामी दुनिया का सांस्कृतिक और धार्मिक संगठन का भाव अत्यधिक महत्त्वपूर्ण हो गया है। वास्तव में स्वदेश-प्रेम से ऊपर उठकर इक़बाल ने अपने धर्मानुयायियों को जिस आदर्श की ओर प्रेरित किया है उसे हम अनुदार कदापि नहीं कह सकते, यद्यपि कुछ पाठकों का इसके बारे में हमसे भिन्न मत है, क्योंकि इक़बाल के 'मुस्लिम' की व्याख्या करने पर हम उसे संसार-समाज का एक आदर्श व्यक्ति पाते हैं।''[54] दरअसल, यहाँ पर हम यदि शमशेर के स्वर-में स्वर मिलाकर आगे बढ़ जाएँ तो संयुक्त भारत की पूरी अवाम के साथ नाइंसाफी होगी। यहाँ पर कई सारे सवाल खड़े होते हैं, वह यह कि वह कौन-सा व्यापक आदर्शवाद है जो देश-प्रेम और देश की सभी जातियों के प्रति इक़बाल के आरम्भिक अगाध प्रेम को बौना बना देता है? संयुक्त भारत के अवाम को इक़बाल से बहुत उम्मीदें थीं, वह उनसे ऊर्जा ग्रहण करती थी। फिर क्या कारण रहा कि हिन्दोस्ताँ को सारे जहाँ से अच्छा कहने वाला कवि धर्म के नाम पर केवल इस्लामी दुनिया के सांस्कृतिक और धार्मिक संगठन का मुखिया और उद्धारक

बनने पर उतारू हो गया। गुस्ताखी कर यदि कहा जाए तो यह एक व्यापक प्रकार का आदर्शवाद नहीं, बल्कि एक धर्म विशेष के नाम पर संकीर्ण आदर्शवाद था। राष्ट्रीय आन्दोलन के चरमोत्कर्ष के माहौल में इक़बाल ने तब यह रुख अख्तियार किया जब हिन्दू, मुस्लिम और देश की सारी जनता साम्राज्यवादी शक्तियों से मुक्ति पाने के लिए जी-जान से संघर्षरत थी। संयुक्त भारत के सम्पूर्ण अवाम की आँखों में वही सपना सच होने वाला था जिसे इक़बाल ने 'सारे जहाँ से अच्छा हिन्दोस्ताँ हमारा' कहकर दिखाया था। देश की सभी जातियों को 'प्रेम के एक सूत्र में बाँधने' का सपना दिखाया था। ऐसे में इस सपने को तोड़कर, स्वदेश-प्रेम से ऊपर उठकर किसी धर्म विशेष के अनुयायियों को आदर्श की ओर प्रेरित करने की इक़बाल की इस पहल को हम अनुदार नहीं तो उदार भी नहीं कह सकते।

जाहिर है डॉ. रामविलास शर्मा के जेहन में भी शमशेर द्वारा इक़बाल की ऐसी व्याख्या से कई सवालों का सिलसिला चल रहा होगा। यही कारण है कि अपने लेख में डॉ. शर्मा ने एक बार फिर वही सवाल दोहराया कि इक़बाल यदि समाज-संसार के आदर्श व्यक्ति हैं तो फिर उन्होंने पाकिस्तान को अलग राज्य बनाने की बात कैसे सोची? डॉ. शर्मा इसके तहों तक जाने की कोशिश करते हैं तब उन्हें लगता है कि "इक़बाल ने जो कविताएँ फासिस्टवाद के अभ्युदय के बाद लिखी, उन पर फासिस्ट विचारधारा का असर काफी है। भारत की परिस्थितियों में इस फासिस्ट विचारधारा ने घोर साम्प्रदायिक संकीर्णता का रूप लिया और यह संकीर्णता साम्राज्यवाद की जिस हद तक सहायक थी, यह देश के बँटवारे से साबित हो गया। उर्दू में बहुत से राष्ट्रवादी और प्रगतिशील मुसलमान लेखकों ने इक़बाल की साम्प्रदायिक संकीर्णता की कड़ी आलोचना की। शमशेर ने जिन कुछ पाठकों से मतभेद की बात कही है, वे ऐसे ही लोग हैं।"[55] आगे की पंक्तियों में डॉ. शर्मा अपनी उसी स्थापना को दुहराते हैं, जो उन्होंने इसी लेख में हिन्दू-मुस्लिम संस्कृति को अलग-अलग समझने वाले हिन्दी-उर्दू के प्रगतिशील लेखकों और कम्यूनिस्ट विचारधारा के सन्दर्भ में दी थी। वे लिखते हैं कि "इक़बाल के सम्बन्ध में शमशेर का मत मेरी इस स्थापना को पुष्ट करता है कि सन् '48 से पहले अनेक प्रगतिवादियों में ऐसी विचारधारा प्रचलित थी जो सामान्य राष्ट्रीय और जनतांत्रिक विचारधारा को देखते हुए भी अवैज्ञानिक और प्रतिक्रियावादी थी, मार्क्सवाद से तो वह कोसों दूर थी ही। उस विचारधारा का पूरी तरह मूलोच्छेद आज भी नहीं हुआ है।"[56]

इक़बाल पर बात करते वक्त शमशेर की मान्यताओं और अन्य आलोचकों की मान्यताओं और इस विवाद-विचार-विमर्श से गुजरना और मुठभेड़ करना लाजिमी है। लेकिन शमशेर द्वारा इक़बाल की आलोचना के सन्दर्भ में हमें फिर वही बात दुहरानी पड़ेगी कि शमशेर के आलोचक को इक़बाल के कवि और उसकी काव्य साधना में दिलचस्पी अधिक है, इक़बाल के राजनीतिक व्यक्तित्व में नहीं। यही

कारण है कि उन्होंने इक़बाल के काव्य-कला की बारीकियों, विशिष्ट पहलुओं पर विस्तार से बातचीत की है। उर्दू कविता के इतिहास में इक़बाल एक फोर्स के साथ आए थे। उनको भाषा की गहरी समझ थी। उनके काव्य-विकास में एक अप्रत्याशित गति का संचार है। कविता को कब, कहाँ और कैसे जाना है, स्थिर और बंजर हृदय में कैसे प्राणवायु का संचार करना है, इसकी गहरी समझ इक़बाल के कवि में मौजूद थी। यही कारण है कि शमशेर ने उनकी कविता के बारे में लिखा है—"इक़बाल की कविता में वह शक्ति है जो मुर्दा दिलों में जान डाल देती है; बुझे-हुए सर्द हृदय को गरमाकर मन को कर्म की प्रबल प्रेरणा से अस्थिर कर देती है। जीवन को अपनी सत्ता का आभास देकर आत्मविश्वास के विजयोल्लास से भर देती है।"[57] इस कवि के काव्य की यही शक्ति शमशेर को उस पर बात करने को मजबूर करती है।

यद्यपि शमशेर ने इक़बाल की कविता के आधार पर उनके दार्शनिक रूप, प्रकृति प्रेमी, स्वदेश-प्रेम आदि को विशेष रूप में प्रकाशित किया है, लेकिन इक़बाल की कविता में मौजूद इन विशेषताओं के रेखांकन के साथ ही निरपेक्ष भाव से उनकी सीमा और शक्ति को भी उजागर किया है। उनको लगता है कि यह दार्शनिक कवि अपने स्वभाववश अपने काव्य में ज्यादा उपदेशात्मक हो गया है, जिसके कारण उसके काव्य में भावों की पूर्ण अभिव्यक्ति नहीं हो पाती है। शमशेर लिखते हैं कि "वास्तव में इक़बाल की गम्भीर विचारधारा में हास्य-रस के सहकारी भाव का एकदम अभाव है। इसका पुट इक़बाल के वास्तविक गुरु ग़ालिब की रचनाओं में हमें अकसर मिलता है। इस रसाभाव के कारण, यद्यपि यहाँ यह ध्यान में आता है कि यह अभाव इक़बाल के यहाँ इतना कभी नहीं खटकता जितना साधारण तथा मिल्टन की रचनाओं में—इस रसाभाव के कारण मनुष्य का साधारण गार्हस्थ्य जीवन उनकी काव्य-दृष्टि को आकृष्ट नहीं करता। उनकी अहंमन्य आशावादिता हमें ब्राऊनिंग की याद दिलाती है। अन्तर यह है कि भारतीय कवि को मनोवैज्ञानिक समस्याओं में दिलचस्पी नहीं है, उसका क्षेत्र एकदम दार्शनिक है। वह धार्मिक, सामाजिक और राजनीतिक समस्याओं की व्याख्या अकसर करता है, लेकिन एक दार्शनिक की दृष्टि से।"[58] लेकिन इस सीमा के बावजूद शमशेर को लगता है कि "इक़बाल का प्रकृति-चित्रण तो एक स्वतंत्र लेख का विषय है। इसमें जहाँ एक ओर आकार, रूप और स्वभाव के गहरे निरीक्षण का पता चलता है, वहाँ यह भी ज्ञात होता है कि उनसे उत्पन्न 'मूड' के ठीक-ठीक प्रतिबिम्ब उन्होंने कितनी सफलतापूर्वक उतारे हैं।"[59] अपनी बात की पुष्टि के लिए शमशेर इक़बाल की 'एक आरजू', 'कनोर-रावी', 'एकशाम-दरियाए-नेकर के किनारे पर' आदि कविताओं का हवाला देते हैं। शमशेर का आलोचक इक़बाल के प्रति पूरे लेख में औरों की तरह एकदम निर्मम नहीं है, तो इसका कारण इक़बाल की कलात्मक विशेषताएँ और गम्भीर विचारधारा है। केवल एक कमी की वजह से किसी रचनाकार के काव्य की सम्पूर्ण आभामंडल

को खारिज नहीं किया जा सकता। शमशेर की आलोचना-दृष्टि इस बात को महसूस करती है। यही कारण है कि इक़बाल पर लगे तमाम आक्षेपों को नजरअन्दाज करते हुए शमशेर सम्पूर्णता में उनके वैशिष्ट्य को रेखांकित करते हैं।

हिन्दी साहित्य की परम्परा के दो स्वच्छन्दतावादी कवियों सुभद्राकुमारी चौहान और हरिवंशराय बच्चन पर शमशेर ने आलोचनात्मक-चिन्तन किया है। इन दोनों ही कवियों से शमशेर व्यक्तिगत रूप से भी परिचित थे। शमशेर ने इन दोनों कवियों पर दो-दो स्वतंत्र आलोचनात्मक लेख लिखे हैं। सुभद्राकुमारी चौहान पर पहला महत्त्वपूर्ण आलोचनात्मक लेख 'राष्ट्रीय वसन्त की प्रथम कोकिला' शीर्षक से सबसे पहले मार्च, 1948 में 'हंस' में प्रकाशित हुआ जिसे आगे चलकर 'दोआब' में शामिल किया गया। दूसरा महत्त्वपूर्ण लेख 'सुभद्राकुमारी चौहान : एक अध्ययन' शीर्षक से 'कुछ और गद्य रचनाएँ' में संकलित किया गया है। इसी प्रकार बच्चन पर दो महत्त्वपूर्ण लेख क्रमशः 'सतरंगिनी' और 'अपनी रोटी, अपना राज' शीर्षक से 'दोआब' में संकलित हैं। सबसे पहले हम सुभद्राकुमारी चौहान पर शमशेर की राय जानने की कोशिश करेंगे।

'राष्ट्रीय वसन्त की प्रथम कोकिला' शीर्षक निबन्ध शमशेर ने सुभद्रा जी के आकस्मिक मृत्यु के तुरन्त बाद लिखा था। आजादी की चाँदनी रात में दैव ने अचानक आँसुओं की बरसात कर दी थी। इस बरसात ने हमारे बीच से दो महत्त्वपूर्ण व्यक्तियों को हमसे छीन लिया था। आजादी मिलने के बाद गांधी जी की शर्मनाक हत्या के लगभग तीसरे-चौथे दिन एक सड़क दुर्घटना में सुभद्राकुमारी चौहान की मृत्यु हो गई। देश-विभाजन के कारण साम्प्रदायिक दंगों की त्रासदी में खून की चादर में लिपटी आजादी की मैली शाम और ऊपर से महात्मा गांधी और सुभद्रा जी की ऐसी आकस्मिक मृत्यु ने शमशेर के भावुक मन को अन्दर से झकझोर कर रख दिया। देश-विभाजन की त्रासदी का दंश और इन घटनाओं से शमशेर का हृदय व्यथित हो गया। अपनी इस व्यथा को लेख के आरम्भ में ही अभिव्यक्ति करते हुए शमशेर ने लिखा, "आजादी की पहली किश्त में यह हमारी पहली बहार थी; अगर्चे खून और काँटों से लिपटी हुई, मातमपोश। और उसमें एक आजाद तराने गाने वाला कवि था, जिसका बाना ही शुरू से शहीदों का था। और वह अपने पूज्य शहीद नायक के फूल विसर्जन करते ही, खुद भी उसके पीछे-पीछे एक खुशबू की तरह चला गया।"[60] जाहिर है यह कवि कोई और नहीं, बल्कि 'खूब लड़ी मर्दानी वह तो झाँसी वाली रानी थी' और 'वीरों का कैसा हो वसन्त' जैसी कविताएँ लिखने वाली सुभद्राकुमारी चौहान थीं। आजीवन अपने व्यक्तित्व और कृतित्व से आजाद भारत के तराने गाने वाली इस कवि को खो देना शमशेर के भावुक मन को बेहद दुखी कर दिया, लेकिन उन्होंने इससे लड़ा भी और इस कवि के व्यक्तित्व और कृतित्व से हिन्दी समाज को अवगत भी कराया। शमशेर ने अपने एक साक्षात्कार में कहा भी है कि "भावुक तो

में रहा हूँ और भावुकता से लड़ता भी रहा हूँ।''[61] इस प्रसंग में भी शमशेर के कवि और आलोचक, दोनों पर यह बात लागू होती है।

शमशेर ने आगे लिखा है, '' 'मुकुल' और 'त्रिधारा' के कवि और 'सभा के खेल' के कलाकार को मैं याद कर रहा हूँ। उनके किलोल करते हुए छन्दों—और उमड़ते-घुमड़ते और गरजते-तरजते हुए भाव—और मीठी उमंगों की चुटकियाँ—जीवन को आँकती ही नहीं हैं, दिलों की नब्ज ही नहीं टटोलतीं, बल्कि अन्दर से उस धधकते हुए संसार को उघाड़कर दिखाती हैं।''[62] शमशेर ने सुभद्रा जी की कविताओं में उनके समूचे व्यक्तित्व, उनके जीवन की सच्चाई, उतार-चढ़ाव, संघर्ष, उनकी राजनीतिक प्रतिबद्धता, उनके देश-प्रेम और हृदय की एक-एक गूँज को सुना है। और इन सब में इतनी सच्चाई और ईमानदारी है कि पाठक सहज ही उसमें अपना जीवन महसूस करने लगता है। शमशेर इस कारण का पता लगाते हैं कि हम इस कवि के दिल की एक-एक गूँज को अपनी पूँजी मान अपने मन में बसा लेते हैं—ऐसा क्यों है? तब उन्हें लगता है, ''क्योंकि इनमें छल नहीं है, बनावट नहीं है, दिखावा नहीं है, न प्रशंसा की माँग है। सिर्फ उमंग है, और दर्द है, एक गहरी संवेदना है, जिन्दगी का असली बाँकपन है। उसमें अगर कला है तो यही सब है। कला का तो मूल और सूद जो कुछ भी है, केवल उधार लिया गया है, अपनी और समाज की भरी-पूरी जिन्दगी से। वरना 'कला' उसमें नहीं है।''[63]

शमशेर सुभद्रा जी की कविताओं का विश्लेषण राष्ट्रीय स्वाधीनता आन्दोलन के इतिहास के परिप्रेक्ष्य में करते हैं। और सुभद्रा जी की कविताओं का मिजाज भी यही माँग करता है। इस इतिहास को उठाकर हम देखें तो जाहिर तौर पर एक बात सामने आती है कि स्वाधीनता आन्दोलन के नेताओं के सामने देश की सभी जातियों और वर्गों को एकजुट करना एक चुनौतीपूर्ण समस्या थी। लेकिन एक कवि के रूप में सुभद्रा जी ने अपनी कविताओं के माध्यम से इस समस्या को हल करने में महत्त्वपूर्ण भूमिका निभाई। यही कारण है कि शमशेर ने इन कविताओं की जिन्दगी सन् 1920 से 1930 के उन्मत्त राष्ट्रीय उठान से जोड़कर देखा है। वे लिखते हैं, ''सुभद्राकुमारी चौहान की कविताओं की वह भरी-पूरी जिन्दगी सन् '19-20 और सन् '30-31 के उन्मत्त राष्ट्रीय उठान की जिन्दगी है। उसके बाद की, या आज की नहीं। उसके बाद तो वह जिन्दगी के मिले-जुले सपने टूटते ही गए। वर्गों के समान हितों की लड़ाई का मिला-जुला आधार पक्का तो शुरू में भी कब था, सो वह आगे और भी कमजोर होता गया।''[64] इसी लेख में शमशेर ने आगे इस दस-ग्यारह वर्षों के बाद साहित्य की प्रवृत्तियों और पाठक वर्ग की अभिरुचियों में आए बदलावों और उसके कारणों की भी तलाश की है। उनको लगता है कि ''सन् '30 के बाद विशेष रूप से छाया, निराशा और अवसाद और अभाव की कविता हिन्दी में आई। महादेवी वर्मा, भगवतीचरण, नरेन्द्र आदि को लोग अधिक पढ़ने लगे; और 'एक भारतीय

आत्मा', 'नवीन' आदि के स्वर दब गए। एक बहुत आकर्षक और आत्म-विमोहक पलायन के रहस्यवादी गीत आगे दस बरस तक लिखे गए, जो पूर्ण रूप से एक विशेष श्रेणी का ही मनोरंजन कर सकने में समर्थ थे। मध्यवर्ग की आत्मकुंठा ने महादेवी, बच्चन, नरेन्द्र आदि को अपनाया। अधिक आत्मस्थ और संस्कृत रुचि के सीमित हलकों ने महादेवी के साथ पंत और निराला में अपनी 'मधुर-विधुर' भावनाओं का आन्तरिक कवि पाया।''[65] शमशेर का इशारा इस बात की तरफ है कि सन् '30-31 के बाद जिस अनुपात में राष्ट्रीय आन्दोलन की गति ने अपना रुख बदला, उसी अनुपात में साहित्य में भी परिवर्तन आ गया। लेकिन यह साहित्यिक परिवर्तन तत्कालीन समाज की अपेक्षाओं और स्वाधीनता आन्दोलन की प्रकृति के अनुरूप नहीं था जिसे लेकर सुभद्रा जी आगे बढ़ रही थीं। सन् '20-30 के बीच राजनीति और साहित्य जिस प्रकार जोश के साथ कदम से कदम मिलाकर चल रहे थे, अब वैसी स्थिति नहीं रही और साहित्य एक विशेष वर्ग (मध्यवर्ग) के साथ हो गया।

शमशेर को इस कारण के मूल में साम्राज्यवादी शक्तियों की कूटनीति नजर आई। उस समय राष्ट्रीय आन्दोलनों में गति भरने, भारतीय अवाम के सभी तबकों को समान रूप से उसमें सक्रिय करने के साथ ही उस आन्दोलन की पूरी तस्वीर प्रस्तुत करने में सुभद्राकुमारी चौहान, माखनलाल चतुर्वेदी, बालकृष्ण शर्मा 'नवीन' जैसे कवियों का साहित्य अपनी अहम भूमिका निभा रहा था। सत्याग्रह आन्दोलन के समय इस एकजुटता के कारण अपराजेयता की बँधी मुट्ठी प्रचंड शक्ति का वेग बन गई थी। लेकिन साम्राज्यवादी शक्तियों ने षड्यंत्र द्वारा इस मुट्ठी को खोल दिया। शमशेर इसकी पड़ताल करते हैं, तो उन्हें लगता है कि ''उस खिलाफत वाले पहले सत्याग्रह आन्दोलन में हमारे इतिहास और संस्कृति की सभी धाराएँ मिलकर एक प्रचंड शक्ति का वेग बन गई थीं। मगर वह, उस अपराजेयता की बँधी हुई मुट्ठी को साम्राज्यवाद की बेमिसाल कूटनीति ने किस तरह मसल-मसलकर धीरे-धीरे ढीला किया है—तब से आज तक का इतिहास यही है—उसको आज नेताओं की जख्मी उँगलियों की दुखती नसें और जोड़-बन्द ही जानते हैं—कलाई से पंजा जैसे अलग हो गया है, और उँगलियाँ आपस में नहीं मिलतीं। सब शक्तियाँ अलग-अलग; और कैसी अलग-अलग!''[66] गौरतलब है कि सुभद्रा जी के प्रसंग में भी शमशेर के आलोचक की चिन्ता उस सांस्कृतिक विघटन और हिन्दू-मुस्लिम एकता और संवेदनशीलता को लेकर ही है। भारतीय संस्कृति की सामासिक शक्ति और अखंडता को इन साम्राज्यवादी ताकतों और चन्द स्वार्थी व्यक्तियों ने किस प्रकार तोड़ा है, शमशेर सुभद्रा जी पर यह लेख लिखने से पहले महसूस कर रहे थे और इसका परिणाम भी उनके सामने देश-विभाजन की त्रासदी के रूप में मौजूद था। साहित्य पर बात करते वक्त शमशेर राजनीतिक उतार-चढ़ाव को बारीकी से महसूस करते चलते हैं। सुभद्रा जी पर बात करते हुए हिन्दू-मुस्लिम एकता और वैमनस्य के सन्दर्भ में वह

इसी राजनीतिक उतार-चढ़ाव को रेखांकित करते हैं। यही कारण है कि डॉ. रामविलास शर्मा ने शमशेर की इस क्षमता और शक्ति की प्रशंसा करते हुए लिखा है कि "शमशेर में बहुत बड़ी क्षमता इस बात की है कि वह राजनीतिक उतार-चढ़ाव को सीधी-सादी लेकिन समर्थ शैली में मूर्तिमान कर सकते हैं।"[67]

शमशेर का भावुक मन इस व्यथा से भी व्यथित है कि स्वतंत्र भारत के जिस सुनहले सपने को देखकर सुभद्रा जी ने आजादी के तराने गाए, देश की महिलाओं में पुरुषों के समान जूझने की शक्ति अपने साहित्य द्वारा विकसित की, देश के हर वर्ग को जोड़ने और एक करने में अपनी पूरी जिन्दगी कुर्बान कर दी, आज वह सपना कैसे चूर-चूर हो गया है। आज नैतिकता का पतन हो चुका है, हर ऊपरी तबका नीचे वालों को कुचलने पर तैयार है। सब एक-दूसरे पर हुकूमत करने और एक-दूसरे को दाँव पर लगाने को आतुर हैं। शमशेर लिखते हैं कि "आज जो वातावरण हमारे चारों तरफ है, उसे नैतिकता का पतझड़ कहिए, चाहे नागरिक सत्ता का शिविर। घोर पाखंड की झंझाओं से झकझोरा हुआ जीवन है। हर तरफ ऊपरी तबका नीचे वालों की गर्दन पर सवार है, और अपने पूँजी के हित उस पर ढोकर, उसे पसलियों के बल चलाना चाहता है। हुकूमत, व्यापार, नौकरी और धन्धा—सब दाँव पर लगा हुआ है। बाहर वालों का भी, और घरवालों का भी। बल्कि मिलकर।"[68]

शमशेर ने सुभद्राकुमारी चौहान की कविताओं का विश्लेषण कर उनके साहित्य को सजीव अनुभूति के रूप में महसूस किया है। सुभद्रा जी की भाषा, उनके छन्दों और उसमें निहित भावों को लय के साथ दिलचस्प तरीके से हमारे सामने रखा है जिसे पढ़ने के बाद हमें सुभद्रा जी की शिल्पगत और भावपूर्ण अभिव्यक्तियों का पता तो चलता ही है, साथ ही शमशेर के आलोचक मन की एक अतिरिक्त विशेषता से भी हम परिचित होते चलते हैं। डॉ. रामविलास शर्मा ने शमशेर की इस विशिष्टता और आलोचनात्मक नजरिए की प्रशंसा करते हुए लिखा है कि "शमशेर के लिए साहित्य का अध्ययन एक सजीव अनुभूति है और उस अनुभूति का प्रतिबिम्ब वह पाठक के मन में गद्य के द्वारा वैसे ही उतारना चाहते हैं जैसे अपनी किसी प्रेम या सौन्दर्य की अनुभूति का प्रतिबिम्ब—गद्य के ही द्वारा कविता में। सुभद्राकुमारी चौहान की कविताएँ मन पर कैसा प्रतिबिम्ब बनाती हैं?

'गम्भीर' तो जैसे कोई शपथ ले रहा है, उद्दाम और मस्त, तो जैसे झमाझम बारिश हो रही है, सरल और सरस, तो जैसे हवाएँ मल्हार गा रही हों।

आप मानेंगे, यह एक कवि का गद्य है।"[69] डॉ. शर्मा का यह आश्चर्य वाजिब ही है, क्योंकि हिन्दी आलोचना के इतिहास में यह दुर्लभ है कि कोई किसी रचनाकार की आलोचना इतनी जिन्दादिली से करता हो कि पाठक उस रचनाकार के व्यक्तित्व और उसके भाव को सीधे उस रचनाकार के हृदय में उतरकर महसूस करने लगे। कहना न होगा कि यह आलोचक कोई और नहीं; बल्कि शमशेर बहादुर सिंह ही

हैं। जिनके आलोचक व्यक्तित्व को हिन्दी आलोचना ने अब तक हाशिए पर डाल रखा है।

शमशेर सुभद्राकुमारी चौहान पर अपने दूसरे लेख में एक गम्भीर विचारक के रूप में सामने आते हैं। यहाँ उन्होंने सुभद्रा जी के संघर्षशील व्यक्तित्व का गम्भीर विश्लेषण उनके सम्पूर्ण साहित्य के आधार पर किया है। सुभद्रा जी पर पहले लेख में उनका भावुक मन व्यथित हो गया था, लेकिन यहाँ वह अपनी भावुकता से लड़ता हुआ एक निष्कर्ष पर पहुँचता है, और वह कहने का साहस दिखाते हैं कि "श्रीमती चौहान की रचनाओं में जो चीज सबसे अधिक प्रभाव मन पर डालती है, वह है उनका व्यक्तित्व और उनके व्यक्तित्व में छिपा हुआ लगातार संघर्ष। वह कोई महान कवि नहीं थी; न महान कलाकार। राजनीति में भी उनका मत, सैद्धान्तिक दृष्टि से, बहुत सुलझा हुआ कहा जाए, तो सही न होगा। वह राजनीतिज्ञ नहीं थीं। मगर इससे इनकार नहीं हो सकता कि उनका हृदय एक ऊँचे कलाकार का हृदय था और उनका व्यक्तित्व महान की कोटि में आता है। धीरे-धीरे उन्होंने सच्ची मनुष्यता के बहुत बड़े फैलाव को अपनी अनुभूति के अन्दर समो लिया था।"[70] अपने पहले लेख में भी शमशेर ने यह संकेत किया था कि सुभद्रा जी की कविताओं में कला नहीं है, है भी तो उधार या मूल-सूद के रूप में। लेकिन उसमें उनका व्यक्तित्व जरूर है, एक संघर्षशील व्यक्तित्व। यहाँ भी शमशेर उसी संघर्षशील व्यक्तित्व की महानता को रेखांकित कर रहे हैं। लेकिन यह भी मान रहे हैं कि उनका हृदय एक ऊँचे कलाकार का हृदय था। दरअसल, शमशेर का ज्यादा जोर सुभद्रा जी की कविताओं के माध्यम से उनके इस व्यक्तित्व को ही प्रकाशित करना है जो पूरी तरह उसमें व्याप्त है।

शमशेर उनके व्यक्तित्व की इस संघर्षशीलता के प्रति उनके रुझान के कारणों का पता लगाने की कोशिश करते हैं। उनके दिमाग में यह प्रश्न उठता है कि उनके व्यक्तित्व में इन सब बातों ने कैसे जन्म लिया कि उन्होंने अपने आत्म से ऊपर उठकर सबके दुख को, सबके संघर्ष को अपने दुख और संघर्ष में शामिल कर लिया। हिन्दी साहित्य का इतिहास उठाकर देखें तो हिन्दी में स्त्री लेखकों की कमी आरम्भ से ही रही है। मीरा के बाद पूरे भक्तिकाल और रीतिकाल में स्त्री उपेक्षा का ही शिकार रही है। मीरा के बाद सीधे आधुनिक काल में सुभद्राकुमारी चौहान का आना शमशेर को उत्साहित करता है। इसके बाद महादेवी वर्मा और फिर स्त्री लेखिकाओं की एक स्वस्थ परम्परा हमें देखने को मिलती है। उपेक्षा के इस इतिहास में सुभद्रा जी का पदार्पण वह भी संघर्षशील व्यक्तित्व के साथ—शमशेर के सामने कई सवाल खड़े करता है। उन्हें लगता है कि "सिर्फ उनका साहित्य—यानी उसका एक चुना हुआ हिस्सा तो—पुष्ट और श्रेष्ठ है; पर कोई सब तो ऐसा ऊँचा नहीं, और न उनकी कहानियाँ ही, सब। फिर इस सवाल का जवाब क्या है,"[71] इस सवाल का जवाब वे उनके साहित्य में ढूँढ़ते हैं, और तब उन्हें लगता है कि "मुझे इसका जवाब—उनके साहित्य

में से भी—यही मिलता है कि उन्होंने जीवन में लगातार संघर्ष किया है : खुलकर, मैदान में आकर ऐलानिया लड़ाई लड़ी है : उन्होंने अपनी जिदें औरों से मनवाई हैं, और फिर-फिर मनवाई हैं : जिस रास्ते को ठीक समझा है, उस पर नि:शंक होकर कदम रखा है, और उसी में उत्साह और सुख अनुभव किया है और उनके पीछे-पीछे औरों ने भी। जरूर उन्होंने बहुत कुछ झेला है, तब यह मिठास उनके हाथ लगी है।—और इसी संघर्ष में उन्हें अपनी सच्ची कला के भी दर्शन हुए हैं। इसी में जैसे उन्हें वह सुख मिल गया है जो आजादी और प्रेम की महान प्राप्तियों और कला की ऊँची सिद्धियों में मिल सकता है।''[72] मीराबाई ने क्या अपने समाज में कम संघर्ष झेला था? शमशेर को लगता है कि फिर सुभद्रा जी जैसा महान व्यक्तित्व इस संघर्ष से कैसे मुँह मोड़ सकता था। और फिर यह संघर्ष तो पूरे देश के लिए था जो उनका अपना परिवार हो चुका था। जिसके सुख-दुख को वे अपने सुख-दुख में शामिल कर चुकी थीं। इसी संघर्ष में उन्हें अपनी कला को व्यापक आयाम देने का रास्ता मिल गया था।

शमशेर आगे इस सवाल से जूझते नजर आते हैं कि यह संघर्ष उन्होंने क्योंकर अपनाया? तब उन्हें लगता है कि उनमें देश के लिए और उसके लोगों के लिए संवेदना और प्रेम, ऊँचे आदर्श और उसके अनुरूप कविता की लय उनमें बचपन से ही पनपने लगा था। संगीत-प्रेमी भक्त पिता की विरासत, यौवन की जगमग झाँकियाँ, स्वतंत्रता, सत्य और अहिंसा की राष्ट्रीय क्रान्तियाँ, राजनीतिक, सामाजिक और व्यक्तिगत जीवन-संघर्ष और समस्याएँ अपनी अभिव्यक्ति के द्वार ढूँढ़ रहे थे। यथार्थ की दुनिया में प्रवेश पाते ही उनके सपने टूटते हैं, आदर्श पूर्व की अपेक्षा और अधिक दृढ़ आधार खोजने लगते हैं और संघर्ष और भी जीवंत हो उठता है। तब ''अब जीवन को एक नवीन दिशा मिलती है, और लगता है कि अपना परिवार तो बहुत बड़ा और दूर तक फैला हुआ है। अपनी समस्या पूरे देश की समस्या के साथ बँधी हुई है। उसकी मुक्ति में ही अपनी भी निजी मुक्ति है। कितनी चिन्ताओं का समाधान इस भाव में है। देश-प्रेम का तो राग ही निराला है। व्यक्तिगत प्रेम की सीमा में यह बात कहाँ थी। कितना खुला हुआ और सीधा रास्ता मिल गया है।''[73] शमशेर को लगता है कि यह खुला और सीधा रास्ता कवि को 'मुकुल' के साथ ही मिल गया था। इस काव्य-संग्रह में वे सुभद्रा जी के इस संघर्ष और समस्याओं की भूमि तलाश लेते हैं। यहीं से इस कवि को अपने जीवन में एक नई दिशा मिलती है जिसकी तरफ कदम रखते ही वह अपने आत्म का विस्तार पा जाता है और वह विस्तार सकारात्मक दिशा में होता है जो इनके व्यक्तित्व को महान बना देता है।

शमशेर की राय है कि 'बिखरे मोती' और 'उन्मादिनी' का यह कथाकार कवि जब अपने व्यक्तित्व का विस्तार पाता है तो इसके सामने समाज की वह दकियानूसी परम्परा और उसकी कड़वाहट दिखने लगती है जिसमें साँस लेना भी मुश्किल है।

इन समस्याओं से जूझने के लिए यह सत्याग्रही और संघर्षशील साहित्यकार अपना अलग मोर्चा तैयार करता है। उस मोर्चे पर पुरुषार्थ के साथ डटकर जूझता है, लड़ता है और एक नया आदर्श गढ़ता है जिसका रास्ता निरन्तर संघर्ष से खुलता है। शमशेर लिखते हैं कि "इसी में (और यही) कविता भी है, कहानी भी। कला की सारी सौन्दर्य-वस्तु"[74] वह ऐसा इसलिए करता है, "ताकि हम स्वस्थ मानवों की उस दुनिया को हासिल कर सकें जहाँ सब समान रूप से अपने अधिकारों की सुख-सुविधा का उपयोग करते हैं, जहाँ हमारी अपनी आदर्श पार्लियामेंट है, अपना निर्द्वन्द्व राज। और इसके लिए संघर्ष, निरन्तर संघर्ष।..."[75] इस संघर्ष से यह कोमल हृदय आहत भी हो जाता है और शारीरिक रूप से कमजोर भी। लेकिन सामाजिक बन्धनों और दकियानूसी परम्पराओं को तोड़ने के लिए वह चुनौतीपूर्ण हल भी ढूँढ़ लेता है। शमशेर को लगता है कि सुभद्रा जी के साहित्यकार का आन्तरिक जीवन यही है। वैसा जीवन जब उनके सामने "भावुकता और आदर्शवाद की बाढ़ और अलौकिक प्रेम के सपने जब ठोस वास्तविकता से टकराकर बिखरने लगे, तब एक ओर देश सेवा के आदर्श ने (जिसका दामन शुरू से ही हाथ में था), और दूसरी ओर अपने परिवार और बच्चों की दुनिया में उन्हें वह नए जीवन का प्रकाश दिखाया, जिसको उनका अधीर व्यक्तित्व अपने विकास के लिए खोज रहा था। अपने बचपन की उमंग और शान्तिपूर्ण आदर्श का लोक उन्हें यहाँ मिल गया, और अब वह पहले से भी विस्तृत और अर्थपूर्ण था।"[76]

इन सबके बावजूद शमशेर को एक बात कचोटती है कि इस निरन्तर संघर्षशील सच्चे कवि को जिस मुकाम तक जाना था, वहाँ तक वह नहीं जा सकीं। शमशेर इस पर अफसोस जाहिर करते हुए कहते हैं कि "यह सही है कि उन्होंने सच्ची साहित्य-कला के लिए जमीन तैयार की, उसमें कला के सुन्दर बीज खिलाए, जिनमें कुछ तो अपनी जगह पर बड़े अनूठे थे। मगर वह अपने साहित्य की साधना, जैसी कि होनी चाहिए थी, न कर सकीं। कुछ तो उनके कांग्रेसी जीवन के उखड़ेपन ने इसकी निश्चिन्त सुविधा उन्हें कभी न दी, और कुछ यह हुआ कि उनके जीवन...संघर्ष ने ही अपनी अभिव्यक्ति के लिए दूसरे रास्ते निकाल लिए।"[77] शमशेर का संकेत किस दूसरे रास्ते के लिए सोचने पर मजबूर करता है? शायद यह वही रास्ता है जो सड़क दुर्घटनावश आकस्मिक मृत्यु ने उनके सामने ला दिया था। खैर, शमशेर ने एक कवि के रूप में अपने समकालीनों के बीच सुभद्रा जी की सर्वाधिक लोकप्रियता के कारणों की भी तलाश की है। लिखते हैं—"सुभद्रा जी अपने साथ के और कवियों से कहीं अधिक लोकप्रिय हुई हैं। इसका कारण है उनकी सहज आत्मीयता और लोक-भावनाओं का गहरा अपनाव। उनका आदर्शवाद भी मुख्यतया राष्ट्रीय हलचलों से बँधा हुआ रहा है।"[78] इसके अलावा "उनकी लोकप्रियता की तह में एक और चीज भी है। वह यह कि खड़ी बोली के सजीव रूप की जितनी रक्षा इन्होंने अपनी रचनाओं

में की है उतनी शायद नरेन्द्र और कुछ हद तक बच्चन से पहले किसी ने नहीं की।''[79] शमशेर की आलोचना-दृष्टि की यह खासियत है कि जब वह किसी रचनाकार पर बात करते हैं तो उसकी साहित्यिक उपलब्धियों और कमियों पर सम्पूर्णता में बात करते हैं। किसी एक पक्ष का गुणगान करना और दूसरे पक्ष की कमियों को नजरअन्दाज करते जाना शमशेर की आलोचना की रवायत नहीं है। सुभद्राकुमारी चौहान के मूल्यांकन में भी यही बातें हमें आकृष्ट करती हैं। किसी साहित्यकार की साहित्यिक जीवन की सम्भावनाओं को तलाश करने में भी शमशेर पीछे नहीं हटते।

शमशेर ने हरिवंशराय बच्चन पर 'सतरंगिनी' और 'अपनी रोटी, अपना राज!' शीर्षक दो आलोचनात्मक लेख लिखे हैं। ये दोनों लेख बहुत विस्तृत न होकर बच्चन के दो काव्य-संग्रहों 'सतरंगिनी' और 'बंगाल का काल' के छोटे-छोटे रिव्यू हैं। इन दोनों लेखों में शमशेर ने बच्चन के काव्य और व्यक्तित्व पर विस्तार से तो नहीं लिखा है, लेकिन जो टिप्पणियाँ की हैं वे बच्चन के रचनात्मक विकास और बदलती मनोवृत्तियों को समझने में सहायक हैं। ये दोनों रिव्यू प्रगतिशील साहित्य के मुखपत्र 'नया-साहित्य' में क्रमश: 1946 और 47 में प्रकाशित हुआ जो 'दोआब' में संकलित है। शमशेर इलाहाबाद में बच्चन के निकट सान्निध्य में रहे हैं। दुनिया जानती है कि शमशेर का हिन्दी के तरफ़ रुझान पैदा करने में बच्चन का बहुत बड़ा योगदान रहा है। शमशेर के कवि-व्यक्तित्व और भाषिक संस्कार के परिमार्जन में भी बच्चन की अहम भूमिका रही है। बच्चन के सम्पर्क में रहकर शमशेर ने 'मधुशाला' और 'निशा-निमंत्रण' आदि काव्य-संग्रहों को बच्चन के मुख से सुना है। वे इससे बेहद प्रभावित भी रहे हैं। लेकिन इस प्रभाव के बावजूद शमशेर ने इस कवि की आलोचना निरपेक्ष भाव से की है। अपने पहले लेख 'सतरंगिनी' की समीक्षा लिखते हुए वे कहते हैं कि ''कवि की पिछली रचनाएँ जिन्हें प्रिय हैं, उन्हें 'सतरंगिनी' विशेष रूप से प्रिय लगेगी। इसमें कुल पिछली रचनाओं के रंग और झलकियाँ हैं। उतनी चटक और तेज नहीं, पर उतनी ही इंगितमय; बल्कि अधिक स्पष्टता से मार्मिक।''[80]

इस संग्रह की पृष्ठभूमि पिछली रचनाएँ ही हैं, फिर बच्चन ने इसमें नई बात क्या पैदा की है। इसमें उतनी चटक और तेज रंग और झलकियाँ नहीं हैं जैसी पिछली रचनाओं में, फिर इसकी रचनाएँ अधिक स्पष्टता से मार्मिक और असरदार क्योंकर और कैसे हैं? शमशेर को लगता है कि यहाँ मुखरता और मार्मिकता पहले से अधिक इसलिए है—''क्योंकि, यहाँ बीते वर्षों के नाना राग-विराग पास-पास, एक-साथ विहंगम रूप से मौजूद हैं और मिलकर उन्होंने एक नई बात पैदा की है। यानी, एक आकार और रूप अधिक पूर्ण और सार्थक हमें दिया है कवि के व्यक्तित्व का जिसको समझने में अब हम गलती नहीं कर सकते।''[81] इससे पहले कवि के भाव, उसके नाना राग-विराग उसकी रचनाओं में बिखरे पड़े थे, बल्कि अधिक चटक रंग के साथ, लेकिन यहाँ उनको एक आकार और रूप दिया गया है। इससे पहले पाठक

इन भावों का पकड़ने में कठिनाई महसूस करता था, वह गलतियाँ कर बैठता था, लेकिन शमशेर को लगता है कि अपना रूप और आकार ग्रहण कर लेने के पश्चात् उसमें स्पष्टता और सहजता अधिक आ गई है और अब पाठक उन गलतियों को दोहराएगा नहीं। कवि के भावों को उसकी वास्तविकता में आत्मसात् कर लेगा। मगर शर्त है कि पाठक इस कवि की पिछली रचनाओं को अध्येता रहा हो, वर्ना सम्भव है वह फिर से गलती कर बैठे कवि के नए व्यक्तित्व को समझने में।

शमशेर ने ऊपर जो बातें लिखी हैं, वह भूमिका और पृष्ठभूमि है इस नए काव्य-संग्रह में प्रवेश पाने की, क्योंकि इसमें नई बातें पैदा करने के साथ ही उसका नया व्यक्तित्व भी है, "जो आँधी-पानी और तूफान के बाद एक नए, धीरे-धीरे खुलते हुए आसमान के नीचे, जैसे इन्द्रधनुष की छाया में, उभर-उभर उठा है।"[82] बच्चन के व्यक्तिगत जीवन में संघर्ष जल्दी ही शुरू हो गया था। पत्नी की मृत्यु के बाद ही उन्होंने 'निशा-निमंत्रण' जैसे काव्य-संग्रहों की रचना की थी जिसमें उनके नाना राग-विराग और मार्मिक स्मृतियाँ बिखरी पड़ी हैं। कवि पर समय का कुठाराघात आँधी-तूफान के जैसे पड़ा था। लेकिन अब खुले आकाश के नीचे वह और कुछ भी देखता है, तब उसे अपने उत्तरदायित्व का एहसास होता है। वह इसे समझने की कोशिश भी करता है, बकौल शमशेर "यह कोशिश खुद एक संघर्ष है"[83] लेकिन शमशेर के आलोचक को लगता है कि "संघर्ष कवि का स्वभाव भी है। उसके जीवन का हठ। यह हठ विनीत है सत्य के समान।"[84] यह हठ जीवन और जग के प्रति उसमें आशा और विश्वास पैदा करता है, ताकि वह सत्य को जान सके। लेकिन यह सत्य तो अनन्त है, अपार है "और जब सत्य को कवि की आत्मा रोमांस में खोजती है, नव-रसों का मूल—तब अपने जीवन में उस सत्य का उसे अन्त नहीं मिलता। मगर उसे मिलती है रवीन्द्रनाथ की अमर 'उर्वशी।' "[85] शमशेर ने यह सब बातें 'सतरंगिनी' में संकलित 'नागिन' शीर्षक कविता को आधार बनाकर कही है, लेकिन उन्हें लगता है कि इसमें और भी महत्त्वपूर्ण रचनाएँ हैं जिनकी मोहकता और सौन्दर्य से हम अपरिचित नहीं हैं।

'बंगाल का काल' की आलोचना करते हुए शमशेर ने बच्चन की शैली का विकास और खड़ी बोली हिन्दी की जनता पर उसके प्रभाव का जायजा लिया है। लिखते हैं, "बच्चन की शैली का विकास सन् '30 से ही हमारे साधारण हिन्दी पाठक की सुरुचि की प्रगति का मापदंड रहा है।"[86] समकालीन रचनाशीलता के सन्दर्भ में कलात्मक प्रयोगों की दृष्टि से जब शमशेर इस काव्य के वैशिष्ट्य को देखते हैं तब उन्हें लगता है कि "कला-प्रकार की दृष्टि से 'बंगाल का काल' हिन्दी में नई-सी चीज है।"[87] क्योंकि इसमें बच्चन ने मुक्त-छन्द का प्रयोग कर पंत और निराला और उस समय के राष्ट्रीय आन्दोलनों की गतिविधियों का लाभ उठाते हुए इसे नया बनाने की भरपूर कोशिश की है। शमशेर को लगता है कि "परिचित गद्य, पद्य, वार्ता

आदि का कविता में सोद्‌देश्य कलात्मक प्रयोग का परोक्ष प्रभाव ही नहीं, बच्चन ने इस प्रबन्ध के मुक्त-छन्द में पंत का मूर्त भावानुगमन और निराला का आडम्बर-रहित पुरुष-प्रवाह अपनाकर, अपनी लिरिक शैली को—जनता के राष्ट्रीय नारों और गीतों से भी लाभ उठाते हुए—पहले से अधिक सूक्ष्म बनाने की कोशिश है।''[88] इसका नतीजा शमशेर इस रूप में देखते हैं कि इस कोशिश के कारण बच्चन के भाषागत प्रयोग खड़ी बोली के लोक-व्यवहृत हिन्दी रूप के अधिक समीप पहुँच गए हैं जो साधारण हिन्दी पाठक की सुरुचि की प्रगति को दिशा देने में अपनी महत्त्वपूर्ण भूमिका निभाते हैं।

आगे शमशेर ने इस कविता में बच्चन के शब्दगत प्रयोगों, मुहावरों, अलंकारों आदि के प्रयोग की सफलता-असफलता का जायजा लेते हुए उन पर फ्रेंच, अंग्रेजी, संस्कृत, अरबी-फारसी आदि भाषाओं के प्रभाव को रेखांकित किया है। साथ ही इस काव्य की त्रुटियों को बेबाकी से सामने रखते हुए लिखा है कि ''इस रचना को दो-तीन बार बहुत ध्यान से अगर पढ़ें तो हमें लगेगा कि कवि की भावनाएँ अकाल की वास्तविक स्थिति के गहरे विश्लेषण का पता नहीं देतीं। 'अपनी रोटी, अपना राज!' यह सीधा, सामयिक नारा बहुत भाव-मन्थन के बाद निकला है। फिर भी इससे सम्बन्धित बातों पर सही जोर, और यथा स्थान, नहीं दिया जा सका।''[89] शमशेर 'बंगाल का काल' में अकाल की वस्तुस्थिति क जायजा लेते हुए तीन चीजों की तरफ संकेत करते हैं जिसे बच्चन ने उभारने की कोशिश की है। बकौल शमशेर बच्चन का आह्वान है कि '' 'बास्टील' पर सब मिलकर हमला करो—उस बास्टील पर, जो शासन, धर्म और पूँजी की प्रतिक्रियावादी शक्तियों ने समाज में खड़ा कर रखा है।''[90] लेकिन शमशेर को लगता है कि ''इस भीषण 'बास्टील' का रूप वह पूरी-पूरी तरह स्पष्ट नहीं कर पाए। कलात्मक प्रभाव के साथ इसकी भीषणता दिखाने के लिए अपने समय से डेढ़ सौ साल पीछे, दूर, जाना शायद जरूरी नहीं था।''[91]

शमशेर द्वारा 'बंगाल का काल' की कमजोरियाँ गिनाने का सिलसिला जब आगे बढ़ता है, तब वे इस कृति में अभिव्यक्त बच्चन के दृष्टिकोण को एकांगी तक कह डालते हैं। उन्होंने लिखा है, ''आश्चर्य की बात नहीं है अगर 'बंगाल का काल' जैसी महत्त्वपूर्ण कृति भी अपने सामाजिक या 'राष्ट्रीय' दृष्टिकोण को एकांगी बन जाने से बचा न सकी। मुसलमान, जो बंगाल के अकाल में हिन्दुओं की अपेक्षा कहीं अधिक संख्या में मरे—उनका, उनकी लोक-संस्कृति का चित्र कविता में कहीं सजीव नहीं होता।''[92]

यहाँ पर एक बात जो मार्के की है वह यह कि शमशेर की आलोचना-दृष्टि जब किसी रचनाकार पर पड़ती है, तब वह चाहे उनक प्रिय रचनाकार हो या अप्रिय या फिर उससे व्यक्तिगत सम्बन्ध ही क्यों न रहा हो, शमशेर उसके कमजोरियों को पाठक के सामने रखने में मुरव्वत नहीं बरतते। बच्चन और सुभद्रा जी के प्रति ऐसी

तीखी आलोचनात्मक दृष्टि इसी निरपेक्षता को सामने रखती है और साथ ही उन लोगों का सन्देह दूर कर देती है जो यह समझते हैं कि शमशेर अपने प्रिय रचनाकारों की पक्षधरता करते हैं। इन त्रुटियों के बावजूद शमशेर ने बच्चन के 'बंगाल का काल' को एक महत्त्वपूर्ण रचना माना है और उन्हें लगता है कि "इसमें हम बाहर की दुनिया के, सुख-दुख समस्याओं और संघर्षों को अपने भाव और अनुभूति में लेने के कवि के गम्भीर प्रयास का एक खुला हुआ, नया, जन-ग्राह्य रूप देखते हैं।"[93]

शमशेर ने परम्परा के मूल्यांकन में छायावाद और उसके कवियों पर भी आलोचनात्मक-चिन्तन किया है। छायावाद के चारों प्रमुख कवियों पर यथास्थान आलोचनात्मक टिप्पणी करने के अलावा उन्होंने सुमित्रानन्दन पंत और निराला के कवि-व्यक्तित्व और काव्य पर विस्तार से लिखा है। सबसे पहले हम पंत के दो काव्य-संग्रहों 'पल्लविनी' और 'ग्राम्या' पर शमशेर के आलोचनात्मक नजरिए की परख करेंगे। शमशेर का 'पल्लविनी' शीर्षक लेख 'हंस' पत्रिका में मार्च 1941 को तथा 'ग्राम्या : एक परिचय' शीर्षक लेख अक्तूबर 1940 में 'भारत' में प्रकाशित हुआ था। अब यह दोनों लेख शमशेर के आलोचनात्मक निबन्धों के संग्रह 'दोआब' में संकलित हैं।

'पल्लविनी' शीर्षक आलोचनात्मक लेख में शमशेर ने सुमित्रानन्दन पंत के काव्य-कला के स्वस्थ विकास पर विचार कर पाठकों को उससे रू-ब-रू कराने का प्रयास किया है। लेख के आरम्भ में ही शमशेर इसे 'युगान्त' तक की रचनाओं का संशोधित-परिवर्धित चयन मानते हुए इसकी जरूरत पर विचार करते हैं, तब उन्हें लगता है कि "इस चयन की जरूरत थी। यह एक युग के विराम की सूचना देता है जिस जमाने की साहित्यिक हवा को हिन्दी में पंत जी ने पकड़ा था (वह हवा चली ही बहुत कुछ उन्हीं के जोर से थी)—वह जमाना अपनी साँसें पूरी कर चुका। अब खुद कवि के स्वर भी बदल गए हैं। जिनके दिलों को इस तब्दीली की जरूरत आईना नहीं हुई है, वे अपने उसी पुराने मोह का रूप और रंग इस चयन में देखकर कुछ खुश हो लेंगे। और जो पाठक आज पंत की कविता के रस को पहले से गाढ़ा पाते हैं, वे पुराने स्वाद की बानगी लेकर, नए जायके को, मुकाबले में अच्छी तरह पहचान लेना चाहेंगे। उन्हें कवि का नया दृष्टिकोण चयन में स्वयं नजर आ जाएगा।"[94] गौरतलब है कि शमशेर ने जब यह लेख लिखा था वह प्रगतिवाद का उत्कर्ष काल था। पंत ने भी छायावाद से थोड़ा आगे बढ़कर प्रगतिवाद की तरफ रुख किया था। 'युगान्त', 'युगवाणी', 'ग्राम्या' आदि काव्य-संग्रह इसी बात का परिचायक हैं। इस समय पंत की रचनात्मकता में नया दृष्टिकोण मुखर हो रहा था। शमशेर इसी बात को पकड़ने की कोशिश यहाँ करते नजर आ रहे हैं।

लेकिन यह नया दृष्टिकोण पंत में क्योंकर और कैसे विकसित हुआ, इसके

लिए वे 'पल्लव' से लेकर अब तक की उनकी कविताओं और उसकी मनोभूमि की पड़ताल करते हैं। उन्हें लगता है कि 'पल्लविनी' ने हमें मौका दिया है कि हम इस कवि के काव्य-विकास को, उसके नए दृष्टिकोण को जाँचे-परखें। 'हंस' पत्रिका में ही सन् 1940 में प्रगतिशील आलोचक शिवदान सिंह चौहान ने पंत की कविता के सामाजिक आधारों की खोज करते हुए 'श्री सुमित्रानन्दन पंत—एक प्रगतिवादी का विकास' शीर्षक लेख लिखा था। इस लेख को पढ़ने के बाद ही शमशेर ने 'पल्लविनी' के बहाने पंत की काव्य-यात्रा को समझने-समझाने का प्रयास किया है। वे लिखते हैं, " 'पल्लव' में जो अमूमन लम्बी उड़ानें, एक ही विषय को लेकर, कवि ने भरी हैं—वे ऐसी भावनाओं का रूप हमें देती हैं, जो बेहद रंगीन और मोहक (शुरू-शुरू में तो बहुत) थीं, रोमानी छायाओं में लिपटी हुई थीं। सचमुच उनका 'फार्म' अनन्त था, जैसा कि शायद उनके भावों का आधार भी मालूम नहीं। 'छाया', 'अनंग', 'बादल', 'नक्षत्र' वगैरह इसकी कुछ मिसालें हैं। चुनांचे 'पल्लविनी' बहुत से छन्द, कुछ इन कवितओं के निकाल दिए गए हैं।"[95] हालाँकि शमशेर को 'पल्लव' की कुछ कविताएँ जैसे 'माँ अपनी वय वाली में', 'भूल अभी से इस जग को' आदि इस अपरूप का अपवाद लगती हैं। 'उच्छ्वास' के बारे में शमशेर की राय है कि यह एक बिखरी हुई चीज होने के बावजूद भी, इसमें समाज-जीवन की कुछ चिन्ताओं के साथ कवि के व्यक्तित्व का समन्वय दिखता है। शमशेर लिखते है कि " 'उच्छ्वास' फिर भी एक व्यक्ति का उच्छ्वास नहीं, समाज के एक खासे भाग के समान मिलते-जुलते जीवन का उच्छ्वस है। सबसे बड़ी कसर इस नज्म में यह थी कि यह चीज तन्दुरुस्त नहीं थी, किस कदर बीमार थी ('वियोगी होगा पहला कवि, आह से उपजा होगा गान!') जिसका मतलब साहित्य में यह भी होता है कि बीमार को अपनी बीमारी से मोह था। वह जमाने का असर था कि कवि का यह मोह और कवियों के लिए मोहक हो गया।"[96]

यहाँ पर यह सवाल उठता है कि क्या शमशेर भी एक कवि के रूप में इस मोह से ग्रसित हो गए थे? क्या शमशेर के कवि में भी यही विषाद और निराशा मौजूद थी जिसकी आलोचना वे पंत के सन्दर्भ में कर रहे थे? एक और महत्त्वपूर्ण सवाल यह है कि क्या पंत के बहाने शमशेर खुद के रोगी और अस्वस्थ मन की भी आलोचना कर रहे थे या उससे लड़ने की कोशिश कर रहे थे? इस सन्दर्भ में डॉ. रामविलास शर्मा ने अपने लेख 'अच्छे गद्य की पहचान' में विचार किया है। वे लिखते हैं कि " 'दोआब' के निबन्धों में शमशेर बहादुर सिंह ने कवियों के रोगी अस्वस्थ मन की बार-बार चर्चा की है। उनके विषाद और निराशा की बार-बार आलोचना की है। इस आलोचना के द्वारा शमशेर स्वयं अपने मन की निराशा और विषाद से लड़ रहे थे। एजरा पाउंड और इलियट आदि जो अंग्रेजी में लिखने वाले कवि उन्होंने पढ़े थे, वे सब विषादग्रस्त थे, इलाहाबाद में रहते हुए पंत, महादेवी वर्मा, बच्चन, नरेन्द्र की

जो रचनाएँ पढ़ीं, उनमें भी विषाद की कमी न थी। स्वस्थ काव्य की खोज करते हुए शमशेर ने छायावादी कवियों का जो मूल्यांकन किया है, उसमें विषाद पर बहुत ज्यादा जोर है।''[97]

इसके बाद डॉ. शर्मा ने 'पल्लव' की भूमिका को छायावादी काव्य के विकास में बेहद महत्त्वपूर्ण मानते हुए 'पल्लव' के मूल्यांकन में शमशेर की कुछ टिप्पणियों को उद्धृत किया है। शमशेर द्वारा 'पल्लव' के इस मूल्यांकन पर आपत्ति जाहिर करते हुए वे उन पर काउंटर अटैक करते हैं और शमशेर को रीतिवादी आलोचकों की श्रेणी में लाकर खड़ा कर देते हैं। डॉ. शर्मा का मानना है कि '' 'पल्लव' के इस मूल्यांकन से हिन्दी कविता का विकास समझने में बहुत मदद नहीं मिलती। पहले तो 'पल्लव' में मानवीय और प्राकृतिक सौन्दर्य के प्रति पंत का दृष्टिकोण स्वीकृति का है अस्वीकृति का नहीं। शब्दों के सौन्दर्य से लेकर फूल-पत्तों के सौन्दर्य तक पंत ने अनेक वर्णों-रूपों वाले मानवीय परिवेश को बड़े कौशल से चित्रित किया है। उन्हें हिन्दी आलोचकों ने सौन्दर्यवादी कवि के रूप में सहज ही स्वीकार किया और ठीक ही स्वीकार किया। दूसरे 'पल्लव' में जो विषाद है, वह रोगी मन का विषाद नहीं है, उल्लास और आनन्द चाहने वाले मन का विषाद है जैसा शेली, कीट्स, वर्ड्सवर्थ आदि रोमांटिक कवियों में है। वह उन्नीसवीं सदी के उत्तरार्द्ध में 'डेकेंडेंट' कवियों के विषाद से भिन्न है, हिन्दी में छायावादोत्तर 'बच्चन' जैसे कवियों के विषाद से भिन्न है। तीसरे 'पल्लव' का ऐतिहासिक महत्त्व तभी जाना जा सकता है जब सन् '20-30 में प्रचलित रीतिवादी-नीतिवादी, राष्ट्रीय काव्यधाराओं को पाठक भुला न दे। 'पल्लव' ने हिन्दी पाठकों और बीसियों युवक कवियों के मन में नई सूक्ष्म संवेदनाएँ जगाईं, उनकी आँखों के सामने एक नया अनूठा काव्य-जगत् आलोकित कर दिया पहले जिसकी उन्होंने कल्पना भी न की थी। हिन्दी के रीतिवादी आलोचकों ने ही 'पल्लव' का विरोध सबसे ज्यादा किया, इसलिए जिनमें रीतिवाद से भिन्न आधुनिकताबोध है, उन्हें उसे अधिक सहानुभूति से देखना चाहिए। निराला ने अवश्य 'पल्लव' की नुक्ताचीनी की लेकिन यह भी सही है कि 'पल्लव' के सौन्दर्य पर उनसे ज्यादा मुग्ध दूसरा कवि नहीं था।''[98] दरअसल, डॉ. शर्मा आरम्भ से ही शमशेर में रीतिवादी मानसिकता का आरोप मढ़ते आए हैं, इसलिए यहाँ भी उन्हें शमशेर द्वारा पल्लव के मूल्यांकन में रीतिवाद से उत्पन्न विरोध नजर आ रहा है। आनन्द और उल्लास में विषाद की स्थिति कैसे उत्पन्न हो सकती है, इसका स्पष्टीकरण डॉ. शर्मा ने नहीं किया है। हाँ, पश्चिम और भारत के कुछ कवियों का नाम गिनाकर पाठक को यह स्पेस जरूर दिया गया है कि वे सोचें कि पंत का विषाद इनसे कैसे अलग और समान है।

शमशेर जब पंत की काव्य-यात्रा में अगले पड़ाव पर पहुँचते हैं तब उन्हें लगता है कि ''दूसरी और तन्दुरुस्त, मगर नाकामयाब कोशिश जो कवि ने अपने तरीके पर

समाज-अनुभव को लेकर 'व्यापक' बनाने को की है''[99] उसका प्रमाण उनकी 'परिवर्तन' कविता में मौजूद है। 'गुंजन' के बारे में शमशेर की राय है कि '' 'गुंजन' में ही हमें दरअसल कवि की सावधान स्वाधीन कला, किन्तु केवल कला की साधना का पहला सबूत मिलता है। छन्दों का अपव्यय यहाँ नहीं। भावों का भी बिलकुल नहीं।''[100] 'ज्योत्स्ना' शमशेर के लिए ''कवि की एकदम सफल और असफल चीज ठहरी है।''[101] और इसकी ''कला में एक एक्सपेरिमेन्ट है, यह और बहुत सन्तोषप्रद; यह भाव इसको पढ़ने पर एक बार उठता ही है।''[102] और इस प्रकार एक लम्बे विश्लेत्रण के बाद पंत का 'युगान्त' शमशेर को सबसे सफल और सुन्दर कृति लगती है। साथ ही शमशेर इस निष्कर्ष पर पहुँचते हैं कि पंत की इस लम्बी काव्य यात्रा से गुजरते हुए पाठक के लिए—'' 'युगवाणी' और 'ग्राम्या' की खूबियों को समझने, उनके आर्ट और उनके भाव तलों को जाँचने के लिए, 'पल्लविनी' में चुनी हुई रचनाएँ तुलनात्मक अध्ययन के लिए बहुत उपादेय होंगी।''[103] क्योंकि ''कलाकारों में जहाँ छन्द, गति और लय में एक 'निराला' शुरू से अब तक मिसाल आप हैं, उसी तरह शब्दों के माधुर्य और कोमल सौन्दर्य, साथ ही पूर्ण प्रकारात्मक न्यास तथा सुरुचिपूर्णता में पंत का अकेला स्थान है।''[104] यहाँ गौर करने वाली बात यह है कि डॉ. शर्मा ने पंत के 'पल्लव' में जिस शब्दगत सौन्दर्य को रेखांकित कर उन्हें सौन्दर्यवादी कवि स्वीकार किया है, शमशेर भी पंत के शब्दों के माधुर्य और कोमल सौन्दर्य के कारण उन्हें हिन्दी कविता में एक मिसाल के तौर पर देखते हैं, फिर शमशेर में आधुनिकताबोध की कमी और रीतिवादी आग्रह कैसे दिखता है—इस पर बहस की जरूरत हो सकती है।

डॉ. रामविलास शर्मा ने शमशेर द्वारा 'पल्लव' से अधिक 'युगान्त' को ज्यादा सफल मानने को उनका अवसरवाद बताया है। डॉ. शर्मा की धारणा है कि प्रगतिशील आन्दोलन अपने जन्म के पाँच साल बाद ही मुँह की खाने लगा। इसके सूत्रधार इस आन्दोलन को जल्दी ही व्यापक और समर्थ बनाना चाहते थे। इसके लिए वे रचना-कौशल से इस साहित्य को समृद्ध करने के बजाय गैर प्रगतिशील रचनाओं को श्रेष्ठ बताने लगे जो डॉ. शर्मा के विचार से अवसरवाद की मानसिकता थी। बकौल डॉ. शर्मा '' 'युगान्त' को 'पल्लव' और 'गुंजन' से श्रेष्ठ मानने का कारण यह अवसरवाद था। आधुनिकताबोध के हामी समझते हैं कि वे हिन्दी कविता को 'परिमल', 'अनामिका', 'पल्लव', 'गुंजन', और 'कामायनी' से बहुत आगे खींच ले गए हैं, ऐसे लोग सन् '41 के प्रगतिवादियों की अपेक्षा अवसरवाद के दलदल में और भी गहरे धँसे हुए हैं।''[105] गौरतलब है कि शमशेर 'पल्लविनी' के बहाने पंत के जिस काव्य-कला के स्वस्थ विकास को पाठकों के सामने रखना चाहते थे, वह डॉ. शर्मा को अवसरवाद का नतीजा लगता है। साथ ही यह विश्लेषण पंत के काव्य-कला के साथ ही हिन्दी कविता के विकास को समझने में मदद नहीं करता। आलम चाहे जो

भी हो, शमशेर ने इस विश्लेषण से पंत के दृष्टिकोण में हो रहे नए बदलावों को हमारे सामने रख दिया है जिसे हम सीधे-सीधे खारिज नहीं कर सकते।

'ग्राम्या' पर अपने लेख में शमशेर पंत के कवि को नए रूप और व्यक्तित्व के साथ देखते हैं, ''क्योंकि इस संग्रह में जो नई बातें हैं—जो कई हैं—वे आज के ही हमारे जीवन की अकसर देखी-सुनी बातें हैं।''[106] शमशेर को लगता है कि '' 'ग्राम्या' का नया दृष्टिकोण यह है कि इस कविता में आवेश और उद्‌वेग न होगा। इसमें ऊँचे स्वर-तालों में छिपा हुआ एक आन्तरिक ठहराव होगा। यह जरूरी है। उसकी रस-व्यंजना, कवि का सारा 'मूड' आईना होगा उसके विशेष दार्शनिक भावों का उसके दर्शन के अनुरूप तर्कसंगत। यानी उसकी कविता का 'आधारपूर्ण' होना बहुत जरूरी है।''[107] शमशेर इस संग्रह की महत्ता को रेखांकित करते हुए इसके शब्द-माधुर्य की तुलना पंत के पिछले काव्य-संग्रह 'पल्लव' से करते हैं। तब उन्हें लगता है कि 'ग्राम्या' का शब्द-माधुर्य 'पल्लव' से अधिक उत्कृष्ट, मार्मिक और स्वस्थ है जो 'गुंजन', 'युगान्त' और 'युगवाणी' के पड़ावों से निखरता हुआ यहाँ तक पहुँचा है। शमशेर लिखते हैं, ''सच तो यह है 'पल्लव' में शब्द-माधुर्य ने कवि को बहुत मोह लिया था। भावों के साथ उसका सन्तुलन 'गुंजन' में शुरू हो जाता है, जो 'युगान्त' में गम्भीर होकर आगे 'युगवाणी' में कवि को अखरने-सा लगता है। यहाँ तक कि वह अकसर लिरिक भावना को तिलांजलि तक दे देता है। वह पहली-सी कोमलता कहीं खो जाती है।''[108] यहाँ शमशेर ने पंत के शब्द-माधुर्य और लिरिक भावना के क्रमिक विकास-ह्रास को सामने रखा है। लेकिन उन्हें लगता है कि '' 'ग्राम्या' में वह श्री एक तरह से फिर लौट आती है, यानी प्रौढ़ और गम्भीर होकर।''[109] डॉ. रामविलास शर्मा, शमशेर की इस धारणा का समर्थन करते हुए लिखते हैं कि ''शमशेर ने बहुत पते की बात कही है कि 'युगवाणी' में जो लिरिक भावना खो गई थी वह 'ग्राम्या' में अधिक प्रौढ़ होकर लौट आई है।''[110] 'ग्राम्या' में 'पल्लव' के कवि पंत का सहज विकास दिखता है जहाँ वे छायावाद से प्रगतिवाद की तरफ रुख कर रहे थे। शमशेर की आलोचक-दृष्टि इस विकास को बारीकी से पकड़ पाती है।

दरअसल, यह वह दौर है जब पंत छायावादी प्रवृत्ति को त्यागकर प्रगतिवाद के प्रति आकृष्ट हो रहे थे। इस दौरान उन्होंने छायावाद की कई खूबियों-खामियों की आलोचना कर अपने अन्दर नया दृष्टिकोण विकसित किया। वह दृष्टिकोण प्रगतिवादी विचारों से प्रभावित था। शमशेर इस प्रभाव को 'ग्राम्या' में देख पाते हैं और इसके अनुशीलन के बाद उन्हें लगता है कि ''मूलतत्त्वों को खोजने वाले इस निःसंग कवि की दृष्टि ग्रामीणों की आँखों में दूर तक डूबी है; घोर दारिद्र्य की नंगी वृद्ध छाया वह छू सका है; ग्रामीण लड़कों की 'पशुओं-सी भीत मूक चितवन' भी उसने आँकी और अंकित की है।''[111] 'ग्राम्या' में प्रकृति भी छायावादी संस्कारवश केवल सौन्दर्य-चित्रण तक नहीं रहती, बल्कि मानव-जीवन की पृष्ठभूमि से कुछ अधिक उभर उठती

है, क्योंकि कवि का दृष्टिकोण भी उसे लेकर कुछ बदला-बदला सा है। 'ग्राम्या' में चित्रित ग्रामीण प्रकृति पर मुग्ध होते हुए शमशेर लिखते हैं कि "गाँव की प्रकृति एक सार्थक शक्ति है। वह फलदा है और मानो कर्म से मुक्त है। मोह-मुक्त वह एकदम नहीं; पर चिन्तन-रहित है। वह गाँव का परिचित-अपरिचित स्वर्ग है। ग्रामनिवासियों के आन्तरिक दुखों की एक क्षीण छाया कभी-कभी उस पर पड़ जाती है, पर वह शीघ्र ही कहीं खो जाती है।"[112] इसके अलावा 'ग्राम्या' जिन दो-तीन कारणों से शमशेर को अधिक महत्त्वपूर्ण कृति लगने लगती है और पाठकों को अपनी तरफ आकर्षित करती है, वह है—पंत जी का नारी-चित्रण और उनका व्यंग्य या 'सेटायर'। इन दो आलोचनात्मक लेखों के माध्यम से शमशेर ने पंत के काव्य-विकास की जो तस्वीर प्रस्तुत की है वह हिन्दी आलोचना के लिए मूल्यवान है।

शमशेर ने अपने कवि-व्यक्तित्व पर सबसे अधिक प्रभाव अगर स्वीकार किया है तो वह हैं निराला। निराला शमशेर के गुरु-कवि, पथ-प्रदर्शक और सबसे प्रिय कवि रहे हैं, इस सच्चाई को शमशेर ने कितनी बार स्वीकार किया है। पंत भी उनके गुरु-कवि और पथ-प्रदर्शक रहे हैं, लेकिन शमशेर के सम्पूर्ण व्यक्तित्व पर निराला का ही सबसे अधिक प्रभाव रहा है। एक भेंटवार्ता में उन्होंने प्रो. बिन्दु अग्रवाल से इस बात का खुलासा करते हुए कहा था कि "मेरे लिए पंत और निराला गुरु-कवि थे। मेरी प्रवृत्ति ऐसी रही है कि विरोधी कवियों से भी कुछ सीखता आया हूँ। हम किसी कवि का वास्तविक आदर तब करते हैं जब उसकी अच्छाई-बुराई दोनों पर तटस्थ भाव से वैज्ञानिक दृष्टिकोण रखें। मैं मानता हूँ कि जो सच्चाइयाँ बुनियाद में होती हैं, वे बरकरार रहती हैं। पर पंत जी की बाद की कविताओं को पढ़कर दुख होता है। बाद की कविताएँ केवल पद्य हैं। पहले का इतना प्यारा कवि ऐसा हो गया। निराला के साथ ऐसा नहीं हुआ। निराला को समझना भारी उपलब्धि है।"[113] जाहिर तौर पर यह कहा जा सकता है कि शमशेर पर निराला का ही सर्वाधिक प्रभाव है। लेकिन पंत के प्रति ऐसी तीखी आलोचनात्मक दृष्टि होने के बावजूद उन्हें अपना गुरु-कवि मानना उनके प्रति अधिक सम्मान देने की बात को ही स्पष्ट करता है। शमशेर की आलोचना-दृष्टि अपने आदर्श और प्रिय कवियों पर भी सन्तुलन के साथ चलती है। वह उनकी अच्छाइयों पर मुग्ध होते हैं तो उनके कमजोर पक्षों पर भी सहानुभूति नहीं दिखाते। अपनी बात पूरी ईमानदारी और बेबाकी से कहना शमशेर की खासियत है। यह अलग बात है कि कितनों को उनकी धारणा से मतभेद भी हो सकता है और होता भी है, लेकिन शमशेर इसकी परवाह नहीं करते।

शमशेर के व्यक्तित्व पर निराला का इतना गहरा प्रभाव होने के बावजूद भी उन्होंने उन पर कोई स्वतंत्र आलोचनात्मक लेख नहीं लिखा है। शायद वे अपने को इस काबिल समझते भी नहीं। इसके पीछे निराला के काव्य और कवि-व्यक्तित्व का विराट वैभव है। 'कुछ और गद्य रचनाएँ' में एक लेख संकलित है—'कविता

की बातें : निराला की कविताएँ'। यह दरअसल, आलोचनात्मक लेख न होकर इलाहाबाद में निराला पर शमशेर का एक व्याख्यान है जिसकी अपनी सीमा और अपनी अलग शैली है। निराला के कवि-व्यक्तित्व का विराट-वैभव या कहें कि आतंक ही शमशेर पर इस कदर व्याप्त है कि वे उन पर कुछ कहने से बचते हैं। डर है कहीं इस महाकवि के बारे में कुछ गलत न कह दें। जैसा कि इस व्याख्यान के आरम्भ में ही वे अपनी घबराहट व्यक्त करते हुए कहते हैं कि मैं कोई आलोचक या साहित्य का इतिहासकार नहीं हूँ, एक शायर हूँ और कवि, वह भी उलझा हुआ मुश्किलपसन्द। इसलिए एक कवि के नाते कवि से ही कविता की बातें कर रहा हूँ, आलोचना की बातें नहीं। लेकिन फिर भी इसमें शमशेर ने निराला की कुछ कविताओं को सामने रखकर उस पर विस्तार से विचार-विमर्श किया है। सबसे पहले वे निराला की 'मौन' शीर्षक कविता से अपनी बात शुरू करते हैं जिसका प्रभाव आरम्भ से ही शमशेर की चेतना में बसा है। लिखते हैं, "बहुत दिनों से...बहुत दिनों से क्या...सोलह-सत्रह साल की उम्र से, जब से...वो एक पंक्ति, बल्कि वो गीत, जो अनायास ही, खामखाह, गूँजता रहा है मेरी चेतना में, वह है, 'मौन' निराला जी की पहली कविता जो मैंने पढ़ी आज से कोई इक्यावन-बावन साल पहले।"[114]

"बात बोलेगी, हम नहीं/भेद खोलेगी बात ही"[115] जैसी कविता की पंक्तियाँ लिखने वाले शमशेर का प्रिय विषय 'मौन' है। यही कारण है कि वे निराला की 'मौन' शीर्षक कविता का बारीक विश्लेषण करते हुए ग़ालिब को याद करने लगते हैं। ग़ालिब ने कहीं लिखा है, "खामोशी ही से निकले हैं जो बात चाहिए।"[116] इसका हवाला देते हुए शमशेर 'मौन' कविता की वस्तुस्थिति को समझने पर विशेष बल देते हैं, क्योंकि इस वस्तुस्थिति को समझे और आत्मसात् किए बिना कवि का अभिप्रेत अर्थ और भाव सामने नहीं आ सकता। इसके मूलतत्त्व और प्रभाव को मन-मस्तिष्क में बैठाने के लिए शब्दों से काम नहीं चल सकता, उसके लिए मौन ही उपयुक्त है, क्योंकि चीजों को और स्थितियों को हृदय में बिठाकर, उन्हें समझकर उनके अस्तित्व में ही अपने अस्तित्व को ढूँढ़ना सार्थक है। शमशेर को लगता है यह सब शब्दों से नहीं और न ही संवाद कायम करने से सम्भव है। इस कविता का गम्भीर विश्लेषण करते हुए शमशेर इस पर त्रिलोचन से हुई अपनी बातचीत को उद्धृत करते हुए इसके प्रभाव और आलोचकों द्वारा इसकी उपेक्षा पर अफसोस जाहिर करते हैं। त्रिलोचन ने निराला की इस कविता के बारे में बताया था कि 23-24 साल की उम्र में ही निराला में इतनी कलात्मकता और उत्कृष्टता आ गई थी कि उन्होंने इसमें बहुत कुछ भर दिया था। लेकिन त्रिलोचन अफसोस जाहिर करते हैं कि डॉ. रामविलास शर्मा ने निराला का मूल्यांकन करते वक्त इसका जिक्र भी कहीं नहीं किया है।

वस्तुस्थिति चाहे जो हो शमशेर इस पर मुग्ध हैं। और इसकी महानता को रेखांकित

करते हुए कहते हैं कि "जो हो, ये एक महान गीत है या नहीं, मैं नहीं जानता—मेरे निकट तो ये महान है। मगर शुरू से ही यह मेरे मन में गूँजता रहा है और आज तक गूँज रहा है, सच तो यह है कि इसके हर पद के साथ अर्थों के साथ-साथ कितनी सारी बातें जुड़ी चली आती हैं, भाव या अर्थ में—इसमें किसी एक जगह पर ठहराव-सा नहीं है। वो भी जैसे गतिमय हो, किसी बाढ़ के प्रवाह की तरफ लहरों का-सा द्वन्द्व उभरता है, मिटता है, उभरता-मिटता है। उसी में क्षण की बूँद के चारों ओर जीवन का प्लावन भी है। जिसका वह अविभाज्य अंग है।"[117] शमशेर अपनी बात के समर्थन और उसके स्पष्टीकरण में फिर ग़ालिब का स्मरण करते हुए उनकी यह पंक्तियाँ उद्धृत करते हैं कि—

कतरे नें दजला दिखाई न दे और जुज्व में कुल,
खेल लड़कों का हुआ, दीदा-ए-बीना न हुआ।[118]

निराला के छन्द-प्रयोग की विशेषताओं को बहुत कुशलता से हमारे सामने रखते हुए शमशेर लिखते हैं कि "दो बातें, मेरा खयाल है कि निराला के छन्दों में खासतौर से महसूस की गई हैं। एक तो ये कि हरेक पंक्ति आगे आने वाली पंक्ति के साथ गुँथी हुई होती हैं। यही नहीं, प्रत्येक पंक्ति का प्रवाह अपनी ताल और लय के लिए हुए बराय-नाम अन्त्यानुप्रास पर ठहरता है, वे अकसर अपनी ताल को अगली पंक्ति के आरम्भ से मिलाकर उठाता है।"[119] 'मौन' शीर्षक कविता की कुछ पंक्तियों को उदाहरण के तौर पर पेश करते हुए शमशेर निराला के गीतों या लिरिक भावना के प्रति अपने आकर्षण के कारणों को बताते हैं। वे निराला के काव्य के एक-एक बंद को संगीतात्मकता की दृष्टि से अद्भुत बताते हुए कहते हैं कि "हर बंद में अन्तिम शब्द प्राय: पहले शब्द की तरफ इशारा करता है। भाव और छन्द-प्रवाह दोनों प्रकार से ये जो चक्र-सा बनाते हैं, निराला के बंद को, काव्य के संगीत की दृष्टि से अद्भुत है। मेरा खयाल है पूरा भाव ग्रहण करने के लिए उन्हें गाकर सुनना जरूरी है। निराला उस परम्परा से दूर नहीं हैं जहाँ हर गीत के साथ उसकी रागिनी का नाम भी दर्ज कर दिया जाता है। निराला के यहाँ 'गीत' का साज-सामान हर लिरिक कविता में (चाहे देखने में गीत की कोटि में आता हुआ न लगे)—उसमें भी पूरा-पूरा मिलता है। मुझे निराला में यह चीज बहुत अधिक आकर्षक लगती है।"[120]

निराला के गीतों में दूसरी खास-चीज जो शमशेर की दिलचस्पी को बढ़ाती है वह है—"हर गीत लिरिक के अन्त में कथात्मकता का होना।"[121] क्योंकि शमशेर को "निराला का हर गीत मानो किसी छोटी या बड़ी अन्तरंग घटना पर आधारित लगता है। जैसे किसी कथा या घटना का अन्त होता है उसी तरह अपने आरम्भ से उतना ही कटा हुआ होता है जितना किसी घटना का परिणाम उसके आरम्भ से, अपने अन्त पर वह हमें चिन्तन के लिए बाध्य करता है, वो हमें गम्भीर बना देता

है।"[122] इस दृष्टि से उदाहरणस्वरूप शमशेर ने निराला की 'निवेदन' शीर्षक कविता की ये पंक्तियाँ उद्धृत की हैं—

एक दिन थम जाएगा रोदन...
तुम्हारे प्रेम अंचल में... ।[123]

इन पंक्तियों के माध्यम से शमशेर निराला के कविताओं की एक खास खूबी को पाठक के सामने रखना चाहते हैं और वह खास खूबी है निराला-काव्य की नाटकीय सम्भाषण शैली। आगे शमशेर इस कविता के एक-एक बारीक पहलुओं की विशेषताओं की चर्चा करते हुए उसके संगीत, नृत्य और अभिनय, संवाद, नाटकीयता आदि को भी हिन्दी कविता में एक मिसाल मानते हैं। निराला की शैली में इन विशेषताओं की तरफ संकेत करते हुए शमशेर लिखते हैं कि "निराला जी की शैली में वही तीन-चार चीजें एक साथ घुली-मिली हुई हैं, संगीत, ताल और लय, गति नाटकीयता, संवाद की स्थिति एक ऐसे वार्तालाप जो दो स्तरों पर, परम प्रिय या प्रिया के साथ, और उसके माध्यम से स्वयं अपनी एक दूसरी सत्ता से। ये डायलॉग, एक ओर प्रेम के होते हैं, दूसरी ओर दार्शनिक संकेतों से भरे होते हैं। तीसरी ओर वे निराला की अपनी कहानी कहते हैं। परिमल में मैं इस बात को भूल नहीं पाता हूँ कि निराला, हो न हो, अपनी दिवंगता पत्नी को किसी-न-किसी बहाने अकसर याद करते हैं, और उसको उन्होंने दिव्य-सी सत्ता दे दी है, या उसने उसे भुला दिया है, और उस रूप में भी उसको देखते हैं।"[124] इस सन्दर्भ में शमशेर ने निराला की दो कविताओं 'प्रिया के प्रति' और 'स्वप्न स्मृति' को पाठकों या श्रोताओं के सामने रखा है। शमशेर ने निराला की आरम्भिक कविताओं में 'नास्टेल्जिया' की भावना को बेहद प्रभावपूर्ण माना है।

निराला की कविता में मौजूद इन विशेषताओं के स्पष्टीकरण के लिए शमशेर संस्मरणात्मक शैली में एक दिलचस्प बात बताते हुए कहते हैं कि "निराला जी कभी-कभी भावमय मुद्रा में अपने एकान्त कमरे में नृत्य करते थे। जिन्होंने उनको अपने गीत या लिरिक पढ़ते हुए सुना है, वो अगर याद करें तो उस प्रक्रिया में उनकी उँगलियाँ, उनकी भवें और होंठ एक तरह से उनकी पूरी यष्टि भाव-विह्वल होकर कविता को व्यक्त करने लगती थी। मानो अनेक ललित कलाओं के संयोग और सहयोग से वो अपनी रचना को अधिक से अधिक सजीव और मूर्तिमान करने की कोशिश में हों"[125] जो कवि अपने पूरे तन-मन-धन से अपनी काव्य-साधना में कुछ इस कदर डूबता हो कि अनेक-अनेक ललित कलाओं का संयोग और सहयोग उसकी कला में सजीव और मूर्तिमान होने लगे, उस कलाकार का व्यक्तित्व महाकवि का व्यक्तित्व ही हो सकता है और उस उदात्त व्यक्तित्व का आतंक शमशेर जैसे सजग कलाकार, आलोचक के लिए होना स्वाभाविक ही है। मगर शमशेर इस आतंक से केवल आतंकित ही नहीं होते बल्कि कुछ सीखते भी हैं। तभी तो वे कहते हैं—

भूलकर जब राह–जब जब राह...भटका मैं
तुम्हीं झलके, हे महाकवि,
सघन तन की आँख बन मेरे लिए।[126]

और यह भी—

हाँ तुम्हीं हो, एक मेरे कवि–
जानता क्या मैं–
हृदय में भरकर तुम्हारी साँस–
किस तरह गाता
(ओ विभूति परम्परा की!)
समझ भी पाता तुम्हें मैं कि जितना चाहता हूँ,
महाकवि मेरे![127]

परम्परा के मूल्यांकन में इस महाकवि, साहित्य की परम्परा की विभूति कवि को फिर-फिर जानने और समझने की उत्कट इच्छा शमशेर जैसे कवि-आलोचक को किसी कदर भी नहीं छोड़ती। इसीलिए वह निराला की कविताओं के बहाने कविता की बातें कर रहा है, निराला की नहीं। निराला के कवि-व्यक्तित्व पर वह बात कर भी नहीं सकता एक आलोचक के रूप में, क्योंकि इस कवि के उदात्त व्यक्तित्व को अभी जानना है, समझना है—जिसके लिए जीवन चाहिए दूसरा, जो मिल नहीं सकता। फिर? इसलिए वह जो कुछ भी कहता है एक शिष्य कवि के नाते। और कुछ नहीं।

'सामाजिक सत्य और रचना का माध्यम' शमशेर का बेहद महत्त्वपूर्ण सैद्धान्तिक आलोचनात्मक निबन्ध है। इस निबन्ध का महत्त्व इसलिए है, क्योंकि इसमें शमशेर ने रचना और माध्यम का एक-दूसरे पर पड़ने वाले प्रभाव, इन दोनों का समाज पर पड़ने वाला प्रभाव, सामाजिक सत्य या सामाजिक यथार्थ का माध्यम पर पड़ने वाले प्रभाव और साथ ही इस विषय में रचनाकार की विशिष्टता तथा उसके दायित्व, उसकी व्यक्तिगत ईमानदारी आदि पर विस्तार से विचार-विमर्श किया है। इसमें शमशेर ने कुछ सुविचारित निष्कर्ष एवं स्थापनाएँ भी दी हैं और उन निष्कर्षों तक पहुँचने के क्रम में पर्याप्त प्रमाण भी हमारे समक्ष पेश किया है। इसी क्रम में वे छायावाद, उसके कवियों, उर्दू-हिन्दी के अनेक प्रगतिशील-प्रयोगशील कवियों, उर्दू-हिन्दी साहित्य की परम्पराओं, विचारधाराओं, अंग्रेजी साहित्य और उसके कवियों और भारतीय कवियों पर उनके प्रभावों आदि के सकारात्मक-नकारात्मक पहलुओं, रचना की संरचना, समाज की संरचना और दोनों के एक-दूसरे पर पड़ने वाले प्रभावों आदि-आदि तमाम विषयों और विमर्शों पर एक साथ विचार किया है।

शमशेर अपनी बात एक सवाल से शुरू करते हैं कि कलात्मक व्यवहार में माध्यम की विशिष्ट भूमिका क्या है? इसकी बहस वह अपने निजी अनुभव के आधार पर शुरू करते हुए लिखते हैं कि "रचना का माध्यम हमारी रचना-प्रक्रिया को प्रभावित

करता है। जो माध्यम रचनाकार को आकृष्ट करता है, उसकी परम्परा और इतिहास का प्रभाव उसकी चेतना पर रहता ही है और वह अपने अनुभवों और अनुभूतियों को उन महान रचनाकारों का सहारा लेकर अभिव्यक्त करता है, जो उस माध्यम की परम्परा में उसके सबसे निकट पड़ते हैं। फिर भी उसकी अभिव्यक्ति अपनी निजी विशिष्टता लिए रहती है।''[128] यहाँ पर शमशेर कहीं-न-कहीं अपनी भी रचना-प्रक्रिया और रचना के माध्यम पर बात कर रहे हैं। साहित्य की परम्पराओं और इतिहास का प्रभाव कहीं-न-कहीं शमशेर की चेतना पर भी है, तभी तो वे निराला, पंत और पश्चिम के महान रचनाकारों की काव्यवस्तु और शैलीगत विशिष्टताओं के अनुशीलन से अपनी अभिव्यक्ति को निखार सके हैं। लेकिन इन प्रभावों के बावजूद भी शमशेर की शैली अपनी निजता लिए है। उसकी अपनी अलग विशिष्टता है। यह विशिष्टता क्योंकर और कैसे आती है, इसके सन्दर्भ में शमशेर का खयाल है कि ''यह विशिष्टता एक तो उसके अपने दौर की होती है और दूसरी उसकी अपनी, जिसे उर्दू में शायर का अपना रंग कहते हैं। जैसे उर्दू में जिगर का या हिन्दी में द्विवेदी-काल में सुभद्राकुमारी चौहान और 'एक भारतीय आत्मा' का रंग है। छायावाद में पंत और निराला का रंग अलग है। बड़े कवियों की विशेषता यह होती है कि वे परम्परागत माध्यम को अपनाकर भी उसमें कुछ अपना नया भी डाल देते हैं, उसे बदलते हैं, एक नई पहल करते हैं, जबकि छोटे या साधारण कवि उनका अनुकरण करते हैं, उनके बनाए हुए रास्ते पर चलते हैं।''[129]

इस नएपन को, इस बदलाव को और इस नई पहल को समझने-समझाने के लिए शमशेर हाली के 'हुब्बे वतन', 'बरखा रुत', 'मुसद्दस' आदि रचनाओं का हवाला पेश करते हैं। इसी क्रम में उन्हें उर्दू में चकबस्त, अकबर इलाहाबादी और इक़बाल की याद आ जाती है। उन्हें लगता है कि इक़बाल ने कविता के क्षेत्र में एक क्रान्तिकारी परिवर्तन किया है। इक़बाल की लम्बी कविताओं की दिव्य-कल्पना-शक्ति शमशेर को शैली की याद ताजा कर देती है। शैली की रोमानी कविताओं की क्रान्तिकारी भावनाएँ उनको बेहद आकर्षित करती हैं। इक़बाल के यहाँ भी यह नई चीज सम्भवत: शैली के प्रभाव से ही है। हिन्दी की छायावादी कविता में अंग्रेजी की रोमानी कविता का असर किस अनुपात में और किस रूप में आया है, इस पर टिप्पणी करते हुए शमशेर लिखते हैं कि ''छायावादी कवियों ने अंग्रेजी की रोमानी कविता से प्रकृति-प्रेम आदि तो लिया, मगर क्रान्तिकारी भावनाएँ नहीं लीं। बाद में पंत जी ने इन चीजों को लिया जरूर, पर वे इन चीजों को भरपूर काव्य के स्तर पर नहीं ला सके, उनकी बातें काव्य में वक्तव्य के से स्तर पर ही रहीं। निराला इन चीजों को काव्य के स्तर तक उठा ले गए, इसका कारण शायद यह था कि उनकी नजर दोनों तरफ थी। वे एक तरफ पश्चिमी साहित्य को देखते थे तो दूसरी तरफ भारतीय साहित्य के साथ भारतीय जनता के दैनंदिन संघर्षशील जीवन को भी। एक तरफ वे

नेहरू जैसे लोगों को देखते थे तो दूसरी तरफ भारतीय जनता को भी देखते थे।''[130]

शमशेर ने अपनी बात को स्पष्ट करते हुए लिखा है कि जिस प्रकार ''रचना का माध्यम हमारी रचना-प्रक्रिया को प्रभावित करता है''[131] ठीक उसी प्रकार ''हम भी अपने समय की आवश्यकताओं के अनुसार उस माध्यम को प्रभावित करते हैं।''[132] इसका नतीजा यह होता है कि ''यह चीज हमसे, हमारे मिजाज से, अलग चीजें भी लिखवा लेती हैं।''[133] उदाहरण के तौर पर शमशेर बालकृष्ण राव, नरेन्द्र शर्मा और बच्चन आदि का नाम लेते हैं। शमशेर की धारणा है कि अपने युवाकाल में ये नए कवि अपने आवेगों को एक प्रकार के आदर्शवाद से दबाते हैं जिससे उनकी रचना-प्रक्रिया प्रभावित होती है। लेकिन केदारनाथ अग्रवाल और रामेश्वर शुक्ल 'अंचल' के यहाँ यह चीज देखने को नहीं मिलती। रामविलास शर्मा को शमशेर यथार्थवादी न कहकर आदर्शवादी कहते हैं, क्योंकि शर्मा जी के यहाँ आरम्भ से ही शमशेर को एक प्रकार का उत्साह और आदर्शवाद दिखता है। शमशेर मानते हैं कि ''निराला भी आदर्शवादी हैं, लेकिन वे उन्मुक्त भी हैं, इसलिए यथार्थ के ज्यादा करीब हैं। निराला की प्रेमानुभूति भरपूर मांसल और गहरी थी। वह एक आदर्श 'नायक' कहे जा सकते थे और कहे भी जाते थे। देहाती और सामन्ती वातावरण में पले निराला बहुत सी चीजों को छोड़ नहीं सकते थे और इसलिए वे अपनी गरीबी को भी एक उदात्त रूप दे देते हैं। 'राम की शक्तिपूजा' में वास्तविक हीरो निराला स्वयं हैं। उनके व्यक्तित्व की मांसलता, उनका भरा-पूरापन, उनका अकुंठित व्यक्तित्व—यह सब उनकी कविता में प्रकट होता है। पंत जी अपनी कविता में अपने आप को छिपाते और बचाते थे।''[134]

रचनाकार की विचारधारा का प्रभाव भी उसकी रचना-प्रक्रिया पर पड़ता है। शमशेर को हिन्दी में इसकी दिलचस्प मिसाल शील और नरेन्द्र शर्मा के रूप में दिखती है। बकौल शमशेर शील की आरम्भिक रचनाओं में छायावादी भाषा-शैली दिखती है लेकिन प्रगतिशील आन्दोलन से प्रभावित होने पर उनका छन्द-विधान और पैटर्न अन्दर से बदल जाता है। नरेन्द्र शर्मा में भी शमशेर को यही फलसफा देखने को मिलता है। शमशेर लिखते हैं कि ''रचनाकार किसी आन्दोलन से दो तरह से जुड़ता है : एक तो केवल वैचारिक स्तर पर, दूसरे वैचारिक के साथ-साथ सामाजिक स्थिति या कर्म के स्तर पर भी। शील और नरेन्द्र शर्मा दोनों प्रगतिशील आन्दोलन से जुड़े, लेकिन शील जुड़े रहे, नरेन्द्र शर्मा बाद में उससे अलग होकर दूसरी दिशा में चले गए। इसका कारण यही हो सकता है कि नरेन्द्र शर्मा केवल वैचारिक स्तर पर जुड़े थे, जबकि शील सामाजिक स्थिति और कर्म के स्तर पर भी प्रगतिशील आन्दोलन से जुड़े थे।''[135] यही स्थिति शमशेर की विचारधारा और रचनात्मकता के सन्दर्भ में भी हमें देखने को मिलती है, क्योंकि शमशेर भी आरम्भ में प्रगतिशील आन्दोलन का एक हिस्सा थे, लेकिन कुछ कारणों से वे पार्टी से अलग हो गए। लेकिन यह भी सही है कि वैचारिक स्तर पर वे इस आन्दोलन की विचारधारा से अन्त तक जुड़े रहे। यही

कारण है कि वे मार्क्सवाद की वैचारिकी को ऑक्सीजन का दर्जा देते हैं और रामायण को समझने के लिए मार्क्सवाद को पढ़ने की इच्छा व्यक्त करते हैं।

शमशेर को इसी प्रसंग में फैज अहमद फैज की याद आ जाती है जो स्वभाव से रोमानी और आशिक मिजाज भी हैं, लेकिन उनकी यह आशिकी उनकी प्रेम की कविताओं में भी उनके आदर्शवाद को व्यापकता प्रदान कर देती है, क्योंकि फैज का प्रेमी गम्भीर, उदात्त और नि:स्वार्थ है। इस सन्दर्भ में शमशेर फैज की कविता 'रकीब से' का हवाला देते हैं। उन्हें लगता है कि "यहाँ कवि की जीवन-स्थिति, उसके जीवन-व्यवहार और उसकी विचारधारा को एक साथ उसकी रचना-प्रक्रिया को प्रभावित करते देखा जा सकता है, इससे कविता का 'फार्म' ही नहीं बदलता, परम्परागत शब्दों के अर्थ तक बदल जाते हैं। फैज एक परम्परागत शब्द को लेते हैं और उनके परम्परागत अर्थ को बरकरार रखते हुए उसे एक दूसरा अर्थ भी दे देते हैं, जो शायद अधिक 'प्रासंगिक' हो सकता है। इस प्रकार प्रेम और क्रान्ति उनकी कविता में भिन्न या विरोधी नहीं, एक-दूसरे के पूरक और सहयोगी बन जाते हैं।"[136] यहाँ कहना असंगत न होगा कि शमशेर इस निबन्ध के आरम्भ में जिन बड़े कवियों की चर्चा कर रहे थे जो परम्परा को अपना माध्यम बनाकर भी उसमें अपना कुछ नया डाल देते हैं, उसे बदल देते हैं और एक नई पहल करते हैं—फैज अहमद फैज शमशेर के लिए वही बड़े कवि हैं और उनमें इन बड़े कवियों की-सी विशेषता मौजूद है।

इस गम्भीर विश्लेषण के बाद शमशेर एक निष्कर्ष पर पहुँचते हैं और तब उन्हें लगता है कि "हर देश और हर क्षेत्र की एक सांस्कृतिक परम्परा होती है। उसकी भावनाएँ, शब्दावली, रचना के रूप, प्रतीक आदि होते हैं। उन्हें छोड़ा नहीं जा सकता। लेकिन कवि के पास यदि सही दृष्टि और सही विचारधारा है तो वह उस परम्परा को अपनाकर भी उसमें नया कुछ जोड़ सकता है। मसलन मिथक का प्रयोग मेरी दृष्टि में एक पलायन है और एक तरह की प्रतिक्रियावादी प्रवृत्ति है, लेकिन नागार्जुन, शील और मुक्तिबोध जब इसका प्रयोग करते हैं तो वह एक प्रगतिशील प्रयोग होता है।"[137] इस सन्दर्भ में शमशेर ने धर्मवीर भारती के मिथक-प्रयोग को असफल बताया है, क्योंकि भारती ने अपनी रचनाओं में मिथकों का प्रयोग अपनी कमजोरियों को छिपाने के लिए एक 'सेफ्टी वाल्व' की तरह किया है। भारती इसमें कोई वास्तविक या नई बात नहीं जोड़ते हैं। शमशेर ने लिखा है कि "उदाहरण के तौर पर भारती की 'प्रमथ्युगाथा' को ही देखा जा सकता है, या एक हद तक 'कनुप्रिया' में भी जो उनके उपन्यास 'गुनाहों का देवता' का ही एक प्रकार से समानान्तर काव्य रूप है। उनके 'अन्धायुग' में उनके युवाकाल का आवेश है और वह आवेश पूरी शक्ति के साथ उसमें व्यक्त हुआ है, लेकिन वह सचेत रूप से प्रगतिवाद-विरोधी स्टैंड लेकर लिखा गया है। और मेरे देखते इस गलत दृष्टि या विचारधारा का प्रभाव उनकी रचना-प्रक्रिया पर यह पड़ता है कि वे 'अन्धायुग' लिखने के बाद लगभग चुक जाते हैं।"[138]

विचारधारा रचना-प्रक्रिया को बेशक प्रभावित करती है, लेकिन शमशेर का यह भी मानना है कि केवल विचारधारा या इमोशंस के आधार पर ही बड़ा काम सम्भव नहीं, क्योंकि बड़ा काम करने के लिए स्वस्थ विचारधारा के साथ ही गम्भीर तैयारी, चिन्तन-मनन और सजगता की भी आवश्यकता होती है। रचनाकार के अन्दर सामाजिक सत्य या यथार्थ को जानने की शक्ति की आवश्यकता है, वर्ना उसका प्रयास असफल होता है और वह जल्दी चुक जाता है। शमशेर ने इस सन्दर्भ में कुछ उदाहरण भी पेश किए हैं। उन्हें लगता है कि "निराला, पंत आदि कविता के क्षेत्र में आए तो पूरी तैयारी के साथ आए। कीट्स, वर्ड्सवर्थ, कालिदास, रवीन्द्रनाथ को वे अपने अन्दर घुला ले गए। नरेन्द्र और बच्चन ने भी यह तैयारी की, लेकिन शायद उतनी नहीं, और उनका प्रभाव भी उनकी कविता में तुलना करके देखा जा सकता है। शील ने जनता से जुड़कर शक्ति प्राप्त की, लेकिन भाषा-तत्त्व का अध्ययन कम किया, जिसके कारण उनकी भी कविता इस पक्ष से आरम्भ में कमजोर पड़ी। बाद के कवियों ने तो मानो किसी तैयारी की जरूरत ही नहीं समझी। नतीजा यह हुआ, और हो रहा है, कि कवि जल्दी ही चुक जाते हैं और कविता लिखी जाते ही प्रायः निरर्थक हो जाती है।"[139]

शमशेर ने इसी निबन्ध में रचना और उसके समकालीन समाज की संरचना के आपसी रिश्तों की भी पहचान की है। इसके लिए वे देश-विदेश के महान रचनाकारों तथा उनके सामाजिक परिवेश का हवाला देते हुए दोनों के एक-दूसरे पर पड़ने वाले प्रभावों से हमें अवगत कराते हैं। शमशेर की राय में "सामाजिक संरचना वस्तु और रूप दोनों को प्रभावित करती है। ब्रेख्त और फैज, दोनों की रचनाओं में सामाजिक यथार्थ को व्यक्त करते समय जो एक गोपन की, प्रायः रूपक के माध्यम से परोक्ष अभिव्यक्ति की, कलात्मक चतुराई दिखाई देती है, वह उनकी सामाजिक संरचना का भी असर है। यदि रचनाकार पर सेन्सर, अदालत और जेल के दबाव न हों, तो रचना बड़े उन्मुक्त ढंग से आएगी। जब रूस और चीन में लोगों को—सामान्य लोगों को भी—उन्मुक्त रूप से कलात्मक अभिव्यक्ति के अवसर मिले तो बहुत-सी खुली हुई सशक्त कविताएँ आईं, जिनका मूल्य है, महत्त्व है। इसलिए यह कहना बिलकुल सही है कि जैसा हमारा परिवेश होगा, वैसी ही कविता हम लिखेंगे।"[140] अपनी बात की प्रामाणिकता सिद्ध करने के लिए शमशेर पोलैंड और चेकोस्लोवाकिया के पेशे से वैज्ञानिक लेकिन कवि भी और 'सुर्रियलिज्म' आन्दोलन के चित्रकारों, कवियों, कहानीकारों, मूर्तिकारों का उदाहरण पेश करते हैं जिनकी कला को उनके सामाजिक परिवेश और पेशे ने एक-दूसरे को प्रभावित किया है।

इस प्रकार शमशेर इस निष्कर्ष पर पहुँचते हैं कि "रचना की संरचना को समाज की संरचना प्रभावित करती है। एक आन्दोलन कई कला-रूपों को प्रभावित कर सकता है, कला-रूप एक-दूसरे को भी प्रभावित कर सकते हैं, एक ही कला में

विभिन्न विधाएँ और शैलियाँ भी एक-दूसरे को भी प्रभावित कर सकती हैं और करती हैं।''[141] लेकिन साथ ही शमशेर रचनाकार तथा उसके आलोचक को यह चेतावनी भी देते हैं कि ''प्रत्येक कला-रूप या विधा की अपनी एक मर्यादा होती है और वह मर्यादा कायम रखना जरूरी होता है।''[142] इसलिए रचनाकार रचना करते समय इस मर्यादा का खयाल रखे और उसका आलोचक आलोचना करते वक्त उस मर्यादा को भूल न जाए। नहीं तो भारी बवंडर पैदा हो सकता है और उस कला-रूप या विधा की कलात्मकता नष्ट हो सकती है। शमशेर यह मानते हैं कि ''एक रचनाकार अनेक माध्यम अपना सकता है; कई विधाओं को जोड़-तोड़ कर एक नया रूप दे सकता है। इस तरह विधाओं का मिलना अपने आप में गलत नहीं, बल्कि यह मिलना किसी मुख्य विधा को अत्यन्त समृद्ध बना सकता है, जैसे नाटक को; लेकिन रचना और आलोचना के समय हमें कई विधाओं से समृद्ध हुई उस मुख्य विधा की विशेषतओं का और उसके अपने अनुशासन या मर्यादा का ध्यान रखना होगा। शेक्सपियर के नाटक कविता में होने के बावजूद नाटक हैं; जबकि शैली के नाटक काव्य हैं। कभी-कभी यह भी होता है कि रचनाकार कई विधाओं को मिलाने के चक्कर में मुख्य विधा को नष्ट कर डालता है; जैसे एक सीमा तक प्रसाद के नाटक। कहने का मतलब यह कि कला-रूपों और विधाओं में इस तरह का आदान-प्रदान यदि मुख्य विधा को नष्ट नहीं करता, तब तो ठीक है, लेकिन नष्ट करता है तो गलत है। यही बात हमें विभिन्न विधाओं की आलोचना में भी ध्यान में रखनी चाहिए।''[143] सामाजिक सत्य और रचना का माध्यम कैसे, किस रूप में, किन परिस्थितियों में एक-दूसरे को प्रभावित करता है और उसके सकारात्मक-नकारात्मक प्रभाव किस रूप में सामने आते हैं—इस विषय पर शमशेर के इस गम्भीर विश्लेषण पर थोड़े में बात नहीं की जा सकती थी, वर्ना शमशेर की आलोचना-दृष्टि के साथ नाइंसाफी होती और पाठक के साथ भी, क्योंकि शमशेर का यह विश्लेषण और उसकी शैली, उनका चिन्तन-मनन और उनकी कल्पना-शक्ति इतनी महत्त्वपूर्ण है कि आज का हर नया रचनाकार और आलोचक इससे दिशा-निर्देश लेकर अपनी कला में चार चाँद लगा सकता है।

शमशेर का 'मुक्त-छन्द' शीर्षक आलोचनात्मक निबन्ध हिन्दी आलोचना की एक महत्त्वपूर्ण उपलब्धि है। हिन्दी में 'मुक्त-छन्द' पर सबसे पहले विचार शायद निराला ने किया है। सम्भवत: निराला ही इस विषय पर शमशेर के प्रेरणास्रोत रहे हैं। यही कारण है कि निराला के बाद इस विषय पर शमशेर का यह प्रयास बेहद महत्त्वपूर्ण है। शमशेर के बाद तो शायद इस पर किसी ने चिन्तन करने की जरूरत ही नहीं समझी। शमशेर इस विषय पर चर्चा अपनी स्वाभाविक शैली में एक सवाल के साथ आरम्भ करते हैं कि ''हमारे आज के काव्य में 'मुक्त-छन्द' का क्या महत्त्व है, और वह काव्य का एक स्वस्थ अंग है या अस्वस्थ ?''[144] शमशेर अपनी कशमकश जाहिर करते हैं कि '' 'मुक्त-छन्द' का मैं शुरू से हामी और समर्थक और अपनी सीमा में

एक प्रयोगक रहा हूँ।''[145] लेकिन अपनी अक्षमता जाहिर करते हुए शमशेर को लगता है कि केवल हामी या समर्थक या एक प्रयोगक होने से इस विषय पर बात करने का अधिकार उन्हें नहीं मिल जाता। साथ ही यह भी लगता है कि ''यद्यपि सफलतम कवियों में निराला और प्रसाद और इधर के लिरिक पद्यकारों में नरेन्द्र, अज्ञेय और केदारनाथ अग्रवाल ने मुक्त-छन्द में रचना के ऐसे नमूने उपस्थित किए हैं, कि उनको लेकर इस 'काव्य-प्रकार' की काफी कुछ विवेचना की जा सकती है।''[146] दरअसल, यहाँ शमशेर की अक्षमता नहीं, बल्कि किसी विषय में प्रवेश करने की उनकी यह कमाल की सादगी और विनम्रता है और इसी के बलबूते वह अपना रास्ता आसानी से बना लेते हैं और अपनी बात भी मनवा लेते हैं।

इस निबन्ध में आलोचना-कर्म और उसके दायित्व सम्बन्धी शमशेर के विचारों को देखा जा सकता है। शमशेर का मानना है कि 'मुक्त-छन्द' का हिन्दी के सन्दर्भ में अभी विवेचन नहीं किया जा सकता। इसके पीछे तीन कारणों की चर्चा शमशेर ने की है जिनमें पहला यह कि ''निराला, प्रसाद, पंत आदि की काव्य-कला का गम्भीर विश्लेषण अभी मोटे तौर से भी नहीं हो सका है। यानी, उपरोक्त कविगण अपने पद्य में विशेष विशिष्ट शब्दों को जिस स्थान पर रखते हैं, उस स्थान पर क्यों और किस प्रकार रखते हैं—और उन्हीं शब्दों को क्यों रखते हैं, उन शब्दों के भाव कवियों के व्यक्तित्व का परिचय किस प्रकार किस श्रृंखला से देते हैं, इन कवियों की शैलियों का विशेष रूप वैसा क्यों है, इनके छन्दों का बारीक इतिहास इनके प्रयोगों की काल-क्रम से विवेचना, इत्यादि। ये बातें अभी हमें नहीं समझाई गई हैं। इन प्रश्नों के साथ दूसरे महत्त्व के प्रश्न हैं। मसलन, इनके छन्द-प्रयोगों का तारतम्य आम जनता की स्वाभाविक साहित्यिक अभिरुचि से कितना है, कितना नहीं ? किस प्रकार वह अधिक हो सकता है, या होता! इन कवियों का साधारण पाठकों से जो सम्बन्ध आज है—जितना कुछ भी उसकी तुलना हमारे पिछले तथा अन्य देशों के महान कवियों से करने पर, हम क्या-क्या निष्कर्ष निकाल सकते हैं—क्या-क्या बातें सीख सकते हैं। जब तक इन सब बातों का थोड़ा-बहुत सन्तोषजनक उत्तर नहीं मिल जाएगा, तब तक मुक्त-छन्द की बहस यथार्थ में विदेशी समस्या का ही रंग-रूप ले लेगी।''[147]

दूसरे और तीसरे कारणों की चर्चा करते हुए शमशेर लिखते हैं कि ''साधारण हिन्दी पाठकों की साहित्यिक सुरुचि का तल एक तो वैसे ही बहुत कुछ अस्पष्ट-ज्ञात सामन्ती काव्य-प्रणालियों तथा परिपाटियों से बँधा हुआ है, जिनको तर्कपूर्ण रीति से समझने की आदत हमारे समालोचकों की कोशिशों (!) के बावजूद भी उनमें कम पैदा हो सकी; दूसरे, नए काव्य-प्रकारों की परिपाटियों से वे यथार्थ में सर्वथा अनभिज्ञ हैं। यह धारणा रखना गलत है कि हमारे अंग्रेजीदाँ पाठक मुक्त-छन्द, अतुकान्त छन्द, गद्यकाव्य, काव्य-गद्य आदि के बारे में साफ-साफ कुछ जानते

या जानने की इच्छा रखते होंगे। जो चीज केवल कुछ इने-गिने कॉलेज अध्यापकों, विशेष काव्य-प्रेमियों या काव्य के गम्भीर विद्यार्थियों के ही मनोरंजन की सामग्री हो, निश्चय ही उसके विषय में किसी बहस को तूल देना सिर्फ आगे आने वाले युग के ही काम का हो सकता है।''[148] लेकिन इन तमाम समस्याओं के बावजूद भी शमशेर ने इस बहस को तूल दिया है, क्योंकि शमशेर को यह विश्वास है कि आने वाले युग में नई पीढ़ी इन कवियों का गम्भीर विश्लेषण करेगी और तब आज की यह बहस शायद उनके कुछ काम आ सके। इसी उम्मीद के साथ शमशेर यह लिखते हैं कि ''मुक्त-छन्द की ओर ध्यान दिया जाने लगा है आधुनिक काल में ही। यूरोप, अमरीका, बंगाल होती हुई यह 'नई' पौध हिन्दी प्रान्त में आई। हिन्दी में इसका प्रचलित रूप बहुत कुछ रवीन्द्रनाथ ठाकुर का ही ऋणी है—विशेषकर 'रहस्य' भावना से प्रोत्साहित मुक्त-छन्द।''[149]

हालाँकि मुक्त-छन्द की धारा पश्चिम से होते हुए भारत आई है लेकिन शमशेर ने रवीन्द्रनाथ ठाकुर की बात को भी सामने रखा है जिसमें वे इसे पश्चिम की देन नहीं मानते। रवीन्द्रनाथ ने 'गीतांजलि' में प्रयुक्त मुक्त-छन्द का उद्‌गम स्थल भारत के वैदिक मंत्रों को माना है। निराला की स्वीकारोक्ति भी कुछ ऐसी ही है। 'परिमल' की भूमिका में निराला ने भी 'जूही की कली' में प्रयुक्त मुक्त-छन्द का स्रोत वेदों को ही बताया है। खैर! शमशेर ने निराला के मुक्त-छन्द प्रयोग की विशेषता को सामने रखते हुए यह बताया है कि उनके काव्य में ओज और भावों के प्रवाह की आधारभूमि मुक्त-छन्द ही है। वे लिखते हैं कि ''निराला जी का मुक्त-छन्द बहुधा स्वर-प्रधान होता है—अथवा स्वर का प्राधान्य ले उठता है। मात्रिक छन्दों के प्रयोग में स्वर का महत्त्व वे कम नहीं होने देते, उनकी कविता में ओज का एक विशेष कारण यह भी है। निराला जी के मुक्त-छन्द पूर्ण रूप से भावों से ही न केवल बँधे हुए, बल्कि उन्हीं का आधार लेकर चलते हैं।''[150] शमशेर रवीन्द्रनाथ और निराला की मान्यताओं में अपनी सहमति दर्ज करते हुए यह स्वीकार करते हैं कि ''मुक्त-छन्द की प्राचीनता भारत में वेदों से सिद्ध होती है। वैदिक मंत्र स्वरोच्चारण के जिन नियमों से हमेशा के लिए बाँध दिए गए हैं, वे उनका मुक्त प्रभाव स्पष्ट घोषित करते हैं।''[151] लेकिन वे यह भी स्वीकार करते हैं कि ''मुक्त-छन्द आधुनिक युग की ही उपज है; यानी इस 'काव्य-प्रकार' की वृद्धि और उन्नति विदेशों के साहित्यिक इतिहास से ही सम्बन्ध रखती है। यानी हिन्दी में मुक्त-छन्द को अपना पूर्ण रूप प्राप्त करने के लिए यूरोपीय और अमरीकी कलाकारों की कला को समझ लेना होगा।''[152] गौरतलब है कि शमशेर का यह निर्देश रवीन्द्रनाथ और निराला के लिए नहीं, बल्कि मुक्त-छन्द के नए प्रयोक्ताओं और आलोचकों के लिए है।

भारत में रवीन्द्रनाथ के बाद हिन्दी में निराला मुक्त-छन्द के सबसे सफल प्रयोगकर्त्ता रहे हैं और उन्होंने अपनी कविताओं में इस काव्य-प्रकार का सफल प्रयोग

कर इसकी प्रभावशीलता, इसके ओज और इसकी उपयोगिता को सिद्ध भी किया है। यही कारण है कि शमशेर ने निराला की तुलना मायकोवस्की से करते हुए लिखा है कि ''हिन्दी में निराल जी की तुलना कुछ अंशों में मायकोवस्की से की जा सकती है—विशेषकर उनकी आधुनिकतम प्रगतियों के रूप में हमें जिस तरह की भाषा और भावों की छाप मिलती है, वह उसी तर्क भरे भाव सम्पुटित समष्टिपूर्ण शैली की मुक्त भूमि पर है, जिस पर मायकोवस्की की रचनाएँ। निराला जी के लिए एक देशव्यापी कायापलट की ही जरूरत शेष है।''[153] शमशेर द्वारा निराला की मायकोवस्की से तुलना को कई आलोचकों ने आश्चर्य की दृष्टि से देखा है। इसका कारण यह है कि यह क्षमता शमशेर में ही विद्यमान थी, क्योंकि उन्होंने इन दोनों कवियों के काव्य तथा व्यक्तित्व का गहन अध्ययन किया था। यही कारण है कि इन दोनों कवियों के मुक्त-छन्द सम्बन्धी प्रयोगों को शमशेर आमने-सामने रख पाए।

शमशेर ने मुक्त-छन्द के कवियों के दो रूपों की चर्चा की है—स्त्रैण और पौरुषमय। इसके लिए वे अमरीका और इंग्लैंड के कवियों का हवाला देते हैं। पौरुष भावनाओं के सर्वश्रेष्ठ अमरीकी कवि वॉल्ट ह्विट्मैन की प्रशंसा करते हुए उनकी एकांगिता को भी रेखांकित करते हैं। शमशेर लिखते हैं कि ''ह्विट्मैन का प्रेरक स्वप्न 'डेमोक्रेसी' (प्रजातंत्र) था। आज की शासन तथा समाज-व्यवस्था की जटिलताओं और विडम्बनाओं को व्यक्त करने के लिए कवि जिस मुक्त द्वार के लिए आतुर और विकल हुआ, उसकी ओर प्रथम संकेत ह्विट्मैन ने ही किया। लेकिन आधुनिक मुक्त-छन्द की योजना और प्रकार को देखते हुए हम ह्विट्मैन के अंग्रेजी भाषा-भाषियों के युग में और आज के साहित्यिक युग में जमीन-आसमान का अन्तर पाते हैं।''[154] इस अन्तर को और अधिक स्पष्ट करते हुए शमशेर इस बात की तरफ भी इशारा करते हैं कि आज की छन्दोबद्ध कविता को भी अपना अस्तित्व कायम रखना है तो उसे मुक्त-छन्द की कविता से सीख लेना आवश्यक है। शमशेर ने लिखा है—''ह्विट्मैन का मुक्त-छन्द जितना उन्मुक्त था, आज का मुक्त-छन्द उतना ही सम्पूर्णतः संगठित यानी संयमित वस्तुतः छन्दोबद्ध कविता से अधिक कठिन, साहसापेक्षी और स्वर-व्यंजना से पूर्ण कला-प्राणयुक्त। यही नहीं, आज की छन्दोबद्ध कविता आज की मुक्त-छन्द कविता से अच्छी तरह सबक सीखे बिना अपने पैरों पर खड़ी नहीं हो सकती।''[155]

हालाँकि शमशेर को अपना यह कथन बहुत व्यापक-सा लगने लगता है, लेकिन लोकगीतों की 'कला' से अनुप्रेरित रचनाओं को छोड़कर शेष सभी प्रकार की पद्य-रचनाओं के सन्दर्भ में वे इसे सत्य मानते हैं। लोक-गीतों की कला में शमशेर को ह्विट्मैन के इस मुक्त-छन्द और बीट्निक उन्मुक्त छन्द की आवश्यकता महसूस नहीं होती। शमशेर ने 30 जनवरी, 1963 की अपनी डायरी में इसका कारण पेश करते हुए निराला की 'पकौड़ी' और पंत के 'कहारों का नाच' कविताओं की चर्चा की है।

वे लिखते हैं कि "हमें मुक्त-छन्द और बीट्निक उन्मुक्त छन्द की इसलिए जरूरत नहीं—मैं एकदम महसूस करता हूँ—कि हमारे देहाती लोकगीतों में बिम्ब और शैली बेहद आजादी के साथ और एक नाचती हुई तरंग में खुद-ब-खुद जैसे ढले हुए चले आते हैं : कि जिसके सामने तमाम आजाद, आज की नई से नई पश्चिमी कविता तकल्लुफ मालूम होती है; यहाँ तक कि बिम्ब भी क़दरेबासी-से और गोया पीट-पीटकर बुलाए गए से लगते हैं—चौंकाने वाले, कभी-कभी दिल में खुब जाने वाले एकदम सहज, हाँ, मगर फिर भी उतने सहज नहीं। सवाल सिर्फ यह है कि वह उतना सहज छन्द और गीत की बहती हुई गति का राज कहाँ से पकड़ा जाए। है वह यहीं कहीं, बिलकुल अपने चारों तरफ—नहीं, चारों तरफ नहीं : अपने अन्दर...हम जरा इन लोकगीतों के बीच में रमकर, डूबकर, उनमें खोकर चलें, तो वो आप से आप हमारे हाथ आ जाएँगे। निराला की पकौड़ी, पंत का 'कहारों का नाच' क्या हैं ? बहुत सही इशारे हैं।"[156]

आज के परिवेश में मुक्त-छन्द की कविता को शमशेर मानव-हृदय की सामाजिक मुक्ति का द्योतक और नव-शक्ति का सन्देशवाहक मानते हैं। उनकी राय में "मुक्त-छन्द जिन बहुत से वादों और प्रणालियों के सहारे चला, उनमें लगभग सभी शीघ्र ही पुराने पड़ते गए। आज फिर काव्य-जगत् सरलता, लोकगीतों की-सी सरलता और स्वाभाविक भाव-चमत्कार की तरफ धीरे-धीरे बढ़ रहा है। मुक्त-छन्द ने गद्य की भाषा को बहुत 'पूर्ण' कर दिया, निस्सन्देह; मगर अन्त में अपना रूप इसका प्रथम तो मानव-हृदय की सामाजिक 'मुक्ति' का द्योतक, दूसरे, नव-शक्ति का सन्देशवाहक होकर सामने आता है।"[157] शमशेर की यह धारणा आज के साहित्य की प्रगति और मानव-समाज पर पड़ने वाले उसके सकारात्मक प्रभाव के सन्दर्भ में अक्षरश: सत्य है। मुक्त-छन्द ने कविता को पारम्परिक रूढ़ छन्दों के बन्धन से तो मुक्त किया ही है साथ ही मानव-समाज के हृदय को पारम्परिक रूढ़िवादी बन्धनों से भी मुक्त कर दिया है। इस बन्धन-मुक्ति के कारण ही साहित्य और मानव-समाज की गति समानान्तर दिशा में, बल्कि एक-दूसरे से होड़ लगाकर सकारात्मक दिशा में कायम है।

लेकिन शमशेर की नजर में ऐसा नहीं है कि मुक्त-छन्द ने अपना काम पूरा कर दिया है और मानव-भावनाओं का अवरुद्ध द्वार हमेशा के लिए खोल दिया है जो कभी बन्द ही नहीं होगा, बल्कि इसे अभी और भी करामात करने हैं और यह इस दिशा में सक्रिय भी है। वे कहते हैं कि "मुक्त-छन्द पद्य को गद्य के काफी निकट ले आया है। कवियों और गद्य लेखकों का सामान्य अन्तर इसने मिटा-सा दिया है। जन-साम्य की-सी एक भावना इसने साहित्य में फैला दी है।"[158] आज के मुक्त-छन्द की कविताओं को शमशेर अधिक स्वस्थ और उत्कृष्ट बताते हुए कहते हैं कि "इसमें जो विषमता और रुग्ण चेतना की भावनाएँ थीं, वे मालूम होता है, पूर्ण अभिव्यक्ति पाकर खत्म हो चुकी हैं। आज का मुक्त-छन्द अपेक्षतया अधिक

स्वस्थ, बल्कि कहीं-कहीं उत्कृष्ट लोक काव्य की महान सरलता के निकट भी लगता है—विशेषकर जहाँ इसका उपयोग जन-साधारण के लिए गीति अथवा पद्यमय नाटकों में हुआ है।"[159] शमशेर ने आज के मुक्त-छन्द की प्रभावशीलता की दिल खोलकर तारीफ की है, लेकिन ऐसा नहीं है कि वे परम्परागत छन्दों या छन्दोबद्ध कविताओं की प्रभावशीलता व उत्कृष्टता को नजरअन्दाज करते हैं। दरअसल, शमशेर आधुनिक व प्रगतिशील होने के नाते यदि मुक्त-छन्द कविता को आधुनिक भावों के सम्प्रेषण में अधिक प्रभावी मानते हैं तो परम्परागत छन्दों को वे त्याज्य या उपेक्षणीय नहीं मानते। वे कहते हैं—"बड़े कवियों की विशेषता यह होती है कि वे परम्परागत माध्यम को अपनाकर भी उसमें कुछ अपना नया भी डाल देते हैं, उसे बदलते हैं, एक नई पहल करते हैं, जबकि छोटे या साधारण कवि उनका अनुकरण करते हैं, उनके बनाए हुए रास्ते पर चलते हैं।"[160] यह सन्तुलित दृष्टि ही शमशेर की आलोचना की विशेषता है।

सैद्धान्तिक आलोचना के क्षेत्र में शमशेर का 'अमूर्त कला' शीर्षक निबन्ध भी बहुत महत्त्वपूर्ण है। अमूर्त कला के प्रसंग में विचार-विमर्श करते हुए शमशेर ने तमाम तरह की रचना-प्रक्रियाओं को हमारे सामने रखा है। अमूर्त का विधान करने वाली कला पर बात शुरू करने से पहले वे भूमिका के रूप में कला के मूर्त स्वरूप, समाज से उसके सम्बन्धों और कला की अभिव्यक्ति में विभिन्न कलाओं के सम्मिश्रण को समझाते हुए लिखते हैं कि "कला की अभिव्यक्ति व्यक्ति और समाज की आशाओं-आकांक्षाओं और क्षणिक समर्थताओं का एक सजीव और गतिशील दर्पण है। इस दर्पण में हम अपनी शक्लें देखते नहीं—पहचानते और समझते हैं और जितना इस पहचान और समझ को अपने काम का—और इसलिए अपनी दिलचस्पी का—पाते हैं, उसे अपनाते हैं। यह अपनाना ही कला से अपना सम्बन्ध जोड़ना, यानी उस सम्बन्ध से अवगत होना है। आज विभिन्न कलाएँ और ज्ञान-विज्ञान निरन्तर एक-दूसरे से टकराते, एक-दूसरे में घुलते-मिलते, एक-दूसरे की सीमाओं को बनाते-मिटाते, सिकोड़ते-फैलाते हुए आगे बढ़ रहे हैं। इसलिए हम कह सकते हैं कि एक चित्रकार तान लेता है, एक गायक चित्रण करता है, एक कवि मूर्ति और मन्दिर बनाता है।"[161]

कला जीवन की अनुभूति है, और वह ज्यादातर अमूर्त ही है। इसकी अभिव्यक्ति इसका मूर्त रूप है। लेकिन इस अभिव्यक्ति के जो उपकरण हैं वह केवल जीवन की गुंजलक अनुभूतियों की छाया या आभास मात्र हैं जिनका कोई खास नियम या परिपाटी या बन्धन नहीं है। कला कई रूपों में हमारे सामने आ सकती है। शमशेर लिखते हैं कि "जिसे हम तकनीक या कला की अभिव्यक्ति का ढंग-ताल, छन्द, तोल, विन्यास का हिसाब रखना कहते हैं—वह सिर्फ जीवन की गुंजलक अनुभूतियों की गति का परतों, उनकी परछाईं, उनका आभास मात्र है। वह स्वयं अपने अन्दर कोई अन्तिम

नियम नहीं है। वह सिर्फ मोटे-मोटे इशारे हैं, मोटे तौर से अनुभूतियों के प्रवाह को समझने के लिए—उन्हें अपने हृदय में, अपनी समझ के प्रवाह में मिलाने के लिए। वह खुद अपने आप में कुछ नहीं।''[162] कला के अमूर्त विधान में ही कलाकार की अनुभूतियाँ अपनी पूरी सच्चाई के साथ निखरकर सामने आती हैं। शमशेर इस पर विचार करते हुए लिखते हैं कि ''अमूर्त का विधान लेने वाली कला खासतौर से हमारे मन की अन्दरूनी सच्चाइयों के जितना निकट होती है, उतना—उस ढंग से—मूर्त यानी साफ सीधी सामने नजर आने वाली सच्चाई नहीं होती, क्योंकि हम अपनी भावनाओं में बहुत कुछ अपने अन्दर का ही जीवन जीते हैं।''[163]

एक आलोचक के अलावा एक कवि के रूप में भी शमशेर इन सच्चाइयों के असली रूप को महसूस करते हैं। पाठक भी उन सच्चाइयों को अपने अन्दर की संज्ञा या चेतना से पकड़ता है। अपनी चेतना के बलबूते ही वह प्रत्यक्ष चीजों के अर्थ-सन्दर्भों को समझ और जान पाता है और उसके बाद उसके मन-मस्तिष्क पर जो असर पड़ता है इन सच्चाइयों का—वह धीरे-धीरे उसका संस्कार बनने लगती हैं। शमशेर लिखते हैं कि ''जब कलाकार उस सामने नजर आने वाली अन्दर की छाप को हमारे सामने लाता है—रंगों के ताल-मेल रेखाओं की तरंगों और बहावों और गतियों में तो वह हमें चीजों के ज्यादा नजदीक ले जाता है। हमें खुद अपनी छिपी हुई चेतनाओं से अधिक परिचित कराता है।''[164] कहने का तात्पर्य यह है कि जब कलाकार अपनी अन्दरूनी सच्चाई जिसका असली अनुभव वह अमूर्त विधान में ही करता है—को मूर्त करता है या कला का रूप देता है, तब वह हमारी चेतना को जागृत कर हमारे संस्कारों का परिष्कार करता है। लेकिन शमशेर कहते हैं कि इसके लिए ''शर्त यह है कि यह अमूर्त कला-रूप उसी तरह अपनी छाप हमारे मन पर डाले जिस तरह विचारों और सपनों के सिलसिले कुछ साफ कुछ बेसाफ तरीके से हमारे मन पर स्वाभाविक ढंग से डालते हैं।''[165]

शमशेर को इस बात की चिन्ता है कि अकसर लोगों की यह धारणा होती है कि अमूर्त का विधान करने वाली कला यथार्थ से कोसों दूर होती है, क्योंकि उसमें कलाकार अपनी अन्दरूनी सच्चाइयों और अनुभूतियों को प्रतीकों और रहस्यों के रूप में व्यक्त करता है। इसलिए वह यथार्थ को उसके वास्तविक रूप में हमारे सामने पेश नहीं कर पाता। लेकिन शमशेर को लगता है कि ऐसी धारणा सर्वथा सत्य नहीं है। उनका मानना है कि ''सबसे बड़ा यथार्थ वह है—जो हमारे अन्दर है—जो शब्दों में नहीं रखा जा सकता। शब्दों में कभी-कभी क्या, बल्कि अकसर, उसका उपहास-सा हो जाता है। शब्दों में आकर वह बदल जाता, गलत सा हो जाता, और अपना पूरा मतलब खो देता है।''[166] अकसर हम यह समझ लेते हैं कि यथार्थ वह है जो हमारे सामने या हमारे आसपास मौजूद है। लेकिन इस सामने और आसपास की चीजों को हमारी चेतना किस रूप में आत्मसात् करती है और फिर उनका रूप

किस रूप में हमारे भीतर आकार ग्रहण करता है—यह भी एक बड़ा यथार्थ है और इसको व्यक्त करने का माध्यम केवल शब्द ही नहीं है, वह इशारों में भी व्यक्त किया जा सकता है। यह बात हर कला और कलाकार के लिए लागू होती है।

शमशेर की राय में "हमारे सामाजिक सम्बन्धों की डोरियाँ सिर्फ शब्द या स्वर या रंग या हरकत या वेशभूषा या रीति-रिवाज ही नहीं, बल्कि इन सबसे मिले-जुले इतिहास की गति भी हैं, जिसको कि एक चित्र में रखा या एक सिम्फनी में संगीत का रूप दिया जा सकता है। इस जिन्दा, प्रतिदिन के इतिहास को अपने-अपने माध्यम से हर कलाकार पकड़ता है और भरसक व्यक्त करने की कोशिश करता है।"[167] ऐसी स्थिति में कलाएँ यदि अमूर्त का विधान करने लगती हैं तो भाषा के अनन्त प्रकारों द्वारा उन्हें व्यक्त किया जाता है, और ज्यादातर व्यक्त नहीं किया जाता है, उन्हें समझ लिया जाता है, महसूस कर लिया जाता है। यही अमूर्त कला है जिसका कलाकार की सच्ची अनुभूतियों और सामाजिक यथार्थ से गहरा सम्बन्ध होता है। यथार्थवाद का नारा लेकर जो लोग इसका विरोध करते हैं वह दरअसल, यथार्थवाद को ठीक से समझते ही नहीं। ऐसे लोगों के विषय में शमशेर यह कहते हैं कि "यथार्थवाद का झंडा उठाने का मतलब अगर सिर्फ यह हो जाता है कि प्रतीक, रहस्य या केवल गति के ताल छन्द को व्यक्त करने वाली कला के हम सिरे से विरोधी हैं, तो यह मेरे खयाल से यथार्थवाद के साथ भी अन्याय होगा। कोई यथार्थवादी आलोचक अगर यह कहे, मसलन कि हिन्दी कविता में छायावाद एक निरर्थक चीज थी, तो वह न यथार्थवाद को समझता है न छायावाद को।"[168]

शमशेर इस यथार्थ और अयथार्थ के आपसी विवादों पर आपत्ति दर्ज करते हैं। इससे सत्य का पर्दाफाश नहीं बल्कि भ्रम पैदा होता है। और जो चीज हमारे लिए महत्त्व की होती है उसे हम खोजने के स्थान पर व्यर्थ के विवादों में फँसे रह जाते हैं। बकौल शमशेर "जो चीज हमारे लिए महत्त्वपूर्ण है, वह केवल यह कि कलाकार अपने विषय के अन्दर किन तत्त्वों, किन विशेषताओं को दिखाना चाहता है और वह कहाँ तक उन्हें दिखाने में सफल होता है। कलाकार ने किस शैली का सहारा लिया है, यह उतना महत्त्वपूर्ण नहीं। शैली का यथार्थवादी या प्रतीकात्मक होना किसी कलाकृति का मूल्य निर्धारित नहीं करता। कोई कलाकृति किसी अनुभूति को कितनी सच्चाई और सफलता से व्यक्त करती है इस पर उसका मूल्य है।"[169] यही कारण है कि शमशेर एक आलोचक के रूप में किसी कृति का मूल्य निर्धारण करते हैं, तो उनकी आलोचना के केन्द्र में कृति विशेष ही होती है। कलाकृति में रचनाकार की अनुभूति और उसका व्यक्तित्व कितनी सच्चाई और सफलता से व्यक्त हुआ है—शमशेर की दिलचस्पी इसको उभारने में ही होती है। शमशेर का आग्रह शैली की अपेक्षा अनुभूति की प्रामाणिकता को पकड़ने पर ज्यादा होता है, क्योंकि उनका मानना है कि "विभिन्न शैलियों के पीछे विभिन्न दार्शनिक दृष्टिकोण हो सकते हैं।

लेकिन किसी विशेष दृष्टिकोण के होने से ही कोई-कोई कलाकृति अधिक निर्दोष या दोषपूर्ण नहीं हो जाएगी। कलात्मक अनुभूति की सच्चाई और शक्ति ही शैलीगत दृष्टिकोण की सार्थकता को प्रमाणित करेगी, शैली (अथवा तकनीक) और विषयवस्तु के सम्बन्ध को अनुभूति की विशेषता से अलग रखकर नहीं समझ सकते। अगर अनुभूति नहीं है, या कच्ची है, तो तकनीक भी बेकार है और विषयवस्तु भी। कलात्मक अनुभूति ही कलात्मक रस या आनन्द प्रदान करती है।''[170]

लेकिन शमशेर इस बात से भी आगाह करते हैं कि अर्मूत कला में केवल अनुभूति की अन्दरूनी सच्चाई को व्यक्त करते हुए केवल मनोवैज्ञानिक दशाओं का चित्रण करना ही कला नहीं है, बल्कि उसे कलाकृति का रूप देने के लिए उसमें कलात्मक भावना का होना भी अनिवार्य शर्त है। शमशेर लिखते हैं कि ''केवल मात्र मनोवैज्ञानिक दशाओं का चित्रण भी कलाकृति हो जाएगा, जरूरी नहीं। उस चित्रण के पीछे कलात्मक भावना का होना आवश्यक है। कलात्मक भावना के अन्दर कलाकार की अनुभूति जितनी सच्ची और शक्तिशाली होगी, उतनी ही सफल उसकी कृति होगी—चाहे जिस शैली में उसका निर्माण हुआ हो।''[171] इसको स्पष्ट करने के लिए शमशेर एक दिलचस्प दृष्टान्त पेश करते हुए कहते हैं कि ''जिस तरह सूर्य की रोशनी आईने पर लेकर अँधेरे में फेंकी जा सकती है, उसी तरह उधार ली हुई अनुभूति और अनुकरण में अपनाई हुई शैली दोनों की सराहना की जा सकती है, मगर अँधेरे में कुछ उजाला हो जाना जरूरी है। कितनी ही सुन्दर क्यों न लगे, उधार और अनुकरण की कला, और अधिक नहीं। सच्ची अनुभूति की एक किरण भी उससे कहीं अधिक मूल्यवान है—चाहे वह अटपटी शैली और साधारण-सी विषयवस्तु में ही क्यों न झलकती हो।''[172] अन्त में शमशेर इस बहस को यह कहकर विराम देते हैं कि ''जब इस विषय को व्यक्त करने की गम्भीरता या अनिवार्यता को मान लेते हैं, तो यह स्पष्ट हो जाता है कि अपनी-अपनी जगह मूर्त कलाकार और अमूर्त कलाकार दोनों का काम एक-सा मुश्किल या आसान है। दोनों ही जिस चीज को व्यक्त करना चाहते हैं, वह जाहिर रूप-रेखा नहीं है बल्कि वह कलात्मक रूप है जो कलाकार स्वयं अपने पर्दे में महसूस करता है।''[173] और यही अमूर्त कला का विधान है।

'काल और सृजन' शीर्षक सैद्धान्तिक निबन्ध में शमशेर ने किसी रचना या रचनाकार के देशकाल और उसकी सृजन-प्रक्रिया और साथ ही उनके आपसी सम्बन्धों, एक-दूसरे पर पड़ने वाले प्रभावों आदि पर चिन्तन किया है। हालाँकि इस विषय की व्यापकता के लिहाज से यह निबन्ध बहुत ही छोटा है और सभी बातें विस्तार से सामने नहीं आतीं। बहुत छोटे में आ भी नहीं सकतीं। शमशेर इस विषय की व्यापकता को कविता की तरह व्यापक समझते हैं और इस पर बात करना धृष्टता समझते हैं, लेकिन एक सृजनशील कलाकार होने के नाते अपने को थोड़ा-बहुत हकदार भी समझते हैं। उन्हें लगता है कि ''मेरा मुँह खोलना धृष्टता है। मगर

जब-तब कविता का सृजन करता रहता हूँ इसलिए आधी बात कहने का हकदार अपने को मान लिया और गुस्ताखी करने बैठ गया।''[174] सबसे पहले शमशेर 'काल' पर अपनी समझ को हमारे सामने रखते हुए लिखते हैं कि ''छोटे-से-छोटा भी कालखंड किसी अखंड काल-प्रवाह को इंगित करता है। छोटे-से-छोटा कालखंड बड़े-से-बड़े कालखंड के किसी-न-किसी अखंड प्रवाह का प्रतीक है। एक गति जहाँ हम उसे महसूस कर रहे हैं, वह केवल वहाँ ही नहीं है; उसके सिरे न जाने कहाँ तक हैं। यह टिम-टिम और दिप-दिप और धक्-धक् हमारे ही अन्दर और बाहर और चारों तरफ नहीं है, वह न जाने कहाँ तक, न जाने कितनी दिशाओं और दशाओं में अनन्त तक चले गए हैं।''[175]

दरअसल, इस 'काल' की व्यापकता इतनी व्यापक है जिसकी कोई सीमा नहीं है। इसकी सीमा हो भी नहीं सकती, क्योंकि सृष्टि के अस्तित्व में आने के साथ ही इसका अखंड-प्रवाह प्रारम्भ हो चुका है और यह प्रवाह कहाँ तक, कब तक चलेगा इसको जानना हमारे बस का नहीं। हम सब इसी के एक छोटे हिस्से का हिस्सा हैं। रचनाकार और उसकी रचना भी इसी के एक छोटे या बड़े कालखंड का हिस्सा होते हैं। इसलिए वह चाहे किसी भी भौगोलिक क्षेत्र का हो, अपनी रचना-प्रक्रिया या सृजन-प्रक्रिया के दौरान इसी छोटे या बड़े कालखंड को पकड़ पाता है और उसे अपनी रचना में अभिव्यक्त करता है। शमशेर लिखते हैं कि ''कलाकार—वह किसी भी क्षेत्र का हो—उसी का एक खंड पकड़ता है। ना, पकड़ता नहीं है। अनुबिम्बित करता है। वह समझता है कि वो उसे पकड़ता है। उसके उस पकड़ने या अनुबिम्बित करने की प्रक्रिया स्वयं एक प्रवाह है किसी कालखंड की किसी विशेष संश्लिष्ट धारा का।''[176] इस धारा में एक गति है और वह स्थिर नहीं है। हम उसे स्थिर समझने लगते हैं, क्योंकि हम भी गति में ही हैं इस काल-प्रवाह की। हम इससे सामंजस्य बैठाने की कोशिश करते हैं। शमशेर स्वामीनाथन की चिड़िया का हवाला देते हुए अपनी बात रखते हैं कि ''हर कवि का एक अपना निजी ताल होता है जिसमें वह दूसरी गतियों से सामंजस्य में रहता है। कलाकार किसी भी क्षेत्र का हो, इसी सामंजस्य को खोजता है कहीं बाहर नहीं—अपनी गति में।''[177]

शमशेर ने 'काल' और 'समय' को अलग-अलग परिभाषित किया है। काल को समय से पृथक् मानते हुए वह अपने निजी स्वर में अपनी बात कहते हैं। जो बात एक दार्शनिक की नहीं एक कवि की है। वे लिखते हैं—''कलाकार और साधक की चेतना शायद उसी काल से अपने गति के सम्बन्ध को ढूँढ़ने में सार्थक होती है। यह मेरे कवि का विचार है।...जो कुछ मैं कह रहा हूँ वह मेरा कवि कह रहा है। मेरे दार्शनिक की चेतना बिलकुल भी उर्वर नहीं है। दर्शन की दुनिया का मैं वासी ही नहीं हूँ। काल को मैं समय से अलग समझता हूँ। मगर समय के अन्दर कालखंड की और कालखंड में किसी अखंड काल की सूक्ष्म लय का आभास पाना कल्पना

में ही सही, सुखद और अपनी आत्मा के लिए कहीं–न–कहीं पुरस्कार मानता हूँ।''[178] एक कवि के नाते शमशेर भी अपनी सृजन–प्रक्रिया से गुजरते हुए इस लय को महसूस करते हैं। यह शमशेर को एक प्रकार का भ्रम–जाल लगता है, लेकिन इसकी भी एक लय उन्हें दिखती है ''जिसका कला से वास्ता है। कविता हो या पेंटिंग या किसी भी प्रकार का सरगम—क्योंकि इसी वास्ते से ही हम उससे कुछ भी पाने में कामयाब हो सकते हैं जो भ्रम–जाल नहीं है। भ्रम–जाल में पड़ना तो ठीक नहीं मगर उसे सामने या चारों ओर से हटाना तो आवश्यक है, क्योंकि मैं मानता हूँ कि अपने सीमित मानव–जीवन में हम कभी भी भ्रम–जाल से पूरी तरह से मुक्त नहीं हो सकते। कलाएँ यही काम करती हैं। सौन्दर्य और असौन्दर्य की कोटियाँ इसीलिए बनीं।''[179]

इसी प्रसंग में शमशेर ने अपनी रचना–प्रक्रिया के विषय में भी एक खुलासा किया है कि ''मेरे अपने सृजन के पीछे कुछ ऐसी ही धारणा काम करती आई है।''[180] शमशेर अपने पूरे साहित्य में इस बात की चर्चा कभी नहीं करते हैं, क्योंकि उनकी राय में ''कलाकार बहुत सारी बातों का स्वयं कभी जिक्र नहीं करता। वह उन बातों को धीरे–धीरे समझता चलता है। यह उसकी समझ उसका अपना अन्दरूनी निजी मामला होता है। बहुत–सी बातें होती हैं जो कहने में आ भी नहीं सकतीं, वो रंगों में नहीं खुल सकतीं, वो गीत के स्वरों में भी पूरी–पूरी प्रकाशित नहीं हो सकतीं। इसीलिए कबीर के भजन गाने के लिए कुमार गन्धर्व को पाँच साल पहले विशेष अध्ययन और रियाज करना पड़ा। ये मंजिलें इसी तरह हर कलाकार को अपनी–अपनी जमीन पर तय करनी होती हैं।''[181] प्रसंग चाहे जो भी हो, शमशेर का आलोचक निराला को याद किए बिना अपनी बात पूरी कर ही नहीं सकता। शमशेर अपनी बात को और अधिक पुष्ट करने के लिए निराला की कविता से उदाहरण जुटा लेते हैं और तब उन्हें लगता है कि ''निराला 'परिमल' की एक कविता में, जिसमें वो अपनी दिवंगत पत्नी को याद कर रहे हैं और उसे अपनी गहरी भावना के लोक में साक्षात् सामने पाकर पूछते हैं कि बताओ—अब यह कैसा काल बीत रहा है और वह काल कैसा था इसकी तुलना में? निराला को समय के सरकने और अखिल की काल–गति का बड़ा पैना एहसास था।''[182] गौरतलब है कि शमशेर एक कलाकार की सृजन–प्रक्रिया के दौरान काल की अबाध गति से जिस सामंजस्य को स्थापित करने की बात आरम्भ में कर रहे थे, वह निराला में उन्हें बखूबी दिखता है।

शमशेर निराला की कविताओं में काल और सृजन–प्रक्रिया के आपसी सम्बन्धों की तलाश करते हुए श्रीकांत वर्मा के पास पहुँचते हैं जहाँ उनकी नगरों वाली कविताएँ अपने पुराने ऐतिहासिक सन्दर्भों और पिछले युगों को वर्तमान से जोड़ती मालूम पड़ती हैं। और इस प्रकार जब दो कालखंड आमने–सामने आते हैं तो हमें एक नई दृष्टि देते हैं जो इतिहासकार से नहीं बल्कि रचनाकार से प्राप्त होती है। और अन्त में शमशेर इस निष्कर्ष पर पहुँचते हैं कि ''हर कलाकार की सृजन–प्रक्रिया दूसरे की सृजन–

प्रक्रिया से बिलकुल जुदा होती है। और हुई हो चाहे। कब नया बीज पड़ता है और कब नया अंकुर फूटता है, कहा नहीं जा सकता। वो यकायक उबलकर फूटे या धीरे-धीरे कई साल में पल्लवित हो, प्रत्येक स्थिति में उसके अनेक और संश्लिष्ट कारण होते हैं...आनुवंशिक, सांसारिक, सामाजिकधार्मिक और राजनीतिक अनेक मनोवैज्ञानिक, उसके सांस्कृतिक और रचनाकार की अपनी विशेष विधा के विगत और तात्कालिक समसामयिक सन्दर्भों आदि से जुड़े हुए कार्यकारण का दीर्घ सिलसिला होता है।''[183] इस सिलसिले में वह काल के अखंड प्रवाह में एक छोटे या बड़े कालखंड की गति से गति मिलाकर युग विशेष के सामाजिक-राजनीतिक सन्दर्भों को पकड़ने का उपक्रम करता है, शमशेर ने इस पूरे लेख में इसी बात की तरफ हमारा ध्यान आकृष्ट किया है।

'आशु कविता' शीर्षक लेख में शमशेर ने आशु कवियों के महत्त्व पर विचार किया है। साहित्य के क्षेत्र में आशु कवियों को और उनकी कविताओं को अन्य कवियों की अपेक्षा हल्के में लिया जाता रहा है। लेकिन शमशेर की निगाह में ऐसे कवियों की प्रतिभा विशिष्ट दर्जे की अधिकारिणी है। वे लिखते हैं कि ''आशु कवि होना साहित्य में कोई मामूली घटना नहीं होती। एक अच्छा सुथरा आशु कवि होना। स्वाभाविक और सच्चा आशु कवि। आशु कविता करने का यह मतलब है कि तत्क्षण किसी भी विषय पर सुनने-सुनाने योग्य पद-रचना प्रस्तुत कर देना। महत्त्वपूर्ण पॉइंट है रचना की तत्क्षणता और क्योंकि इतने से काम नहीं चलेगा—उसके सुनने-सुनाने योग्य होना।''[184] अपने स्वभाववश शमशेर अपनी बात को पुष्ट करने के लिए साहित्य की परम्परा में पहुँचते हैं और रीतिकाल के दरबारी कवियों का उदाहरण रखते हुए कहते हैं—''ऐसे कवि बिरले ही हुए हैं, जो आशु कवि भी रहे हों और महान कवि भी। सामन्त युग के दरबारी कवियों में, संकेत मात्र पर किसी भी विषय पर तुरन्त प्रभावी पद्य रचना प्रस्तुत कर देना कमाल की बात समझी जाती थी। और यह कमाल की बात है भी।''[185]

लेकिन इसके साथ ही वे इन कवियों की सीमाओं को हमारे सामने रखते हुए एक सवाल भी उठाते हैं कि ''क्या कवि, एक सच्चा कवि, अपनी विषयवस्तु के लिए अन्य जनों का चाहे विशिष्ट अन्य जनों का मुँह जोहता है जीवन के नाना राग-विराग, उसके अपने सुख-दुख, हर्ष-विषाद के क्षण उसे मौलिक रचना के लिए उद्वेलित नहीं करते?''[186] रीतिकालीन दरबारी कवियों में शमशेर को यही उनकी सबसे बड़ी कमजोरी नजर आती है। यही परवशता और अपने आश्रयदाता राजाओं का प्रशस्तिगान इन दरबारी कवियों की मौलिक प्रतिभा को सबसे ज्यादा नुकसान पहुँचाता था। शमशेर की राय में—''दरबारी कवि को अपनी रचनाधर्मी शक्तियों को हर समय तैयार रखना पड़ता था। मानो एक कसा-कसाया घोड़ा दरवाजे पर तैयार खड़ा है। हुकुम होते ही उस पर चढ़े, एड़ लगाई और हवा से बातें करने लगे

या यूँ कहो कि कवि एक मशीन था, जिस-जिसने जैसा मन चाहा बटन दबाया वैसा राग निकलने लगा या वैसा तार बजने लगा।''[187] शमशेर की राय में एक कवि अभ्यास के द्वारा ऐसे करतब दिखा भी सकता है, लेकिन उनकी राय यह भी है कि ''सच्चे कवि के लिए ये करतब दिखाना जरूरी नहीं, न ही उसके लिए इसकी कोई अनिवार्यता है। वो किसी सामन्त या संरक्षक या अभिभावक के अधीन नहीं है। वो स्थितियों को अपनी आँखों से देखता, अपनी अनुभूति की रोशनी में उन्हें समझता, अपने निजी तर्क से उन्हें परखता और उसे अपनी निजी शैली में प्रस्तुत करता है। दूसरों की मुँह देखी बात कहना उसकी शान के खिलाफ है। सामन्ती युग में भी मर्यादावान श्रेष्ठ कवि अपने आश्रयदाताओं को प्रसन्न रखने के लिए यदि जब-तब कुछ लिखते भी थे तो उसमें उनकी अपनी प्रतिभा थी। मौलिक छाप और शैली की गरिमा, प्रभावकारिता स्पष्ट लक्षित होती थी और उनकी बात हलका मनोरंजन न होकर कोई मार्मिक उक्ति या सचमुच ही एक यादगार तोहफा हो जाती थी। ऐसे अनेक कवियों में अमीर खुसरो, फैजी स्वयं ग़ालिब या बिहारी, भूषण, महाकवि गंग के नाम सहज ही याद आ जाते हैं।''[188] शमशेर की अपील यह है कि आशु कवि होना अपने आप में एक मिसाल है, लेकिन यह मिसाल तभी एक कवि कायम रख सकता है जब उसके काव्य में मौलिकता, शिल्पगत उत्कृष्टता और प्रभाव उत्पन्न करने की क्षमता हो। बाद के कवियों में शमशेर को ग़ालिब और त्रिलोचन इस काव्य-प्रकार के दिलचस्प उदाहरण लगते हैं।

'कवि कर्म : प्रतिभा और अभिव्यक्ति-1' और—'कवि कर्म : प्रतिभा और अभिव्यक्ति-2' भी शमशेर के दो महत्त्वपूर्ण आलोचनात्मक निबन्ध हैं। पहले निबन्ध में शमशेर ने नए कवियों के लिए स्पष्ट कर्तव्य और दिशा-निर्देश दिया है। उनकी राय में अगर आज के आधुनिक और नए कवि को महाकवि का दर्जा प्राप्त करना है तो उसे तीन विषयों में अपना विकास एक साथ अनिवार्य रूप से करना होगा। पहला यह कि ''उसे आज की कम-से-कम अपने देश की सारी सामाजिक, राजनीतिक और दार्शनिक गतिविधियों को समझना होगा अर्थात् वह जीवन के आधुनिक विकास का अध्येता होगा। साथ ही विज्ञान में गहरी और जीवन्त रुचि होगी। हो सकता है कि इसका असर ये हो कि वो कविताएँ कम लिखे मगर जो भी वह लिखेगा व्यर्थ न होगा।''[189] दूसरा यह कि ''संस्कृत, उर्दू, फारसी, अरबी, बंगला, अंग्रेजी और फ्रेंच भाषाएँ और उनके साहित्य से गहरा परिचय उसके लिए अनिवार्य है। (हो सकता है कि उसका असर ये हो कि बहुत वर्षों तक वह केवल अनुवाद करे और कविताएँ बहुत ही कम लिखे या बहुत अधिक लिखे जो नकल-सी होगी व्यर्थ सिवाय मश्क के लिए लिखने के; या कविताएँ लिखना वो बेकार समझे) इस दिशा में अगर वह गद्य भी कुछ लिखेगा तो वह भी मूल्यवान हो सकता है।''[190] और तीसरा यह कि नए कवि को ''तुलसी, सूर, कबीर, जायसी, मतिराम, देव, रत्नाकर और विद्यापति का,

साथ ही नजीर और मीर, ग़ालिब, दाग, इक़बाल, जौक और फैज के चुने हुए कलाम और उर्दू के क्लासिकी गद्य को अपने साहित्यगत और भाषागत संस्कारों में पूरी-पूरी तरह बसा लेना इसके लिए आवश्यक होगा।''[191] यहाँ पर दिलचस्प बात यह है कि शमशेर ही ऐसे आलोचक हैं जो नए कवियों को साधिकार ऐसा निर्देश दे सकते थे। बीसवीं शताब्दी के छठे-सातवें दशक में यह घोषणा होने लगी थी कि कविता का अन्त हो चुका है, अतः अब श्रेष्ठ कविता नहीं लिखी जा सकती। लेकिन शमशेर जैसे वरिष्ठ कवि ने आलोचक की भूमिका अदा कर निराशा के ऐसे माहौल में नए कवियों का ऐसा मार्गदर्शन कर उन्हें काव्य-रचना के प्रति प्रेरित किया। इसका परिणाम हम आठवें दशक की कविता में देख सकते हैं जब कविता एक विस्फोट के रूप में सामने आती है। यही कारण है कि आगे के कवि-आलोचकों ने भी शमशेर की तर्ज पर नए कवियों को उनके दायित्व-बोध से परिचित कराने का प्रयास किया है।

अपनी बात को और व्यापक बनाते हुए शमशेर यह लिखते हैं कि नए कवियों को श्रेष्ठता की ऊँचाइयों को छूने के लिए यह आवश्यक है कि ''कला के विभिन्न अंगों के बारे में उसकी जानकारी उतनी ही गहरी होनी होगी जितनी छन्द के बारे में, स्टाइल के बारे में, सबसे बड़ी चीज ये कि वह विनम्र होना सीखेगा, उसका व्यापक और गहरा अध्ययन स्वयं उसको सिखाएगा, अपनी भाषा, संस्कृति और विशेषकर अपने को लेकर।''[192] इसके साथ ही शमशेर हर कवि की काव्य-साधना के लिए भाषा और शिल्प के प्रति अत्यधिक सतर्कता बरतने की चेतावनी भी देते हैं, क्योंकि उनकी स्पष्ट धारणा है कि ''भाषा की अवहेलना किसी भी रचना को सहज ही साहित्य के क्षेत्र के बाहर फेंक देती है और शिल्प की अवहेलना कलात्मकता के क्षेत्र से। अब तक शिल्प व भाषा की साधना में जो कुछ प्राप्त हो चुका है उससे अज्ञान अक्षम्य है। उसी को दोहराकर प्रस्तुत करना कोई माने नहीं रखता। उससे आगे जाने का संघर्ष ही सजीव साहित्य...और सफ़ल कविता कहलाई जा सकती है, जो बहुत दिनों याद रखी जा सके। मुक्त-छन्द और गद्य में कविता लिखने वाले को छन्द और गद्य के सौन्दर्य से अच्छी तरह परिचित होना चाहिए। मुहावरे की गलती मैं अक्षम्य मानता हूँ।''[193] शमशेर यह सब बातें नाहक नहीं कहते, उस समय में प्रचलित चालू मुहावरे का प्रयोग शमशेर को यह कहने के लिए उकसाता है। शमशेर को लगता है कि अब तक के रचे साहित्य में निराला, पंत, नरेन्द्र आदि के साहित्य को छोड़कर शेष साहित्य ऐतिहासिक महत्त्व का ही है, जीवन्त नहीं। अतः शमशेर यह मानते हैं कि नए कवि को अपने साहित्य को जीवन्तता प्रदान करने के लिए इन बातों पर ध्यान देना लाभप्रद होगा। साथ ही देश-विदेश की अनेक भाषाओं और लोकगीतों का अध्ययन भी।

हिन्दी में वैसे आलोचकों की संख्या बहुत ही कम है जो कवि-कर्म की रक्षा के लिए उपदेशक की भूमिका अदा करते हैं और उसका जोखिम उठाते हैं। इस सीरीज के दूसरे लेख में शमशेर नए कवियों के लिए परम्परा का, संस्कृति का, भाषा का

ज्ञान नितान्त आवश्यक मानते हैं। बड़े कवियों के गुणों में शमशेर उनकी अभिव्यक्ति में उनके गहरे डूबे व्यक्तित्व को रेखांकित करते हैं और यह मानते हैं कि "कविता को महज तफरीह से हमेशा ही कुछ बहुत अधिक होना चाहिए।"[194] विशिष्ट कवियों की यह पहचान होती है कि हम उनके विशिष्ट अर्थपूर्ण रचना को दूसरे कवियों की रचना से अलग रूप में पहचान लेते हैं, क्योंकि उनकी अभिव्यक्ति में सार्थक वे सभी तत्त्व मौजूद होते हैं जो उसकी अलग पहचान बनाते हैं। शमशेर की राय में "अभिव्यक्ति में यथासम्भव कम से कम और नितान्त आवश्यक शब्द ही होने चाहिए। सफल अभिव्यक्ति का चुस्त होना बहुत आवश्यक है। साथ ही बात को कहने का स्वाभाविक लहजा बरकरार रहना चाहिए। नाटकीय और व्यंग्यात्मक रचनाओं में तो यह अत्यधिक महत्त्वपूर्ण है।"[195] कलाकार की सफल अभिव्यक्ति के विषय में शमशेर का मानना है कि "रचना चाहे छन्दोबद्ध हो या मुक्त-छन्द, उसमें अभिव्यक्ति को जहाँ तक हो सके ढला हुआ होना चाहिए। कुछ ऐसा कि सुनने के बाद उसे दोहराने का मन करे।"[196]

शमशेर की राय में हर कवि का एक अपना काव्य-संसार होता है जिसमें वह रमा रहता है। उस कवि को इस संसार को गहन चिन्तन के द्वारा समृद्ध करते रहना चाहिए। अपनी भावनाओं को अधिक से अधिक मूर्त करना चाहिए। हर सच्चे कवि को अपने देश की भाषा और साहित्य की परम्परा से बखूबी परिचित होना चाहिए, क्योंकि शमशेर जानते हैं कि "काव्य-परम्परा से अच्छा और गहरा परिचय स्वयं कवि की रचना को शक्ति प्रदान करता है और उसकी अभिव्यक्ति में वजन आता है। परम्परा के इस क्लासिक क्षेत्र के अलावा एक और क्षेत्र भी है काव्य-परम्परा का जो रचना की प्रभावकारिता को एक और गहरे स्रोत से जोड़ता है। यह स्रोत है—लोक-काव्य का क्षेत्र। लोक-काव्य किसी विशिष्ट कवि की रचना में ही नहीं होता है, बल्कि वह लोक-जीवन की आन्तरिक अनुभूतियों का अत्यन्त सहज नाटकीय और मार्मिक दिग्दर्शन होता है उसमें शब्द, लय और अर्थ तीनों का अद्‌भुत सामंजस्य देखने में सामने आता है। श्रेष्ठ लोकगीतों की बराबरी बड़े-से-बड़े कवियों की विशिष्ट-से-विशिष्ट रचना भी मुश्किल से कर पाती है। जो कवि लोकगीतों के खजाने से अपने भाव, संगीत और शब्द-सम्पदा को समृद्ध करते रहते हैं उनकी वाणी में धीरे-धीरे एक अनोखा ही जादुई असर आ जाता है।"[197] इसके लिए शमशेर उदाहरण के तौर पर नजीर अकबराबादी के काव्य को पेश करते हैं। गौरतलब है कि लोकगीतों और लोक-काव्यों का ऐसा महत्त्व शायद ही किसी आलोचक ने पहचाना हो। शमशेर एक कवि-आलोचक के रूप में इस महत्त्व को जिन्दादिली से उजागर करते हैं। एक उपदेशक की भाँति इन दोनों लेखों में शमशेर ने कला और कवि-कर्म के प्रति नए कवियों का जो मार्गदर्शन किया है वह समकालीन रचनाशीलता पर अपना दूरगामी असर छोड़ सकता है।

शमशेर ने भाषा और साहित्य के राजनीतिक सन्दर्भों पर भी चिन्तन किया है।

'भाषा और साहित्य पर एक नए दृष्टिकोण की माँग' शीर्षक लेख में शमशेर ने भारतीय भाषा और साहित्य के राष्ट्रीय और अन्तर्राष्ट्रीय सन्दर्भों का जायजा लिया है। यह लेख शमशेर ने भारत पर चीनी आक्रमण के बाद प्रतिक्रियास्वरूप लिखा था। आजादी के बाद दूसरी सबसे महत्त्वपूर्ण घटना भारत-चीन का मुद्दा बनकर सामने आई। सन् '55 से जो मोह भारतीय जनमानस में पनपने लगा था, नेहरू युग में जल्द ही वह मोहभंग में परिणत हो गया। नेहरू युग की स्वप्नशीलता का दयनीय अन्त हुआ और भारत की वामपन्थी राजनीति में भूचाल-सा आ गया। शमशेर ने इस समय भारत की वस्तुस्थितियों का जायजा लिया। इस लेख में शमशेर जब भारतीय भाषा और साहित्य के विषय में सोचते हैं तो उन्हें भारतीय साहित्यिक परिदृश्य में अनेक न्यूनताएँ दृष्टिगोचर होती हैं। विश्व के अन्य देशों में जहाँ अपनी भाषा और अपने साहित्य के अध्ययन के साथ-साथ पड़ोसी देशों की भाषा और साहित्य पर भी उतनी ही गहरी नजर रखी जाती है, क्योंकि यह उस देश के राष्ट्रीय हित में होता है कि पड़ोसी अथवा प्रतिद्वन्द्वी देश की विचारधारा का पूर्ण ज्ञान रखें। परन्तु हमारी यह सबसे बड़ी कमी है कि हम अन्य पड़ोसी देशों की भाषाओं का अध्ययन तो नहीं ही करते हैं, बल्कि अपने देश की ही सभी भाषाओं और उनके समृद्ध प्राचीन साहित्यों अथवा तत्कालीन साहित्य की भी जानकारी नहीं रखते।

शमशेर ने इस वस्तुस्थिति पर अफसोस जाहिर करते हुए लिखा है कि "मित्र हों चाहे शत्रु, अपने पड़ोसियों की सांस्कृतिक परम्पराओं की छानबीन में हमारी अपनी कतई कोई दिलचस्पी नहीं रही है। हमारी सारी ऐसी दिलचस्पियाँ अधिकांशत: उधार-खाते ही हैं : प्रमुखत: अंग्रेजों की ही आँखों से हमने विदेशों को 'देखा' या 'समझा' है। अत: हमारा देखना-समझना विदेशियों के ही अनुकूल पड़ा है; विशेषतया इंग्लैंड के। स्वयं हमारी अपनी अनुभूतियाँ उनके विषय में कोरी ही रही हैं। विदेशों का हमारा निजी अनुभव और ज्ञान अब तक इंग्लैंड तक ही सीमित रहा है। पड़ोसी दुनिया के बारे में हम वास्तव में कितने अन्धकार में रहते आए हैं, यह बात चीनी आक्रमण ने साफ दिखा दी।"[198] शमशेर की राय में ऐसी मानसिकता हमारी राष्ट्रीयता और संस्कृतिबोध और साथ ही स्वतंत्रता के लिए सबसे बड़ा दोष है। हमारी नई राष्ट्रीय सांस्कृतिक चेतना जिसकी आज हमें अत्यधिक आवश्यकता है, के लिए ऐसी मानसिकता हमारे मार्ग का सबसे बड़ा रोड़ा है। शमशेर बड़े क्षोभ, दर्द और तड़प के साथ यह कहते हैं कि "हमारा इतना बड़ा देश है, और भावनात्मक एकता की हम इतनी बातें करते हैं; क्या हम ऐसा खूबसूरत एक भी मासिक पत्र निकाल सकते—यद्यपि आवश्यकता अलग-अलग भाषाओं में कई ऐसे मासिक पत्रों की है—जैसा 'सोवियत लिटरेचर' है, या उनका रूसी भाषा में 'अन्तर्राष्ट्रीय साहित्य' है, या जैसा स्वयं चीन का सांस्कृतिक मासिक 'चाइना रिकंस्ट्रक्ट्स'—जिसकी सबसे बड़ी विशेषता यह है कि एक साधारण अंग्रेजी जानने वाला भी उसके निबन्ध, जो

सब विशेषज्ञों द्वारा लिखवाए हुए होते हैं, दिलचस्पी से पढ़ सकता है; कारण कि वे व्यावहारिक दृष्टिकोण से, रोचक, सरल, आकर्षक शैली में, संक्षेप में लिखे हुए होते हैं। निस्सन्देह पूरी पत्रिका में चीन का अपना दृष्टिकोण झलकता है। पर क्या हम भी अपने राष्ट्रीय दृष्टिकोण से ऐसा कोई जनप्रिय मासिक या पाक्षिक अपने लाखों पाठकों के लिए नहीं निकाल सकते?''[199] शमशेर का यह प्रश्न अपने तत्कालीन समय में निस्सन्देह भारतीय भाषा और साहित्य पर एक नए दृष्टिकोण की माँग करता है। और यह प्रश्न और ऐसा दृष्टिकोण क्या आज के वर्तमान वैश्विक राजनीतिक परिवेश में कम महत्त्वपूर्ण है?

भारतीय साहित्य की परम्परा को समृद्ध करने में स्त्री लेखकों का भी महत्त्वपूर्ण योगदान रहा है। शमशेर ने हिन्दी और उर्दू के महत्त्वपूर्ण कवियों के साथ-साथ हिन्दी-उर्दू के महत्त्वपूर्ण स्त्री लेखकों पर भी आलोचनात्मक-चिन्तन किया है। हिन्दी की लेखिकाओं पर लिखने के साथ ही शमशेर ने उर्दू कवयित्रियों पर भी लिखा, क्योंकि शमशेर को यह एहसास था कि हिन्दी-उर्दू के मिले-जुले इतिहास को जाने बगैर भारत के साहित्यिक इतिहास की कल्पना करना बेमानी और निरर्थक होगा। शमशेर ने हिन्दी-उर्दू के सांस्कृतिक प्रश्न को उस समय उठाया जब साम्प्रदायिक दंगों की आग में नवजागरण की सांस्कृतिक शक्ति झुलस रही थी। इस मद में शमशेर का 'उर्दू कवयित्रियाँ' और 'आधुनिक युग' शीर्षक लेख बेहद महत्त्वपूर्ण हैं। इतिहास गवाह है कि हिन्दी में उर्दू की अपेक्षा स्त्री लेखकों की भारी कमी रही है। आज भले ही इस बात को झुठलाया जा सकता है, क्योंकि आज हिन्दी का साहित्य स्त्री लेखिकाओं से भी समृद्ध हो चुका है, लेकिन शमशेर जब इस विषय पर चर्चा कर रहे थे तब यह एक भयानक सच था। शमशेर की चिन्ता इस बात को लेकर है कि वे कौन से कारण रहे हैं कि उर्दू कविता में स्त्री लेखिकाओं की इतनी सशक्त परम्परा है जबकि हिन्दी में नहीं। हिन्दी में हम देखें तो भक्तिकाल में मीराबाई, रीतिकाल में कोई नहीं, द्विवेदी युग में सुभद्राकुमारी चौहान, छायावाद में महादेवी वर्मा—कुल मिलाकर हिन्दी कविता में कवयित्रियों का घोर अकाल रहा है, जबकि उर्दू में इतनी स्त्री लेखिकाएँ? ऐसे विषय पर चिन्तन करने में शमशेर की दिलचस्पी रही है।

शमशेर इस दिलचस्प विषय पर चिन्तन करते हुए उर्दू शायरी के इतिहास, काव्य शृंखलाओं, भारत की महिलाओं के सन्दर्भ में रूढ़िवादी परम्परा और उनके भाषागत संस्कारों का जायजा लेते हैं और उन्हें लगता है—''गृहस्थ जीवन में मुस्लिम स्त्रियों का अस्तित्व यद्यपि स्वतंत्र नहीं रहा, पर एक और प्रकार का अपनापन उनमें था, जो विवाहिता हिन्दू स्त्रियों के व्यक्तित्व से (जो कि यथार्थ में केवल उनके समान मिला-जुला सामाजिक रूप है।) एकदम भिन्न है, क्योंकि उनका परम आत्मसमर्पण पति के चरणों में नहीं, बल्कि खुदा के सिजदे में है। पुरुष की अनुगामिनी होकर भी वे अपना स्वत्व उनकी सत्ता में लीन कर देने में बाध्य नहीं, उनके जीवन में जो तलाक का

सम्भाव्य है, वह मानो मुक्ति की राह उनके लिए पृथक् कर देता है।''[200] जबकि हिन्दू स्त्रियों में ऐसी मुक्ति की राह शमशेर को नहीं दिखाई देती। यही कारण है कि स्त्री लेखन में हिन्दू स्त्रियाँ उस रूप में मुखर होकर सामने नहीं आ पातीं जिस रूप में उन्हें आना चाहिए। हिन्दू स्त्रियों की वस्तुस्थिति की पड़ताल करते हुए शमशेर को लगता है कि ''हिन्दू-स्त्री के जीवन-काव्य की मुखरता उसके मौन-प्रेम में ही लय हो जाती है; अपने आराध्य की ध्यान-अर्चना, अपनी गृहस्थी का मंगल सुख, यही उसके लिए समस्त काव्य की आन्तरिक पूर्णता है। विनष्ट अथवा अप्राप्य सुख का ध्यान ही विह्वल होकर कविता में लयबद्ध हो उठता है।''[201]

ऐसी स्थिति का कारण शमशेर धर्म-जनित सांस्कृतिक आधारों को मानते हैं जो हिन्दी और उर्दू के कला और भाव-जगत् में अन्तर पैदा करता है। शमशेर इस निष्कर्ष पर पहुँचते हैं कि ''हिन्दी और उर्दू के कला-भाव-जगत् में यह धर्म-जनित सांस्कृतिक आधारों का जो अन्तर है वही कारण है इस बात का, कि सामान्य गृहस्थ जीवन व्यतीत करते हुए भी मुसलमान स्त्रियों के लिए आत्माभिव्यक्ति अथवा व्यक्तित्व प्रकाशन जिस प्रकार सहज और स्वाभाविक रहा है—कला या किसी भी क्षेत्र में—उस प्रकार हिन्दू स्त्रियों के लिए वह सम्भव नहीं हो सकता। सामाजिक बन्धन और बेड़ियाँ दोनों के लिए सनान रूप से भारी रही हैं फिर भी मनुष्य का जो निजत्व कला को अनुप्राणित करता है, वह उन बन्धनों के बावजूद मुसलमान कवयित्रियों में इसको शुरू से एक स्वाभाविक रूप में मिलता है।''[202] शमशेर हिन्दी और उर्दू साहित्य की परम्परा का मूल्यांकन करते हुए ऐसी स्थिति की पृष्ठभूमि की तलाश करते हैं, और तब उन्हें लगता है कि ''हिन्दी में आधुनिक युग को छोड़कर अगर हम देखें तो हमें कुछ सन्त और विरल कवयित्रियों का ही एक सिलसिला नजर आएगा, जिनके व्यक्तित्व में लौकिक जीवन के प्रति उदासीनता का भाव है। मीरा में अलौकिक प्रेम का दर्शन हमें निस्सन्देह जिस विह्वल तन्मयता के साथ मिलता है, उसका मुक्त माधुर्य, उसकी सरल गहनता, वास्तव में तुलनात्मक दृष्टि को स्वयं झुका देती है; यह सच है। पर मनुष्य की भौतिक लीला के सुख-दुख का तदनुरूप चित्रण देखने के लिए तो हमको सारा इतिहास पार कर अपने ही युग में आना पड़ेगा। हाँ, दो नाम अवश्य हैं जो हमारी जबान पर आते हैं : ताज और शेख।''[203] शमशेर को उर्दू कवयित्रियों का यह स्वतंत्र और स्वस्थ दृष्टिकोण ही उनके लिए उर्दू कवयित्रियों को महत्त्वपूर्ण बना देता है।

लेकिन शमशेर की धारणा है कि अब इस सांस्कृतिक आधारों में काफी परिवर्तन भी देखने को मिलने लगा है। अब हिन्दी-उर्दू की लेखिकाओं में देश और समाज की राजनीति के प्रति भी रुझान उत्पन्न होने लगा है। शमशेर उर्दू की विभिन्न कवयित्रियों के काव्य और व्यक्तित्व की विशेषताओं को रेखांकित करते हुए उनके समाज की वस्तुस्थिति और उसमें उनके संघर्ष को हमारे सामने ले आते हैं। तब उन्हें लगता है

कि "इनमें बहुतों का जीवन अपने युग के सामाजिक जीवन पर मानो एक हलकी-सी टिप्पणी है।"[204] उर्दू कविता के विकास में तवायफों की रचनाओं की भूमिका को स्वीकार करते हुए शमशेर लिखते हैं कि इन तवायफों का जीवन और उनकी कला "साधारणतया हेय चाहे समझा जाता रहा हो पर उस जमाने के सभ्य समाज की दृष्टि में यह वर्ग घृणा का पात्र नहीं था। बल्कि ऊँचे वर्गों में इनका एक हद तक काफी आदर होता था। इस वर्ग की संस्कृति और सुरुचि सर्वविदित थी।"[205] लेकिन कला के प्रति समाज की उदासीनता ने इनके महत्त्व को धीरे-धीरे कम कर दिया और ये तवायफें भी उसका शिकार होती गईं।

अपने 'आधुनिक युग' शीर्षक लेख में शमशेर ने आधुनिक युग की नई पीढ़ी की उर्दू कवयित्रियों पर चिन्तन किया है। वे लिखते हैं कि "आज महिलाओं के लिए कला और काव्य का क्षेत्र वर्जित नहीं। देश की राजनीतिक जागृति, स्त्रियों के अधिकारों की चर्चा, सन् '30-31 के सत्याग्रह के बाद धीरे-धीरे समाजवाद का प्रचार, फलस्वरूप 'सागर' और 'जोश' जैसे समाजवादी कवियों की उर्दू में द्रुत-गति से बढ़ती हुई लोकप्रियता—इन सब कारणों ने सुरक्षित वर्गों में आधुनिक कवयित्रियों को जन्म देना शुरू किया।"[206] इस प्रकार शमशेर ने प्रथम विश्वयुद्ध की पृष्ठभूमि में स्वाधीनता आन्दोलन के दौरान भारतीय समाज खासकर मुस्लिम समाज में स्त्रियों में पनप रही नई चेतना और जागृति को देखा-परखा है। शमशेर इस बात को पहचान लेते हैं कि इस नई चेतना के फलस्वरूप रोमानी भावबोध की कविता लिखने वाली कवयित्रियों का वर्ग खुलकर सामने आता है। जो काम छायावादी कवि कर रहे होते हैं वही काम समकालीन उर्दू कवयित्रियाँ बेहद मुखर होकर कर रही हैं। शमशेर ने इसका तुलनात्मक मूल्यांकन दिलचस्प तरीके से किया है।

शमशेर ने इन आधुनिक उर्दू कवयित्रियों को चार समूहों में विभक्त कर उनके समाजशास्त्रीय अध्ययन पर बल दिया है। वे जमाली, सायरा, जरीफा, शौकत-दुलहन, मंझोबेगम आदि अनेक उर्दू कवयित्रियों के काव्यगत विशिष्टताओं और उनके जीवनानुभवों की दिलचस्प झाँकी उनकी कविताओं के आधार पर प्रस्तुत करते हैं। समकालीन कवि-कर्म की जटिलताओं की चर्चा करते हुए वे इनके विषय में लिखते हैं कि "आज यदि कवि-कार्य दुष्कर हो गया है, तो महिलाओं के लिए वह अब और भी कम साध्य है, जब तक कि उनमें क्रान्ति और अधिक क्रान्ति, न पैदा हो।"[207] अभी तक के उनकी काव्य-साधना से हम देश और समाज के प्रति उनके दृष्टिकोणों को ठीक से समझ पाने में असमर्थ हैं, लेकिन शमशेर को विश्वास है कि उनका कार्य क्षेत्र धीरे-धीरे जितना व्यापक और उनका अनुभव जितना गहरा होगा, तब हम उनकी रचनाओं में अधिक शक्ति, सौन्दर्य, और सत्य के प्रति उनके दृष्टिकोण को बेहतर तरीके से जान और समझ पाएँगे।

इन सबके अतिरिक्त शमशेर ने 'उर्दू कविता' शीर्षक लेख में उर्दू कविता की

परम्परा का मूल्यांकन किया है। वह अपनी बात हिन्दी-काव्य की आवश्यकताओं, उसके क्षेत्र की परिमितता, पाश्चात्य कवियों से तुलना आदि की चर्चा करते हुए शुरू करते हैं। इसके बाद वे तुलनात्मक रूप में उर्दू कविता के आन्तरिक स्वरूप, उसके बाह्यरूप, छन्दों, आधुनिक दौर में इन छन्दों के महत्त्व, उर्दू गजल का उर्दू साहित्य में स्थान, उर्दू कविता की ऐतिहासिक रूपरेखा, उर्दू कविता की ऐतिहासिक दृष्टि और उसके अनूठेपन पर अलग-अलग शीर्षकों के अन्तर्गत विचार करते हैं। शमशेर इस विचार-विमर्श के दौरान उर्दू कविता की काव्यगत और शिल्पगत विशेषताओं को रेखांकित करते हुए हिन्दी कविता से उसकी तुलना करते हैं और अन्त में इस निष्कर्ष पर पहुँचते हैं कि अभी तक हिन्दी और उर्दू कविता में कई महत्त्व की चीजें नहीं आ सकी हैं। लेकिन दोनों अपनी परम्परा को न भूलने लगे तो इन दोनों में ही अपार सम्भावनाएँ हैं। उर्दू कविता और उर्दू कवयित्रियों के इस मूल्यांकन से डॉ. रामविलास शर्मा को एतराज है जिसकी चर्चा कर लेना अप्रासंगिक नहीं है। दरअसल, डॉ. शर्मा की शमशेर को लेकर यह धारणा रही है कि ''शमशेर का मन एक ओर उर्दू के रीतिवाद से बँधा हुआ है, दूसरी ओर यूरोप अमरीका की बहुत सी ह्रासकालीन कविता से। हिन्दी काव्य परम्परा से उनका रागात्मक सम्बन्ध बहुत उथला है।''[208] इसलिए डॉ. शर्मा को यह लगता है कि ''उर्दू के विकास पर जो बातें शमशेर ने कही हैं, वे पूरी तरह सही नहीं हैं, हिन्दी काव्य की जो झलक उन्होंने दी है, वह भी गलत है।''[209] हिन्दी-उर्दू कवयित्रियों के प्रसंग में भी डॉ. शर्मा को शमशेर के भीतर सांस्कृतिकबोध की कमी खटकती है और वह यह टिप्पणी करते हैं कि ''हिन्दी में कवयित्रियों का अभाव है—यानी शमशेर ने जब 'उर्दू कवयित्रियाँ' लेख लिखा था, तब उन्हें ऐसा अभाव दिखाई देता था। इसका कारण हिन्दू और मुस्लिम संस्कृतियों का अन्तर है।''[210] एक और बात यह कि ''शमशेर ने बड़ी सहानुभूति से यह सब लिखा है। सहानुभूति का कोश इस तरफ इतना खाली हो गया कि हिन्दी कवियों के लिए उसका बहुत कम हिस्सा बचा रहा।''[211] यहाँ पर यह कहना मुनासिब होगा कि डॉ. शर्मा की शमशेर के सांस्कृतिक-बोध को लेकर यह धारणा सौ फीसदी सही नहीं है। यह सही है कि उर्दू के प्रति शमशेर का रागात्मक सम्बन्ध गहरा है, लेकिन हिन्दी काव्य के प्रति भी वे कम रागात्मक नहीं हैं। और शमशेर ने यह सब केवल सहानुभूतिवश नहीं लिखा है, बल्कि हिन्दी साहित्य की परम्परा में कवयित्रियों को लेकर यह कड़वी सच्चाई है। और जो सच है उसको कहने में शमशेर का आलोचक मन हिचकिचाता नहीं है। वह अपनी बात बेबाकी से कहते हैं चाहे वह किसी को ग्राह्य हो या नहीं।

परम्परा का मूल्यांकन करते समय शमशेर हिन्दी और उर्दू के साहित्यिक परम्परा पर चिन्तन तो करते ही हैं, साथ ही अपनी पसन्द के विदेशी कवियों पर भी अपनी लेखनी चलाते हैं। देश के बाहर के जिन कवियों पर शमशेर ने आलोचनात्मक-

चिन्तन किया है उनमें फ्रांस के लुई अरागाँ और चेक गणराज्य के ओडोनेल स्मेकल प्रमुख हैं। अपनी बात शमशेर अरागाँ के देश-प्रेम से आरम्भ करते हैं और फ्रांस के प्रति अरागाँ के प्रेम को उनकी सबसे बड़ी विशेषता बताते हैं। भारत में भी राष्ट्रीय कवियों के देश-प्रेम को उनकी बड़ी विशेषता के रूप में देखा गया है। शमशेर ने अरागाँ के अपने देश के जर्रे-जर्रे के प्रति उनके प्रेम को रेखांकित करते हुए लिखा है कि एल्सा पर मुग्ध होने वाले लुई अरागाँ को "फ्रांस के जर्रे-जर्रे से उसको इश्क है। उसकी घाटियों, मैदानों, पठारों और उसके पहाड़ों और नदियों और शहरों और खेतों और बाजारों, उसकी पेरिस से, पेरिस की रातों से, पेरिस के नाचघरों, और उसकी मुँह-अँधेरी सुबहों और उसके फूलों, और उसकी इमारतों और उसकी कला और उसके काव्य से उसकी आत्मा को प्यार है।"[212] दरअसल, अरागाँ के सामने फ्रांस के महान कलाकारों की समृद्ध परम्परा थी। अरागाँ ने इस परम्परा के मूल्य को पहचाना है, इसीलिए "अरागाँ के लिए फ्रांस के महान कलाकारों में से एक ही मिट्टी के रस-राग की पवित्र महक उठती है। उन्होंने अगर अपने दिल के लहू से देश की कला और साहित्य के बाग को सींचा है, तो वह उनके आगे नतमस्तक हैं, वे चाहे जिस मत और धर्म के हों।"[213]

फ्रांस में अरागाँ को 'बागी' के रूप में देखा जाता रहा है जो परम्परा से बागियों का रहनुमा था, लेकिन शमशेर ने उसके अपने देश और कला-साहित्य के प्रति अटूट प्रेम को रेखांकित करते हुए लिखा है कि "यह कितनी अजीब बात है कि वही अरागाँ जो परम्परा से 'बागी' कहलाता था और परम्परा से बागियों का रहनुमा था, और उस रहनुमाई में ही जिसको शोहरत मिली थी, वही अपनी कला और साहित्य में परम्परा का सबसे जबरदस्त समर्थक साबित हो। सच तो यह है कि इस कलाकार की आत्मा को फ्रेंच साहित्य की परम्परा से जो भी खाद्य मिला था, उसी की जिन्दा जमीन पर इस 'दादा' वादी और सुर्रियलिस्ट ने फ्रांस की शायरी में नए गुल खिलाए थे।"[214] शमशेर के लिए अरागाँ "एक इनसान है जिस पर भरोसा किया जा सकता है।"[215] शमशेर को अरागाँ की यह बात भी अपील करती है कि उसने मलार्मे की कविता का गम्भीर विश्लेषण पूरी सहानुभूति के साथ किया है। एक साथ अरागाँ ने आलोचक, कवि, सम्पादक आदि कई जिम्मेदारियों को अपने ऊपर लिया था और लोकतंत्र के लिए एक नए संघर्ष को गति देने में हर रूप में अपनी महत्त्वपूर्ण भूमिका अदा की। यही कारण है कि शमशेर अरागाँ के काव्य और उसके व्यक्तित्व के विभिन्न पहलुओं की विशेषताओं को पूरी तन्मयता के साथ इस लेख में प्रकाशित करते हैं। इस प्रकार अरागाँ का यह बहुआयामी व्यक्तित्व शमशेर को बेहद अपील करता है। इसी प्रकार शमशेर ने डॉ. आडोनेल स्मेकल के हिन्दी काव्य-संग्रह 'मेरी प्रीत तेरे गीत' की समीक्षा करते हुए उसके गुण-दोषों और रचनाकार की सम्भावनाओं पर बात की है। शमशेर उन थोड़े से आलोचकों में हैं जिन्हें जब जहाँ जो बात कहने

लायक दिखती है, तब दिल खोलकर बात कहते-करते हैं। इन दोनों विदेशी रचनाकारों के सन्दर्भ में हमें यही बात दिखती है वह चाहे भारतीय हो या विदेशी रचनाकार, नामजद हो या गुमनाम, अगर वह ईमानदारी से अपनी कला में आता है तो शमशेर उस पर साधिकार बात करते हैं।

समकालीन रचनाशीलता का मूल्यांकन

परम्परा का मूल्यांकन शमशेर की आलोचना की आधारभूमि है, तो समकालीन रचनाशीलता का मूल्यांकन उनकी तटस्थता और सजगता का प्रमाण। अपने समय के प्रति जागरूक कलाकार ही साहित्य और समाज के लिए भावी दिशा-निर्देश प्रदान कर सकता है। शमशेर उन थोड़े-से कवि-आलोचकों में हैं जो हिन्दी-उर्दू और अन्य भाषाओं के महान रचनाकारों की परम्परा और अपने समकालीन वरिष्ठ, समवयस्क और कनिष्ठ रचनाकारों की रचनाशीलता पर एक साथ खरी-खरी और बेबाक आलोचना लिखने का माद्दा रखते हैं। समकालीन रचनाशीलता पर आलोचना लिखना, वह भी बेबाक लहजे में, बहुत ही कठिन काम है। और खतरनाक भी। लेकिन शमशेर ने यह खतरा मोल लिया है। एक कवि-आलोचक के रूप में दरअसल, आलोचक का भी अपना आत्मसंघर्ष होता है। अपने आत्मसंघर्ष में वह कई स्तरों पर स्वयं से, समाज से और अपनी विचारधारा से जूझता है। इसमें उसके मिट जाने या मिटा दिए जाने का खतरा हमेशा बना रहता है। डॉ. नामवर सिंह ने अपनी पुस्तक 'वाद-विवाद संवाद' में आलोचक के आत्मसंघर्ष के विषय में बात की है और बताया है कि रचनाकार की ही भाँति आलोचक को भी आत्मसंघर्ष से गुजरना पड़ता है और उसका आत्मसंघर्ष दोहरा होता है। शमशेर नामवर सिंह की तरह घोषित आलोचक नहीं, बल्कि कवि-आलोचक हैं, लेकिन समकालीन रचनाशीलता पर बात करते वक्त उन्होंने यह आत्मसंघर्ष महसूस किया होगा तब कहीं वे इतना कठिन काम इतनी ईमानदारी से कर पाए।

अपनी आलोचना में शमशेर ने अपने जिन समकालीन रचनाकारों और उनकी रचनाओं तथा समकालीन काव्य-प्रवृत्तियों, विमर्शों और विचारधाराओं को अपनी आलोचना का विषय बनाया है उनकी बहुत लम्बी सूची है। अज्ञेय, मुक्तिबोध, केदारनाथ अग्रवाल, नागार्जुन, नरेन्द्र शर्मा, उपेन्द्रनाथ अश्क, नेपाल सिंह 'पहाड़ी', कृश्नचन्दर, कैफी आजमी, घनश्याम अस्थाना, बालकृष्ण राव, रामविलास शर्मा, नामवर सिंह, प्रभाकर माचवे, गिरिजाकुमार माथुर, भारतभूषण अग्रवाल, नेमिचन्द्र जैन, त्रिलोचन आदि न जाने कितने रचनाकारों और उनकी रचनाओं पर दो-टूक आलोचना शमशेर ने लिखी है। 'तारसप्तक' पर सबसे पहली आलोचना लिखने का श्रेय शमशेर को ही जाता है। मुक्तिबोध पर 'एक विलक्षण प्रतिभा' शीर्षक से लिखा गया आलोचनात्मक-लेख मुक्तिबोध की काव्य-भावभूमि को समझने-समझाने के

लिए अब तक की सबसे उत्कृष्ट उपलब्धि है। प्रयोगवाद से जुड़े रहकर उस पर दो-टूक अपनी राय देने का कलेजा भी शमशेर के पास ही था।

लिहाजा, यहाँ हम सबसे पहले 'प्रयोगवाद', उसके मेनिफेस्टो 'तारसप्तक', प्रयोग की पेशकश करने वाले अज्ञेय और उसके अन्य कवियों पर शमशेर के आलोचनात्मक नजरिए की बात करेंगे। 'तारसप्तक' की पहली समीक्षा प्रगातिशील आन्दोलन के समकालीन मुखपत्र 'नया साहित्य' में प्रकाशित हुई जिसके आलोचक थे शमशेर बहादुर सिंह। 'सात आधुनिक हिन्दी कवि' शीर्षक से यह सन् 1946 में प्रकाशित हुआ जिसे आगे शमशेर के निबन्ध-संग्रह 'दोआब' में शामिल कर लिया गया। शमशेर ने आगे चलकर दोबारा 'प्रयोगवाद' की आलोचना 'कला और साहित्य में प्रयोगवाद' शीर्षक से लिखी, जिसे उनके निबन्ध-संग्रह 'कुछ और गद्य रचनाएँ' में प्रकाशित किया गया है। यह, शमशेर के अनुसार तारसप्तक और प्रयोगवाद पर एक नोट है। शमशेर के शब्दों में "नोट की जरूरत है। लम्बे नोट की...यानी सन् '52 में जैसा कुछ मैं देखता-समझता था, वह बहुत कुछ, या काफी कुछ भ्रम भी था; और साहित्यिक समझ की कमी। अतः ...यह नोट।"[216] इसके अलावा शमशेर ने अपनी डायरियों और साक्षात्कारों में भी आवश्यकतानुसार प्रयोगवाद और उसके कवियों पर आलोचनात्मक टिप्पणी की है। इन सबके आधार पर ही आगे हमारी बात होगी।

'तारसप्तक' का प्रकाशन सन् 1943 में हुआ और यहीं से आधुनिक हिन्दी साहित्य में एक नए युग का आगाज हो गया। अज्ञेय ने 'तारसप्तक' का प्रकाशन कर पहली बार हिन्दी में रचनाशीलता के उस साझी विरासत को साहित्य-समाज के समक्ष प्रस्तुत किया जिसमें सम्मिलित कवियों को एक ही संग्रह में पढ़ा और समझा जा सकता था। उसके सभी कवियों का लक्ष्य एक ही था—प्रयोग, मगर अलग-अलग मिजाज और तेवर के साथ। यह समय भारतीय इतिहास में भी एक नए युग का आह्वान कर रहा था। यदि हम भारतीय इतिहास को सोचें तो स्वाधीनता आन्दोलन अपने चरम पर था और 1942 में भारत छोड़ो आन्दोलन का स्वर बुलन्द होने लगा। सन् '43 में तारसप्तक का प्रकाशन महज एक संयोग नहीं था। इसके पीछे एक सोची-समझी रणनीति थी। क्या वह रणनीति प्रगतिशील आन्दोलन के आलोक में वामपन्थी विचारधाराओं की अतिवादिता के खिलाफ एक मुहिम थी ? या फिर यह वास्तव में रचनात्मकता के नए कौशलों को सामने लाने की एक अपील थी ? इस पर अलग से एक बहस की जा सकती है। यहाँ हमारा अभीष्ट इस बहस को आगे बढ़ाना नहीं, बल्कि प्रयोगवाद और तारसप्तक पर शमशेर के नजरिए की परख करना है।

अज्ञेय ने 'तारसप्तक' की भूमिका में इसके प्रकाशन के इतिहास और योजना के सन्दर्भ में दो सिद्धान्तों की चर्चा की है। पहले सिद्धान्त से हमें कुछ लेना-देना नहीं, लेकिन दूसरे सिद्धान्त से है। अज्ञेय के शब्दों में "दूसरा मूल सिद्धान्त यह था कि

संगृहीत कवि सभी ऐसे होंगे जो कविता को प्रयोग का विषय मानते हैं—जो यह दावा नहीं करते कि काव्य का सत्य उन्होंने पा लिया है, केवल अन्वेषी ही अपने को मानते हैं।''[217] स्पष्ट है कि अज्ञेय के लिए कविता प्रयोग का विषय है और कवि का दायित्व है कि वह निरन्तर प्रयोगशील रहे। तारसप्तक में संगृहीत कवियों के लिए भी अज्ञेय ने यही दिशा-निर्देश दिया है और बतौर भूमिका सातों कवियों का चयन भी प्रयोग और प्रयोगशीलता को ध्यान में रखकर ही किया गया है। मसलन तारसप्तक का प्रकाशन भी अपने आप में एक प्रयोग ही था। कुल मिलाकर 'प्रयोग', 'तारसप्तक' का प्रमुख स्वर या नारा है। लेकिन शमशेर के लिए इस प्रयोग के मायने क्या हैं? उसकी विशेषता क्या है? उसमें नयापन क्या है? शमशेर के शब्दों में—''प्रयोग ही 'तारसप्तक' का नारा है। इस दिशा में 'तारसप्तक' की क्या विशेषता है? एकदम स्पष्ट कहा जाए, तो कोई खास नहीं।''[218] शमशेर तारसप्तक की आलोचना इस रूप में क्यों करते हैं, इस पर सोचने की आवश्यकता है। शमशेर के सामने साहित्य की समृद्ध परम्परा थी। इतिहास और परम्पराबोध से सम्पन्न शमशेर के लिए प्रयोगवाद और तारसप्तक हमें कुछ नया नहीं देता। तारसप्तक के प्रयोगों की जड़ें वे साहित्य की परम्परा में तलाश लेते हैं। साहित्य-सृजन के साथ ही प्रयोग होते रहे हैं। यही कारण है कि शमशेर को प्रयोगवाद का हो-हल्ला गवारा नहीं लगता।

शमशेर ने तारसप्तक में प्रयोग के नारे को कोई खास तवज्जो नहीं दी है। उनको इन प्रयोगों की विशेषता निचले स्तर की जान पड़ती है। कारण भी स्पष्ट है कि शमशेर के सामने साहित्य की परम्परा में निराला, पंत आदि बड़े कवियों की विरासत थी। प्रयोगवाद के हो-हल्ले से पहले इन रचनाकारों ने सर्वथा नवीन प्रयोग अपने साहित्य में किया है। यही कारण है कि शमशेर तारसप्तक के कवियों द्वारा किए गए प्रयोगों में खासी दिलचस्पी नहीं लेते हैं। तारसप्तक के प्रयोगों को विशेष महत्त्व न देने के दो कारण शमशेर ने बताए हैं—''एक तो यह कि मौलिक रूप से तारसप्तक के प्रयोग अन्यत्र कई और कवियों के, इससे काफी पहले के संग्रहों में मिल जाएँगे। प्रथमतः निराला में ही—न केवल तारसप्तक के लगभग सभी प्रयोग बल्कि उससे भी और कहीं अधिक, कहीं अधिक; दूसरे पंत जी में, उनकी अतुकान्त और मुक्त-छन्द की कविताओं में लगाकर 'ग्रन्थि' से 'युगवाणी' और 'ग्राम्या' तक, इसको छोड़ते हुए कि उनकी 'ज्योत्स्ना' के कुछ गद्य काव्यांश वस्तुतः कविता के ही मूल अंग हैं। फिर नरेन्द्र शर्मा ने अपनी भी कतिपय वर्णात्मक तुकान्त मुक्त-छन्द की कविताओं में अपनी एक विशिष्ट शैली का परिचय दिया है।''[219] निराला ने अपनी कविता 'जूही की कली' में मुक्त-छन्द का जितना सफल प्रयोग किया है वह साहित्य-समाज के सामने है। पंत की प्रयोगशील कविताओं का नाम शमशेर गिना ही चुके हैं। नरेन्द्र शर्मा भी इससे अछूते नहीं हैं। साहित्य-सृजन में प्रयोग न्यूनाधिक मात्रा में हर काल-विशेष में होता रहा है। यदि इसकी पड़ताल की जाए तो यह शोध का विषय

हो सकता है। यही कारण है कि तारसप्तक के प्रयोग के नारे को शमशेर किसी खास नजरिए से नहीं देख पाते।

इसके अलावा शमशेर तारसप्तक के प्रयोगों को सफलता-असफलता की कसौटी पर रखकर देखते हैं। यहाँ भी ऐसे प्रयोगों की विशिष्टता उन्हें कुछ खास नजर नहीं आती। शमशेर की नजर में तारसप्तक के प्रयोग असफल प्रयोग की श्रेणी में आते हैं। नन्ददुलारे वाजपेयी ने प्रयोगवाद को 'बैठे-ठाले का धन्धा' कहकर उसकी आलोचना की थी। यहाँ शमशेर कुछ ऐसा तो नहीं कहते जिससे प्रयोगवाद बिलकुल खारिज ही हो जाए, लेकिन जो कहते हैं वह गौरतलब है। शमशेर के अनुसार, "दूसरा कारण जो तारसप्तक के प्रयोगों को न्यून करता है, यह कि वे बहुत कम सफल हुए हैं, यहाँ सिवाय अज्ञेय और रामविलास के। एक सीमित दिशा में गिरिजाकुमार के प्रयोगों की सफलता हिन्दी में सुन्दर चीज है, निस्सन्देह; पर वास्तव में वह भी इतनी मौलिक नहीं जितनी लगती है, ऊपर से देखने में। माचवे के बिम्ब चित्र कवि की ओर से काफी दायित्वहीनता का परिचय देते हैं। रामविलास के प्रयोग उदार (eclectic) हैं—और अधिकांश तो इसलिए सफल हैं, और कुछ इस कारण, कि कवि ने प्रयोगों को प्रयोग के नाते बहुत कम, शायद न के बराबर, महत्त्व दिया है : कविता की भाव-भूमि ने ही स्वयं अपने छन्दों के उपकरण जुटवा लिए हैं। गजानन माधव मुक्तिबोध की अभिव्यक्ति उनके कला-प्रकारों के अनुरूप सूक्ष्म और पुष्ट नहीं हैं।"[220]

अज्ञेय ने 'तारसप्तक' की भूमिका में लिखा है—" 'तारसप्तक' में सात कवि संगृहीत हैं। सातों एक-दूसरे के परिचित हैं—बिना इसके इस ढंग का सहयोग कैसे होता है? किन्तु इससे यह परिणाम न निकाला जाए कि ये कविता के किसी एक 'स्कूल' के कवि हैं, या कि साहित्य-जगत् के किसी गुट अथवा दल के सदस्य या समर्थक हैं। बल्कि उनके तो एकत्र होने का कारण ही यही है कि वे किसी एक स्कूल के नहीं हैं, किसी मंजिल पर पहुँचे हुए नहीं हैं, अभी राही हैं—राही नहीं, राहों के अन्वेषी। उनमें मतैक्य नहीं है, सभी महत्त्वपूर्ण विषयों पर उनकी राय अलग-अलग है—जीवन के विषय में, समाज और धर्म और राजनीति के विषय में, काव्यवस्तु और शैली के, छन्द और तुक के, कवि के दायित्वों के—प्रत्येक विषय में उनका आपस में मतभेद है।"[221] कहने का तात्पर्य यह है कि 'तारसप्तक' के सभी कवि अलग-अलग दुनिया के चितेरे हैं। सबकी भाव-भूमि अलग-अलग है। सबका मिजाज और तेवर अलग-अलग है। सबके प्रयोगशीलता का कौशल एक-दूसरे से भिन्न और जुदा-जुदा है।

लेकिन इन सबके बावजूद एक ऐसी कड़ी या कहें कि कौशल है जो इन सबको एक सूत्र में बाँधता है। क्या है जो इन्हें समानता के एक सूत्र में बाँधता है? बकौल अज्ञेय—"काव्य के प्रति एक अन्वेषी का दृष्टिकोण उन्हें समानता के सूत्र में बाँधता है। इसका यह अभिप्राय नहीं है कि प्रस्तुत संग्रह की सब रचनाएँ प्रयोगशीलता के

नमूने हैं, यह कि इन कवियों की रचनाएँ रूढ़ि से अछूती हैं या कि केवल यही कवि प्रयोगशील हैं और बाकी सब घास छीलने वाले, वैसा दावा यहाँ कदापि नहीं; दावा केवल इतना है कि ये सातों अन्वेषी हैं।...इस नाते तीन-चार और नाम भी सामने आए थे, पर उनमें वह प्रयोगशीलता नहीं थी जिसे कसौटी मान लिया गया था।''[222] शमशेर को प्रयोगशीलता की ऐसी कसौटी से भी एतराज है, क्योंकि अज्ञेय की इस कसौटी पर केदारनाथ अग्रवाल, त्रिलोचन, नागार्जुन जैसे प्रगतिशील-प्रयोगशील कवि खरे नहीं उतरते। यही कारण है कि शमशेर को यह कसौटी पसन्द नहीं। अज्ञेय लाख दावा करते रहें, लेकिन उनके द्वारा निर्धारित कसौटी पर बहुत से कुशल समकालीन कवि फिट नहीं बैठते, क्योंकि किसी भी रचनाशीलता के लिए यदि कोई एक कसौटी बना दी जाए तो जाहिर है कि बहुत से सृजनशील कलाकारों को बाहर हो जाना ही पड़ता है। शमशेर को इसी बात से शिकायत है।

दरअसल, शमशेर ने अपने आलोचनात्मक लेखन द्वारा हिन्दी आलोचना की परम्परा को समृद्ध किया है। उन्होंने रचना के स्तर पर प्रगतिशीलता और प्रयोगशीलता के सतही विरोध को दूर करने का प्रयास किया है। यह काम उनके आलोचनात्मक लेखन में भी दिखता है और उनकी कविताओं में भी। कृति को केन्द्र में रखकर उस पर विचार करना शमशेर की आलोचना का मूल है। शमशेर साहित्य-सृजन के लिए किसी कसौटी का निर्धारण नहीं करते न ही उसनें बँधना-बाँधना उन्हें पसन्द है। लेकिन अज्ञेय ने 'तारसप्तक' के सभी कवियों के लिए एक कसौटी बना दी है। ''सभी इसके लिए तैयार हैं कि कभी कसौटी हो, क्योंकि सभी अभी उस परमतत्त्व की शोध में ही लगे हैं जिसे पा लेने पर कसौटी की जरूरत नहीं रहती, बल्कि जो कसौटी की ही कसौटी हो जाती है।''[223] परमतत्त्व की शोध में लगे सभी अन्वेषी अज्ञेय के साथ मिलकर एक विराट कल्पना में लगे हैं। सबकी राहें अलग हैं लेकिन उनकी मंजिल एक है। लेकिन शमशेर की बारीक नजर इन राहों के गड्ढे पहचान लेती है। उनके आपसी द्वन्द्वों और कमजोरियों को सामने ले आती है। शमशेर लिखते हैं कि ''कविता की सात दुनियाओं में रहने वाले इन सातों पद्यकारों में आपस में प्रत्येक सम्भव प्रकार का मतभेद है : ये आपस में सहमत हैं तो केवल इस पर कि कविता प्रयोग का विषय है। और ये सभी 'काव्य के सत्य के अन्वेषी' हैं; 'सभी अभी उस परमतत्त्व की खोज में ही लगे हैं, जिसे पा लेने पर कसौटी की जरूरत नहीं रहती, बल्कि जो कसौटी की ही कसौटी हो जाता है।' (भूमिका)। पर रामविलास तो साफ अपने वक्तव्य में कहते हैं : 'कविता में शाश्वत सत्यों की मैंने खोज की हो, यह भी दिल पर हाथ रखकर नहीं कह सकता।' और भारतभूषण अग्रवाल के शब्द हैं : 'यह बात जोर देकर कहना चाहता हूँ कि कम-से-कम मुझे मेरी कविता ने भावों का उत्थान (Sublimation) नहीं दिया।' गिरिजाकुमार माथुर का भी पहला वाक्य है : 'कविता में विषय से अधिक तकनीक पर ध्यान दिया है। प्रभाकर माचवे स्पष्ट

अपने को बिम्बवादी कहते हैं; और बिम्ब-चित्रण में कवि का दायित्व गम्भीर 'अन्वेषण' को कहाँ, कैसे स्थान देगा? नेमिचन्द्र के अन्दर एक मानसिक संघर्ष है अवश्य, पर उसे सुलझाने का सही मार्ग उनके शब्दों में यही है कि 'सामूहिक प्रयत्न द्वारा उनका समाधान' हो न कि परमतत्त्व की शोध। ये भारी शब्द हैं; इस प्रसंग में आकर अनायास हलके हो जाते हैं।''[224] तारसप्तक के सभी कवियों के वक्तव्य, जिसको शमशेर ने कोट किया है, कहीं-न-कहीं उनके मानसिक अन्तर्द्वन्द्व को प्रकट करते हैं। और यह द्वन्द्व रचनात्मकता के संकट और चुनाव को लेकर है। शमशेर के समकालीन इन कवियों के सामने यह संकट पैदा हो गया था कि वह प्रगतिशीलता को अपनाएँ या प्रयोगशीलता को। यही कारण है कि शमशेर ने उस समय के प्रगतिशील-प्रयोगशील कवियों की रचनात्मकता की तारसप्तक के कवियों के बरक्स जोरदार वकालत की है।

प्रगतिशील आन्दोलन की परिणति के रूप में 1942 में भारत छोड़ो आन्दोलन और ठीक उसके एक वर्ष बाद सन् 1943 में 'तारसप्तक' का आना हमें सोचने पर मजबूर करता है। 1942 के इस आन्दोलन की अपार लोकप्रियता और उसमें वामपन्थी दलों की तटस्थता और अतिवादिता ने कहीं-न-कहीं वामपन्थी विचारधारा से जुड़े रचनाकारों के सामने एक संकट पैदा कर दिया था। खासकर मुक्तिबोध जैसे रचनाकार के सन्दर्भ में यह बात साफ-साफ दिखती है। विचारधारा और देश की आजादी, रचनात्मकता के सन्दर्भ में प्रगतिशीलता और प्रयोगशीलता, इनमें से किसी एक का चुनाव करना तत्कालीन रचनाकारों के लिए कितना कठिन काम था, इसका अन्दाजा लगाया जा सकता है। यहाँ तक कि स्वयं शमशेर की रचनात्मकता के सन्दर्भ में ऐसा संकट हमें देखने को मिल जाता है। शमशेर से जब यह सवाल किया गया कि विचारधारा के स्तर पर वे कम्यूनिस्ट पार्टी के घोर समर्थक होते हुए भी उससे अलग क्यों हुए? तब शमशेर का जवाब था—''इस विषय में मेरी समझ यह है कि साहित्यकारों की रचनात्मक समस्याएँ पार्टी हल नहीं करती वह कवि ही स्वयं हल करता है। बल्कि पार्टी उन समस्याओं को समझती ही नहीं। सन् '48-49 के बाद मैं मेंबर नहीं रहा। जहाँ तक रचनात्मक विकास की बात है इसके लिए मुझे रामायण भी पढ़नी होगी तो मैं मार्क्सवाद पढ़कर समझूँगा।''[225] ऐसा जवाब कहीं-न-कहीं उस समय के रचनात्मकता के चुनाव से पैदा हुए संकट को सामने लाता है जिसकी बात हम ऊपर कर आए हैं।

दरअसल, हिन्दी साहित्य और भारत के इतिहास में सन् 1942-43 का समय बेहद महत्त्वपूर्ण है। शमशेर के लिए यह समय हिन्दी कविता के लिए एक नया मोड़ लेकर सामने आता है। अज्ञेय ने 'तारसप्तक' का प्रकाशन कर हिन्दी की रचनात्मकता को भले ही एक दिशा-विशेष की तरफ मोड़ दिया हो, लेकिन शमशेर उस समय के सामाजिक बदलाव और हिन्दी कविता में तारसप्तक से बाहर समानान्तर रचनात्मक

प्रतिभाओं की सक्रियता को पहचान रहे थे। यही कारण है कि आगे चलकर उन्होंने 'दूसरा सप्तक' के अपने वक्तव्य में कहा कि "सामाजिक चेतना के साथ-साथ उठता हुआ हिन्दी साहित्य में प्रतिभा का यह ज्वार जब सन् '42-43 में बैठने लगा, तो दूसरी लहर में और दूसरे लोग तेजी के साथ उठकर आगे आए। 'सुमन', केदारनाथ अग्रवाल, गिरिजाकुमार माथुर, चन्द्रभूषण त्रिवेदी, 'अगिया बैताल', 'गोरा बादल' और नागार्जुन; और कितने ही लोक कवि, स्व. बिसराम, भिखारी ठाकुर, रामकेर, प्रेमदास और खेमसिंह नागर जो लोक-भाषा और लोक-भावों के सुन्दर कलाकार हैं; पुरानों में 'निराला' ही अकेले इन सबके साथ आए। इनमें सामाजिक सच्चाई और नए लोकतंत्र की शक्तियाँ ज्यादा खुलकर और दृढ़ता से बोलती हैं; इनमें से कला का सुघड़पन पिछलों-जैसा चाहे अभी न हो मगर यह जो विशेषकर लोक-कवियों की, क्रान्तिकारी कविता बिहार और उत्तर प्रदेश में गूँजने लगी है, उसका कुछ अर्थ है; यानी जनता अब एक स्वतंत्र राष्ट्र की तरह अपने मूल अधिकारों का उपभोग करना चाहती है, इसलिए इस कविता का स्वर जन-मन की भावनाओं को छूता है। वहीं मसलन 'गोरा बादल' और नागार्जुन की कविता में आकर आज ठेठ खड़ी बोली हिन्दी का नया तगड़ा और खासा मँजता जाता हुआ स्वर है। आगे मैं इसी के साथ अपने स्वर का योग देना चाहता हूँ।"[226] कहना न होगा कि इनमें ऐसे बहुत से प्रगतिशील-प्रयोगशील रचनाकार हैं जो अज्ञेय द्वारा निर्धारित तथाकथित प्रयोगशीलता की कसौटी पर खरे नहीं उतरते, मगर चुपचाप अपनी सृजनशीलता से साहित्य और समाज के विकास में अपना योगदान दे रहे हैं। शमशेर को यही मलाल है कि जब ये सभी बिना किसी हो-हल्ले और नारे के अपनी भूमिका निभा रहे हैं, फिर तारसप्तक में प्रयोग को लेकर नारेबाजी क्यों? यहाँ यह सम्भावना व्यक्त की जा सकती है कि अज्ञेय ने प्रगतिशील आन्दोलन के आवरण में वामपन्थी विचारधारा की अतिवादिता को उसकी सबसे बड़ी कमजोरी के रूप में लिया और इस आन्दोलन को रास्ते से भटका दिया, क्योंकि अज्ञेय भले ही यह दावा करते रहे कि 'तारसप्तक' में शामिल कवियों के अनुक्रम से कोई दूसरा अर्थ नहीं लिया जाए, लेकिन मुक्तिबोध को सबसे पहले पेश करने की रणनीति शायद यही रही होगी कि प्रगतिशील आन्दोलन को उसके हथियार से ही जख्मी किया जाए। और हुआ भी वही। शमशेर इस रणनीति को भली-भाँति समझ गए थे, यही कारण है कि उन्होंने 'तारसप्तक' की ऐसी तीखी आलोचना की।

'तारसप्तक' की इस आलोचना में शमशेर उसमें शामिल कवियों के विषय में और विस्तार से बात करते हैं और यही अपील करते हैं कि आइए देखें—"कैसी भाव-भूमि हमें मिलती है इन कवियों में?"[227] सबसे पहले वे मुक्तिबोध की आलोचना करते हुए कहते हैं कि "वे अपनी आन्तरिक विनष्ट शान्ति और शारीरिक ध्वंस के ऊपर 'व्यक्तिवाद का कवच' पहने अपने घोर मानसिक द्वन्द्व से जूझ रहे हैं।"[228]

शमशेर को मुक्तिबोध की मान्यताएँ नकारात्मक लगती हैं। अपनी बात की पुष्टि में उन्होंने मुक्तिबोध की 'मृत्यु और कवि', 'नाशदेवता', 'सृजन क्षण' आदि कविताओं को देखने की अपील की है। शमशेर के अनुसार मुक्तिबोध की धारणा है कि ''जीवन आएगा तो नाश के द्वारा, नाश के बाद।''[229] लेकिन शमशेर को यह नाशलीला रास नहीं आती। वे सौन्दर्य के हिमायती हैं और संघर्षमय जीवन का सौन्दर्य भी अपनी अहमियत रखता है। शमशेर इसी के पारखी हैं। यही कारण है कि वे मुक्तिबोध की इस नकारात्मक कल्पना की आलोचना करते हैं।

अब अज्ञेय को लीजिए। शमशेर अज्ञेय को बिना किसी बहस के चुपचाप अपना 'फेवरिट' कवि मानते हैं। उन्होंने अज्ञेय के प्रयोगों को एक हद तक सफल भी माना है, लेकिन इस आलोचनात्मक लेख में चर्चा अज्ञेय से नहीं, 'तारसप्तक' से शुरू होती है। यही शमशेर के आलोचना-दृष्टि का सबल पक्ष है। वे हर रचना और रचनाकार को जिस अपनेपन से देखते हैं, उसमें अगर मुरव्वत का पुट नहीं आता तो उनकी आलोचना बड़ी जानदार बन जाती है। 'तारसप्तक' की आलोचना इसीलिए बड़ी दिलचस्प बन पड़ी है। मुक्तिबोध के बाद शमशेर की कलम अज्ञेय पर चलती है। वे अज्ञेय को वर्जनाओं के संसार में चारों ओर से घिरा मानते हैं। शमशेर कहते हैं कि ''वह घोषित करता है कि उसका व्यक्तित्व उस सबको परास्त कर देगा, क्षार-क्षार! तब वही 'ध्वस्त गौरव का पथ' उसका पथ होगा—'शेष हीन पथ वह जिस पर एक दृढ़ पैर का ही स्थान है और वह दृढ़ पैर मेरा है।' कवि पूछता है, कौन हूँ मैं। 'तेरा दीन-दुखी पद-दलित, पराजित; आज जो कि क्रुद्ध सर्प से अतीत का जगा 'मैं' से 'हम' हो गया।'...यह 'हम' जनता का 'हम' नहीं; व्यक्ति का अपने 'जाग्रत अतीत' से प्राप्त 'हम' है।''[230] यह 'हम' जनता का 'हम' इसलिए नहीं हो पाता, क्योंकि स्वयं कवि अपने चारों ओर वर्जनाओं का एक संसार देखता है। और उसी को पूँजीकृत विरासत के रूप में मानते हुए उस सत्य को आत्मसात् करना चाहता है जो उसके लिए कल्पना की 'स्वप्नमूर्त प्रतिमा' है। लेकिन उसे हाथ क्या लगता है? कुछ नहीं।

शमशेर ने गिरिजाकुमार माथुर की कविताओं का विश्लेषण करते हुए उसका मुख्य आधार प्रेम को माना है। शमशेर के शब्द हैं : ''प्रेम की स्मृतियाँ, प्रस्तुत जीवन में प्रेम के मधुरतम क्षणों का अतीत।''[231] अज्ञेय के लिए व्यक्ति का 'जाग्रत अतीत' और माथुर के लिए 'प्रेम के मधुरतम क्षणों का अतीत'। शमशेर के अनुसार इन कवियों को अपना सब कुछ अतीत में ही दिखता है। इस अतीत को ही अपनी विरासत समझ ये उसे पाने को तड़प रहे हैं। इसके बाद शमशेर ने एक शब्द 'कोमल' को माथुर के भावजगत् का विशेषण माना है। उनके शब्द हैं—''कोमल... एक शब्द में 'कोमल' ही उनके भावजगत् का विशेषण है। भाव, वातावरण, वर्ण, शब्द, स्वर, सब कोमल हैं।''[232] शमशेर के अनुसार कवि अपने भावजगत् में इतना लीन है कि उसे अपना सब कुछ अतीत में ही दिखता है। उसके भावजगत् का खजाना भी

अतीत में ही मिलता है। प्रस्तुत के सत्य की स्पष्टता उसे रास नहीं आती। लेकिन अपने अतीत में उसे मिलता क्या है—उदासी, थकावट, सूनापन, खोई हुई-सी परछाइयाँ, धीमी-धीमी बातों की यादें, गीत-कथा का अधूरापन। ये सब शमशेर के शब्द हैं।

प्रभाकर माचवे की कविताओं का विश्लेषण करते हुए शमशेर पाते हैं कि उसमें कुछ है तो वह है—'संशय के दो कण'। इसके अलावा रूखे से व्यंग्य और फीकी-सी कटुता। शमशेर के अनुसार उन्हें—"किसी सत्य पर आस्था, किसी तथ्य पर विश्वास, किसी दर्शन के लिए आग्रह नहीं। उनकी ज्ञान की झोली में कुछ है तो 'संशय के दो कण।' 'अन्यथा रूखे से व्यंग्य, फीकी-सी कटुता, क्योंकि उसके तले में है—एक ऊब और उदासी का भाव। प्रकृति-चित्रण ('वसन्तागमन', 'मेघमल्हार', 'दृष्टि', 'काशी के घाट पर') जैसे उसी से भाग निकलने का उपक्रम हो; पलायन। और इसी कारण उसकी अभिव्यक्ति की शैलियों में सामान्यत: कलापक्ष की ओर से उदासीनता मिलती है।"[233] प्रस्तुत सत्य से कटकर अपने ही भावजगत् में ऊब और उदासी का सृजन और फिर उससे पलायन—शमशेर को यह बातें खटकती हैं। और प्रयोग का नारा, फिर भी कलापक्ष की ओर से उदासीनता शमशेर को ग्राह्य नहीं है। कारण चाहे जो भी हो। शमशेर के अनुसार प्रभाकर माचवे को किसी दर्शन के लिए आग्रह ही नहीं, क्योंकि वे खुद के द्वारा सृजित ऊब और उदासी में मगन हैं।

नेमिचन्द्र जैन और भारतभूषण अग्रवाल के सम्बन्ध में भी आलम कुछ ऐसा ही है। शमशेर कहते हैं कि वे दोनों "अपने मानसिक संघर्षों से मुक्त होने के लिए जनता की शक्तियों के साथ आना चाहते हैं : और भावुकता में उस ओर बढ़ते भी हैं, मगर अपनी अन्दरूनी उलझनों को सुलझा नहीं सके हैं। अत: बार-बार संशय शैथिल्य और एकाकीपन विषाद किसी-न-किसी बहाने उनको घेर लेता है—विशेषकर नेमिचन्द्र को, क्यों वह अपेक्षाकृत अपने भावुक कवि-व्यक्तित्व के प्रति अधिक सचेत भी हैं।"[234] आगे शमशेर नेमिचन्द्र जैन के 'तारसप्तक' में संकलित कविताओं के आधार पर उनकी मनोभूमि और बेचैनी को विश्लेषित करते हैं। नेमिचन्द्र जैन के वक्तव्य 'सर्वहारा प्रगति' के उद्दाम नव उन्माद से बेचैन हैं, लेकिन शमशेर ने तत्कालीन समय के सन्दर्भ में उनकी कविताओं का विश्लेषण कर कुछ सवाल खड़े किए हैं और उनकी कविताओं में ही उसका उत्तर भी ढूँढ़ लिया है। शमशेर कहते हैं कि "यह सर्वांशत: सही नहीं कि 'सर्वहारा प्रगति के उद्दाम नव उन्माद से बेचैन' है; पर इस विचार से कवि को पर्याप्त आवेश और उत्साह मिला है। 'वह भीषण प्रभा का लाल पावन रंग-तड़पता त्रिद्रोह से अस्थिर सितारा' अपने पथ-प्रदर्शक के रूप में देखता है। फिर भी उसकी राह सूनी, अकेली, पत्थरों की राह क्यों रहती है? और वह पत्थरों की वज्र निर्ममता का, और उसके ठोकर खाकर निजी सुखों-दुखों के कल्पना-खिलौनों के टूटने का, गिला क्यों करता है?"[235] इसका उत्तर शमशेर ने नेमिचन्द्र की 'व्यर्थ' शीर्षक कविता में खोज निकाला है। यह कविता भी 'तारसप्तक'

में ही संकलित है। इस कविता की पंक्तियों को उद्‌धृत करते हुए शमशेर नेमिचन्द्र के भावजगत् को पहचान लेते हैं और कहते हैं कि "कवि के जीवन में व्यर्थता का यह भाव पैदा होना स्वाभाविक है। केवल भावुक कल्पना के माध्यम से ही समाज के प्राणमय तत्त्वों से व्यक्ति का सम्बन्ध कैसे स्थापित हो सकता है? अपने चारों ओर के समाज की समस्याओं को अपनी समस्या बनाकर, उसके संघर्ष को अपना संघर्ष बनाकर ही तो हम उसके विविध गतिमय प्राणमय संचलित तत्त्वों को अपने अन्दर अनुभव कर सकेंगे।"[236] शमशेर की धारणा है कि बिना इस संकल्प के 'सर्वहारा प्रगति' की बात अपने आप को व्यर्थ निर्जन सुनसान में खड़ा करना ही है। इस व्यर्थ निर्जन से निकलने का रास्ता केवल यही है कि कवि अपनी समस्याओं से ऊपर उठकर समाज की समस्याओं को आत्मसात् करे। और यह उसका दायित्व भी है।

भारतभूषण अग्रवाल के बारे में शमशेर का मानना है कि उन्होंने "अपने कवि-कार्य को बड़ी सुगमता से दो श्रेणियों में बाँट दिया है—सामाजिक-राजनीतिक और भावुक। पहली श्रेणी का पद अधिकांश गद्य ही है, जिसे छन्द में भर दिया गया है। दूसरी कविता में कुछ कविता भी आती है। 'अपने कवि से' पढ़ते समय नहीं मालूम होता कि हम उलझा हुआ-सा गद्य पढ़ रहे हैं अथवा पद्य, नीरस, क्लिष्ट।"[237] शमशेर को कलाकार की व्यक्तिगत ईमानदारी को लेकर भी नाराजगी है। वह लिखते हैं कि "कवि अपनी भावनाओं के एक पक्ष के प्रति ईमानदार नहीं है। ऐसा क्यों है? इस दायित्वहीनता का प्रभाव उसके दूसरे, भावुक पक्ष पर भी पड़ा है। उसकी विदा सम्बन्धी दोनों कविताओं (नं. 9, 10) में भाव अपनी मर्यादा नहीं रख सके हैं। इसमें अभिव्यक्ति का भी दोष है। जहाँ कवि ने भावना के प्रखर सत्य का सहारा लिया है, कोरी भावुकता का नहीं, वहाँ हमें कोई शिकायत नहीं रहती; जैसे, 'जागते रहो', 'प्रात की प्रत्यूष बेला', 'फूटा प्रभात' और 'पथहीन' के बारे में।"[238] शमशेर की आलोचना-दृष्टि की यह खासियत है कि वे रचनाओं तथा रचनाकारों की निष्पक्ष जाँच करते हैं। जहाँ जो कमी दिखती है वहाँ सहानुभूति का पुट नहीं होता, और जहाँ अच्छी कारीगरी होती है वहाँ वे उसकी प्रशंसा करने से भी नहीं चूकते। भारतभूषण के मूल्यांकन में भी यही आलम देखने को मिलता है।

'तारसप्तक' के मूल्यांकन में शमशेर का नजरिया सातों कवियों में रामविलास शर्मा के प्रति अधिक उदार और सहानुभूतिपूर्ण रहा है। यह एक आश्चर्यजनक बात है कि बाकी सभी कवियों की अपेक्षा रामविलास शर्मा का व्यक्तित्व और कृतित्व शमशेर को ज्यादा अपील करता है, जबकि आगे चलकर शर्मा जी का कवि-कर्म पूर्णतया आलोचना-कर्म में तब्दील हो गया है। शमशेर को 'तारसप्तक' के सम्पादक से शिकायत है कि उन्होंने रामविलास की कविताओं का क्रम ठीक से नहीं रखा है। वे कहते हैं कि "कविताएँ इस क्रम से नहीं रखी गई हैं कि हम उनमें देख पाते कि किस प्रकार कवि के भावजगत् का विस्तार बढ़ता गया, किस प्रकार वह हमारे आज

के संघर्षमय जीवन का अर्थ हमारे लिए उत्तरोत्तर स्पष्ट करता गया है। अपने सशक्त स्वरों में, अपनी सत्यमूलक कल्पना के वास्तव-चित्रों में, अपने स्वस्थ पौरुष दृष्टिकोण में। कवि का 'मैं' उसके सामूहिक अपनापे में खो गया है।''[239] चयन की पहली कविता किसान के कार्यक्षेत्र पर है, जिससे शमशेर बेहद खुश हैं। 'केतकी का मेला', 'शारदीया', 'सिलहार', 'चँदनी' और 'समुद्र के किनारे' आदि कविताओं की प्रशंसा करते हुए वे इनके चित्रण, वर्णन, भाव और विभाव, कोमल, करुणा और दृढ़ आशा के ताने-बाने से प्रकट स्वस्थ सौन्दर्य से उद्वेलित होने लगते हैं। सात में से छह पड़ावों तक लगातार नैराश्य का अन्धकार झेलते-झेलते जब अचानक सातवें पड़ाव पर आशा की प्रकाशमय किरण से शमशेर का साक्षात्कार होता है, तब वह दिल-खोलकर उसकी तारीफ करने लगते हैं। और यह स्वाभाविक भी है।

आगे शमशेर ने रामविलास शर्मा की कविता 'गुरुदेव की पुण्यभूमि' की भूरि-भूरि प्रशंसा करते हुए यह माना है कि बंगाल के अकाल पर जब भी बात की जाएगी, तब हिन्दी में इस विषय पर लिखी गई श्रेष्ठ कविताओं में इसको स्थान दिया जाएगा। इतना ही नहीं, वे कविता का विश्लेषण करते हुए इसकी तारीफ में यह कहने लगते हैं कि ''कविता से कुछ अधिक है यह चीज; यह देशभक्तों को एक सच्चे भारतीय कवि का आह्वान है। शब्दों में समय की पुकार है, छन्द और स्वर की गूँज ही नहीं। यह छपने, पढ़ने, सुनने की ही चीज नहीं—अपने कविता के माध्यम से एक सच्चा कवि राष्ट्र को कर्तव्य पथ पर ललकार रहा है। इस रचना में कवि की कला भावों के क्रमशः उठान में, एक क्लाइमेक्स तक पहुँचाने में आंशिक उद्धरण पूरी कविता के प्रति अन्याय होगा।''[240] आगे शमशेर ने रामविलास शर्मा की 'कवि', 'दारा शिकोह', 'किसान कवि और उसका पुत्र', 'हड्डियों का ताप,' 'कलियुग' आदि कविताओं का दिलचस्प विश्लेषण करते हुए उन्हें प्रयोग से बढ़कर कविता माना है।

'तारसप्तक' में संकलित सातों कवियों में रामविलास शर्मा के प्रति शमशेर की विशेष उदारता और अन्य कवियों के प्रति तीखी आलोचनात्मक दृष्टि उनकी आलोचना-दृष्टि पर कुछ सवाल खड़े करती है। कारण जो भी रहा हो, लेकिन इस पर बहस की एक गुंजाइश बनती है। एक आलोचक के रूप में डॉ. रामविलास शर्मा ने आगे चलकर शमशेर के द्वारा तारसप्तक के आलोचनात्मक मूल्यांकन को प्रगतिशील आलोचना का प्रतिनिधि लेख माना था, और यह लेख भी प्रगतिशील आन्दोलन के मुख-पत्र 'नया साहित्य' में प्रकाशित हुआ। यह एक दिलचस्प तथ्य है कि जिस प्रकार तारसप्तक के सबसे सफल कवि के रूप में रामविलास शर्मा पर शमशेर मुग्ध हैं, ठीक उसी प्रकार 'तारसप्तक' के सबसे सफल आलोचक के रूप में शमशेर पर डॉ. रामविलास शर्मा मुग्ध हैं। इसके साथ ही एक दिलचस्प संयोग यह भी दिखता है कि आगे चलकर डॉ. रामविलास शर्मा एक कवि के रूप में अब तक स्थापित नहीं हो सके हैं और न ही एक आलोचक के रूप में शमशेर को स्थान मिल पाया है। फिर

माजरा क्या है? आगे चलकर एक-दूसरे के प्रशंसक एक-दूसरे से जुदा-जुदा भी नजर आते हैं।

डॉ. रामविलास शर्मा ने अपने लेख 'अच्छे गद्य की पहचान' में शमशेर के आलोचनात्मक निबन्धों के विषय में यह कहा है कि "इन निबन्धों का ऐतिहासिक महत्त्व है, क्योंकि इनमें वे चक्करदार रास्ते दिखाई देते हैं जिनसे होकर बहुत से कवि और लेखक आगे बढ़े हैं।"[241] कहने का मतलब है कि इन निबन्धों का महत्त्व और इनकी मान्यताएँ इतिहास की चीज हैं। इससे यह स्पष्ट नहीं हो पाता कि आज के समसामयिक सन्दर्भ में इनकी भूमिका कुछ है भी या नहीं। और इनके चक्करदार रास्तों से बहुत से कवि आगे बढ़े हैं, लेकिन क्या शमशेर एक कवि के रूप में आगे बढ़ पाए हैं या नहीं—यह भी स्पष्ट नहीं हो पाता, क्योंकि डॉ. रामविलास शर्मा ने अपनी पुस्तक 'नई कविता और अस्तित्ववाद' में शमशेर के कवि-व्यक्तित्व का जो मूल्यांकन किया है वह रीतिकालीन कवि को सामने लाता है जिसमें शमशेर, पद्माकर को मात देते नजर आते हैं। यह आलोचक रामविलास शर्मा का मूल्यांकन है। वहाँ आलोचक शमशेर थे और कवि डॉ. शर्मा, यहाँ कवि शमशेर हैं और आलोचक रामविलास शर्मा। और शमशेर भी तो आगे चलकर निराला के सन्दर्भ में डॉ. रामविलास शर्मा के 'ब्लाइंड स्पाट्स' को सामने ले आते हैं। यह कुछ महत्त्वपूर्ण तथ्य हैं जो शमशेर की आलोचना-दृष्टि और रामविलास शर्मा की आलोचना-दृष्टि को लेकर कुछ सवाल खड़े करते हैं जिन पर बहस की जा सकती है। यहाँ इस बहस के लिए लम्बा स्पेस नहीं है, भटकाव आ सकता है। सो इतना ही।

शमशेर ने प्रयोगवाद को लेकर जो अगला आलोचनात्मक लेख लिखा वह है—'कला और साहित्य में प्रयोगवाद'। इसकी चर्चा हम पहले ही कर चुके हैं कि बकौल शमशेर यह तारसप्तक और प्रयोगवाद पर एक नोट है, क्योंकि सन् '52 में इन दोनों को लेकर शमशेर की जो मान्यताएँ थीं उनमें काफी कुछ भ्रम और साहित्यिक समझ की कमी थी। यहाँ इस भ्रम का निवारण और कमी को दूर करने का प्रयास है। कैसा है यह प्रयास, आइए देखें। शमशेर ने सन् 1954 में अपनी डायरी में लिखा था—"प्रयोगवाद नर्वस ब्रेकडाउन का आर्ट है या तो उससे पैदा होता है या उस तरफ ले जाता है।"[242] आखिर क्या है यह 'नर्वस ब्रेकडाउन' और प्रयोगवाद इससे कैसे पैदा हुआ है? 'नर्वस ब्रेकडाउन' पद का प्रयोग कभी-कभी उस तनावपूर्ण स्थिति को प्रकट करने के लिए किया जाता है जिसमें कोई व्यक्ति दैनिक जीवन में सामान्य व्यवहार करने में अस्थायी रूप से असमर्थ हो जाता है। यह चिकित्सा से सम्बन्धित पद नहीं है और न ही किसी एक मानसिक रोग को इंगित करता है, लेकिन इसका मतलब यह नहीं है कि इसमें व्यक्ति सामान्य या स्वस्थ व्यवहार करता है। यह दरअसल मनुष्य के तानवपूर्ण और विषादग्रस्त स्थिति को सामने लाता है जिसमें मनुष्य मानसिक विक्षिप्तता का शिकार होने लगता है पहले इस पद के लिए 'Melancholia' पद का

प्रयोग किया जाता था, 19वीं शती के प्रारम्भ में यह 'Neurasthenia' के नाम से जाना गया और 1930 से 1970 के बीच इसे 'Nervous breabdown' के नाम से जाना जाने लगा।

शमशेर ने सन् '42–43 के सन्दर्भ में 'प्रयोगवाद' को लेकर सन् '54 में यह बात क्यों कही? मोटे तौर पर देखा जाए तो हिन्दी साहित्य और भारत के इतिहास में यह तनावपूर्ण माहौल को अभिव्यक्त करने वाला समय है। साहित्य, संस्कृति, रचनात्मकता, विचारधारा, संवेदनशीलता आदि के चुनाव के संकट का समय, जिसकी चर्चा हम पहले भी कर चुके हैं। हिन्दी साहित्य के इतिहास को देखें तो इस समय कई धाराएँ सक्रिय थीं। छायावाद, प्रगतिवाद, फिर इसके समानान्तर उत्तर छायावाद, राष्ट्रीय सांस्कृतिक काव्यधारा, हालावाद आदि कितनी धाराओं से सम्बन्धित काव्य-रचनाएँ एक साथ हो रही थीं। भारतीय इतिहास में भी असहयोग आन्दोलन, भारत छोड़ो आन्दोलन आदि राष्ट्रीय आन्दोलन और विचारधाराएँ एक साथ अपनी भूमिका निभा रही थीं। ऐसे में एक रचनाकार के लिए किसी एक का चुनाव तनावपूर्ण स्थिति को ही सामने लाता है। इस परिस्थिति में रचनाकार का मन विषादग्रस्त हो रहा था और मानसिक तनाव के कारण विक्षिप्तता की अवस्था होना लाजिमी है। यही स्थिति 'नर्वस ब्रेकडाउन' को सामने लाती है। हो सकता है कि शमशेर ने इसी अर्थ में प्रयोगवाद के सन्दर्भ में यह बात कही हो, क्योंकि पीछे हम देख चुके हैं कि शमशेर को 'तारसप्तक' के लगभग कवि निराशा, विषादग्रस्तता और मानसिक तनाव के शिकार लगते हैं। बकौल शमशेर प्रयोगवाद इसी 'नर्वस ब्रेकडाउन' की कला है जो इस नैराश्य, विषाद और तनाव से पैदा हुआ है या 'तारसप्तक' के कवियों को उस ओर ले गया है। खैर।

'कला और साहित्य में प्रयोगवाद' शीर्षक लेख में शमशेर ने सर्वप्रथम 'प्रयोगवाद' शब्द पर विचार किया है। वे कहते हैं कि " 'प्रयोगवाद' लफ्ज गलत है; मगर इससे कुछ समझा जाने लगा है आज के हिन्दी साहित्य और खासतौर से कविता में।"[243] अज्ञेय ने भी 'दूसरा सप्तक' की भूमिका में लिखा है कि "प्रयोग का कोई वाद नहीं है। हम वादी नहीं रहे, नहीं हैं। न प्रयोग अपने आप में इष्ट या साध्य है। ठीक इसी तरह कविता का भी कोई वाद नहीं है; कविता भी अपने आप में इष्ट या साध्य नहीं है। अतः हमें 'प्रयोगवादी' कहना उतना ही सार्थक या निरर्थक है जितना हमें 'कवितावादी' कहना, क्योंकि यह आग्रह तो हमारा है कि जिस प्रकार कवितारूपी माध्यम को बरतते हुए आत्माभिव्यक्ति चाहने वाले कवि को अधिकार है कि उस माध्यम का अपनी आवश्यकता के अनुरूप श्रेष्ठ उपयोग करे, उसी प्रकार आत्म-सत्य के अन्वेषी को, अन्वेषण के प्रयोगरूपी माध्यम का उपयोग करते समय उस माध्यम की विशेषताओं को परखने का भी अधिकार है।"[244] कहने का मतलब है कि शमशेर और अज्ञेय दोनों ही 'प्रयोगवाद' शब्द को आलोचकों की देन मानते हैं। दोनों को 'प्रयोगवाद' शब्द ग्राह्य नहीं है। शमशेर इसे स्पष्ट रूप से गलत मानते हैं तो

अज्ञेय अपने प्रयोग का स्पष्टीकरण करते हुए उसे किसी भी 'वाद' से जोड़ने के हिमायती नहीं हैं। इसी सन्दर्भ में अज्ञेय ने आगे 'प्रयोग' शब्द की व्याख्या कर उस पर लगाए गए आरोपों का समाधान करने की कोशिश की है।

शमशेर इसको गलत मानते हुए भी यदि इसका अर्थ 'Symbolism' और 'Formolism' के किसी रूप से समझा जा रहा है, तो इस विवाद को आगे नहीं बढ़ाना चाहते। उनका कहना है कि "इससे जो समझा जाने लगा है, वह हमेशा नहीं होता आया है; यानी जो कुछ 'प्रयोगवाद' से समझा जाने लगा है 'Symbolism' और 'Formolism' का कोई भी रूप...।"[245] लेकिन शमशेर को आपत्ति वहाँ होती है जहाँ अज्ञेय ने इस सन्दर्भ में 'प्रयोग' की व्याख्या की है। शमशेर का मानना है कि 'प्रयोगवाद' से जो कुछ समझा जाने लगा है—"उसको अज्ञेय जी की 'प्रयोग' की व्याख्या 'दूसरा सप्तक' की भूमिका साफ नहीं करती।"[246] अज्ञेय ने आत्म-सत्य के अन्वेषण के लिए कवि के लिए प्रयोगरूपी माध्यम का उपयोग आवश्यक मानते हुए उस पर लगाए गए आक्षेपों के सन्दर्भ में कहा था कि "जो लोग प्रयोग की निन्दा करने के लिए परम्परा की दुहाई देते हैं, वे यह भूल जाते हैं कि परम्परा, कम-से-कम कवि के लिए, कोई ऐसी पोटली बाँधकर अलग रखी हुई चीज नहीं है, जिसे वह उठाकर सिर पर लाद ले और चल निकले। (कुछ आलोचकों के लिए भले ही वैसा हो)।"[247] यहाँ पर यह अनुमान गलत नहीं होना चाहिए कि 'तारसप्तक' के कुछ आलोचकों में शमशेर भी हैं जिन्होंने सबसे पहले उसकी आलोचना कर प्रयोग को परम्परा से जोड़ा था और प्रयोग के तत्कालीन नारेबाजी पर आपत्ति जताई थी। यहाँ अज्ञेय की मुठभेड़ शमशेर की आलोचना से भी है।

लेकिन शमशेर यहाँ भी इसे परम्परा से ही जोड़कर देखते हैं और कहते हैं कि "आत्म-सत्य की खोज करना और उस खोज की पहचान करना—यह जो 'प्रयोग' है वह जरूर उतना ही पुराना है जितना कि कविता या कोई भी कला; और इस आत्म-सत्य में बाहर के यथार्थ को भी अज्ञेय ने बाहर नहीं रखा है, आत्मसात् किए हुए सत्य में शामिल किया है। यहाँ तक तो कोई दिक्कत नहीं होती। मगर, दिक्कत होती है, जब हम यह सोचते हैं कि कलाकार को आत्म-सत्य कहाँ से खोजना है? और उस सत्य को रूप देना (यानी उसका साधारणीकरण) किस तरह और कैसे सम्भव होता है कि जिससे वह साफ, गहरा और व्यापक हो सके; और अगर वह ऐसा नहीं होता है तो इसका कारण क्या है?"[248] इस प्रकार शमशेर ने अज्ञेय की 'प्रयोग' की व्याख्या में से कुछ बुनियादी सवाल उठाए हैं और जो आत्म-सत्य है उसकी अभिव्यक्ति में कितनी ईमानदारी है, वह केवल आत्म-सत्य ही है या उसका फलक व्यापक जन-समूह को अपने घेरे में लेता है—ऐसे सवालों का जवाब ढूँढ़ने की कोशिश करते हैं। इस सन्दर्भ में शमशेर कहते हैं कि "इस सवाल के जवाब में अज्ञेय जी ज्ञान के विशेषज्ञों में बँट जाने, उसकी सामूहिकता के टुकड़े-टुकड़े हो जाने का जिक्र करते

हैं।...इस परिस्थिति में जो कला आज पैदा हो रही है या गढ़ी जा रही है, वह पहले किसी युग में देखने को नहीं मिलती। इसलिए यह आज की 'प्रयोगवादी' कला उस अर्थ में प्रयोग नहीं है जो अर्थ अज्ञेय जी ने प्रयोग की व्याख्या करके समझाया है—चाहे 'खोज' (अन्वेषण) इस कला में पाई जाए, मगर वह सच्ची 'खोज' बहुत कम है; लगभग नहीं है। खुद कविता में प्रयोग की जो मिसालें अज्ञेय जी के 'तारसप्तक' और 'दूसरा सप्तक' में बहुत सुरुचिपूर्वक जमा की हैं, और जो हम 'प्रतीक' और कभी-कभी 'हंस' में भी देखते हैं, उनमें प्रयोग का वह अर्थ पुष्ट नहीं होता जिसको वह काव्य की परम्परा में शुरू से देखते हैं।''[249] यहाँ पर शमशेर की आलोचना-दृष्टि की निरपेक्षता, तटस्थता, बेबाकी और ईमानदारी देखने लायक है। शमशेर खुद 'दूसरा सप्तक' में शामिल कवि हैं, वह चाहते तो उसके पक्ष में भी लिख सकते थे, उसका गुणगान कर सकते थे, लेकिन नहीं। उन्होंने निरपेक्ष नजरिए से इसके सम्पादक और अज्ञेय जैसे प्रभावशाली व्यक्तित्व की मान्यताओं से लोहा लिया है।

इस लेख में आगे शमशेर ने सत्य की खोज और कला और कला की मुक्ति पर अपना फलसफा पेश किया है। यहाँ वे एक दार्शनिक की तरह विश्लेषण करते हुए अपनी बात रखते हैं, और एक उदाहरण देकर अपनी बात खत्म करते हैं कि ''कलाकार के लिए सच्चे अर्थ में उबरने का एक ही रास्ता है; और वह यह कि वह पूरे समाज के जीवन में अपने को मिला दे : खो न दे, मिला दे। तब वह नाना विशेषज्ञों के ज्ञान के उन स्रोतों तक आप ही पहुँच जाएगा, जहाँ वे एक-दूसरे से दूर-दूर नहीं हैं, अलग-अलग नहीं हैं; बल्कि एक-दूसरे में मिलकर बह रहे हैं। जहाँ-जहाँ भी कलाकार ने अपने जीवन में इस सामाजिकता को गहरा और सार्थक किया है, वहाँ-वहाँ उसको असाधारण शक्ति, मार्मिकता और गहराई मिली है। जिनकी आस्था, जिनका विश्वास अपने-अपने देश के समाज ही नहीं बल्कि सारी दुनिया के समाज की न सिर्फ धन-दौलत बल्कि ज्ञान-विज्ञान और सांस्कृतिक अनुभव के (कलात्मक अर्थ में भी) साधारणीकरण में है, उनके लिए अपनी कला को मुक्त करने का रास्ता वही है जो अरागाँ और नेरूदा-जैसे सुर्रियलिस्ट कवियों ने अपनाया, न कि इलियट और एजरा पाउंड का, जिनकी काव्य परम्परा दुर्बोध और क्षीण होते-होते अब संसार के अधिकांश देशों में समाप्तप्राय है।''[250] यहाँ एक बात जो गौर करने लायक है, वह यह कि शमशेर खुद अपनी रचना-प्रक्रिया में एजरा पाउंड की 'तकनीक' के मुरीद रहे हैं और यथास्थान उन्होंने इस पर बात भी की है। दूसरे यह कि कलाकार के लिए शमशेर का यह सुझाव कि वह उबरने के लिए 'समाज के जीवन में अपने को मिला दें न कि अपने आपको खो दे'—बेहद महत्त्वपूर्ण है। शमशेर का यह सुझाव 'नई कविता के आत्मसंघर्ष' की समस्या की तरफ भी हमारा ध्यान खींचता है। 'नई कविता' के कवियों और वामपन्थी रचनाकारों की यह समस्या रही है कि वे अपनी रचना और खुद को समाज जीवन से जोड़ने के क्रम में अपनी विशिष्टता को नष्ट कर सब कुछ

उसमें खो देते हैं। और फिर उनके पास अपना कुछ बचता नहीं है। ऐसे में वे अवसादग्रस्त हो जाते हैं। जरूरत इस बात की है कि कवि अपनी विशिष्टता बनाए रखते हुए खुद को समाज–जीवन से मिलाने का उपक्रम करे। बहुत से नए कवियों ने ऐसा किया भी है और जो नहीं कर पाए हैं उनका आत्म–संघर्ष लगातार जारी रहा है। मुक्तिबोध ने भी नए कवियों के इस आत्म–संघर्ष को रेखांकित किया है। यहाँ शमशेर भी उसी को एक नए एंगल से स्पष्ट करने का प्रयास कर रहे जान पड़ते हैं।

इस लेख के अगले हिस्से में शमशेर अज्ञेय की प्रयोग की व्याख्या और उनकी मान्यताओं पर किए गए चोट के घाव को थोड़ा सा भरने की कोशिश करते हैं। दूसरा हिस्सा इस सहानुभूति से प्रारम्भ होता है कि "श्री स.ही. वात्स्यायन को श्रेय देना लाजिमी है कि उन्होंने 'तारसप्तक' और 'दूसरा सप्तक' नामक कविता के संग्रह और मासिक प्रतीक के द्वारा हिन्दी की कुछ अच्छी प्रतिभाओं से आधुनिक कविताओं के प्रेमियों को परिचित किया। इन प्रतिभाओं में डॉ. रामविलास शर्मा, मुक्तिबोध, नेमिचन्द्र जैन, भवानीप्रसाद मिश्र और नरेश कुमार मेहता विशेष उल्लेखनीय हैं। कुछ कवि न सिर्फ कम्यूनिस्ट हैं, बल्कि अधिकतर मार्क्स की विचारधारा से अनुप्रेरित हुए हैं। और प्रगतिशील साहित्यिक आन्दोलन के अंग हैं, 'हंस' और 'नया साहित्य' के अपने लेखक; जिनकी विषयवस्तु से पाठक तो परिचित थे, पर जिनकी तकनीक विशेषताओं की ओर आमतौर पर लोगों का ध्यान नहीं गया था। ऐसा लगता था कि जैसे साहित्य में, विशेषकर कविता में शिल्प का महत्त्व अच्छी तरह भुलाया जा चुका है।"[251] यहाँ दो बातें जो मार्के की हैं वह यह कि यहाँ भी उन विशेष उल्लेखनीय प्रतिभाओं में शमशेर की जबान पर सबसे पहला नाम रामविलास शर्मा का आया है। और दूसरी बात यह है कि डॉ. नामवर सिंह ने भी मुक्तिबोध को केन्द्र में रखकर मार्क्सवादी आलोचना में शिल्प के महत्त्व को सामने रखा और 'कविता के नए प्रतिमान' की रचना की। नामवर सिंह और शमशेर दोनों मार्क्स की विचारधारा के हिमायती हैं और दोनों ने कविता के शिल्प को महत्त्व देकर मार्क्सवादी आलोचना और उसकी विचारधारा के कमजोर पक्ष को सबल करने की अपील की है। हिन्दी में इस बात पर सोचने का रास्ता अज्ञेय ने 'तारसप्तक' और 'दूसरा सप्तक' के द्वारा बनाया। यहाँ शमशेर अज्ञेय के प्रति कृतज्ञ हैं।

लेकिन अगले ही पल शमशेर अज्ञेय से अपने अपनापे को रोक लेते हैं। अपने भावावेग पर अंकुश लगाते हैं और खुद को सँभालने की कोशिश करते हुए कहते हैं कि "यह बात नहीं है कि श्री स.ही. वात्स्यायन अपनी पीढ़ी की सभी अच्छी प्रतिभाओं को समझ सके हों। केदारनाथ अग्रवाल, नागार्जुन, शंकर शैलेन्द्र की प्रतिभाएँ विषयवस्तु के अलावा तकनीक की दृष्टि से भी कम महत्त्व की नहीं हैं; एक और महत्त्वपूर्ण कवि त्रिलोचन शास्त्री हैं।"[252] गौरतलब है कि शमशेर को अज्ञेय से जिस बात से खीज है वह इन प्रयोगशील–प्रगतिशील कवियों के प्रति अज्ञेय के उपेक्षापूर्ण दृष्टि के

कारण ही है, क्योंकि ये कवि अज्ञेय की प्रयोग की कसौटी पर खरे नहीं उतरते। आगे शमशेर इन नामों के उल्लेख की प्रासंगिकता पर अपनी राय व्यक्त करते हुए कहते हैं कि "ये नाम मैंने इसलिए गिनाए ताकि दो बातों की तरफ ध्यान जाए; एक यह कि जिसे प्रयोगवादी कविता कहा जाता है, उसका बहुत बड़ा हिस्सा प्रगतिशील कवियों की देन है। दोयम यह कि 'प्रतीक' या उपरोक्त कविता-संग्रहों के बाहर जो नए काव्य शिल्पी हैं, उनको लिए बिना प्रयोगशील साहित्य की बहस अधूरी रहेगी।"[253] गौरतलब है कि शमशेर ने शुरू से आखिर तक प्रगतिशीलता और प्रयोगशीलता के समन्वय और उनके रिश्ते को मजबूत करने की वकालत की है। वह इस रूप में कला की मुक्ति चाहते हैं। वह कला को किसी वाद के बन्धन में बाँधने के पक्षधर नहीं हैं चाहे वह प्रगतिवाद हो अथवा प्रयोगवाद। वह जितना महत्त्व वस्तु को देना चाहते हैं उतना ही तकनीक को भी और जिस रचनाकार में ये दोनों विशेषताएँ मिलती हैं उसके लिए शमशेर दिल खोलकर प्रशंसा करते हैं।

आगे इस बहस में बात फिर प्रयोग की व्याख्या पर आ जाती है। अज्ञेय द्वारा प्रयोग की व्याख्या से शमशेर सन्तुष्ट नहीं होते हुए भी उसे महत्त्वपूर्ण मानते हैं और कहते हैं कि "प्रयोग की जो व्याख्या अज्ञेय जी ने 'दूसरा सप्तक' की भूमिका में दी है वह महत्त्वपूर्ण है। प्रयोग है आत्म-सत्य का अन्वेषण (कलाकार के आत्म-सत्य का)। प्रयोग विषयवस्तु और शिल्प दोनों ही दृष्टि से फलप्रद होता है और अन्वेषण में प्रयोग के साधन (स्वयं अन्वेषण) को जानना भी शामिल है, इस प्रयोग में साधारणीकरण की मौलिक आवश्यकता है। इस व्याख्या से मैं नहीं समझता कि किसी को आपत्ति हो सकती है। कलाकार का धन्धा ही वस्तु और शिल्प के प्रयोग से कलात्मक सत्य के यथार्थ को पाना है। प्रयोग इसी धन्धे का नाम है।"[254] फिर आगे वही प्रश्न उठाते हैं जो उन्होंने 'तारसप्तक' की आलोचना करते हुए कहा था कि "फिर प्रयोगवाद का हल्ला किसलिए है?"[255] अज्ञेय को भी प्रयोगवाद शब्द गवारा नहीं, शमशेर के लिए प्रयोगवाद शब्द गलत है, फिर इसे तूल देने का काम किसने किया? इस बात का स्पष्टीकरण यहाँ नहीं हो पाता।

आगे शमशेर ने प्रयोग को केन्द्र में रखकर की गई रचनाओं के प्रति, जो वस्तु और शिल्प दोनों दृष्टियों से प्रयोगशील हैं, अपनी राय जाहिर की है और हिन्दी, उर्दू और विश्व-साहित्य में इसके प्रभावों, विशेषताओं और सम्भावनाओं की पड़ताल की है। इस लेख के अन्त में वे कहते हैं कि "शुक्र है कि हिन्दी के प्रयोगशील कवि प्रयोगशील विचारधारा से विमुख भी हैं। दांते की डिवाइन कॉमेडी के पाताल लोकों के दृश्य अपने आत्म-सत्य के आईने में नहीं झलकाते। कारण है, हमारा समाज सब कुछ होने पर भी नैतिक रूप से उतना जर्जर नहीं जितना यूरोप और अमरीका का पूँजीवादी समाज हो गया है। ये विशेषताएँ अब हट रही हैं, नए कवि सफलताओं की उत्कर्ष की ओर देख रहे हैं। वह युग प्रतीक धड़कन आप सरदार जाफरी की 'एशिया

जाग उठा' में साफ-साफ सुन सकते हैं। वही स्वर हमारे कितने ही प्रयोगशील, प्रगतिशील कवियों की वाणी में है, चाहे उतना मँजा हुआ, सशक्त नहीं मगर साफ है वह भी।''[256] शमशेर के लिए ये नए कवि जो सफलता के उत्कर्ष की ओर देख रहे हैं, वे हैं सरदार जाफरी, त्रिलोचन शास्त्री, केदारनाथ अग्रवाल, मुक्तिबोध, नागार्जुन, नरेश कुमार मेहता आदि-आदि। गौरतलब है कि शमशेर की नजर में ये सभी प्रयोगशील-प्रगतिशील रचनाकार हैं, केवल प्रयोगवादी या केवल प्रगतिवादी नहीं। शमशेर कला और कला की जिस मुक्ति की बात कर रहे थे ये सब उस कसौटी के कलाकार हैं जो किसी बन्धन में नहीं बँधते।

दरअसल, आरम्भ से ही आलोचना के क्षेत्र में शमशेर की रुचि कुछ खास कवियों पर आलोचना लिखने की रही है। और उन्होंने लिखा भी है। यहाँ इस बहस में इस बात को रखने का कारण केवल इतना ही है कि इससे शमशेर का आलोचनात्मक नजरिया सामने आता है। शमशेर किसी रचनाकार को स्थापित करने या उसे खारिज करने के मनसूबे से आलोचना नहीं लिखते, बल्कि उनके आलोचना का केन्द्र बिन्दु रचना और रचनाकार का व्यक्तित्व होता है। उसकी सफलता-असफलता होती है (कलात्मक प्रयोग के सन्दर्भ में)। अपनी डायरी में शमशेर ने नोट किया है कि "चाहता हूँ सिर्फ त्रिलोचन पर लिखूँ, केदारनाथ अग्रवाल पर लिखूँ, और नरेश पर और मुक्तिबोध पर और माचवे पर और हाँ, अज्ञेय पर भी। इसलिए कि आखिरी शख्स को छोड़कर बाकी सब पर मैं कड़ी से कड़ी से आलोचना बेतकल्लुफ होकर कर सकता हूँ, और आखिरी हस्ती इतनी काफी महत्त्वपूर्ण और बड़ी है कि सख्त आलोचना उनकी महत्ता को और वाजेह ही करेगी, और उसे समझने और उसके एहसानात जो हिन्दी जबान और कविता पर हुए हैं, उनको समझने में मदद देगी। रस्मी, तारीफी, मजलिसी, 'Balanced' आलोचना दरअसल एक तरह से उनके जीनियस, की और जो कुछ कोशिश अपने शिल्प में उन्होंने की है, उसकी, एक अन्दरूनी तरह से तौहीन ही होगी। तारीफ करना, गुन बखानना, तो बेहद आसान है; मगर, दोष गिनाना और समझाना मुश्किल और खासा महँगा काम है। शुक्र यही है कि इसकी न सम्पादकों को जरूरत है, न लेखकों को आमतौर से। सबके गिरोह और गुट हैं। उनको मद्दे-नजर रखकर आप बात कहें, तो आपकी आजादी है कि जैसे चाहें, कहें। मगर बस, जरा खयाल रहे; हाँ।''[257] यहाँ इस बात को कोट करने का मकसद इतना है, क्योंकि यहाँ पर शमशेर ने प्रयोगवाद और अज्ञेय की जो आलोचना की है उसकी पृष्ठभूमि हमें समझ आ जाए। शमशेर ने प्रयोगवाद और उसके कवियों और साथ ही अज्ञेय की कड़ी और सख्त आलोचना लिखने की सिर्फ ख्वाहिश ही व्यक्त नहीं की, बल्कि लिखा भी जो अब तक हम देख चुके हैं। मगर ऐसा नहीं है कि शमशेर ने इनमें से किसी को खारिज कर दिया हो या उखाड़ फेंका हो। उन्होंने जहाँ कमियाँ देखीं उसकी तीखी आलोचना भी की और सफलताओं पर मुग्ध भी

हुए। ऐसा करना अपने समकालीन सन्दर्भ में मुश्किल और खासा महँगा काम है, लेकिन शमशेर ने पूरी ईमानदारी से अपना काम किया है, चाहे अंजाम कुछ भी हो।

शमशेर कुछ जगहों पर अज्ञेय की मान्यताओं से बेशक असहमति प्रकट करते हों, लेकिन उनकी कलात्मक उपलब्धियों और उनके व्यक्तित्व के कायल हैं। एक साक्षात्कार में जब उनसे पूछा गया कि अज्ञेय के कवि–व्यक्तित्व के विषय में आपकी क्या राय है, तब उन्होंने कहा था कि "मैं उनके व्यक्तित्व से बहुत प्रभावित रहा हूँ। हिन्दी साहित्य में इतना समझदार और ललित कलाओं की गहरी पहचान रखने वाला कवि दूसरा नहीं हुआ। साथ ही ऐसा दोस्त जो अपने दुश्मनों की भीतर–ही–भीतर चुपचाप हर सम्भव मदद करे। मैं उनकी कविताओं को चुपचाप पसन्द करता रहा हूँ।"[258] जाहिर है कि शमशेर के लिए अज्ञेय उतने ही महत्त्वपूर्ण हैं जितना उनके अन्य प्रिय कवि। और इसके अतिरिक्त शमशेर ने अज्ञेय के विषय में कई जगह लिखा भी है कि वे मेरे 'फेवरिट' कवि हैं। और अपने 'फेवरिट' के प्रति शमशेर बेतकल्लुफ होकर आलोचक–दृष्टि रखते हैं।

शमशेर ने 'तीसरा सप्तक' के कवियों पर भी कुछ निजी बातें की हैं। 'विवेक के रंग' शीर्षक पुस्तक में शमशेर का 'एक पर्सनल खत जो निबन्ध होते–होते बच गया' शीर्षक आलोचनात्मक लेख प्रकाशित किया गया है। 'तीसरा सप्तक' के कवियों की कलात्मकता को जानने के लिए यह एक महत्त्वपूर्ण लेख है। इसका शीर्षक ही अपनी निजता को रेखांकित कर सकता है। हिन्दी में इस तरह के लेखन की उम्मीद शमशेर के बाद केवल मुक्तिबोध से ही की जा सकती है। इसमें शमशेर का वैयक्तिक स्वर ही प्रमुख है। लेकिन इससे जो बातें निकलकर आती हैं, वह इन कवियों के कवि–व्यक्तित्व के कई महत्त्वपूर्ण पहलू सामने रखती हैं। जैसा इस लेख का शीर्षक है, ठीक उसी तरह दिलचस्प तरीके से शमशेर ने इसे आरम्भ किया है। इसमें सबसे पहले आलोचना के केन्द्र में सर्वेश्वरदयाल सक्सेना आते हैं। बात शुरू करने की शैली देखिए। शमशेर लिखते हैं कि "अब मुझे एकाएक सर्वेश्वरदयाल सक्सेना की याद आ गई है, जिसका कलाम 'तीसरे सप्तक' के आखिर में मय उनकी भूमिका के, जिसे 'वक्तव्य' कहा गया है, शामिल है। क्या उनकी कविता उनका वक्तव्य नहीं है?"[259] अज्ञेय ने सप्तक के सभी कवियों से अपील की थी कि वे अपनी कविताओं के विषय में स्वयं लिखें। उसकी आलोचना और पाठकों तक उसे सम्प्रेषित स्वयं करें। यहाँ शमशेर यह प्रश्न उठाते हैं कि क्या सर्वेश्वर की कविताएँ कुछ बयान नहीं करतीं जो इस 'वक्तव्य' की आवश्यकता पड़ी?

फिर आगे वे अपने ही लहजे में बात को आगे बढ़ाते हुए कहते हैं कि "सर्वेश्वरदयाल खीजकर व्यंग्य कहते हैं। और जितना ही खीजते हैं, उतना ही अपना बाल नोचते हैं, और उतना ही कसकर व्यंग्य कहते यानी लिखते हैं।"[260] ऐसी खरी–खरी बात कहने के बाद शमशेर अपनी शैली में मजाक के रूप में बात को मोड़ देते

हैं। फिर थोड़ी सी गप करने के बाद वे सर्वेश्वर की कविताओं पर आते हैं और कहते हैं कि "सर्वेश्वरदयाल सक्सेना ऐसी मामूली-मामूली चीजों पर कविताएँ ऐसी-ऐसी गैर मामूली लिखते हैं कि मैं हैरत से देखता या सोचता रह जाता हूँ कि इसकी क्या वजह है कि वह इतने मोटे होते जा रहे हैं यानी इतने इम्पॉर्टेन्ट। भूमिका में इनके महज खीज है जिसके लिए इन्होंने सोसायटी के समान और विरोधी क्लबों को धन्यवाद दिया है जिन्होंने उन्हें कविता करने पर मजबूर किया। 'तीसरे सप्तक' से यह भी कुछ-कुछ पता चलता है कि आप गद्य भी अच्छा और क्यूबिस्ट किस्म का (अर्थ के लिए देखिए 'साहित्य कोश', ज्ञानमंडल। न भी देखें, तो कोई हर्ज नहीं।) लिखते हैं।"[261] यहाँ शमशेर का लहजा ऐसा है कि आसानी से यह समझ नहीं आता कि वे कमी बता रहे हैं या महत्त्व। खैर! मामूली चीजों पर गैर मामूली चीजें लिखना शमशेर को महत्त्व की बात लगती हैं। आगे उन्होंने सर्वेश्वर के गद्य को भी महत्त्वपूर्ण माना है भले ही वे सिर्फ भूमिका यानी वक्तव्य की बात कर रहे हों।

आगे शमशेर की कलम कीर्ति चौधरी पर चलती है। वे लिखते हैं कि "अब मैं मुख्तसर तौर से श्रीमती कीर्ति चौधरी की तरफ आऊँगा और पहले उनके गद्य की दाद दूँगा। सजीला और शर्मीला गद्य है वैसे : बिलकुल जैसे खुला और स्निग्ध उनका काव्य है। फूलों को छूकर बहती हुई अयानी मुक्त हवा-सा जो बाग के छोर तक पहुँचकर, यानी कविता की आखिरी पंक्तियों में घुलकर, खासी सयानी लगती है। कीर्ति चौधरी एक सच्ची कवयित्री हैं। उनके पास खुला हुआ सच्चापन है और उनके पास जो एक रंगीन हृदय है, उसमें बड़ी मोहक सादगी है।"[262] कोई कहेगा कि शमशेर यहाँ किसी की आलोचना लिख रहे हैं या किसी का काव्य-विश्लेषण कर रहे हैं? शब्द प्रयोग देखिए : 'सजीला और शर्मीला गद्य है वैसे : बिलकुल जैसे खुला और स्निग्ध उनका काव्य है।' और शैली भी : 'फूलों को छूकर बहती हुई अयानी मुक्त हवा-सा जो बाग के छोर तक पहुँचकर,...खासी सयानी लगती है।' कोई कहेगा कि शमशेर किसी की आलोचना कर रहे हैं? सुभद्राकुमारी चौहान के प्रसंग में भी हम पहले देख आए हैं—ऐसी भाषा, ऐसा शब्द प्रयोग और ऐसी शैली। क्या कहेंगे? दरअसल, यहीं शमशेर की निजी शैली है। यही उनका निजी स्वर है। पहले भी कहा जा चुका है कि शमशेर रचना और रचनाकार को बेहद अपनेपन की दृष्टि से देखते हैं और इस अपनेपन में यदि मुरव्वत का पुट नहीं आया तो आलोचना बड़ी जानदार बन जाती है। यहाँ भी मुरव्वत का पुट नहीं आया है और शमशेर कहते हैं कि "मगर थॉट। थॉट की कमी है। ऐं? कविता से क्या उसका कोई करीबी रिश्ता है? आधुनिक कविता से है; ऐसा कुछ बहुत समझदार लोग कहते हैं। वाजे रहे, कि मैं नहीं कहता। कीर्ति चौधरी मेरी राय में, थॉट को छानकर, चाय की पत्ती की तरह, अलग कर देती हैं। वह हलकी नीट टी पेश करती हैं, एक शिष्ट पिकनिक की बेतकल्लुफी के साथ।"[263] शमशेर उस रचनाकार की बेहद प्रशंसा करते हैं

जिसकी रचना में उसका व्यक्तित्व साफ-साफ नजर आता हो। यहाँ भी आलम कुछ ऐसा ही है।

मदन वात्स्यायन को शमशेर अपना फेवरिट कवि मानते हैं और 'तीसरा सप्तक' की उनकी भूमिका और संकलित रचनाओं की प्रशंसा करते हुए वे कहते हैं कि "जियो, कवि! तुमने मेरी तबीयत खुश कर दी है। भूमिका से अलग और कविताओं से अलग। मैं उन्हें हमेशा, हर रोज पढ़ सकता हूँ। (यह नहीं कि पढ़ता हूँ, पढ़ सकता हूँ।) तुमको देखा था तुम्हारे छोटे-छोटे से बाजू और इकहरा यों ही-सा जिस्म। तुम्हारे अन्दर वह ताकत कहाँ छिपी हुई है, जो मशीनों का दिल हिलाती है, और मशीनें चलाने वालों को, देखने वालों को एक अजीब कैफ और खुमार में सुलाती (मगर दरअसल जगाती) है। फोक गीत को भाषा का आधुनिक जामा पहनाया गया है और जो उन पर फबता है।"[264] आगे शमशेर मदन वात्स्यायन की कविताओं के (Drametic Expression) को रेखांकित करते हैं और अन्त में अपनी बात यह कहकर खत्म करते हैं कि "...मदन वात्स्यायन के यहाँ यथार्थ के सामाजिक विश्लेषण ड्रामाई असर के साथ है।"[265] यह सब पढ़कर ऐसा नहीं लगता है कि शमशेर उनकी आलोचना लिख रहे हैं। ऐसा लगता है जैसे मदन वात्स्यायन को अपने सामने बैठाकर बातचीत कर रहे हैं। मगर इसमें ही उनके काव्य की नब्ज पाठकों के सामने खुलने लगती है।

अगले कवि केदारनाथ सिंह हैं। जिन पर शमशेर ज्यादा टिप्पणी नहीं करना चाहते। वे केदार को लोकप्रिय बताते हुए कहते हैं कि अभी लोगों द्वारा उन पर लिखा जाएगा। लेकिन दो-चार वाक्यों में ही वे केदार के काव्य-भूमि को सामने रखते हैं। उनका मानना है कि "सपना और उच्छ्वास और एक युवक के आदर्शों की पवित्र रंगीनी उनके यहाँ खासतौर से मिलेगी। आपको रवीन्द्रनाथ और यीट्स के स्वर, कुछ आधुनिक स्वर, नए केदार के अपने साँचे में ढले हुए मिलेंगे। शब्दों की मधुरता पर वह खास ध्यान देते हैं।"[266] अगला नम्बर प्रयागनारायण त्रिपाठी का है। वे त्रिपाठी जी को असली मानों में अपने लिए नया मानते हैं यद्यपि वे उनके समकालीन हैं। शमशेर कहते हैं कि "इनका जीवन पढ़ने के काबिल है। इन्होंने अपनी कविता की बुनियाद ठोस जमीन पर रखी है। आधुनिक, खासकर अज्ञेय जी के रंग को उन्होंने खूब-खूब समझा है और उससे अपनी शैली को पुष्ट किया है। अभी इनके अपनेपन में उभार नहीं आया है, पूरा-पूरा। मगर आएगा; शायद आएगा। एक चीज होती है (Rhetoric) रेटॉरिक (शब्दों का ओज)। बड़े काम की चीज। शब्दों के शिल्प की जान। द्विवेदी युग में इसी लाठी को मजबूती से पकड़कर कविता के नदी और नाले को भावुक यात्री पार करते थे।...'दिनकर' को जिन्होंने पढ़ते सुना होगा, मुग्ध हुए बिना न रहे होंगे। रेटॉरिक में एक ही खराबी होती है, कि हर कोई खूब मेहनत और मश्क से इसके हाथ दिखा सकता है। इसकी बहार ही अलग है। इसके 'शो' से जो बचा, या अपने को बचा ले गया, वही उस्ताद है। जिसने चमत्कार दिखाया; वह

चमत्कार में गया। मैं यही कहना चाहता था कि श्री प्रयागनारायण त्रिपाठी शुक्र है, अपनी भावनाओं और अनुभूतियों के जोर पर ही शब्दों को कुशलता से सजाते हैं।''[267] यही कारण है कि शमशेर को प्रयागनारायण नए-नए से जान पड़ते हैं। उनकी काव्य-भाव-भूमि ठोस जमीन की उपज है जो शमशेर को नए सिरे से पढ़ने को उकसाती है। लेकिन एक चीज जो गौर करने लायक है, वह यह कि शमशेर आलोचना में व्यंग्य का कितना सधा हुआ प्रयोग कर सकते हैं—वह इस टिप्पणी में साफ दिखता है। एक बार फिर पढ़िए—'एक चीज होती है रेटॉरिक। बड़े काम की चीज। शब्दों के शिल्प की जान। द्विवेदी युग में इसी लाठी को मजबूती से पकड़कर कविता के नदी और नाले को भावुक यात्री पार करते थे।...इसके 'शो' से जो बचा, या अपने को बचा ले गया, वही उस्ताद है। जिसने चमत्कार दिखाया; वह चमत्कार में गया।' गौरतलब है यहाँ व्यंग्य केवल व्यंग्य करने के लिए नहीं किया गया है, बल्कि शमशेर ने यहाँ रेटॉरिक के अत्यधिक प्रयोग और असन्तुलित प्रयोग के लाभ व नुकसान की तरफ भावी कवियों को सचेत भी किया है।

इस लेख में आगे शमशेर ने अज्ञेय के 'तीसरा सप्तक' की भूमिका पर विचार किया है। वे कहते हैं कि ''उन्होंने 'विषय' और 'वस्तु' का भेद ध्यान में रखने के लिए कहा है। यह उनकी बड़ी ज्यादती है। दोनों का घपला बहुतों को मशहूर किए हुए है। उनका क्या होगा? बारीकियों को जनता पसन्द नहीं करती और आलोचक लोग ऐनक की पॉवर बदलना नहीं चाहते। मेरी भी राय नहीं कि वह बदलें। सबकी राय मिल गई तो क्या मजा रहा!''[268] यहाँ शमशेर का यह व्यंग्य अज्ञेय के समर्थन में आया है, क्योंकि उनकी नजर में भी 'विषय' और' 'वस्तु' की बारीकियों पर ध्यान देना कवि का कर्म हो और उन बारीकियों को उजागर करना आलोचकों का काम होना चाहिए। लेकिन दोनों इन दो चीजों के घालमेल को नजरअन्दाज करते हैं। कविता का विषय एक हो सकता है, लेकिन उसकी वस्तु एक नहीं होनी चाहिए। अज्ञेय और शमशेर की अपील यही है।

अज्ञेय ने 'तीसरा सप्तक' की भूमिका में नई कविता पर बहस की है। यहाँ शमशेर भी उस पर बात करते हैं, लेकिन उसे ज्यादा तूल नहीं देना चाहते। वे अज्ञेय के इस बहस में हस्तक्षेप करते हुए कहते हैं कि नई कविता के बहस में पुरानों को नहीं पड़ना चाहिए, क्योंकि वह उन्हें पसन्द नहीं आएगी और न ही नए कवियों को नई कविता की आलोचना पढ़नी चाहिए। उससे भ्रम पैदा होता है। आगे वे कविता और उसकी आइडियॉलॉजी के आपसी सम्बन्धों की जाँच करते हैं। उनका कहना है कि ''आइडियॉलॉजी! कविता का सम्बन्ध आज इस लफ्ज से सगा-जैसा है। मगर एक बात हमें हमेशा याद रखनी है कि अगर अच्छी आइडियॉलॉजी हमें अच्छा कवि बनाने के बजाय किसी वजह से दम्भी, पूर्वग्रही, संकुचित (बाएँ पहलू से या दाएँ) और भोंड़ा कवि बनाती है, तो उससे अच्छी वह 'आइडियॉलॉजी' जो

कवि की वाणी को धार और असर दे।"[269] जाहिर है कि शमशेर के लिए यह 'आइडियॉलॉजी' मार्क्सवाद है। तभी तो वह कहते हैं कि अगर मुझे रामायण भी पढ़ना होगा तो मैं मार्क्सवाद पढ़कर समझूँगा।

इसी बीच शमशेर को एक भूले हुए कवि याद आते हैं जो कुँवरनारायण हैं। शमशेर इन पर अलग से लिखने की इच्छा व्यक्त करते हैं और उन्हें आज का अच्छा कवि मानते हैं, लेकिन अपनी बात बेबाकी से कह भी देते हैं कि "मैं उनकी कविता में अधिक रस नहीं ले पाता; इसलिए मैं उनके साथ इंसाफ भी नहीं कर सकूँगा। उनकी भूमिका भी एकेडेमिक और कुछ लेबोरेटरी की चीज है : जो कवियों के लिए तो काम की है, मगर शायद पाठक के लिए नहीं।"[270] इस निबन्ध के अन्त में शमशेर 'तारसप्तक' से प्रारम्भ 'तीसरा सप्तक' तक की यात्रा और साहित्य में उसके योगदान को रेखांकित करते हैं और कहते हैं कि "यह 'तीसरा सप्तक' उस कड़ी को पूरा कर देता है जो 'तारसप्तक' से शुरू हुई। इन तीनों सप्तकों में जो नमूना नई कविता और उसकी तरक्की के जो जीने हमारे सामने रखे हैं, उन पर चढ़कर पिछले 15 साल का बहुत अच्छा सर्वे किया जा सकता है। यह कहा जा सकता है कि आज की कविता की भाषा में जो सहजता है, अभिव्यक्ति में जो आत्मविश्वास है, अनुभूतियों में जो शिल्पगत सच्चाई के अलावा जीवन की भी प्रचुर सच्चाई है, वह इस संग्रह को अकसर ही और बार-बार उठाकर पढ़ने और आनन्द लेने की चीज बना देती है—केवल अनुशीलन की नहीं।"[271] 'तीसरा सप्तक' उस कड़ी को पूरा कर देता है जो 'तारसप्तक' से आरम्भ हुई थी, इसके साथ ही यहाँ शमशेर की उस आलोचना यात्रा को भी विराम-चिह्न लग जाता है जो 'तारसप्तक' से प्रारम्भ होकर 'तीसरा सप्तक' के कवियों तक पहुँची है।

अपने समकालीनों के सम्बन्ध में शमशेर का 'एक बिलकुल पर्सनल एसे' शीर्षक आलोचनात्मक निबन्ध बेहद महत्त्वपूर्ण है। अपनी महत्ता के कारण यह दो बार प्रकाशित हो चुका है और उनके निबन्ध-संग्रह 'कुछ और गद्य रचनाएँ' में शामिल कर लिया गया है। इस आलोचनात्मक निबन्ध में शमशेर ने अपने पसन्द के कवियों पर विचार किया है। बिलकुल पर्सनल विचार। लेकिन इसकी उपलब्धि यह है कि यह पर्सनल होते हुए भी पर्सनल नहीं रह जाता, क्योंकि इसमें शमशेर की आलोचना-दृष्टि ने हिन्दी आलोचना को दूर तक प्रभावित किया है। इस निबन्ध में शमशेर ने बड़े-से-बड़े और छोटे-से-छोटे कवियों पर अपनी बेबाक राय दी है। यहाँ एक साथ हिन्दी साहित्य की परम्परा और समकालीनता (आधुनिक साहित्य) के महान और उभरते रचनाकारों पर बात की गई है। समन्वित दृष्टि से।

सबसे पहले बात होती है नागार्जुन से। उनके प्रिय कवियों में सबसे पहले उनका ध्यान नागार्जुन पर ही क्यों जाता है? बकौल शमशेर "इसकी वजह उनका यह खरा और सच्चा-सीधा व्यक्तित्व है, जिसके कण-कण से अपने देश की मिट्टी का

सोंधापन महसूस होता है। नागार्जुन, भाषा और साहित्य का रस-मर्मज्ञ पंडित होता हुआ भी गाँव-गँवई की चिलम-सा 'रफ' और अपनाव-भरा है, जैसे अनुभवी जनों के चुटकुलों का गहरा संकेत।''[272] नागार्जुन एक जन-कवि हैं। उन्हें लोक-कवि भी कह सकते हैं। उनका सम्पूर्ण रचना-संसार देश की लोक-संस्कृतियों से भरा पड़ा है। शमशेर को नागार्जुन की यही बातें मोहती हैं। शमशेर लिखते हैं कि ''उसके शब्द बड़ी पोढ़ी उँगलियों से हमारी चेतना को पकड़ते हैं। उसके भाव हमारी आँखों में आँखें डालकर हमसे बात करते हैं। यह मुँहफट कवि अकसर मुझे सबसे बड़ा, सुलझा हुआ, सबसे आधुनिक; सबसे जागरूक कवि लगता है।''[273] शमशेर ये सब नाहक नहीं कहते, नागार्जुन की रचनाएँ इस बात को प्रमाणित भी करती हैं। नागार्जुन के विषय में यह कहा जाता है कि वे हिन्दी साहित्य में काव्य-क्षेत्र में कबीर के बाद सबसे बड़े व्यंग्यकार हैं। आगे शमशेर ने उनके प्रयोगों और काव्य की गूढ़ व्यंजनाओं को प्रकाशित करने की इच्छा व्यक्त करते हुए उनके व्यंग्यकार व्यक्तित्व को रेखांकित किया है। शमशेर लिखते हैं—''इस युग का हिन्दी का सबसे बड़ा व्यंग्यकार कवि जिसको इतिहास भुलाएगा नहीं, यही कवि है।''[274] इस बात के प्रमाण में शमशेर उनकी 'तालाब की मछलियाँ', 'प्रेत का बयान', 'पर्चा बाँटने वाला', 'दुखहरन मास्टर' आदि कविताओं का जिक्र करते हैं। शमशेर ने नागार्जुन की काव्य-वस्तु को रेखांकित करते हुए उनकी कविताओं को कीमती दस्तावेज माना है। वे लिखते हैं कि ''उनकी कविताएँ संघर्षरत साहसी युवकों और शोषित श्रमिकवीरों की दुनिया में भी हमें ले जाती हैं। शहीदों की पावन याद को हमारी आँखों में बसाने वाला और कौन दूसरा कवि हिन्दी में लिख रहा है, कोई मुझे बताए। आज के अत्यन्त सस्ते खोखले दम्भ के युग में नागार्जुन की कविताएँ कीमती दस्तावेज हैं।''[275] इतना ही नहीं शमशेर ने नागार्जुन के शिल्पगत प्रयोगों, वह चाहे हिन्दी की कविताओं नें हों या मैथिली की कविताओं में, उन प्रयोगों की बारीकियों और खूबियों को सराहते हुए लिखा है कि ''उत्कृष्ट से उत्कृष्ट शिल्प मैंने उसके यहाँ देखा है। (बेशक भोंड़ा शिल्प भी। पर उनकी ऐसी कविताओं को एकदम अलगाना किंचित् भी कठिन नहीं जो किसी वक्ती काम के लिए रवा-रवी में लिख दी गई हैं। मगर—) बहुत दिनों के बाद! (दो कविताएँ हैं) और मैथिल की एक कविता 'ज्येष्ठ' जो मैंने सुनी है, प्राचीन क्लासिकों के बराबर आप रख दीजिए, इनकी आब जरा भी कम न दिखेगी, बल्कि और भी इनकी खूबसूरती आँखों में तैरने लगेगी। इनमें कैसा गहरा—जैसे मानो पीढ़ियों-पीढ़ियों का अनुभव एक-एक शब्द के प्रयोग में बोलता है। यह खास एहसास मुझे आज के किसी भी दूसरे कवि में नहीं मिलता और इस सहजता के साथ तो नहीं ही मिलता।''[276] नागार्जुन के तकनीक की प्राचीन क्लासिकी से तुलना शमशेर ऐसे ही नहीं करते, बल्कि उनकी रचनाओं में क्लासिकी जैसा गुण भी विद्यमान है। 'अकाल और उसके बाद', 'बादल को घिरते देखा है' आदि कविताओं में युगों-युगों का

अनुभव सन्निहित है। शमशेर उनके काव्य-विश्लेषण में लिखते हैं कि "भावनाओं का सामाजिक परिवेश में विश्लेषण, हृदय को छूने वाला स्वर, उसके स्वर की निर्भीकता, स्वर में ओज और मर्यादा, उसका दो-टूकपन, और पूरे नाटकीय फोर्स के साथ अनेक चरित्रों के संग-सन्दर्भ चित्रण—यही कुछ है जो नागार्जुन की तगड़ी चीजों को मेरे लिए अत्यन्त प्रिय और महत्त्वपूर्ण बना देता है।"[277] शमशेर ने यहाँ नागार्जुन की काव्यगत विशेषताओं की दिल खोलकर प्रशंसा की है, इसलिए नहीं कि वे उनके प्रिय कवि हैं, बल्कि इसलिए कि वे विशेषताएँ ही उनको शमशेर के लिए प्रिय बना देती हैं।

अगले प्रिय कवि हैं केदारनाथ अग्रवाल। केदार पर शमशेर ने स्वतंत्र रूप से भी लिखा है, उनकी रचनाओं को अपनी आलोचना के केन्द्र में रखकर, जिसकी चर्चा आगे की जाएगी। लेकिन यहाँ इस बात का खुलासा किया गया है कि केदार शमशेर को क्यों अपील करने लगते हैं, ठीक नागार्जुन की तरह। केदार, शमशेर को क्यों अपील करते हैं? शमशेर के शब्द हैं—"मैं उसकी कविताओं में उसका दिल जैसे आर-पार देखता हूँ और वह दिल कितना हर तरह के हम्बग और स्नॉबरी से पाक है। वह सहज ही किसी जादूगरी में फँसता नहीं। खिलवाड़ उसे अच्छा नहीं लगता। जो बात या उक्ति समझ में नहीं आती, वह उसे खामखाह ही गूढ़ नहीं लगती। एक होता है कविता का अपना मर्म, शब्द जिसका माध्यम मात्र होता है : वह मर्म जैसे चमकती हुई आँखें रखता हो—स्पष्ट, गम्भीर और सहज-तरल। केदार उसी को खोजता है।"[278] ताज्जुब है! कोई कहेगा कि शमशेर किसी की आलोचना लिख रहे हैं? केदार के काव्य और व्यक्तित्व के एक-एक परत को इतनी जिन्दादिली से खोलने की कला केवल शमशेर में ही है।

आगे देखिए, केदार के "छन्द और पद में एक ठेठपन मिलेगा जो ठोस अनुभवों का तेवर लिए हुए होता है। उसकी वाणी में एक कस-बल है जो बुन्देलखंड का ही नहीं, उसका तो है ही; —हर स्वस्थ मेहनतकश नौजवान का भी है। उसके शिल्प में बारीकियाँ न होते हुए भी, उसके अन्दाज में जोर और असर है, और एक अजीब-सी ताजगी। इधर की उसकी कविताएँ, प्रेम और प्रकृति से सम्बन्धित, अपने ढले हुए सौन्दर्य में हजार शिल्पगत बारीकियों को शरमाती हैं।"[279] शमशेर केवल गुण ही नहीं बताते, केवल प्रशंसा ही नहीं करते हैं, बल्कि बड़े मीठे अन्दाज में केदार की कविताओं की कमियों को भी सामने रख देते हैं। वे कहते हैं कि "बेशक, उन्होंने खासी-कुछ कविताएँ ऐसी लिखी हैं, अबसे पहले, जो पूरा-पूरा सन्तोष नहीं देतीं; अभिव्यक्ति की दृष्टि से।"[280] लेकिन शमशेर इसी बात से किसी को अपनी आलोचना द्वारा खारिज नहीं कर देते। शमशेर को किसी रचनाकार की जो बात उन्हें अपनी तरफ खींचती है वह है उसका अपना विशेष और मुक्त व्यक्तित्व, उसका सबसे अलग अपना लहजा, उसकी अपनी अनुभूतियों की विशेषता जो उसके काव्य और

व्यक्तित्व के फासले को मिटा देती है। फिर वह बड़ा रचनाकार हो या छोटा या गुमनाम ही क्यों न हो—शमशेर उसके दीवाने हो जाते हैं। यही उनकी आलोचना-दृष्टि का खरापन है।

शमशेर आगे लिखते हैं कि "केदार जिस खोज की तरफ बढ़ा है वह है, समाज का सत्य और प्रकृति का खुला नैसर्गिक सौन्दर्य। अन्याय के खिलाफ और मेहनत के पक्ष में बेझिझक वह बोलता है। उसके व्यंग्य में दोहरी-तिहरी धार नहीं, सीधी एक धार। मगर वही बहुत काफी होती है। ऐसा खुले हृदय उन्मुक्त साहसी कवि सौन्दर्य और प्रेम की सुषमा और सौष्ठव पर दृष्टि डालता है तो सहज ही अपनी अनुभूतियों से हमें मोह लेता है। इतना खुला प्यारापन जिसमें दिखावट और बनावटीपन का नाम नहीं; साथ ही इतना गम्भीर और मर्यादित जितना कि गहरा प्रेम वास्तव में होता है...।"[281] शमशेर कहते हैं कि केदार की सहजता इतनी प्रखर है कि उनके काव्य में आए यथार्थ वातावरण की छवि, किसान, मजदूर, हरियाली, रंगीनी और प्रकृति का एक-एक जर्रा अपना प्रभाव हम पर इतना गहरा डालता है, अपने सपाटपन के बावजूद कि हम बेबस उसको अपने हृदय में हमेशा के लिए बसा लेते हैं। शमशेर का सीधा-सच्चा आलोचक मन इन पर मुग्ध रहता है।

केदार की काव्य-प्रकृति पर मगन होते-होते शमशेर को एक और सच्ची प्रतिभा, एक सच्चा कवि याद आ जाता है जिसका नाम है—ओम सिंह 'शील'। इस कवि में असमान शक्ति और क्षमता है जो अपने उलझे हुए बिम्बों और उपमाओं से सामाजिक सत्य को विलक्षण तरीके से खोलने की शक्ति और साहस लिए है। शमशेर लिखते हैं कि "वर्ग-सत्य पर जिसका हाथ है, जिसकी वाणी में वेग है, मगर आवेश के कारण जो रह-रहकर अपना असर खो भी देती है; जो कभी-कभी अपनी ही उपमाओं में उलझ जाता है : मगर फिर भी कटु सत्य की तीव्र अनुभूति और कचोट दबती नहीं, उसके अटपटेपन में भी उभर-उभर उठती है। यह कवि रहते-रहते लाजवाब बंद और मिसरे लिख जाता है।"[282] शमशेर को इस कवि में सच्ची प्रतिभा के दर्शन हो जाते हैं जो अनपढ़ है, गँवार है और गुमनाम भी। लेकिन इसमें कानपुर के मजदूरों, किसानों की मर्यादा, उनका 'शील', उनकी आत्मा के दर्शन हो जाते हैं। यह कवि भी शमशेर को प्रिय लगता है।

केदार के बाद शमशेर को जिस कवि का रचनात्मक कौशल सबसे अधिक आकर्षित करता है वह हैं त्रिलोचन शास्त्री। त्रिलोचन उसी मजबूत जमीन पर खड़े होकर लिखने वाले कवि हैं जिस जमीन पर, ठोस जमीन पर केदार की रचनात्मकता खड़ी है। फिर दोनों में अन्तर क्या है? शमशेर लिखते हैं कि "—मगर केदार से उसकी जमीन शायद कुछ अधिक कड़ी है; फलत: उसे तोड़ने का उसका ढंग भी उससे कुछ कड़ा और काफी अलग। उसकी भी दृष्टि खरी और पैनी है (खरी वैसी ही, पैनी और अधिक), और एकदम जनवादी—मगर उससे बिलकुल भिन्न।"[283]

अब तक के तीनों प्रगतिशील कवियों में जनवाद शमशेर को बेहद भाता है। उनके कविताओं की जमीन ठोस है, ठस नहीं। लेकिन बकौल शमशेर, "त्रिलोचन में सृजन की अपार, अकूत, अतुलनीय शक्ति है। (—जानने वाले ही जानते हैं!) त्रिलोचन में गहराई को छूने, मर्म को सांस्कृतिक अर्थ में पकड़ने की बड़ी सहज क्षमता है।"[284] त्रिलोचन की सृजन क्षमता की मिसाल पेश करते हुए शमशेर कहते हैं कि उनमें हनुमान जैसी अकूत शक्ति है। वे चाहें तो एक बार में सात सौ सॉनेट लिख सकते हैं, क्योंकि वे जागरूक कलाकार हैं। और जागरूक शिल्पी कलाकार के लिए ऐसा करना व्यर्थ नहीं होता। इस पर कुछ लोगों को सन्देह भी हो सकता है—"मगर वह साहित्य के ऐसे हनुमान हैं जो अपने राम में ही रमे रहते हैं। पहाड़ उठाने का जब मौका आता है, तभी पहाड़ उठाते हैं, मगर कुछ इस तरह कि पहाड़ उठाएँ और किसी को पता न चले कि पहाड़ उठाया गया। —जो थोड़े से लोग इनकी कवि-आत्मा से परिचित हैं, वहीं महसूस कर सकते हैं।"[285] नागार्जुन से जब इस सम्बन्ध में एक साक्षात्कार में पूछा गया तो उन्होंने कहा कि शमशेर त्रिलोचन को लेकर काफी चिन्तित रहते थे, शायद इसलिए उन्होंने उसे साहित्य का हनुमान कह दिया। मगर बात इस चिन्ता की ही नहीं है। कुछ और भी है। शमशेर, त्रिलोचन के व्यक्तित्व की गम्भीरता को नजदीक से पहचानते थे। और उनका यह गम्भीर व्यक्तित्व उनके काव्य में भी दिखता है। सृजन के लिए गम्भीरता और धैर्य आवश्यक होता है। इसके कारण ही रचनाकार में सृजन की सम्भावनाएँ व्यापक होती जाती हैं। शायद इस अर्थ में त्रिलोचन, शमशेर के लिए साहित्य के हनुमान हैं।

शमशेर ने त्रिलोचन के रचना-संसार का अध्ययन कर उनके उपलब्धियों को सराहा है और लिखा है कि यह कवि सामान्य में ही असामान्य की खोज कर लेता है। शमशेर की बारीक आलोचनात्मक दृष्टि त्रिलोचन के उस मूल आधार को पकड़ लेती है जिसे समझे बिना उनका मूल्यांकन सम्भव नहीं है। वे लिखते हैं कि "त्रिलोचन की कमजोरियों और शक्तियों दोनों को समझने के लिए यह हृदयंगम कर लेना बहुत उपयोगी है कि वह सामान्य को ही असामान्य का दर्जा देते और उसी को व्यक्त करने के लिए कृत-संकल्प हैं। वह सपाट और स्पष्ट शैली में ही विश्वास करते हैं।"[286] इस सपाट और स्पष्ट शैली के बावजूद उनकी कविता में अनुभूति की विशिष्टता होती है जो उन्हें काव्य क्षेत्र में ऊँचाई पर प्रतिष्ठित कर देती है। त्रिलोचन की कविताओं में, "सामान्य जीवन की कठोर परिस्थितियों से जूझने वाले के साथ उनके यहाँ असीम सहानुभूति है। साथ ही, बीच-बीच में, गत युगों के सन्त कवियों और समाज के उन्नायकों का बहुत सुलझा हुआ, तात्त्विक मूल्यांकन इनके यहाँ मिलेगा; विशेषकर सॉनेटों में। अनीति और अत्याचार पर इनका हृदय खुद फुँकने लगता है; मगर इसके अन्दर जो सहनशक्ति है, कई प्रकार के विष को पी जाने की जो क्षमता है, वह इस अतिसाधारण लगने वाले व्यक्ति को एक असाधारण कवि बना देती है।"[287] शमशेर

का आलोचक मन इस असाधारण कवि के शिल्प और शैली के प्रति कठोर मत रखता है, लेकिन तकनीक की दृष्टि से उत्कृष्ट कविताओं को चैलेंज के रूप में दुनिया के सामने भी रखता है। वह कहता है कि "त्रिलोचन खड़ी बोली की हिन्दी भाषा और साहित्यिक अभिव्यक्ति के आधुनिक इतिहास में एक बड़ी महत्त्वपूर्ण कड़ी बनकर आते हैं। एक विशिष्ट दृष्टिकोण के कारण उन्होंने अपने लिए, जाने या अनजाने, जो सीमाएँ निर्धारित कर ली हैं, उनको पार करके आगे बढ़ना, ऐसा लगता है, उनके लिए सहज नहीं है। मगर फिर उनके लिए सम्भव क्या नहीं है!"[288]

डॉ. रामविलास शर्मा की काव्य-यात्रा 'तारसप्तक' से शुरू होकर वही विराम ले लेती है और आगे वे एक घोषित आलोचक के रूप में उभरकर समाने आते हैं। लेकिन डॉ. शर्मा के एक ही काव्य-संग्रह 'अगिया बैताल' में जन-सामान्य और जागरूक-संघर्षशील सर्वहारा के प्रति उनकी पक्षधरता शमशेर को दूर तक प्रभावित किए हुए है। 'अगिया बैताल' के कवि की दृष्टि में व्यंग्य का वैसा ही पैनापन है जैसा नागार्जुन में। लेकिन उससे थोड़ा हट के भी। शमशेर लिखते हैं—"डॉ. शर्मा के गँवई-गाँव के अनेक नैसर्गिक चित्र बड़ा सच्चा टोन अपने खरे, खड़ी बोली के सीधे, पदों में लिए हुए हैं। डॉ. शर्मा ने यथार्थ को परखने वाली दृष्टि से—जो संघर्षशील, जागरूक, सर्वहारा की ही दृष्टि हो सकती है—उसी के पक्षधर माध्यम से—काव्य-तत्त्व को चुना है। इसलिए उनकी कुंडलियों में पैनापन और जोर है और व्यंग्य विश्लेषण का ठोस आधार लिए हुए है।"[289] नागार्जुन से तुलना करने के बाद शमशेर गिरिधर कविराय पर आते हैं और डॉ. शर्मा को उनके सामने रखकर कहते हैं कि "मैं गिरिधर कविराय को अपनी जगह पर एक चैलेंज मानता हूँ; और इस चैलेंज को स्वीकार करना तो दुस्साहस ही होगा, मगर उसको सही दाद अगर कोई कवि दे सका है, तो वह 'अगिया बैताल' ही है।"[290] इस तुलना से अन्य आलोचकों को शमशेर पर हँसी भी आ सकती है, लेकिन इसकी परवाह किए बिना वे अपनी बात बड़ी ईमानदारी और बेबाकी से कह जाते हैं जो उनकी आलोचना-दृष्टि की तटस्थता का सबूत है।

शमशेर के और भी कई प्रिय रचनाकार हैं जिन पर वे बेतकल्लुफ होकर आलोचना लिखते हैं। लेकिन उनका मानना है कि उनके प्रिय कवि केवल उन्हीं के प्रिय हैं, औरों को भी वे प्रिय लगें इसमें शमशेर को सन्देह है। 'तारसप्तक' के प्रभाकर माचवे की शमशेर ने तीखी आलोचना की थी, लेकिन यहाँ शमशेर का नजरिया कुछ बदला-बदला सा लग रहा है। यहाँ माचवे उनके प्रिय कवि हैं। दरअसल, शमशेर को वे सभी लोग पसन्द आते हैं जो खुले दिल के हों और कम-से-कम अपनी रचना में खुलकर सामने आते हों और अपनी बात को साफ-साफ कहने का जिगरा रखते हों। रचनाकार के लहजे से उन्हें कोई फर्क नहीं पड़ता कि वह सीधा है या अटपटा। शमशेर की अपील यही है कि वह जैसा है, उस रूप में सामने आए। उसका व्यक्तित्व उसी की रचनाओं में बोलता हो। प्रभाकर माचवे, शमशेर के लिए ऐसे ही

कवि हैं। शमशेर ने लिखा है कि "माचवे, मुझे पसन्द हैं। उनकी शायद ही कोई कविता मेरी नजर से गुजरी होगी जिसे मैंने कुछ न कुछ Enjoy न किया होगा।"[291] शमशेर की इस बात से मुश्किलपसन्द लोगों को तकल्लुफ भी हो सकती है, लेकिन शमशेर का आलोचक बेतकल्लुफ होकर उन्हें पसन्द करता है। शमशेर कहते हैं कि "माचवे का अटपटापन इतना नैसर्गिक और बनावट का भोलापन लिए हुए है, उसमें नाटकीयता और 'रेटॉरिक' इतने हद दर्जे की बेतकल्लुफी के साथ आते हैं कि स्वयं नाटक और रेटॉरिक के देवताओं को संकोच होने लगे। हर व्यंग्य और मजाक अर्द्धसत्य की अतिशयोक्ति के आधार पर ही सफल होता है। व्यंग्य की हर अतिशयोक्ति ही उसे मनोरंजक बनाती है।"[292] लिखते-लिखते शमशेर को अचानक कुछ नए कवि भी याद आ जाते हैं, जैसे—रामकेर, रामबहादुर सिंह और वंशीधर पंडा। साहित्य-समाज के लिए आज शायद ये नाम गुमनाम ही हो सकते हैं, लेकिन शमशेर का आलोचक इनसे परिचित है। रामकेर को शमशेर लोक-कवि का दर्जा देते हुए अपना प्रिय मानते हैं। मजाकिया लहजे में उनकी तुलना 'शेर छाप बीड़ी' से भी कर देते हैं, लेकिन उनकी काव्यात्मक उपलब्धि उन्हें बीड़ी जैसी सस्ती नहीं, बल्कि मूल्यवान लगती है। बकौल शमशेर, "उसमें उच्च कोटि के गीतकार की नैसर्गिक प्रतिभा है। भले ही इस किसान मर्द के गीतों को सुरक्षित करना अब तक किसी सांस्कृतिक मोर्चे ने अपने लिए उपयोगी न समझा हो, मगर उसके लिरिक शिल्प की अच्छे से अच्छे और बड़े, शिल्पियों के साथ शान से तुलना की जा सकती है। वाजे रहे, कि रामकेर के अपने उपादानों का बहुत जँचा हुआ और सही अन्दाज है। महज एक सच्चे कवि का एकदम सच्चा Instinct"[293] रामबहादुर सिंह को शमशेर सीधा-सच्चा कवि मानते हैं और उनकी महत्त्वपूर्ण उपलब्धि सॉनेटों को ही मानते हैं। बकौल शमशेर इस कवि की प्रतिभा सॉनेटों में ही स्वाभाविक रूप से प्रतिबिम्बित होती है। शमशेर की आलोचक-दृष्टि इन सॉनेटों की बारीकी पहचान लेती है और वे कहते हैं कि "वह खासकर गाँव-देहात की बड़ी बूढ़ियों, या बातूनी और झगड़ालू लोगों या शहर के दम्भी कुचकी लोगों पर सटीक व्यंग्य बड़े ठेठ मुहावरे में कसता है, और उसकी पूरी तस्वीर हू-ब-हू आँखों के आगे खिंच जाती है।"[294] यह नया कवि शमशेर को प्रिय लगता है और वे उसके सॉनेटों में शब्दों के प्रयोगों को देखकर आनन्दित होने लगते हैं। शमशेर लिखते हैं कि "आंचलिक शब्दों के प्रयोग का जौहर इसके यहाँ देखते ही बनता है। गाँव-देहात के इतने सजीव फड़कते बोलते हुए शब्द इसने नई कविता को दिए हैं, कि मजा आ जाता है।"[295] वंशीधर पंडा के गीत शमशेर को मोहित करते हैं। वे इस सच्चे लिरिक कवि और उसकी कविताओं के प्रभाव को भूलने में कठिनाई महसूस करते हैं। वंशीधर ने ज्यादातर गीत बुन्देलखंडी में ही लिखे हैं, लेकिन खड़ी बोली की उनकी रचनाएँ भी प्रभावकारी हैं। शमशेर लिखते हैं कि "...खड़ी बोली में रिक्शे वाले पर उनकी दर्द भरी कविता!...और

'माँ' पर उनकी वह अत्यन्त हृदयस्पर्शिनी रचना, बेटे को जीवन के आदर्श सोपानों पर उठाने वाली एक गरीब... ! मैं भूल नहीं सकता उस कविता के प्रभाव को...इस कवि के निश्छल, लिरिक आत्मीय व्यक्तित्व को!''[296] शमशेर की आलोचना-दृष्टि की यही विशिष्टता है कि वह जिस पर भी आलोचना लिखते हैं या टिप्पणी करते हैं, उसमें यह नहीं देखते हैं कि उसका साहित्यिक फलक कितना व्यापक है। बल्कि उसने अगर एक भी सफल रचना साहित्य-समाज को दी है और उसका व्यक्तित्व उसमें उपस्थित है, तो वे बेझिझक उस रचनाकार को अपनी आलोचना का विषय बना लेते हैं।

शमशेर ने नई कविता के कवि बालकृष्ण राव के काव्य-विकास को बड़ी सटीक शैली में प्रस्तुत किया है। उनकी इस लम्बी काव्य-यात्रा, जो द्विवेदी काल की प्रवृत्तियों के अवगाहन से प्रारम्भ होकर नई कविता तक पहुँची है—उसके एक-एक पहलू को तथा उनके कवि-व्यक्तित्व में आए एक-एक बदलावों और मोड़ों को शमशेर ने बड़े ही दिलचस्प लहजे में पेश किया है। शमशेर लिखते हैं कि ''इनका कमाल यह है कि ये द्विवेदीकालीन धारा में अवगाहन करते हुए हिन्दी साहित्य में प्रवेश करते हैं, और फिर छायावादी युग में बड़ी मँजी हुई निष्ठा के साथ छायावादी शैली में निमग्न हो जाते हैं; तदनंतर शीघ्र ही बच्चन और नरेन्द्र के छायावादोत्तर काल में ऐसे सुन्दर सरस गीत प्रस्तुत करते हैं, जिनमें आप कोशिश करने पर भी शायद ही कोई खामी निकाल सकें। हाँ, उसके बाद इनके गीत और इनके छन्द कुछ बेजान से हो जाते हैं, कम हो जाते हैं और उनमें सफाई और बन्दिश भी पहले-सी नहीं रहती। फिर आता है सन् '55 में एकाएक इनका 'विक्रान्त सैम्सन' (मिल्टन की ट्रेजडी का अनुवाद—जिसका आखिरी हिस्सा एकदम मौलिक जैसा लगता है, इतना सफल); और आता है नई कविता का दौर, और ये खुद आते हैं नई कविता के दौर में : साथ में जो नई चीज लाते हैं वह है 'सॉनेट'।''[297] शमशेर के आलोचक की यह खूबी है कि वह कम-से-कम शब्दों में इतनी गूढ़ व्यंजनाएँ रख देते हैं कि जिसके बारे में वह बात कर रहे होते हैं उसका इतिहास-भूगोल पाठक को समझ आने लगता है। यहाँ बालकृष्ण राव के कवि-व्यक्तित्व और काव्य-यात्रा के सन्दर्भ में भी कुछ ऐसा ही घटित हुआ है।

बालकृष्ण राव के सॉनेटों में शमशेर को उनका नया व्यक्तित्व नजर आता है जो बिलकुल ''...अनुभवी, शिष्ट, शालीन, भाव-प्रवण, संयत। इनमें शैली है, आर्नल्ड के अर्थ में बात शायद अधिक नहीं होती, उसका 'तनाव' अधिक होता है; मगर उसमें निहित विचार या भाव खनक सच्ची मिलेगी। कभी-कभी इन सॉनेटों में और अकसर शुरू की नई कविताओं में जो एक कमजोरी नजर आती है, वह यह कि उक्ति-वैचित्र्य को ही प्रधानता मिल जाती है।''[298] आचार्य रामचन्द्र शुक्ल जैसे आलोचक को भी कविता में उक्ति-वैचित्र्य ग्राह्य नहीं था, यहाँ शमशेर जैसे कवि-

आलोचक को भी यह बात खटकती है। लेकिन शमशेर के लिए, "श्री राव के यहाँ रचाव और सँवार और सुरुचि और भाषा और शैली का सँभाल, इनकी नई कविताओं को सबसे अलग एक विशिष्ट स्थान में रख देता है।"[299] और फिर शमशेर को याद आता है 'नियो-क्लासिक' शब्द जो काव्य के इतिहासों का रजत युग है। यह रजत युग शमशेर को बालकृष्ण राव के 'सादगी व पुरकारी' में दिखता है जिसकी उन्होंने स्वतंत्र आलोचना भी की है।

रघुवीर सहाय और सर्वेश्वरदयाल सक्सेना क्रमश : 'दूसरा सप्तक' और 'तीसरा सप्तक' के कवि हैं, लेकिन शमशेर ने इन दोनों रचनाकारों का तुलनात्मक अध्ययन किया है। शमशेर इन दोनों कवियों के काव्य-वस्तु और तकनीक की दिलचस्प तुलना करते हुए लिखते हैं कि "वह क्या चीज है, जो सर्वेश्वरदयाल में मुझे आप ही आप (Cool) बनाने लगती है—जो उतनी खुलकर शायद रघुवीर सहाय में नजर नहीं आती? शायद उनके यहाँ वह न भी हो। वह है उनका कभी-कभार स्पष्ट दक्षिणपन्थी (Bilas)। कभी-कभी उनके मूड का आधार मुझे परिस्थितियों की सहज हलकी या सतही पकड़ मालूम पड़ती है, और वह कम-से-कम मेरे लिए उनकी मार्मिकता को कम कर देती है; अगर्चे मानवीय तत्त्वों की स्वाभाविकता-सहजता उनमें कायम रहती है। मगर उनका खोया-खोयापन छोटी-छोटी चीजों पर उनकी स्नेह और अपनाव की दृष्टि मुझे बड़ी अच्छी लगती है। इस तरह रघुवीर सहाय में, फूल, लता, धूप-छाँव, और बच्चों से उनका प्यार अच्छा लगता है। उनके यहाँ शैली की एक (Virtuosity) है, जिसकी वह कभी-कभी अति कर देते हैं। शिल्प का बारीक ज्ञान उन्हें सर्वेश्वर से अधिक है, मगर सर्वेश्वर के कलाकार का (Instinct) कितना सही और सच्चा और गहरा होता है।"[300] आगे शमशेर दोनों कवियों के तुलनात्मक अध्ययन की सम्भावनाओं को रेखांकित करते हुए इन्हें नई कविता की रीढ़ की हड्डी मानते हुए कहते हैं कि "मैं इतना ही जानता हूँ कि नई कविता से इन दोनों की कविताएँ अलग कर दीजिए और नई कविता मेरे लिए काफी कुछ सूनी-सूनी सी हो जाएगी। कुछ ऐसा चढ़ती और ढलती धूप और घटती और बढ़ती छाया का अतिपरिचित वातावरण ये दोनों लिए हुए हैं।"[301] इस दिलचस्प तुलना के क्रम में शमशेर इस निष्कर्ष पर पहुँचते हैं कि रघुवीर सहाय 'वातावरण' पर ज्यादा ध्यान देते हैं और अपने 'कैनवस' को व्यापक बनाते हैं। रघुवीर सहाय के यहाँ 'रिद्म' और 'लतीफे' ज्यादा हैं जो (Attitude) को सामने लाते हैं, वहीं दूसरी तरफ सर्वेश्वर के यहाँ शमशेर को (Attitude) की अपेक्षा 'मूड' का प्रभाव अधिक दिखता है।

अज्ञेय को शमशेर चुपचाप अपना फेवरिट कवि मान लेते हैं—कारण? अज्ञेय का आकर्षक व्यक्तित्व, उनका कलात्मक उत्कर्ष, धैर्य और परिश्रम और भावनाओं के परिष्कार द्वारा अनुभूतियों की गहराई। और भी बहुत कुछ जो अज्ञेय को शमशेर का फेवरिट बनाता है। यहाँ अज्ञेय 'तारसप्तक' या 'प्रयोगवाद' के अज्ञेय नहीं हैं।

शमशेर के अपने फेवरिट हैं, और शमशेर भी आलोचक नहीं हैं, बल्कि उनके पाठक हैं। शमशेर लिखते हैं कि "मैं अज्ञेय की कविता को प्यार करने के साथ-साथ उसको विशेष आदर से पढ़ता हूँ, उससे सीखने की कोशिश करता हूँ। गुनाह यही करता हूँ कि उसको ज्यादा नहीं पढ़ता।"[302] शमशेर को अज्ञेय की जो बात मोहती है "वह है उनकी व्यापक और गहरी सुरुचि,--जिस पर भरोसा किया जा सकता है; और भावों की सच्ची गम्भीरता; और अभिव्यक्ति में कुछ वह सादगी-सी, जो एक उस्ताद शिल्पी के यहाँ मिलती है।"[303] शमशेर अज्ञेय की कविताओं से सीखने के साथ-साथ उनके शिल्प की बारीकियों को समझ जाते हैं, और फिर उन्हें "उनके वातावरण में एक क्लासिकल उदासी"[304] दिखने लगती है। इसकी व्याख्या वे दार्शनिक अन्दाज में करते हैं।

शमशेर को अज्ञेय का कवि-व्यक्तित्व ही ज्यादा अपील करता है, अज्ञेय का गद्यकार रूप उन्हें पसन्द नहीं आता। वे लिखते हैं—"इनका गद्य स्पष्ट कहूँ, मुझे अच्छा नहीं लगता। (अपने प्रिय लेखक के अर्थ में कह रहा हूँ); यद्यपि मैं उसका बहुत आदर करता और उसे बहुत मूल्यवान समझता हूँ। उन्होंने शब्दों को साहित्य में उनके वैज्ञानिक अर्थों में स्थिर किया। शायद वह हिन्दी गद्यकारों में ऐसा करने वालों में पहले हैं; बहरहाल, मुझे उनका कवि, उनके कवि का शालीन, गम्भीर व्यक्तित्व पसन्द है।"[305] 'तारसप्तक' के तीखे आलोचक शमशेर लिखते हैं कि इसके पहले की अज्ञेय की कविताएँ उन्हें पसन्द नहीं आती थीं, लेकिन "एक यह हिन्दी का, और दूसरा उर्दू का संग्रह था मखदूम मुहीउद्दीन का 'सुर्ख सवेरा'। जिन्होंने मखदूम को नहीं पढ़ा है, वह नहीं समझ सकते उसकी रचना का क्लैसिक फोर्स, अनुभूति और अभिव्यक्ति की अद्भुत एकता। बहरहाल मुझे ये दोनों संग्रह—मैं हिन्दी का जैसा-तैसा कवि था—एक ही सिक्के के दो रुख, अपने लिए लगे।"[306] कहने का मतलब है कि जैसे शमशेर ने 'भारत-भारती' की पृष्ठभूमि 'मुसद्दस' में खोज ली थी वैसे ही—'तारसप्तक' की 'सुर्ख सवेरा' में। लेकिन एक साक्षात्कार के दौरान जब नागार्जुन से यह पूछा गया कि 'तारसप्तक' और 'सुर्ख सवेरा' को शमशेर एक ही सिक्के के दो पहलू मानते हैं—इस पर आपकी क्या राय है? तब नागार्जुन ने कहा था—"नईं उनका ये कथन ठीक नहीं है।"[307]

'तारसप्तक' की आलोचना द्वारा स्वयं शमशेर उसके अन्वेषी कवियों द्वारा एक खोज कर रहे थे। उन्हें उम्मीद थी कि 'तारसप्तक' के सबसे महत्त्वपूर्ण कवि अज्ञेय निकलेंगे, लेकिन उन्हें मिला क्या? खुद उन्हीं के शब्दों में, "सबसे महत्त्वपूर्ण खोज मेरे लिए—गजानन माधव मुक्तिबोध। इस संकलन का गहरा विश्लेषण करने से पूर्व मेरी निश्चित धारणा थी कि अज्ञेय ही इसके सबसे 'महत्त्वपूर्ण' कवि हैं, यानी हर दृष्टि से। मगर 'हर दृष्टि' से महत्त्वपूर्ण कवि मेरे लिए उस समय निकले (कैसी अजब बात थी)—डॉ. रामविलास शर्मा! और इसके बाद (अब भी मेरा दिल कहता

है, कि शायद मैं सही हूँ) गजानन माधव मुक्तिबोध।''[308] शमशेर को 'तारसप्तक' के अनुशीलन से सबसे महत्त्वपूर्ण प्रतिभा के रूप में मुक्तिबोध मिले और आगे उन्होंने स्वतंत्र रूप में 'एक विलक्षण प्रतिभा' शीर्षक से आलोचना भी लिखी जो मुक्तिबोध की जमीन को समझने का अब तक की सबसे सफल आलोचना है।

शमशेर ने इस प्रतिभा को प्रकाशित करने का श्रेय अज्ञेय को दिया है। यह नई प्रतिभा अज्ञेय के 'तारसप्तक' रूपी कैम्प से विकसित हुई। लेकिन यहाँ पर एक बात जो गौर करने लायक है वह यह कि अज्ञेय ने 'तारसप्तक' की भूमिका में लिखा था कि 'इसके कवि किसी गुट या दल के सदस्य नहीं हैं, न ही किसी स्कूल' के कवि हैं। जबकि शमशेर ने 'कैम्प' शब्द का प्रयोग किया है। यहाँ पर दोनों की मान्यताओं में एक विरोधाभास दिखता है जो पाठक को किसी निष्कर्ष पर नहीं पहुँचने देता। खैर, शमशेर, अज्ञेय पर अब भी मुग्ध भाव से लिखते हैं और कहते हैं कि ''अज्ञेय में जो चीज मुझे खटकती और साथ ही आकर्षित करती रही, वह है उनका सदैव अपनी भावनाओं के प्रति सचेत रहना। कभी वह अपने को भूल नहीं सकते, खो नहीं सकते। (मैं कविता की ही बात जानता हूँ।) वह बड़ी बात भी है। ऐसा आर्टिस्ट निरन्तर ऊपर उठता जाएगा—अगर प्रज्ञावान है और विनम्रता और क्षमा, उसका आन्तरिक स्वभाव है।''[309] शमशेर यह स्वीकार करते हैं कि मैं अपने फेवरिट कवियों का कटु आलोचक होता हूँ, लेकिन किसी को अपने लिए आतंक नहीं बनने देता। इस सन्दर्भ में वे निराला को अपवाद मानते हैं और मुक्तिबोध को भी। लेकिन उन्हें दृष्टि नागार्जुन और त्रिलोचन से ही मिलती है, जबकि अज्ञेय से ''सच्चे कलाकार की शिल्पगत अनुभूति।''[310] फिर भी इन सबका पथ सांस्कृतिक क्षेत्र में पहुँचना भी है। शमशेर का कवि और आलोचक बड़ा सतर्क है। वह महान कवियों की आलोचना भी करता है और उनसे अपने कवि-व्यक्तित्व को सीखने की प्रेरणा भी लेता है। यहाँ भी कुछ ऐसा ही माहौल है। नागार्जुन और त्रिलोचन और केदार और मुक्तिबोध से वह काव्य-वस्तु को समृद्ध करता है, तो अज्ञेय जैसे शिल्पी कलाकार से शिल्प की बारीकियों को आत्मसात् करता है।

अब मुक्तिबोध को लीजिए। मुक्तिबोध के काव्य का विश्लेषण शमशेर ने अलग से भी किया है, लेकिन फेवरिट कवि के रूप में क्या नजरिया है उनका—यह भी जानना दिलचस्प है। बात शुरू होती है 'ब्रह्मराक्षस' के भुतहा लोक से, उसके प्रतीकों से, उसकी गूढ़ व्यंजनाओं से। शमशेर लिखते हैं—''मुक्तिबोध—गजानन माधव मुक्तिबोध वैज्ञानिक कथा साहित्य बहुत पढ़ते हैं। निम्न मध्यवर्गीय कटु संघर्षों पर दीर्घकालीन चिन्तन की ऊहापोह में एक विचित्र भुतहे लोक से उनकी कल्पना को भर दिया है। ये कटु संघर्ष अपने ही जीवन और परिवार के रहे हैं। अतः कल्पना का यह भुतहा लोक (Fantastic) अत्यधिक यथार्थ है, जैसा कि उनकी पंक्तियों के स्नायविक तनाव से स्पष्ट है।''[311] यहाँ सहज ही एक सवाल खड़ा होता है कि आखिर

मुक्तिबोध की रचनाओं और उनके रचनात्मक-व्यक्तित्व में मौजूद यह जो तनाव और संघर्ष है, उसकी पृष्ठभूमि कहाँ से तैयार होती है ? इस सवाल का जवाब हमें मुक्तिबोध के जीवन काल में आए अनेक उतार-चढ़ाव, उनके रचनात्मक-व्यक्तित्व, उनकी रचनाओं और इन सब पर मुक्तिबोध के अध्येताओं और जानकारों द्वारा व्यक्त विचारों और टिप्पणियों के अनुशीलन-अध्ययन से पता चलता है। और तब हम पाते हैं कि मुक्तिबोध का यह तनाव और संघर्ष अपने ही जीवन और परिवार से शुरू होता है, लेकिन यह इतना अधिक यथार्थ है कि समूचे मध्यवर्गीय समाज का यथार्थ बन जाता है। चूँकि यह अपनी ही कल्पना द्वारा गढ़े गए भुतहा लोक का यथार्थ है, इसलिए व्यंजनाएँ गूढ़ हो गई हैं, लेकिन सामाजिक विश्लेषण के क्रम में। शमशेर लिखते हैं—"यहाँ व्यंजनाएँ हैं गूढ़ सामाजिक विश्लेषण की। विश्लेषण है वर्ग-संघर्ष के उस अंश या रूप का, जहाँ निम्न मध्यवर्ग जूझता है। उसको परास्त करने वाली रूढ़ियों और शोषक शक्तियों को मुक्तिबोध प्रतीकों के रूप में खड़ा करते हैं। ये प्रतीक प्राचीन गाथाओं के टुकड़े जान पड़ते हैं। मगर इन टुकड़ों में सन्दर्भ आधुनिक होता है। यह आधुनिक यथार्थ कथा का भयानकतम अंश होता है।"[312] यहाँ से पैदा होता है भयानक—'ब्रह्मराक्षस'। जो सबको लीलने के लिए मुँह बाए खड़ा है। आज के समाज में खासकर निम्न मध्यवर्गीय समाज में यह साधिकार और खुलेआम चारों ओर घूम रहा है। यह भयानक अंश कुछ और नहीं, बल्कि निम्नवर्गीय समाज और व्यक्ति का सार्वभौम शोषण है जो 'ब्रह्मराक्षस' के रूप में व्यापक और सबल होकर व्यक्ति को आतंकित किए रहता है। शमशेर की आलोचक-दृष्टि इसे पहचान लेती है जिसे कवि दिखाना चाहता है।

शमशेर की दृष्टि मुक्तिबोध के शिल्प और प्रयोगों पर भी गई है। ये मुक्तिबोध के नाटकीय अन्दाज को पहचान लेते हैं जिसमें आदि से अन्त तक ट्रेजडी ही ट्रेजडी भरी होती है। इस विद्रूप और ट्रेजडी को अभिव्यक्ति देने के लिए मुक्तिबोध अपनी कविताओं में नाटकीय तत्त्वों और बीभत्स चित्रों का सृजन करते हैं। पूरी कविता को सुनने पर, पढ़ने पर नहीं, सुनने पर ऐसा लगता है हम कोई आतंकित करने वाली फिल्म देख रहे हैं, क्योंकि उसमें सुनने वाला करुण अनुभूतियों को उसकी व्यर्थता और खोखलेपन को पूरी शक्ति से महसूस करता है। अपनी कविताओं में "मुक्तिबोध समाज के शोषक शत्रु को पेंट करते हैं। उसके अहं को, उसके बाह्य आतंक को मगर जो खोखला है और मात्र निर्जन का-सा आतंक है; मगर इसी आतंक से कवि का वर्ग-व्यक्ति पीड़ित, शामिल है। मुक्तिबोध उसी पीड़ा और शाप को व्यक्त करते हैं, खुली आँखों उसे देखते, और क्रूर निर्मम शब्दों में उसे रूपाकार देते हैं। उनके यहाँ हास्य भी, ...Grim है, कठोर और भयावह।"[313] इसीलिए मुक्तिबोध शमशेर को प्रिय हैं अपनी वस्तुगत और कलात्मक उपलब्धियों के कारण। अपनी व्यक्तिगत ईमानदारी के कारण।

नरेश मेहता भी शमशेर के प्रिय कवि हैं। वे उन्हें भद्र रचनाकार लगते हैं। इस भद्र रचनाकार के शिल्पगत प्रयोगों की सफलता को दिलचस्प लहजे में पेश करते हुए शमशेर उनका परिचय देते हैं। लिखते हैं—''बिम्बों में ही सोचता, बातें करता : बिम्बों की ही सहायता से जो परिस्थितियों को पकड़ता और स्पष्ट करता है। इतना सेंसटिव, कि जिस अनोखे से रंगीन शब्द को वह सुनता है वह चाहे किसी भाषा का हो...वह उसके सामने एक नवीनतम बिम्बचित्र की तरह उपयुक्त होने को मानो स्वयं ही आतुर हो उठता है...—'टेशोकोटो', 'गरवट', 'दूली', 'टीमरू' ...जो हर दिशा, हर परिस्थिति, हर चेहरे और गाछ पर, हर रंग और ध्वनि में, निरन्तर होने वाले किसी नाट्य-संकेत को सुनता और उसे पकड़ने की धुन में रहता...ऐसा ऑरिजिनल कवि नई कविता का कौन है? नरेश मेहता ही तो नहीं?''[314] शमशेर की आलोचना-दृष्टि का अपना यही अन्दाज है किसी कवि के काव्य-क्षेत्र और उसके कवि-व्यक्तित्व में प्रवेश करने का। उसके गुणों और दोषों और उपलब्धियों को प्रस्तुत करने का। एक-एक शब्द, एक-एक वाक्य और उसकी बनावट ऐसी होती है कि पाठक उस कवि के संसार में डूब जाता है जिसकी आलोचना शमशेर कर रहे होते हैं। इस अन्दाज में नरेश मेहता शमशेर को नई कविता के ऑरिजिनल कवि लगते हैं।

नरेश मेहता का 'समय देवता' और 'वनपाखी! सुनो!' शमशेर को बेहद पसन्द है। वे उनके भाषागत प्रयोगों की तारीफ करते हुए कहते हैं कि ''सप्तमी आदि के वे किसी भी दूसरे कवि के लिए खतरनाक होंगे; मगर नरेश के यहाँ सृजन की विशेष आवश्यकता को पूरा करते हैं। अत्यन्त सार्थक हैं। उनके छन्दों की गति भी जहाँ-जहाँ 'टूटती' है, एक विशेष (Nervousness) को व्यक्त करती है शैली की। पद और भाव की शक्ति को बढ़ाती है।''[315] नरेश मेहता शमशेर के समकालीन भी हैं और 'दूसरा सप्तक' में उनके समानधर्मा रचनाकार भी। लेकिन उस 'सप्तमी' अर्थात् सप्तक के किसी भी अन्य कवि के लिए उनके भाषागत प्रयोग खतरे पैदा कर सकते हैं। स्वयं शमशेर के लिए भी। अपने समानधर्मा रचनाकार के बारे में ऐसी आलोचनात्मक दृष्टि रखना शमशेर जैसे सतर्क कलाकार के ही बस की बात हो सकती है।

शमशेर, नेमिचन्द्र जैन को कवि के रूप में संयत और साफ-सुथरा मानते हैं। उनके विषय में शमशेर की धारणा है कि नेमिचन्द्र जैन अपनी कविताओं में ''मात्र 'प्रभाव' के लिए किसी उपकरण को लाने से वह प्रकृत्या बचते हैं। इसलिए मेरे मन में उनके लिए एक खास स्थान है।''[316] शमशेर गिरिजाकुमार माथुर की रचना 'पृथ्वी कल्प' को उस समय की रचनाओं में सबसे महत्त्वपूर्ण स्थान देते हैं। यह महत्त्वपूर्ण कृति ''सही अर्थ में आधुनिक। इस विषय को छूना, अब दूसरे के लिए...कारे दारद!''[317] है। भारतभूषण अग्रवाल का 'बन्दी प्रमथ्यु' के नाम से 'इस्काइलस' का किया गया अनुवाद उन्हें अच्छा लगता है। श्रीकांत वर्मा की

आरम्भिक रचनाओं से शमशेर ज्यादा आकर्षित नहीं हो पाए थे लेकिन उनकी बाद की रचनाओं ने उन्हें खासा प्रभावित किया है। मलयज के बारे में शमशेर की धारणा है कि "वह कला और साहित्य की रचना-प्रक्रियाओं को सूक्ष्मता के साथ समझना और व्यक्त करना चाहते हैं। वह एक साथ व्यंजना की एक से अधिक तहें लाते हुए जान पड़ते हैं, और इसलिए उनका आशय दुरूह हो जाता है, मगर गौर करने पर सार्थक भी लगता है। ये अपनी भावनाओं की सार्थकता के लिए ठोस आधार के खोजी तो हैं, मगर कुछ अधिक ध्यान इनका शायद अभी माध्यम को ही सार्थक करने में है।"[318] यहाँ आलोचक शमशेर कवि मलयज की आलोचना कर रहे हैं। लेकिन मलयज के आलोचक ने भी कवि शमशेर की सर्जनात्मकता का मूल्यांकन किया है, जिसको एक साथ देखना दिलचस्प होगा। मामला 'प्रयोगवाद' से शुरू होता है। शमशेर ने प्रयोगवाद को 'नर्वस ब्रेकडाउन का आर्ट' कहा था, इस पर मलयज टिप्पणी करते हैं कि "यह शमशेर की बौद्धिक ईमानदारी है। पर इस ईमानदारी के बावजूद भी, यह सच है कि वे उस नर्वस ब्रेकडाउन के प्रभाव से मुक्त नहीं हो पाए हैं। इसी अर्थ में वे एक नए आधुनिक कवि के भाव-बोध, यथार्थ की सीधी चुनौती को झेलने की, उसकी महत्त्वाकांक्षी सर्जनात्मक क्षमता से थोड़े कट से जाते हैं।"[319] यहाँ दिलचस्प बात यह है कि शमशेर और मलयज एक-दूसरे के प्रिय और आत्मीय भी हैं, लेकिन एक-दूसरे के कटु आलोचक भी।

इस निबन्ध में शमशेर अपने और भी प्रिय कवियों पर आलोचना लिखना चाहते हैं, लेकिन उन पर यहाँ विस्तार से न लिख पाने की खेद के साथ वह अपनी मजबूरी दर्शाते हैं। नई कवयित्रियों में शमशेर को जो प्रभावित करती हैं, उनमें शकुन्त माथुर, इंदु जैन, कीर्ति चौधरी, रमा सिंह और प्रेमलता वर्मा आदि हैं। कवियों में 'तीसरा सप्तक' के मदन वात्स्यायन, राजेन्द्र किशोर, प्रभात रंजन और दिविक रमेश की रचनात्मकता में शमशेर को सम्भावनाएँ दिखती हैं। कोकिल जी और वीरेन्द्र मिश्र आदि नए गीतकारों के गीत शमशेर को आकर्षित करते हैं। यह आलोचना शमशेर के अपने प्रिय कवियों की आलोचना है जिसे वे अपने पर्सनल विचार कहकर साहित्य की सामाजिक या आलोचनात्मक पक्षधरता से अपने को बचा ले जाते हैं। लेकिन शमशेर के लाख कहने के बावजूद उनका यह 'पर्सनल स्फेयर' 'पब्लिक स्फेयर' के लिए मूल्यवान है, क्योंकि इससे शमशेर की समकालीन रचनात्मकता को समझने में एक दिशा मिलती है।

शमशेर ने अपने समकालीनों में नरेन्द्र शर्मा के काव्य और व्यक्तित्व का भी मूल्यांकन किया है। यद्यपि वे मानते हैं कि नरेन्द्र का काव्य और व्यक्तित्व मुझसे हर बात में भिन्न है, लेकिन दोस्ती के जज्बे ने हमें अवश्य जोड़ रखा है। शमशेर ने प्रसंगानुकूल अपनी आलोचना में नरेन्द्र शर्मा पर आलोचनात्मक टिप्पणियाँ की हैं, लेकिन उनके काव्य और कवि-व्यक्तित्व पर स्वतंत्र रूप से भी अपना नजरिया पेश

किया है। सबसे पहले शमशेर ने नरेन्द्र के काव्य 'पलाशवन' की आलोचना लिखी जो आगे चलकर 'दोआब' में प्रकाशित हुआ। इसके बाद 'कुछ और गद्य रचनाएँ' में उनका 'नरेन्द्र' नामक आलोचनात्मक निबन्ध संकलित किया गया जिसमें उन्होंने नरेन्द्र शर्मा के काव्य और उसमें प्रतिबिम्बित व्यक्तित्व के हरेक पहलुओं पर बात की। चूँकि 'पलाशवन' पर लिखी आलोचना पहले ही की है। अत: सबसे पहले हम उस पर ही बात शुरू करेंगे और उसके बाद 'नरेन्द्र' शीर्षक निबन्ध पर। इन दोनों के बीच लम्बा फासला है अत: हमें शमशेर के नजरिए में आए कुछ बदलावों पर भी बात करने का मौका मिल सकता है।

सबसे पहले शमशेर नरेन्द्र के काव्य 'पलाशवन' की पृष्ठभूमि की खोज करते हैं। उन्हें लगता है कि "हमारे शहरी मध्यवर्गीय जीवन में प्रेम, विलास, मोह, व्यथा, विरह, मिलन, आशा, निराशा, आदि में भरमते भावुक यौवन की ये दशाएँ क्या और क्यों हैं? 'पलाशवन' इसका जवाब नहीं देगा; वह इसकी जलती वास्तविकता में आपको छोड़ देगा। और यही कवि का उत्तर है।"[320] 'पलाशवन' जिसका जवाब नहीं देता कि ये दशाएँ क्या और क्यों हैं?—इसका जवाब शमशेर ढूँढ़ने की कोशिश में लग जाते हैं और उन्हें लगता है कि "एक थका, टूटा-बिखरा व्यक्तित्व, सच्ची शान्ति के लिए तड़पता हुआ और अपने संस्कार-निर्देशित पूर्व आदर्शों में जीवन का आधार खोजता और उन्हें समझता-सा हुआ—पर, हमारे आज के शहरी समाज का कोई ईमानदार व्यक्ति उस आधार को अपने जीवन में शान्तिप्रद नहीं पा सकता। वह समाज से अपने आप को अलग, अकेला समझे; या रूढ़ियों की दार्शनिक व्याख्या कर उन्हें 'आत्मशान्ति' के लिए धीरे-धीरे अपनाता ही चला जाए, तो वह दूसरी बात थी, कल तक-मगर आज की राजनीतिक और सामाजिक हलचलें उसके सिर पर हैं। इन हलचलों का रूप उसे जल्दी ही अपने जीवन में स्पष्ट करके, उसमें वह कहाँ योग देने जा रहा है, यह समझ लेना होगा।"[321] कहने का मतलब आज परिस्थितियाँ बदल रही हैं, उनके साथ सामंजस्य बैठाकर चलना आज के प्रेमी भावुक युवक को आवश्यक है। यदि वह आज भी संस्कार-निर्देशित पारम्परिक ढाँचे पर अपने व्यक्तित्व को तलाशने की कोशिश करता है, तब उसका विषादग्रस्त होना लाजिमी है। और उसका व्यक्तित्व सम्पूर्ण व्यक्तित्व नहीं, बल्कि खंडित व्यक्तित्व ही सामने आएगा, और वह होगा आज का एक टूटा, थका, सच्ची शान्ति की तलाश में भटकता आज का भावुक युवक। शमशेर के अनुसार आज प्रेम की परिभाषाएँ बदल रही हैं। जब प्रेम की बात की जाती है तो राजनीति की भी बात की जाती है, और धर्म और समाज की भी। संस्कार-निर्देशित प्रेम भावुक व्यक्ति को सामने लाता है और आज भावुक को हास्यास्पद समझा जाता है।

बकौल शमशेर 'पलाशवन' आज के सन्दर्भ में प्रेम, विलास, व्यथा, विरह, मिलन की तलाश में भरमते भावुक यौवन की दशाएँ ऐसी ही हैं। वह आज की राजनीतिक-

सामाजिक सन्दर्भों और सम्बन्धों से सामंजस्य नहीं रख पाता, इसी कारण वह भटकता रहता है। शमशेर लिखते हैं—"सामाजिक सम्बन्धों का जो सौन्दर्य और आकर्षण जीवन के अवरुद्ध द्वार खोलकर व्यक्ति की सब शक्तियों को मुक्त और उल्लासपूर्ण नहीं करता, एक खुली हँसी की चमक-सी उसके अंग-अंग में नहीं भरता, वह एक बहुत गलत और बीमार चीज है।"[322] शमशेर इस बात की तरफ इशारा करते हैं कि हमारे संस्कार, पारम्परिक प्रेम दर्शन, पुराने चाल-ढाल लम्बे समय तक हमें आकर्षित करते हैं। हम इस मोह से पूरी तरह नहीं निकल पाते, इसकी वजह से हम उदास और विषादग्रस्त रहते हैं। 'पलाशवन' के सन्दर्भ में शमशेर का मानना है कि "आज के यौवन का कवि इस पूरे जंजाल से निकल नहीं सका है। अत: इस व्यथा की विभिन्न दशाओं का खुला हुआ, बहुत स्पष्ट चित्र हमें 'पलाशवन' में मिलता है। इसकी कितनी ही कविताएँ चित्त को बहुत ही उदास बना देती हैं, बहुत उदास।"[323]

'पलाशवन' में नरेन्द्र शर्मा के भावुक युवक की जो ये दशाएँ वर्णित हैं, उसकी पृष्ठभूमि शमशेर उनके 'प्रवासी के गीत' में खोज निकालते हैं। 'प्रवासी के गीत' में जिन प्रश्नों से कवि जूझ रहा था, उन प्रश्नों के स्वरूप और गम्भीरता को 'पलाशवन' में स्पष्ट किया गया है। शमशेर लिखते हैं कि " 'प्रवासी के गीत' में जो एक, प्रेम में तपते-सुलगते हृदय की आक्रान्त कल्पनाएँ थीं, सजीव और दर्दनाक, रूप और सौन्दर्य के आकर्षण की मादक हँसी यानी 'छलना' का जो एक गहरा-घिरा व्यापार था, उससे मुक्ति किस प्रकार मिल सकेगी और उसका क्या रूप होगा, इसी प्रश्न की गम्भीरता 'पलाशवन' में स्पष्ट हुई है। जीवन के आघातों की शृंखला में पड़े इस प्रेमी सहनशील युवक कवि को प्रेम-निष्ठा और योग द्वारा सम्बल प्राप्त हुआ है, वही अन्तिम निराशाओं में (जब कवि घबरा उठता है, तब) उसकी रक्षा करता है।"[324] यहाँ कवि अपने ही द्वारा कल्पित प्रश्नों के स्वरूप को स्पष्ट कर प्रेम की निष्ठा और सामंजस्य द्वारा अपने निराशा और विषाद से निकलने का उपक्रम करता है।

इसके बाद शमशेर ने नरेन्द्र के काव्य और उसकी भावभूमि के एक-एक पहलू को बड़ी बारीकी से पकड़ने की कोशिश की है। इस प्रकरण में नरेन्द्र का व्यक्तित्व शमशेर को 'आधुनिक' व्यक्तित्व नजर आता है। संस्कार और अभिव्यंजना की स्वस्थ स्वाभाविकता के कारण। खैर, शमशेर के इस निबन्ध पर अपनी राय जाहिर करते हुए डॉ. रामविलास शर्मा ने 'अच्छे गद्य की पहचान' शीर्षक लेख में कुछ एतराज व्यक्त किया है। जिसे देख लेना दिलचस्प होगा। डॉ. शर्मा लिखते हैं कि नरेन्द्र की रचनाओं में यौन-कुंठाओं से उत्पन्न विषाद की मात्रा यद्यपि अधिक है, लेकिन "राजनीतिक कविताएँ लिखने में उन्हें सबसे ज्यादा सफलता मिली थी।"[325] और यह कि " 'दोआब' के निबन्धों पर नरेन्द्र की राजनीतिक कविताओं की चर्चा नहीं है। थकन और निराशा पर काफी जोर है।"[326] इसके बाद डॉ. शर्मा ने शमशेर की पंक्तियों को उद्धृत कर उस पर व्यंग्य किया है कि "यह वाक्य कितने आधुनिक

कवियों पर चस्पाँ नहीं किया जा सकता ? थका, टूटा, बिखरा व्यक्तित्व—बहुत से कवियों का यह जीवन दर्शन बन गया है। रोमांटिक कविता का विरोध करने वाले आधुनिक कवि उसी रोमांटिक भावधारा को नया जामा पहना रहे हैं, वे यह नहीं जानते।''[327] डॉ. शर्मा लिखते हैं कि रोमांटिक काव्य के उत्कर्षकाल में दबे ये भाव उत्तरकाल में हावी हो जाते हैं जिसे शमशेर बहुत गलत और बीमार चीज मानते हैं।

शमशेर ने 'नरेन्द्र' शीर्षक आलोचनात्मक, निबन्ध पुनः 1973 ई. में लिखा। इसमें शमशेर ने भर्तृहरि और नारद मुनि आदि का नाम लेते हुए नरेन्द्र शर्मा के कवि-व्यक्तित्व की ऊँचाइयों को नापने की कोशिश की है। वे लिखते हैं कि ''मैं नरेन्द्र को इतना ऊँचा भी नहीं उठाऊँगा। इतनी दूर नहीं ले जाऊँगा। यद्यपि वह खुद बहुत ऊँचे जा रहे हैं, उनकी आज को रचनाएँ खुद घोषित करती हैं। इसलिए, भई, बात तो है कुछ वैसी ही। अब इसको क्या करें कि, राग और विराग दोनों के ही गीत नरेन्द्र ने गाए हैं और समान तन्मयता के साथ। वजह है कि राग में मिलन और वियोग दोनों के स्वर आ जाते हैं। और उनके विराग में लीला-दृष्टि और शून्य-दृष्टि दोनों का आभास आपको मिलेगा; कभी इसका, कभी उसका।''[328] रामविलास शर्मा को आपत्ति थी कि शमशेर ने नरेन्द्र की राजनीतिक कविताओं का मूल्यांकन नहीं किया। आगे शमशेर ने डॉ. शर्मा जैसे आलोचकों की इस आकांक्षा को सन्तुष्ट करने के लिए यह कहा है कि ''जमाना यह है आज कि अगर प्रेम की बात करो, तो लाजिम है कि राजनीति की बात भी करो। अगर गीत और कविता और संगीत की बात करो, तो धर्म की बात भी करो, बल्कि धर्म-राजनीति की।''[329]

शमशेर फिर अपनी धुन में रम जाते हैं और नरेन्द्र के काव्य में अपनी दिलचस्पी और उसमें निकट-सम्पर्क स्थापित करने का कारण रोमांटिक कवि शेली को बताते हैं। एक सृजनशील कलाकार पर विश्व के महान कलाकारों का क्या असर हो सकता है, इसकी पड़ताल करते हुए शमशेर लिखते हैं कि ''जिसने नरेन्द्र से मेरा परिचय कराया, वह हम दोनों का प्रिय बन्धु महाकवि शेली था। मैंने स्पष्ट देखा कि, नरेन्द्र के अन्दर शेली मौजें ले रहा है, और गहरी मौजें। देखा कि नरेन्द्र के अन्दर एक विदग्धता है, जो काव्य में तो अभी कुछ ऐसी प्रकट नहीं हुई, मगर एक सच्ची सरल लिरिक क्वालिटी इसके अन्दर है। नरेन्द्र के अपने गीतों में जो गेयता है, जो तारल्य और घुलावट है, संगीत की सूक्ष्म परख और सच्ची लय है, और साथ ही प्रेम और उत्सर्ग और वियोग की—जैसी निश्छल अभिव्यक्ति है, और राष्ट्रीय संघर्ष-काल में देश की बन्दी आत्मा की मुक्ति के लिए तड़प, सच्ची तड़प; भावुक, मगर बलिदान की भावना से भरी हुई है—वह, मेरा खयाल है, एक हद तक वहीं से आई है।—आरम्भ के दस-बारह वर्ष की कविताएँ देख जाइए। अभिव्यक्ति में न आडम्बर है, न रेटॉरिक, मगर भरपूर असर है। वह चीज, जिसे प्रसाद गुण कहा जाता है, वह इसमें है। रस और विदग्धता। अभिव्यक्ति और भावना में, तड़प के ये सारे रूप मेरे

अर्द्ध-चेतन में हमेशा शेली की याद ताजा करते हैं।''[330] दरअसल, शमशेर ने शेली और और कीट्स और हिन्दी में पंत और निराला और महादेवी को ठीक से पढ़ा था। परम्पराबोध से सम्पन्न इस कवि-आलोचक को नरेन्द्र शर्मा के काव्य में भारतीय एवं पाश्चात्य साहित्य की रोमांटिक और छायावादी काव्य के तत्त्वों की मौजूदगी को पहचानने में देर न लगी। यही कारण है कि शमशेर ने नरेन्द्र शर्मा के काव्य-विश्लेषण में उन महत्त्वपूर्ण प्रवृत्तियों और शिल्पगत प्रयोगों को रेखांकित किया जो इन रोमांटिक और छायावादी कवियों के काव्य की विशिष्टता थी।

अन्य आलोचकों ने नरेन्द्र शर्मा के काव्य-विश्लेषण में उन पर सुमित्रानन्दन पंत का प्रभाव देखा है। अपने पहले लेख 'पलाशवन' के मूल्यांकन में शमशेर इस प्रभाव की हामी भरते हैं, लेकिन उसके सकारात्मक पहलुओं के साथ। यहाँ भी शमशेर ने लिखा है कि ''नरेन्द्र ने बहुत कुछ महादेवी जी से सीखा, जितना कि अन्य कोई कवि नहीं सीख सका। न ही पंत और निराला से अन्य कोई कवि इतना मार्मिक शिल्प ग्रहण कर सका, जितना नरेन्द्र ने किया।''[331] शमशेर ने आगे नरेन्द्र शर्मा की उस स्वीकारोक्ति को भी उद्धृत किया है जिसमें अपने ऊपर वे पंत और शेली के प्रभाव को ग्रहण करते हैं। शमशेर लिखते हैं कि ''नरेन्द्र ने यह बात कई दफा हँसकर दुहराई है कि, 'चूँकि पंत की कविता मुझको प्रिय थी, इसलिए अपनी दिशा अलग करने के लिए आदतन शमशेर ने निराला के प्रभाव में अपने आप को ढालना शुरू कर दिया और चूँकि मैं शेली का अगाध प्रेमी था, इसलिए शमशेर ने कीट्स से अपना भावुक नाता जोड़ा'।''[332] यहाँ पर हो रहे नरेन्द्र शर्मा के काव्य-विश्लेषण में उन पर साहित्य की परम्परा का प्रभाव कैसे उनके काव्य-विकास को प्रभावित करता है—इसका पता तो चल ही जाता है, साथ ही शमशेर के काव्य-विकास में उन पर पड़ने वाले महान कवियों के प्रभावों का भी अन्दाज लग जाता है।

शमशेर ने नरेन्द्र शर्मा के खड़ी बोली में रचित गीतों में ब्रजभाषा की मोहकता और मिठास को अनुभव किया है। वे नरेन्द्र शर्मा के खंड-काव्य 'कामिनी' के बारहमासा वर्णन को खड़ी बोली का श्रेष्ठ बारहमासा घोषित करते हैं। शमशेर नरेन्द्र शर्मा के प्रतीकों और संकेतों के प्रयोग को परम्परा से जोड़कर देखते हैं। लिखा है—''नरेन्द्र धार्मिक और दार्शनिक प्रतीकवाद और मार्मिक संकेतों और गूढ़ सन्दर्भों की दुनिया में बहुत दूर चले जाते हैं। सबके बस का नहीं है, उनकी आज की कविता में रस ले सकना। कभी-कभी उनके हँसने में सिद्धों की परछाइयाँ-सी हिलती नजर आती हैं। वह बहुत रागी हैं। मगर उनके राग के साथ सदैव एक वैराग-सा लिपटा हुआ मुझे लगा है।''[333] इसका कारण शमशेर बताते हैं कि नरेन्द्र को नाना विषयों का ज्ञान है जो भारतीय काव्य परम्परा में अपेक्षित होता है। नरेन्द्र में 'प्रतिभा' के साथ-साथ 'व्युत्पत्ति' भी काव्य हेतु बना हुआ है। शमशेर को नरेन्द्र राग-विराग के कवि नजर आते हैं। उनके विषय में लिखा है शमशेर ने कि ''मिलन और वियोग

का कवि, चाँदनी का भरपूर कवि, अनेक लयों और छन्दों का मर्मभेदी, सशक्त, समर्थ कवि हिन्दी में आज दूसरा कौन है? पंत जी का नरेन्द्र से बढ़कर दूसरा कोई सफल, सिद्ध शिष्य नहीं। काव्य शिल्प का ऐसा मर्मी, जिसकी दाद पंत जी दे सकते थे; या निराला ही दे सकते थे।''[334] आगे बढ़ते-बढ़ते शमशेर, नरेन्द्र के काव्य-विश्लेषण और व्यक्तित्व को रेखांकित करते-करते उनके गद्य-साहित्य की भी प्रशंसा करने लगते हैं। उनका मानना है कि नरेन्द्र के गद्य की खोज अभी होनी बाकी हैं। उनके गद्य की विशेषताओं को रेखांकित करते हुए शमशेर लिखते हैं कि ''दूसरी चीज जो अभी डिस्कवर होनी है, वह है, नरेन्द्र का अछूता गद्य। प्यारा, शुद्ध, सरस गद्य, सरस और गम्भीर। कहानियों के अलावा संग्रहों की भूमिकाओं और कतिपय निबन्धों में भी वह देखा जा सकता है; जैसे अज्ञेय की 'असाध्य वीणा' पर लिखे गए उनके लेख में। इसके अलावा पद्य-अनुवाद के क्षेत्र में भी निराला, पंत और महादेवी के बाद नरेन्द्र का ही नाम लिया जाएगा।''[335] इन विशेषताओं के अलावा शमशेर को नरेन्द्र शर्मा का कवि-व्यक्तित्व ही ज्यादा आकर्षित करता है और शमशेर की आलोचना-दृष्टि उस कवि के संघर्षों, उसके कर्तव्यों और दायित्वों, उसकी काव्य-यात्रा के ऊबड़-खाबड़ रास्तों, काव्य-सौन्दर्यों और दर्शन और शिल्पगत प्रभावों का जायजा लेते हुए मुग्ध भाव से उसे प्रकाशित करने का उपक्रम करने लगती है। तब शमशेर को लगता है कि ''नरेन्द्र अकेला कवि है, जो हिन्दी की धुन्ध, ऊबड़-खाबड़ भूमि पर स्वच्छ-निर्मल चाँदनी-सी बिछाता चला गया है। चाँदनी उसके काव्य में हिलोरें मारती है, संवाद करती है, रहस्यों का उद्घाटन करती है और आत्मा को बहुत कुछ देती है। बस मुझे (कभी-कभी) इसी का खेद होता है कि उनका शिल्पी, उनके कवि से आगे निकल जाता है; केवल दार्शनिक जहाँ उसके साथ रह जाता है।''[336] लेकिन फिर भी शमशेर का आलोचक मन कहता है कि नरेन्द्र बहुत ऊँचे जा रहे हैं; महाकाव्य साधना पर वे जिस ढंग से विचार करते हैं साधारण कवि उनकी बराबरी नहीं कर सकता। शमशेर के लिए किसी भी प्रकार के आडम्बर से मुक्त, काव्य की समस्याओं पर मर्यादित और गरिमायुक्त विचार प्रस्तुत करने वाला दूसरा कलाकार हिन्दी में नहीं है।

शमशेर की निगाहों से कोई भी गीतकार या सच्चा शिल्पी एक बार गुजर जाए, बस वह उनकी आलोचना की गिरफ्त में आ जाता है। शमशेर ने नरेन्द्र के गीतों की दिल खोलकर प्रशंसा की, अब बारी है घनश्याम अस्थाना की। आलोचना का शीर्षक ही है—'एक सच्चा लिरिक कवि'। वे इस लिरिक कवि के गीतों और शिल्पगत प्रयोगों पर मुग्ध हैं। इस सच्चे लिरिक कवि का परिचय कुछ इस प्रकार शुरू होता है—''घनश्याम अस्थाना बहुत दिलचस्प व्यक्तित्व रखते हैं। उनको गद्य क्षेत्र 'फॉरेन टैरेटर' लगता है—यानी परायी जमीन। 'चित्रकला' में खास दिलचस्पी है। 'घूमने-फिरने' का भी शौक है।''[337] शमशेर से इस कवि का परिचय डॉ. रामविलास शर्मा

के द्वारा हुआ 'दो शब्द' को पढ़कर जिसमें डॉ. शर्मा ने इस कवि के महत्त्व को रेखांकित करते हुए अपने कवि के लिए खतरा बताया है और लिखा है कि घनश्याम अस्थाना "आगरे के सबसे अच्छे कवि हैं।"[338] गौरतलब है कि डॉ. शर्मा और रांगेय राघव दोनों ही आगरा के हैं और डॉ. शर्मा ने लिखा है कि घनश्याम अस्थाना को "मेरे कविता-संग्रह के प्रकाशित होने तक रुकना चाहिए था।"[339] रांगेय राघव ने इस कवि का भविष्य निर्धारित करते हुए कहा है कि "आज न सही, अध्यापक आलोचकों को एक दिन यही कविताएँ सन्दर्भ-सहित व्याख्या करके पढ़नी-पढ़ानी पड़ेंगी।"[340] गौरतलब है कि 'दो शब्द' में उद्धृत यही टिप्पणियाँ शमशेर को इस सच्चे लिरिक कवि की तरफ आकर्षित करती हैं। इस कवि के काव्य का अनुशीलन करने के पश्चात् वे उनकी बारीकियों पर बात करते हैं। आलोचना एक प्रश्न के साथ प्रारम्भ होती है कि " 'एक दिन' जो भी हो, आज खुद ये कविताएँ पाठक से क्या कहती हैं?"[341] इसका जवाब वे घनश्याम की कविताओं से ही ढूँढ़ निकालते हैं। इस कवि की कविताएँ—"वह एक बात तो साफ कहती है कि—'शिल्प' के प्रति मेरा कवि सजग है। 'शिल्प' का अर्थ अनोखे शब्द और 'इमेज' के बहाने दूर के तारे तोड़कर लाना नहीं; बल्कि भावों की सच्ची भाषा और नैसर्गिक अभिव्यक्ति के काव्य का रस भर सकना। इसीलिए अकसर इन कविताओं का प्यारापन सचमुच मोह ही लेता है।"[342] शमशेर की धारणा है कि हर चीज की अपनी एक भाषा होती है, अभिव्यक्ति को प्रभावपूर्ण बनाने के लिए उस भाषा की जरूरत होती है। इस कवि ने भी अपने भावों को अभिव्यक्त करने के लिए सच्ची भाषा का मार्ग अपनाया है। घनश्याम की कविताओं की पंक्तियों को उदाहरण के तौर पर पेश करते हुए शमशेर ने अपनी बात का स्पष्टीकरण किया है।

भाषागत प्रयोगों के प्रभाव को शमशेर ने उनके गीतों में भी रेखांकित किया है। लिखते हैं—"अस्थाना के गीतों में भी हम देखते हैं कि उनके स्टैंजा बिखरे हुए असम्बद्ध भावों को किसी प्रकार एक साथ नाथने का उद्योग नहीं है, जिनकी टीप के सारे तुक महज गलेबाजी में 'रस' भरने के लिए लाए गए हों। वे सचमुच आन्तरिक रूप से भावों के साथ संश्लिष्ट हैं। मसलन, 'चुम्बकों' में प्यास भी है, तृप्ति भी है, गीत में कठिन तुक विन्यास को बड़ी सहज सरसता के साथ निबाहा गया है। या 'याद के पल' लीजिए जिसमें लय के प्रवाह को स्वरों की गति में बाँधने के लिए भाषा के नैसर्गिक रूप को बिगाड़ा नहीं गया है—मुहावरों की मार्मिक कोमलता पर तथाकथित 'प्रयोग' का ऊबड़-खाबड़ पलस्तर नहीं चढ़ाया गया है।"[343] शमशेर का मानना है कि अकसर कवि अपनी कविता में भाषा के साथ छेड़-छाड़कर उसके नैसर्गिक रूप को ही बिगाड़ देते हैं। भाषा प्रयोग के नाम पर वे उसकी मूल प्रकृति के साथ ही खिलवाड़ कर जाते हैं। लेकिन इस कवि ने अपनी अभिव्यक्ति को प्रभावपूर्ण बनाने के लिए भाषागत प्रयोगों का जो उपक्रम किया है, वह भाषा के नैसर्गिक रूप

के साथ खिलवाड़ करके नहीं किया है, बल्कि भाषा की मूल प्रकृति को बरकरार रखते हुए अपने भावों की अभिव्यक्ति को सहज सरसता के साथ निबाहा है।

अस्थाना के गीतों में अभिव्यक्त उनके भावुक विचारों और अन्तर्द्वन्द्वों में शमशेर को उनकी प्रतिभा का दूसरा पक्ष भी नजर आता है जो भारतभूषण अग्रवाल के आन्तरिक द्वन्द्वों से साम्य रखता है। शमशेर लिखते हैं—''कहीं-कहीं भावुक विचारों का छन्दोबद्ध प्रवाह श्री अस्थाना की प्रतिभा का एक दूसरा पक्ष प्रस्तुत करता है; जैसे 'अन्तर्द्वन्द्व' में या 'आज वह कैसा प्रभंजन उठ रहा है' में : जहाँ श्री भारतभूषण अग्रवाल का-सा 'प्रगति-पथ' वाला अन्तर्द्वन्द्व नजर आता है; पर यहाँ छन्द की गति भावनाओं पर किंचित् छा-सी नहीं जाती, बल्कि उनके अधीन ही रहती है। फिर भी भाव-भूमिका सन्दर्भ वही है। (Rhetoric) (शब्दों का ओज) ऐसे में बहुत काम आता है; प्रभावकारी लगता है।''[344] शमशेर के आलोचक की यह खूबी हमें हर जगह नजर आती है। वे जिस कवि की भी आलोचना लिख रहे होते हैं, यदि उसके भावों का साम्य अगर साहित्य की परम्परा में किसी भी रचनाकार से होता है, तब तुरन्त उसका तुलनात्मक मूल्यांकन करने लगते हैं। यहाँ भी आलम कुछ ऐसा ही है।

आगे शमशेर इस लिरिक कवि के विशेष क्षेत्र की तरफ ध्यान आकर्षित करते हुए यह बताते हैं कि किसी भी कवि के काव्य-विकास में उसकी समकालीन रचनाशीलता का प्रभाव क्या असर दिखाता है, वह सहज ही अस्थाना में देखा जा सकता है। अस्थाना में सीखने की ललक है और उन्होंने महान कवियों से सीखा भी है, उनकी चीजों को अपनाया भी है, मगर अपने अन्दाज में। शमशेर लिखते हैं कि ''यहाँ चाँद और तारों से कवि का भावुक हेल-मेल कोरी भावुकता नहीं है। उसमें नौजवान हृदयों के हेल-मेल हैं; उनकी धड़कनें, विछोह-मिलन की तरलता और माधुर्य है। यह इसलिए है कि ये सब आलम्बन भावों की दुनिया में आसमान से बरबस खींचकर नहीं लाए गए हैं, बल्कि वहीं हृदयों में बसे हुए हैं। इसमें सन्देह नहीं, कवि ने अपनी परवर्ती और समकालीन कवियों की अच्छी कृतियों से अपनी प्रतिभा को पुष्ट करने के लिए बड़े कौशल से, और बहुत कुछ सीखा है। इसका असर उसकी पंक्तियों में बोलता है; और वह अच्छा लगता है, क्योंकि वह सुथरा, सुसंस्कृत और सचमुच अपना बनाया हुआ है : जो कुछ उसने औरों से लिया है, वह उसकी कविताओं में उसी का हो गया है। हम उसे पहचान लेते हैं और पसन्द करते हैं।''[345] शमशेर इसके स्पष्टीकरण में अस्थाना की कविताओं की कुछ पंक्तियाँ देते हैं। आगे वे इस कवि के सन्दर्भ में डॉ. रामविलास शर्मा और रांगेय राघव के मंतव्यों की हामी भरते हैं और कहते हैं कि इस कवि का पूरा व्यक्तित्व एक सच्चे लिरिक और भावुक कवि का ही है।

शमशेर ने अधिकांशतः अपने समकालीन जनवादी काव्यधारा और उसके कवियों-रचनाकारों को अपनी आलोचना का विषय बनाया है। इन कवियों में ज्यादातर प्रगतिशील-प्रयोगशील कवि ही हैं—जैसे केदारनाथ अग्रवाल, नागार्जुन, त्रिलोचन

शास्त्री, मुक्तिबोध, नरेन्द्र शर्मा, शील आदि। इन कवियों पर आलोचकों ने पहले-पहल विस्तार से लिखने और बात करने में दिलचस्पी नहीं दिखाई। केवल इनको जनवादी और प्रगतिशील कवि और इनके साहित्य को प्रगतिशील साहित्य कह-सुनकर सन्तोष कर लिया गया। जरूर इसके पीछे कोई कारण या साजिश रही होगी हिन्दी आलोचना में, मगर क्या? इस पर यहाँ विस्तार से बात नहीं, बल्कि यथास्थान किया जाएगा। लेकिन शमशेर के आलोचक ने इस पर बात करना मुनासिब समझा और किया भी। इन सभी प्रगतिशील-प्रयोगशील कवियों पर उन्होंने समय-समय पर विस्तार से न सही, आवश्यकतानुकूल आलोचनात्मक-चिन्तन किया ही, लेकिन केदार और मुक्तिबोध की रचनाओं पर स्वतंत्र चिन्तन भी किया। मुक्तिबोध के काव्य-संग्रह 'चाँद का मुँह टेढ़ा है' की 'एक विलक्षण प्रतिभा' शीर्षक भूमिका और केदार के काव्य-संग्रह 'फूल नहीं रंग बोलते हैं' की आलोचना सबसे पहले शमशेर ने ही किया। गरज कि यह काम आलोचकों द्वारा किया जाना चाहिए था, लेकिन किया एक कवि-आलोचक ने। वह भी दिलचस्प और बारीक आलोचना। यहाँ सबसे पहले हम मुक्तिबोध पर बात करेंगे।

मुक्तिबोध सबसे पहले 'तारसप्तक' के कवि के रूप में सामने आए सन् 1943 ई. में। यद्यपि वे इससे पहले से साहित्य-सृजन में सक्रिय थे। 'तारसप्तक' के मुक्तिबोध को शमशेर ने आड़े हाथों लिया। उनकी मान्यताएँ शमशेर को नकारात्मक लगीं। हालाँकि इसके बाद शमशेर की धारणाओं में परिवर्तन आया और उन्होंने मुक्तिबोध को गम्भीरता से लिया। 'एक बिलकुल पर्सनल एसे' में मुक्तिबोध पर किए गए चिन्तन में शमशेर ने इस विलक्षण प्रतिभा को पहचान लिया। सन् '43 के बाद समय धीरे-धीरे गुजरता गया और फिर मुक्तिबोध पर बात करना किसी ने आवश्यक नहीं समझा, खासकर आलोचकों ने। लेकिन अचानक सन् '64 में समय ने करवट बदला और पूरे देश और साहित्य-समाज के लिए मुक्तिबोध चर्चा के विषय बन गए। क्या कुछ घटित हुआ था ऐसा?

शमशेर को 'चाँद का मुँह टेढ़ा है' की भूमिका लिखने का दायित्व मिला। बस क्या था, शमशेर ने मुक्तिबोध के काव्य और व्यक्तित्व का ऐसा जबरदस्त विश्लेषण किया कि हिन्दी समाज का मिजाज ही बदल गया। इस भूमिका में शमशेर ने यह सवाल उठाया कि सन् '64 में मुक्तिबोध सबके लिए महत्त्वपूर्ण क्यों हो गए? उन्होंने लिखा—"एकाएक क्यों सन् '64 के मध्य में गजानन माधव मुक्तिबोध विशेष रूप से महत्त्वपूर्ण हो उठे? क्यों 'धर्मयुग', 'ज्ञानोदय', 'लहर', 'नवभारत टाइम्स'—प्राय: सभी साप्ताहिक, मासिक और दैनिक उनका परिचय पाठकों को देने लगे और दिल्ली की साहित्यिक, हिन्दी दुनिया में एक नई हलचल-सी आ गई?"[346] इस सवाल का जवाब भी शमशेर खुद देते हैं और लिखा कि "इसलिए कि गजानन माधव मुक्तिबोध एकाएक हिन्दी संसार की एक घटना बन गए। कुछ ऐसी घटना

जिसकी ओर से आँखें मूँद लेना असम्भव था। उनकी एकनिष्ठ तपस्या और संघर्ष, उनकी अटूट सच्चाई, उनका पूरा जीवन, सभी एक साथ हमारी भावना के केन्द्रीय मंच पर सामने आ गए। और हमने अब उनके कवि और विचारक को एक नई आश्चर्य-दृष्टि से देखा।''[347] कबीर की वह पंक्ति—

जब मैं था तब हरि नहीं,
अब हरि है 'मैं' नाहिं।[348]

यहाँ पूर्णतया चरितार्थ होती है।

एक क्षण के लिए इस 'मैं' को आलोचकों, पत्र-पत्रिकाओं और साहित्य-समाज का '''मैं' मान लिया जाए और गुस्ताखी कर एक क्षण के लिए 'हरि' को मुक्तिबोध (भक्तजन माफ करें, यह केवल कल्पना है।) तो बात और साफ हो जाती है। जब तक इस संसार में विलक्षण प्रतिभाएँ जीवित रहती हैं, तब तक वह महत्त्वपूर्ण नहीं लगतीं, लेकिन अकसर उनके चले जाने के पश्चात् हमारा समाज उनका कृतज्ञ होने लगता है। यहाँ भी जब तक आलोचकों का 'मैं' था, यानी अहं भावना, तब तक मुक्तिबोध की प्रतिभा को किसी ने बलपूर्वक प्रकाशित नहीं किया। लेकिन उनके चले जाने के पश्चात् सारा माहौल सन् '64 और उसके बाद 'हरिमय' अर्थात् 'मुक्तिबोधमय' हो गया। छोटे-से-छोटे और बड़े-से-बड़े आलोचकों, पत्र-पत्रिकाओं ने मुक्तिबोध को चर्चा का विषय बना दिया। लेकिन तब तक मुक्तिबोध एक घटना बन गए थे। शमशेर जैसे कवि-आलोचक को यही बात कचोटती है। मुक्तिबोध के प्रति आलोचकों की उदासीनता को उनकी नाकामी बताती है। लेकिन शमशेर मानते हैं कि ''फिर भी, फिर भी...यह मर्द कवि बड़ी कड़ियल जान रखता है।''[349] यह कड़ियल कवि हार मानने वाला नहीं था। शमशेर के शब्दों में—''यह जीवन हारा नहीं, 'खत्म' (?) भले ही हो गया।''[350] शमशेर का मानना है कि वास्तव में मुक्तिबोध का जीवन अब शुरू हुआ था। मगर वह जीवन कैसा था, उसका ऐसा अन्त क्यों हुआ और समुचित ख्याति से अब तक वह वंचित क्यों रहा? शमशेर ने ऐसे कई सवाल खड़े किए हैं और उनसे जूझने का प्रयास किया है।

शमशेर लिखते हैं कि मुक्तिबोध के पिता की आकांक्षा थी कि वे वकील बनें, बड़े मुकदमे लड़ें, खूब कमाएँ और सामाजिक प्रतिष्ठा में उन्हें भी पीछे छोड़ दें, ''मगर उसकी जिज्ञासाएँ तो उसे शीघ्र ही बौद्धिक हलचलों में खींच ले गईं—ये तीसरे दशक के अन्तिम वर्ष थे : राष्ट्रीय और सांस्कृतिक बेचैनी और ऊहापोह के वर्ष। अस्तु, वह कमाना चाहता था ज्ञान—धन नहीं, खोज रहा था—सम्मानों की रूढ़ियाँ नहीं, नई दृष्टि और अनुभव, नए युग के अनुभव, और काव्य की विलक्षण अनुभूतियाँ।''[351] शमशेर ने मुक्तिबोध के जीवन के अन्तिम पल और उनके खत्म हो जाने की करुण कहानी बड़े नाटकीय अन्दाज में पेश किया है। ऐसा लगता है जैसे हम पढ़ नहीं रहे, उसे देख रहे हैं। एकदम आँखों देखी शैली में। खैर! मुक्तिबोध का

मार्क्सवाद के प्रति रुझान कैसे बढ़ा?—शमशेर ने उसकी भी पड़ताल की है। शमशेर के अनुसार, मुक्तिबोध पश्चिम के महान रचनाकारों दॉस्तॉयवस्की, फ्लाबेयर और गोर्की और मार्क्स को तो पढ़ते ही थे, लेकिन यहाँ के बौद्धिक वातावरण में सक्रिय भागीदारी ने उसे और पुष्ट किया। भारतभूषण अग्रवाल, नेमिचन्द्र जैन आदि के साथ पूरे बौद्धिक वातावरण पर मार्क्सवाद छा गया था। शमशेर लिखते हैं कि "मुक्तिबोध के उत्साह का पूछना क्या! वह तो जिस स्थिति को अपनाते थे, उसको पूरे प्राणपण से। यद्यपि कविता के अन्दर इस मोड़ को लाना बहुत कठिन था। फिर भी आज यह देखा जा सकता है कि प्रयोगवादियों में इसको लाने का सबसे अधिक उद्योग मुक्तिबोध ने किया, विशेषकर जहाँ भाषा की परम्परा में छायावादी शैली मिली थी—प्रसाद, निराला और माखनलाल की; जहाँ मनोवैज्ञानिक चित्रण की पृष्ठभूमि में दॉस्तॉयवस्की हों, साथ ही वातावरण के सूक्ष्म चित्रण में गोर्की का प्रभाव अपनी ही दिशा में खींचता हो। इस उद्योग की सफलता—जो धीरे-धीरे उन्हें प्राप्त हुई—आश्चर्यजनक है। मुक्तिबोध के प्रिय लेखक प्रायः यूरोप के महान उपन्यासकार ही थे—बॉल्जाक, फ्लाबेयर, दॉस्तॉयवस्की, गोर्की; इनमें गोर्की सर्वोपरि था।"[352]

आगे शमशेर ने मुक्तिबोध के सन्दर्भ में 'तारसप्तक' की चर्चा की है। यहाँ शमशेर की मान्यताओं में पहले की अपेक्षा काफी बदलाव आया है जिसे देख लेना दिलचस्प होगा। यद्यपि सन्दर्भ यहाँ 'तारसप्तक' की परिकल्पना और योजना का है, लेकिन शमशेर का बदलता नजरिया कई सवाल खड़े करता है उनकी आलोचना-दृष्टि को लेकर। सन् '43 के 'तारसप्तक' की विशेषता शमशेर को कुछ खास नहीं लगी थी और न ही मुक्तिबोध उस समय के खास या कहें कि सफल कवि थे, लेकिन यहाँ 'तारसप्तक' हिन्दी के लिए अचानक मूल्यवान हो उठता है और मुक्तिबोध के प्रयोग सबसे मौलिक। शमशेर लिखते हैं कि "शुजालपुर और उज्जैन ने सबसे मूल्यवान चीज जो हिन्दी को दी वह 'तारसप्तक' है।"[353] और साथ ही यह कि "सन् '43 में जब यह ऐतिहासिक संग्रह प्रकाशित हुआ, उसने एक लम्बे विवाद को जन्म दिया जो किसी न किसी सन्दर्भ या अर्थ में अब भी जारी है। उस संग्रह में मुक्तिबोध का योग उस समय सबसे प्रौढ़ चाहे न हो, मगर शायद सबसे मौलिक था। दुरूह होते हुए भी बौद्धिक, बौद्धिक होते हुए भी रोमानी।"[354] अब सवाल यह उठता है कि शमशेर के आलोचनात्मक नजरिए में इतना बदलाव अचानक क्यों आ गया? इसका क्या कारण था? क्या हम इसका कारण यह मानकर चलें कि स्वयं शमशेर के लिए भी मुक्तिबोध एक घटना बन चुके थे? उनके आलोचनात्मक नजरिए में इस बदलाव का कारण क्या यह घटना ही थी? तभी तो शमशेर की दृष्टि 'तारसप्तक' और उसके कवियों के प्रति बदली-बदली सी है। आगे भी शमशेर ने लिखा है कि "सन् '43 में 'तारसप्तक' निकल चुका था। यह अपनी तरह का पहला सहयोगी प्रयास था। युगीन चेतना और प्रयोगवादी शिल्प, और प्रत्येक कवि का विशिष्ट

मौलिक स्वर : यह इस संकलन की विशेषता थी। इसमें सन्देह नहीं कि मध्य भारत से बाहर तीन और कवियों—भारतभूषण अग्रवाल, डॉ. रामविलास शर्मा, अज्ञेय को शामिल करके 'तारसप्तक' हिन्दी काव्य की नई दिशा का एक प्रतिनिधि संकलन हो गया।"[355] आगे चलकर शमशेर की ऐसी धारणा उनके आलोचनात्मक नजरिए में बदलाव को रेखांकित करती है। 'एक बिलकुल पर्सनल एसे' में भी शमशेर ने लिखा है कि 'तारसप्तक' की सबसे बड़ी देन उस मौलिक प्रतिभा की खोज है जो मुक्तिबोध के रूप में सामने आई।

शमशेर ने मुक्तिबोध की काव्य-साधना, उनकी लम्बी कविताओं, उसके उत्कृष्ट शिल्प, उसकी बेहतरीन काव्य-वस्तु और भावनाओं का दिलचस्प विश्लेषण किया है। संस्मरणात्मक शैली में शमशेर लिखते हैं कि सन् '46-47 में, "उन दिनों जबलपुर में मेरा उनसे कभी-कभी मिलना होता था, और मैं देखता था—कैसी मेहनत से, हफ्तों बल्कि महीनों वे अपनी लम्बी कविता के टुकड़ों को, धीरे-धीरे चिन्तन और कल्पना की ऊर्जा से पुष्ट करते, जोड़ते, और बढ़ाते, और उसकी अन्तर्योजना को दृढ़ करते जाते। उनका शिल्प एक ऊँची इमारत उठाने वाले मेबार का शिल्प था। वह इमारत अनेक पुश्तों, चौकियों और बुर्जियों से सुदृढ़ किया हुआ कोई छोटा-मोटा किला होती थी, महल या मकबरा या मन्दिर नहीं। उनकी रचना से स्पष्ट लगता था कि वह और सबों से कितनी भिन्न, अनोखी और गुम्फित भावना और कल्पना के कवि थे; यद्यपि कुछ खुरदरे। उनका कवि-व्यक्तित्व तब भी सबसे अलग और अकेला लगता था। मगर उनकी भावनाओं की जड़ें मध्यवर्गीय समाज में हम सबकी समस्याओं से उलझी हुई थीं।"[356] मुक्तिबोध अपनी काव्य-साधना बहुत सजगता, ईमानदारी और परिश्रम से करते थे। अपनी लम्बी कविताओं के बारे में उनका मानना था कि "यथार्थ के तत्त्व परस्पर गुम्फित होते हैं, साथ ही पूरा यथार्थ गतिशील होता है। अभिव्यक्ति का विषय बनकर जो यथार्थ प्रस्तुत होता है, वह भी ऐसा ही गतिशील है, और उसके तत्त्व भी परस्पर गुम्फित हैं। यही कारण है कि मैं छोटी कविताएँ लिख नहीं पाता, और जो छोटी होती हैं वे वस्तुतः छोटी न होकर अधूरी होती हैं।"[357] मुक्तिबोध की रचना-प्रक्रिया और लम्बी कविताओं सम्बन्धी इस धारणा का विश्लेषण शमशेर ने बहुत सजगता से किया है। दोनों ही कवि-आलोचकों के रचना-प्रक्रिया-सम्बन्धी इस धारणा और विश्लेषण में लेश मात्र भी अन्तर्विरोध या भटकाव नहीं है। आलोचकों के लिए यह विश्लेषण शायद मुश्किल होता, लेकिन शमशेर के कवि-आलोचक ने मुक्तिबोध की रचना-प्रक्रिया को बारीकी से पकड़ा और समझा है।

मुक्तिबोध को सबसे अधिक सफलता उनकी लम्बी कविताओं में ही मिली है। शमशेर ने मुक्तिबोध की लम्बी कविताओं को निराला के बाद सबसे प्रभावकारी और ओजस्वी कविता माना है। लिखते हैं—"राजनाँदगाँव में सन् '61 में मैं मुक्तिबोध से मिला था, और उनकी तीन बहुत लम्बी, लाजवाब कविताएँ मैंने उनके मुख से

सुनी थीं। एक 'अँधेरे में' थी, दूसरी, 'प्रेम', तीसरी 'एक कथा'। इतना गहरा असर डालने वाली आधुनिक दृष्टि से इतनी पुष्ट और स्वस्थ कविताएँ और इतनी ओजस्वी, मैंने निराला के बाद नहीं पढ़ी या सुनी।''[358] मुक्तिबोध का कवि-व्यक्तित्व और उनका काव्य किसी पाठक पर कितना गहरा असर डालता है इसकी विशेषताओं को प्रकाशित करते हुए शमशेर ने लिखा है कि ''राजनाँदगाँव में ही कवि के साथ टहलते हुए, बातचीत की रौ में अचानक ठिठककर देखा हुआ वह भटकैया का फूल मैं कभी नहीं भूलूँगा। उजाड़ जगहों का यह अर्थहीन फूल मुझे अकसर कितना गन्दा-सा लगा है, बिन बुलावे ही दरिद्र मेहमान बच्चे-सा। मगर मुक्तिबोध की सहानुभूति के गहरे शान्त रस से भरी आँखों से देखकर, उनके वर्णन के रोमांचित शब्दों से उसे छूकर मैंने देखा, वहीं कटीले पौधे का जंगली-सा फूल कितना कोमल, पारदर्शी, स्थायी, सचमुच कितना सुन्दर...था। और अनोखे रूप से दृढ़ मैं उस वर्णन को स्मृति से दोहरा नहीं सकता! मगर उस क्षण से वह कटीली का फूल मेरे लिए एक ऐसी स्थायी और अनोखी कविता है जो कभी न मुरझाएगी। मैं मुक्तिबोध के सीधे-सादे व्यक्तित्व में कहीं उसी सत्त्व को एक विशाल रूपाकार में देखता हूँ जो मुक्तिबोध ने मुझे उस जंगली फूल में दिखाया था—एक अनोखी, दृढ़ और स्थायी कोमलता, जो कभी नहीं मुरझाएगी।''[359] मुक्तिबोध का काव्य और व्यक्तित्व किस प्रकार किसी को अपने आगोश में भर लेता है, स्थायी रूप से—इसे शमशेर का आलोचक मन जानता है। इसे महसूस किया है उसने, इसलिए उसे विश्वास है कि आने वाली पीढ़ी इसके प्रभाव से बच नहीं सकती।

शमशेर को यह विश्वास है कि भले ही समकालीन आलोचकों ने पहले-पहल मुक्तिबोध की प्रतिभा को नजरअन्दाज किया है, लेकिन नई पीढ़ी इस विलक्षण प्रतिभा को पहचानेगी। वे लिखते हैं कि ''हिन्दी की नई पीढ़ी का बिलकुल अपना कवि, सबसे प्रिय कवि और विचारक गजानन माधव मुक्तिबोध ही है—यह निर्विवाद है। उसकी तुलना में किसी भी प्रकार और कोई नहीं ठहरता। यह और बात है कि साधारण पाठक वर्ग आज तक उससे प्रायः अपरिचित ही रहा है। कारण कि यदा-कदा विरल अपवादों को छोड़कर प्रायः ही प्रकाशकों, सम्पादकों, आलोचकों और साहित्यिक संस्थाओं ने—वे 'दक्षिणपन्थी' हों या 'वामपन्थी' या बीच के अथवा व्यवसायी—निरन्तर भीरुता के साथ, और अज्ञान और प्रमादवश या राजनीतिक स्वार्थ या दलबन्दियों के कारण (कारण कि यह व्यक्ति और कवि पद-लोलुप, सत्ता चाटुकार न था; किसी का भी स्वार्थ इससे सिद्ध न होता था)—सबों ने मिलकर इसकी उपेक्षा ही की है। कारण यह भी रहा है कि सर्वथा नई और सच्ची, नितान्त मौलिक प्रतिभाओं को समय से परखने वाले विरले ही हुआ करते हैं, किसी भी युग में''[360] एक कवि के रूप में शमशेर को भी लम्बे समय तक संघर्ष करना पड़ा तब कहीं जाकर उन्हें साहित्य-समाज में वाजिब प्रतिष्ठा मिली और उनका आलोचक

रूप तो आज भी मोटी-मोटी किताबों और पत्र-पत्रिकाओं के एक-दो पृष्ठों में 'भोलाराम के जीव' की तरह दबा पड़ा है। इसलिए शमशेर इस दर्द और पीड़ा को एक कवि और आलोचक के रूप में बखूबी समझ और महसूस कर सकते हैं।

शमशेर ने मुक्तिबोध के काव्य की दिलचस्प आलोचना की है। आलोचना नहीं, बल्कि इनके कवि व्यक्तित्व और इनकी प्रतिभा की रचनात्मक आलोचना की है। पूरा पैराग्राफ पढ़ने पर समझ नहीं आता कि इसे आलोचना कहें या रचना? रचना बनाम आलोचना या आलोचना बनाम रचना का विमर्श यहाँ उठाया जा सकता है। लेकिन अवकाश नहीं है। स्पेस नहीं है। मुक्तिबोध की अधिकतर कविताओं में 'बरगद' का पेड़ अकसर दिख जाता है। बरगद का पेड़ मुक्तिबोध का प्रिय 'इमेज' है। मुक्तिबोध के व्यक्तित्व और कविताओं का ताला खोलने के लिए यह इमेज एक चाबी जैसा है। यह बहुत पुराना जीवनदायी पेड़ है। परम्परा से। केवल इसके जड़ और तनों का ही भरोसा नहीं, बल्कि शाखाओं और टहनियों के मन में भी स्वयं तना और जड़ बनने की अपार जिजीविषा मौजूद है। इसके पत्ते-पत्ते में धरती से संवाद स्थापित करने की उत्कट आकांक्षा है। शमशेर लिखते हैं कि "किसी ने मुक्तिबोध की एक बरगद से तुलना की है, जो अवश्य ही उनका एक प्रिय इमेज है। मगर वह बरगद नहीं—चट्टान एक ऊँची, सीधी चट्टान है। शिलाओं पर शिलाएँ। झरने कहीं विरले हों। केवल गहरी बावलियाँ, सूखे कुएँ, झाड़-झंखाड़, ऊँची-नीची अनन्त पगडंडियाँ। ...जैसे मालवा के पठार और मध्य प्रदेश की ऊबड़-खाबड़ धरती—और इस धरती के आतंकमय, रहस्यमय इतिहास—और उनके बीच लहूलुहान मानव।"[361] बरगद अगर मुक्तिबोध का प्रिय इमेज है तो इसके गहरे अर्थ हैं। मुक्तिबोध बरगद नहीं हैं। शमशेर ने उन्हें एक सीधी चट्टान माना है, जिसमें झरनों का अभाव है, मगर बावलियों, सूखे कुओं, झाड़-झंखाड़, और ऊँची-नीची पगडंडियों का नहीं। और इसमें आतंकमय, रहस्यमय इतिहास बसा है और उसके बीच लहूलुहान मानव। यह मानव आज का मध्यवर्ग और उसका समाज है।

मुक्तिबोध की कविताओं के चट्टानी ताकतों और शिलालेखी महत्त्व को शमशेर के आलोचक ने पहचान लिया है। जिस प्रकार शिलालेखों की लिपियाँ कठिन विजय-संघर्ष का प्रतिबिम्ब होती हैं, जिनकी अमूर्त और अबूझ लिपियों को पहचानना और उन पर बात करना आने वाली पीढ़ियों के लिए एक चुनौती का विषय होती है, ठीक उसी प्रकार मुक्तिबोध की कविताएँ उनके कठोर संघर्ष और काव्य-साधना की दस्तावेज हैं। इनमें लय, सुर, ताल आदि की बारीकियाँ ढूँढ़ने वालों को सम्भव है निराशा ही हाथ लगे, लेकिन शमशेर के लिए "ये लिपियों की भावुकता नहीं, इनमें विचार गुनगुनाते हैं। इनमें तस्वीरें बहुत ही जागे हुए होश की हैं।"[362] शमशेर को पता है कि मुक्तिबोध अपनी कविताएँ छोटे कैनवस पर नहीं लिखते, बल्कि हमेशा उन्हें एक विशाल और विस्तृत कैनत्रस की आवश्यकता रहती है। यह कैनवस एक विस्तृत

जाल जैसा होता है, जिसका ताना-बाना इतिहास, परम्परा, वर्तमान, समाज और व्यक्ति के कितने स्तरों को अपनी लपेट में लेने की कोशिश करता है। कई दफे लगता है कि इससे निकलने का कोई रास्ता नहीं, पाठक उसी में उलझने लगता है, अपने को फँसा हुआ पाता है, लेकिन मन के किसी कोने में उसे यह विश्वास जरूर रहता है कि कहीं-न-कहीं रास्ता जरूर है इस जाल से निकलने का।

शमशेर को मुक्तिबोध की कविताओं में एक साथीपन का अभाव लगता है। लेकिन उनकी बड़ी विशेषता है कि उनमें 'मस्तिष्कहीन कोरी भावुकता' नहीं है। मुक्तिबोध की कविताओं में विचार बोलते हैं। शमशेर को लगता है कि मुक्तिबोध की कविताओं में "कभी-कभी विशुद्ध से काव्य-तत्त्व के साथ-साथ विद्रूप का भाव, अतल के गलित गर्त के साथ-साथ, उत्तुंग शिखरों के दर्शन, व्यक्ति की निजी हाय और तड़प के साथ उसका राजनीतिक-सामाजिक संघर्ष पाठक को कई स्तरों पर एक साथ उद्वेलित करता है। मुक्तिबोध युग के उस चेहरे की तलाश करते हैं जो आज के इतिहास के मलबे के नीचे दब गया है, मगर मर नहीं गया है। बहुत नीचे की तहों से भी वह कहते हैं :

कोशिश करो
कोशिश करो
कोशिश करो
जीने की—जमीन में गड़कर भी![363]

शमशेर ने मुक्तिबोध की कविताओं और उनकी रचना-प्रक्रिया में एक अद्‌भुत और अनोखा विद्युत्प्राण चमकता हुआ देखा है। यही कारण है कि उन्होंने मुक्तिबोध की लम्बी कविता 'अँधेरे में' के बारे में कहा—"यह कविता देश के आधुनिक जन-इतिहास का, स्वतंत्रता-पूर्व और पश्चात् का एक दहकता इस्पाती दस्तावेज है।"[364]

शमशेर ने मुक्तिबोध की कविताओं के पाठ पर बहुत ध्यान दिया है। अकसर लोगों को ये कविताएँ दुरूह लगती हैं। लेकिन शमशेर इनको पढ़ने की एक विशिष्ट शैली ईजाद करते हैं कि "मुक्तिबोध की कविता को किसी राजदाँ की बातों की तरह सँभल-सँभलकर, सोच-सोचकर, बल्कि कभी-कभी दोहरा-दोहराकर पढ़ना चाहिए। किसी-किसी कविता के कई अंश जासूसी उपन्यासों की याद भी दिलाते हैं, मगर वह हरगिज एक सपाटे में पढ़ लिए जाने वाले उपन्यास के अंश नहीं हैं।"[365] क्योंकि शमशेर ने मुक्तिबोध की इन कविताओं के नाटकीय अन्दाज को परखा है। 'एक बिलकुल पर्सनल एसे' में लिखा भी है कि "अगर किसी ने स्वयं मुक्तिबोध की जबानी उनकी कोई रचना सुनी हो, तो सारी कठिनाइयाँ आरम्भ से ही हवा हो जाती हैं, और कविता समाप्त होने पर ऐसा लगता है जैसे हम कोई आतंकित करने वाली फिल्म देखने के बाद एकाएक होश में आए हों।"[366]

यह कहने में कोई संकोच नहीं होना चाहिए कि मुक्तिबोध की विलक्षण प्रतिभा

को उसके मूल में किसी ने पहचाना है, तो वह शमशेर ही हैं। मुक्तिबोध के संघर्षमय जीवन और साहित्य-समाज द्वारा उनकी लम्बे समय तक उपेक्षा के साथ ही शमशेर अगली पीढ़ी में उनका भविष्य देखते हैं। उनका पूर्ण विश्वास है कि आने वाली पीढ़ी के लिए मुक्तिबोध एक महान कवि होंगे। लिखा भी कि "मुक्तिबोध का वास्तविक मूल्यांकन अगली, यानी अब आगे की पीढ़ी निश्चय ही करेगी; क्योंकि उसकी करुण अनुभूतियों को, उसकी व्यर्थता और खोखलेपन को पूरी शक्ति के साथ मुक्तिबोध ने ही व्यक्त किया है। इस पीढ़ी के लिए शायद यही अपना खास महान कवि हो"[367] कहना न होगा कि शमशेर का यह सपना आज सौ फीसदी सच हो चुका है। सच में मुक्तिबोध ने 'जीवन हारा नहीं है, खत्म (?) भले हो गया'। इस विलक्षण प्रतिभा के लिए शमशेर की वह आलोचनात्मक और यादगार कविता पेश है :

जमाने-भर का कोई इस कदर अपना न हो जाए
कि अपनी जिन्दगी खुद आपको बेगाना हो जाए

× × × × ×

गरीबुद्दहर थे हम; उठ गए दुनिया से; अच्छा है...
हमारे नाम से रौशन अगर वीराना हो जाए।[368]

केदारनाथ अग्रवाल के काव्य-संग्रह 'फूल नहीं रंग बोलते हैं' की पहली समीक्षा भी शमशेर ने ही लिखी। इस आलोचना की शुरुआत भी शमशेर की इसी चिन्ता से होती है कि "पौने दो साल हो गए केदार के प्रतिनिधि संकलन 'फूल नहीं रंग बोलते हैं' को निकले और सुनता हूँ अभी तक उसकी कोई रिव्यू कहीं नहीं निकली, न कोई चर्चा कहीं हुई।"[369] जैसा कि पहले भी संकेत किया जा चुका है कि शमशेर को इस बात को लेकर गहरी चिन्ता रही कि केदारनाथ अग्रवाल, नागार्जुन, त्रिलोचन और मुक्तिबोध पर किसी आलोचक ने उनके काव्य और कवि-व्यक्तित्व के मूल्यांकन के लिए कभी कोई गम्भीर प्रयास नहीं किया। इन चारों कवियों का नाम प्रगतिशील और जनवादी कवियों की सूची में जोड़ा जाता रहा, लेकिन जो होना चाहिए वह नहीं हुआ। शमशेर कहते हैं कि "मुझे वास्तव में नहीं मालूम कि इन चारों में से किसी एक पर भी कोई अच्छा गम्भीर लेख आज तक कहीं लिखा गया। छिटपुट तौर से निबन्धों में एकाध पैरा में जिक्र कभी-कभार जरूर हुआ है; उसके आगे कुछ नहीं।"[370] शमशेर जब यह आलोचना लिख रहे थे, उस समय की ऐसी स्थिति से सहज ही हिन्दी साहित्य और हिन्दी आलोचना की रफ्तार और दशा और दिशा का पता लगाया जा सकता है।

शमशेर इस स्थिति की तह तक जाते हैं और ऐसी स्थिति के कारणों का पता लगाते हैं। इसका कारण उन्हें हिन्दी में प्रगतिशील आन्दोलन की धीमी रफ्तार मालूम पड़ती है। लिखते हैं—"बंगला, उर्दू, मराठी, मलयालम, पंजाबी और कश्मीरी भाषाओं

में समाजवादी विचारधारा ने प्रगतिशील साहित्य की रीढ़ बहुत हद तक मजबूत की थी। मगर हिन्दी का प्रगतिशील साहित्य आन्दोलन सन् '37–38 से लेकर लगभग सन् '52 तक अपना जैसा–तैसा रोल पूरा करके खासा निःशक्त हो गया। इस आन्दोलन के पंत, निराला, नरेन्द्र, सुमन और कुछ लोक–कवियों के बाद जो चार कवि दृढ़ता से बराबर जनता के मनोबल में विश्वास रखते हुए अपना नाता उसकी आन्तरिक रचनाशील शक्तिओं से जोड़े रहे, वे मात्र केदारनाथ अग्रवाल, त्रिलोचन, मुक्तिबोध और नागार्जुन थे।''[371] इस काव्य–संग्रह की समीक्षा में शमशेर ने इस प्रश्न पर विचार किया है कि इन चारों प्रगतिशील कवियों ने तो आखिर तक प्रगतिशील साहित्य की रचनाशील शक्ति को बरकरार रखा, फिर इन चारों पर चुप्पी का राज क्या है? वह पाते हैं कि ''हमारी खड़ी बोली का पूरा साहित्य बाबू–संस्कृति की देन है और हमारी आजादी भी। यद्यपि यह आजादी हमें कभी प्राप्त न होती अगर देश का किसान और मजदूर मध्यवर्गी नेताओं का साथ न देता।''[372]

शमशेर को लगता है कि इस देश का किसान और मजदूर वर्ग यदि अपना खून–पसीना एक करके तन–मन से इस संघर्ष में नहीं लगता तो हमें आजादी हाथ न लगती। लेकिन आजादी के बाद इस बाबू–संस्कृति की असली हकीकत सामने आने लगी। अब स्थिति स्पष्ट है कि किसान और मजदूर अभी तक खून–पसीना ही बहा रहे हैं और तथाकथित बाबू वर्ग दिन–रात टी.वी., अखबारों और पत्र–पत्रिकाओं में छाये हुए हैं। जनता इन सबको 'साहब', 'बाबू साहब' कहकर नतमस्तक होती है। शमशेर को चिन्ता इस बात की है कि आज किसान का पुत्र भी 'बाबू' होने की आकांक्षा रखने लगा है। इस षड्यंत्र का खुलासा करने वाले साहित्यकार किसी भी समय, इनके लिए सरदर्दी बन सकते हैं। ऐसी स्थिति में इन साहित्यकारों की उपेक्षा उनके बारे में कुछ न कह–सुनकर की जाती है। केदार भी इस 'बाबू वर्ग' का ही हिस्सा हैं, मगर वे खुलकर इस षड्यंत्र का पर्दाफाश करते हैं। यही कारण है कि वे उपेक्षा के शिकार रहे हैं। शमशेर लिखते हैं कि ''लेखकों में बहुत–थोड़े निकलेंगे जो अपनी बाबू संस्कृति की दयनीय सीमाओं की वास्तविक चेतना रखते हों। केदारनाथ अग्रवाल निश्चय ही उन थोड़े–से लेखकों में हैं। वह वकील हैं, यानी 'बाबू साहब' हैं मगर 'बाबू साहब' और 'बाबूजी' की यथार्थ स्थितियों से बखूबी परिचित हैं।''[373]

शमशेर ने केदार के इस संग्रह की उन सभी कविताओं का हवाला दिया है जिसमें वे औद्योगिक नगर की बुनियाद, महाजन की हकीकत, बिके हुए बुद्धिजीवी की हार, ऊब और विघटन, भूखे किसान के बेटे की पैतृक सम्पत्ति आदि की वास्तविक स्थिति को आँखों के सामने रख देते हैं। शमशेर ने केदार की सकारात्मक जिजीविषा और कर्मठता को रेखांकित करते हुए लिखा है कि ''आज के साहित्य की नकारात्मक नैराश्यपूर्ण फिजाँ में केदार का स्वर एक ऐसे सजग मध्यवर्गी बुद्धिजीवी का है जिसे श्रम से, कर्मठता से, किसान और श्रमिक की अन्ततोगत्वा एकजुट जीवन्तता से—

जो प्रकृत्या कभी हार मानना नहीं जानती; और साथ ही शक्तिगर्भा प्रकृति के सौन्दर्य, नैकट्य और बन्धुत्व से—और इन सबसे उपलब्ध अपने दुर्दमनीय आशावाद से मर्दानावाद जीने की प्रेरणा ले रहा है, और दूसरों को दे रहा है। इस जिद की आज हमें कितनी आवश्यकता है, और वह कितनी कम उपलब्ध है।''[374] आज मध्यवर्ग, किसान, मजदूर अपनी ही अन्ध गलियों में भटकने को विवश है। शमशेर को ऐसे में केदार की कर्मठता और आशावाद बेहद महत्त्वपूर्ण लगता है।

शमशेर ने केदार की काव्य-यात्रा और मार्क्सवादी विचारधारा के प्रति उनके रुझान को अभिव्यक्त करते हुए लिखा है कि ''केदार बुनियादी तौर पर एक 'नार्मल' रोमानी कवि हैं, छायावादी-रोमानी नहीं। शायद इसलिए छायावादोत्तर काल में वह शीघ्र ही प्रगतिशील, और फिर मार्क्सवादी विचारधारा के कवि हो गए। अल्पकाल के लिए नहीं, बल्कि स्थायी रूप से। उनकी कवि-भावनाओं की रेख छायावादी इलाहाबाद में नहीं फूटी।''[375] आगे शमशेर ने केदार के रोमानी भाव और श्रेष्ठ प्राकृतिक सौन्दर्य की सहज-सजग शैली में अभिव्यक्त कविताओं का सजीव विश्लेषण किया है। वे केदार की ऐन्द्रिय अनुभूतियों की धारदार अभिव्यक्ति और पैनापन को रेखांकित करते हुए उन्हें जीवन्त सौन्दर्य का कवि मानते हैं। इस काव्य-संग्रह के शीर्षक की सार्थकता पर उनकी यह टिप्पणी बेहद सटीक बैठती है कि ''केदार आँखों से पान किए हुए सौन्दर्य के कवि और कलाकार हैं। ध्वनियों को भी जब किसी विशेष प्रभाव के लिए इन्होंने बाँधा है तो अच्छा बाँधा है। मगर उनके लिए वास्तव में रंग ही बोलते हैं।''[376]

केदारनाथ अग्रवाल को हिन्दी के कुछ प्रौढ़ आधुनिक आलोचकों ने 'फॉर्मलिस्ट' कवि स्वीकार किया है। शमशेर को इस बात से एतराज है। उन्होंने आगे इस विवाद को सुलझाने का प्रयास किया है। शमशेर ने 'फॉर्मलिज्म' के लिए 'रूप प्रकारवाद' शब्द का उपयोग करना मुनासिब समझा है। शमशेर की धारणा है कि केदार, मुक्तिबोध, नागार्जुन और त्रिलोचन आदि प्रगतिशील कवियों में केवल त्रिलोचन के यहाँ रूप प्रकार और क्लासिक शिल्प के प्रति विशेष आकर्षण है, लेकिन त्रिलोचन के काव्य में इसको साधने के बाद इससे मुक्त होने की भी पुरजोर कोशिश दिखती है। केदार के यहाँ रूप प्रकार के इस मसले को लेकर शमशेर का मानना है कि ''जो कुछ वह खोजते हैं वह और चीज है : वह है अपने व्यक्तित्व का सामाजिक व्यक्तित्व से (जैसा कि वे उसे अपने जीवन के सचेत अनुभवों में प्रत्यक्ष जानते हैं) सार्थक रचनात्मक सामंजस्य और उस सामंजस्य का अपने कवि-मानस के लिए कलात्मक-रचनात्मक मूल्यांकन। और फिर उनका यह व्यक्तित्व उस अन्दर के 'रूप' को भी तोड़ता हुआ-सा लगता है, उसमें बँध न पाता, समा न पाता हुआ।''[377]

शमशेर ने इन चारों प्रगतिशील कवियों—केदार, मुक्तिबोध, नागार्जुन और त्रिलोचन के काव्य-सृजन के सन्दर्भ में इस रूप-प्रकार की उपस्थिति-अनुपस्थिति

और उससे मुक्ति पाने की आकांक्षा और प्रक्रिया का विश्लेषण करते हुए लिखा है कि "केदार या त्रिलोचन या मुक्तिबोध किसी एक रूप-प्रकार या फॉर्म को अपना लेते हैं : और उसी के माध्यम में, जो कुछ कवि के नाते देखते या अनुभव करते हैं, व्यक्त करते हैं। इस अभिव्यक्ति की प्रक्रिया में, निश्चय ही, रूप-प्रकार को वे अपने व्यक्तित्व से प्रभावित करते हैं—कभी-कभी अत्यधिक प्रभावित करते हैं, जैसे मुक्तिबोध। उस रूप-प्रकार का उनका अपना ठप्पा लगता है। मगर उस 'फॉर्म' का आधारभूत वैशिष्ट्य पूरी तरह सुरक्षित रहता है। मैं एक पुरानी मिसाल दूँ। मसलन केशव रूप-प्रकारवादी हैं, तुलसी नहीं; यद्यपि चौपाई और दोहे पर तुलसी को अतुलनीय, असाधारण अधिकार है, जितना कि केशव सपने में भी प्राप्त नहीं कर सकते। रूप-प्रकार पर यह अधिकार तुलसी को रूप-प्रकार से मुक्त कर देता है। तुलसी 'प्रयोग' करते हैं, मगर रूप-प्रकारवादी नहीं हैं। रूप-प्रकार के प्रति केशव का मोह—रूप-प्रकार का ही केशव के लिए कला की सीमा होना—उन्हें उसी 'चमत्कार' में सीमित कर देता है।"[378] ध्यान रहे कि यह एक कवि-आलोचक का विश्लेषण है, किसी अकादमिक आलोचक का नहीं। शमशेर किसी का खुलकर विरोध नहीं करते, न ही किसी बात को खारिज करते हैं, लेकिन बड़ी ही कलात्मकता से अपनी बात मनवा ले जाते हैं। इसके लिए वे साहित्य की परम्परा को खँगालते हैं। अपनी बात को पुष्ट करने के लिए साहित्य की परम्परा से ऐसे दुर्लभ उदाहरण जुटा लेना शमशेर के आलोचनात्मक नजरिए की खासियत है।

इस प्रकार शमशेर ने इन प्रगतिशील कवियों की प्रयोगशीलता और रूप-प्रकारवाद के मसले को सुलझाने की एक नायाब और सकारात्मक पहल की है। दरअसल, "हिन्दी कविता के इतिहास में प्रगतिशील और प्रयोगशील कविता में एक विरोध का भाव रहा है। कभी यह विरोध विचारधारा के नाम पर तो कभी व्यक्ति-समाज के रिश्ते के नाम पर पुष्ट हुआ है। शमशेर ने इस सतही विरोध को खारिज कर दिया है और कविता को केन्द्र में रखकर अपनी बात कही है। दरअसल, यह मान लिया गया था कि जहाँ प्रगतिशीलता होगी वहाँ अनिवार्यतः प्रयोगशीलता सम्भव नहीं और जहाँ प्रयोगशीलता होगी वहाँ प्रगतिशीलता के उपस्थित होने का तो कोई सवाल ही नहीं। शमशेर ने आगे बढ़कर यह कहा कि दोनों चीजें एक साथ भी हो सकती हैं।"[379] इस सन्दर्भ में शमशेर ने केदार की वह छोटी मगर प्रभावव्यंजक कविता का हवाला दिया जो अपने कलेवर में प्रगतिशील भी है और अपने शिल्प में प्रयोगशील भी। शमशेर लिखते हैं कि "मार्क्सवादी कवि प्रयोग के क्षेत्र में उतनी ही दिलचस्पी ले सकता है, जितना कि मार्क्सवाद-विरोधी कवि। केदार की एक छोटी-सी प्रसिद्ध कविता है :

मैंने उसको
जब-जब देखा
लोहा देखा,

लोहा जैसा
तपते देखा,
गलते देखा,
ढलते देखा,
मैंने उसको
गोली जैसा
चलते देखा!

यह 'फॉर्मलिस्ट' कविता नहीं है। यह प्रगतिशील कविता है, और प्रयोगवादी कविता है। अन्तिम दो पंक्तियों में एक विस्फोट जैसा है। स्थिति जो क्रम से परिवर्तित होते आगे बढ़ रही है सहसा अपने निशाने पर आकर बिजली की तरह स्पष्ट हो उठती है। यह किसी क्रान्तिकारी का संक्षिप्त जीवन-चरित है। भगतसिंह? आजाद? पाठक जिसको चाहे इस चित्र में रखकर देखे।''[380] बावजूद इसके जो आलोचक केदार और त्रिलोचन को रूप-प्रकारवादी सिद्ध करने की जिद करते हैं, उनके बारे में शमशेर की टिप्पणी है कि वे केदारनाथ अग्रवाल और केदारनाथ सिंह में कोई अन्तर नहीं समझते।

शमशेर 'दूसरा सप्तक' के कवि हैं। बकौल शमशेर—केदार, नागार्जुन और त्रिलोचन को भी 'दूसरा सप्तक' में शामिल होने के लिए न्योता मिला था, लेकिन केदार और नागार्जुन ने साफ-साफ शब्दों में मना कर दिया। त्रिलोचन भी कुछ कारणों से उसमें सम्मिलित नहीं हो पाए। लेकिन शमशेर ने कल्पना किया है कि अगर ये तीनों भी उसमें शामिल होते, तब क्या मंजर होता? शमशेर लिखते हैं—''जरा देर के लिए हिन्दी आलोचना-जगत् कल्पना करे कि ये तीनों कवि 'दूसरा सप्तक' में शामिल हैं। फौरन प्रयोगवादी कविता के विवाद—हाल में तीन खिड़कियाँ और खुल जाती हैं और झाँककर गौर से देखते हैं तो—'व्यक्तित्व की खोज' के तीन रास्ते और हाँ, ये रास्ते और रास्तों से अलग हैं जरूर—मगर प्रयोगवादी दौर के रास्ते हैं ये भी। इनको छोड़ देने से प्रयोगवादी युग का नक्शा अधूरा रह जाता है, बल्कि बहुत भ्रामक हो जाता है। इतनी बात तो आईने की तरह स्पष्ट है।''[381] शमशेर को इसी बात की टीस है कि प्रयोग के नाम पर इन कवियों की उपेक्षा की गई है और प्रगतिशीलता की जय-जयकार से तो इन्होंने उपेक्षा को झेला ही है। इनका किसी आलोचक द्वारा गम्भीर विश्लेषण न किया जाना इसी का प्रमाण है। मगर ये सच्चे कवि हैं और अपने कवि-दायित्व के प्रति ईमानदार भी। इनकी रचनाओं में इनका हृदय साफ दिखता है। आगे शमशेर ने 'पर्सनल एसे' में केदार के बारे में लिखी अपनी बातों से उनके व्यक्तित्व को और उनकी काव्य-साधना को दुहराया है, जिस कारण केदार उन्हें प्रिय लगते हैं।

अपने समकालीनों में शमशेर ने कैफी आजमी के कवि व्यक्तित्व और उनके काव्य का मूल्यांकन किया है। इनके क्षेत्र में प्रवेश करते हुए शमशेर लिखते हैं कि

''कैफी से हिन्दी की रसिक जनता अच्छी तरह परिचित है। दिल मसोसने वाले उसके फिल्मी गीत देश और विदेश के प्रेमी दिलों में बसे हुए हैं। विश्वास और आदर्श के परचम उठाए, सौन्दर्य की मोहिनी और आकर्षण के जादू जगाए हुए ये प्रेम-रस के छलकते गीत, गीत ही नहीं श्रेष्ठ और मार्मिक कविता भी है। इन गीतों की करुणा और मिठास कैफी के काव्य की भी खास पूँजी है।''[382] लेकिन शमशेर को कैफी आजमी की कविताओं और गीतों में और भी बहुत कुछ नजर आता है। उन्हें इन कविताओं में आज के युवक के यौवन की बेचैनी, उभार और समर्पण और कसमसाहट और सरगर्मी दिखती है। बकौल शमशेर, ''ये कविताएँ, करुण या मधुर या ओजस्वी, कभी खून में तड़पती बिजलियाँ तो कभी प्रेम की महकती लपटें, और कभी सौन्दर्य दहकता शोला बन जाती हैं, मगर शीघ्र ही अपनी तमाम भावुक सिलसिलों को लिए हुए, वे कविताएँ धरती पर, काँटों की जमीन पर, उतर आती हैं; और एक नया ही अर्थ झलकाने लगती हैं।''[383] इसके बाद शमशेर ने कैफी की पंक्तियों के उदाहरण पर उदाहरण पेश किया है। शमशेर के आलोचना की यह खासियत है कि अपनी बात रखने और आलोच्य कवि के काव्य की प्रभावव्यंजकता को पुष्ट करने के लिए ज्यादा-से-ज्यादा उदाहरण वे उसकी कविताओं से ही जुटाते हैं। इधर-उधर नहीं भटकते।

किसी विचारधारा या दल से जुड़ जाने पर या बँध जाने पर किसी रचनाकार को किस कशमकश या दुविधा से गुजरना पड़ता है या उसे क्या-क्या झेलना पड़ सकता है, शमशेर ने कैफी के सन्दर्भ में इसकी तरफ इशारा किया है। उदाहरण के तौर पर उन्होंने सन् '45-46 की बात को रखा है जिस समय कैफी आजमी टेक्सटाइल वर्कर यूनियन के मजदूरों के साथ एक कपड़ा मिल के सामने धरने पर बैठे थे। वह बैठे हैं धरने पर लेकिन अचानक उनके दिमाग में एक कविता कौंधने लगती है। वह बैठे-बैठे लिख भी लेते हैं। लेकिन मालिक षड्यंत्र द्वारा हड़ताल को अवैध घोषित करवा लेता है और वह असफल हो जाती है। पार्टी के सदस्यों को पता चलता है कि कैफी हड़ताल सफल बनाने के बजाय कविता लिख रहे थे, तो असफलता का सारा ठीकरा उनके सिर पर फोड़ा जाता है। लेकिन बाद में उनके द्वारा लिखी कविता जब मजदूरों ने सुनी तो उसे अपने सीने से लगा लिया। उस कविता की प्रभावव्यंजकता और उसके ऊपर मजदूरों की प्रतिक्रिया को व्यक्त करते हुए शमशेर ने लिखा है कि ''प्रेम-व्यंजना के व्यापक सामाजिक-सन्दर्भ को, सहज-स्वभाव ही, उन्होंने सही-सही महसूस कर लिया। निश्चय ही वे कविता और घोषणा-पत्र का अन्तर जानते थे। अपने अवचेतन में कहीं यह भी जानते थे कि दोनों में कोई आवश्यक विरोध नहीं। और अपने कवि को तो वे अच्छी तरह पहचानते थे। उस पहचान में आज तक फर्क नहीं आया, बल्कि समय के साथ वह और गहरी ही हुई है।''[384] प्रगतिशील आन्दोलन के परिप्रेक्ष्य में वामपन्थी विचारधारा की अतिवादिता और तटस्थता के कारण उस समय के ऐसे

तमाम रचनाकारों की तरह शमशेर को भी यह कशमकश और दुविधा झेलनी पड़ी थी। शायद उनके पार्टी छोड़ने का सबसे प्रबल कारण यही था।

बीसवीं सदी के पाँचवें-छठे दशक में आलम यह था कि यदि कोई कवि प्रेम की बात करता तो उसे बख्शा नहीं जाता था। तथाकथित प्रगतिवादी या वामपन्थी आलोचकों का प्रहार उन्हें साहित्य के क्षेत्र से सहज ही बाहर कर देता था। ऐसे समय में तथाकथित आलोचक प्रेम और प्रगतिवाद को हेय दृष्टि और संशय के साथ देखते थे। लेकिन बकौल शमशेर कैफी आजमी ने इस उलझन और समस्या को अपने संघर्ष में 'मार्क्सवादी तरह' से हल कर लिया। उस समय के अधिकतर गम्भीर कलाकारों को इसी मंजिल से होकर गुजरना पड़ा। और वह मंजिल थी—मार्क्सवाद। इस दौर के बारे में जब शमशेर ने कैफी से उनका अनुभव जाना और यह सवाल किया कि "उर्दू कविता की परम्परा में आपने सबसे अधिक किस कवि से असर लिया?"[385] तब ग़ालिब के दीवाने कैफी ने कहा कि "ग़ालिब से जो बात मैंने सीखी वह यह कि जो बात कहो उसको लोगों का तजुर्बा बना दो।...मैंने यह किया कि जो चीज मैंने महसूस नहीं की वह छोड़ दी। कहीं वही चीज जो मैंने शिद्दत से महसूस की। मेरे यहाँ यह ग़ालिब की ही देन है।"[386] दरअसल, शमशेर को कैफी आजमी के कवि में यही बात दिलचस्प लगती है कि वह अनुभूत सत्य को ही अपनी कला के लिए चुनता है।

इसके बाद शमशेर कैफी आजमी की तमाम कविताओं और नज्मों को उद्धृत करते हैं। इन नज्मों के विश्लेषण के उपरान्त शमशेर को उनके कवि-व्यक्तित्व का एक नया पहलू नजर आता है और वे कहने लगते हैं कि "कैफी सौन्दर्य का पुजारी है, 'कलाकार' नहीं—प्रेमी है। उसका कलाकार प्रेमी के ही हृदय में छुपा रहता है... उसकी धड़कनों में; और कहीं नहीं। उसका पूरा का पूरा अस्तित्व जैसे उन तमाम तरंगों में घुल जाता है जो सौन्दर्य-वैभव की पूर्णिमा प्रेम सागर की लहरों में उठती रहती है। इस तरह की कोई भी नज्म आप उठाएँ तो आपके हाथ में गोया एक छलकता हुआ जाम आ जाता है।"[387] अपने इन तमाम काव्य-वैशिष्ट्यों के कारण ही "अपने समकालीन श्रेष्ठ कवियों में कैफी का नाम बहुत सम्मान के साथ लिया जाता है। इन सबों ने मिलकर प्रगतिशील उर्दू कविता का माथा ऊँचा किया है और उसको बहुत शक्ति-सम्पन्न बनाया है।"[388] 'इन सबों' से शमशेर का मतलब कैफी आजमी, सरदार जाफरी, फैज, मखदूम आदि प्रगतिशील कवियों से है। लेकिन इस सन्दर्भ में कैफी का महत्त्व इस बात में है कि वे प्रेम की शक्ति, भावनाओं की पवित्रता, मुहावरे की शुद्धता और भाषा-सौन्दर्य तथा भाषा-सौष्ठव द्वारा उनकी परम्परा के गौरव को तबीयत से बरकरार रखते हुए अपनी कविताओं में एक आम इनसान से एक आम इनसान की तरह ही जुड़ते हैं। अपनी कविताओं में एक जाने-पहचाने हमदर्द की तरह हमारी ही बातों को बिलकुल हमारे ही लहजे में बड़ी जिन्दादिली से

स्वर देते हैं। लेकिन कैफी आजमी के कवि–व्यक्तित्व में इन सब बातों से भिन्न और मजे की बात शमशेर को यह लगती है कि "इन सारी कैफियत में, एक साफ दृष्टि और साफ–स्पष्ट दिशा है...वह हमें कभी नहीं भटकाएगा, हम आश्वस्त हैं।"[389]

समकालीन कवियों में बालकृष्ण राव भी शमशेर को बहुत अपील करते हैं। इस अपील की वजह उन्होंने 'पर्सनल एसे' में बताया ही, इसके अलावा 'सादगी व पुरकारी' शीर्षक स्वतंत्र आलोचनात्मक लेख भी लिखा। इस लेख में शमशेर ने बालकृष्ण राव के प्रशासकीय जीवन से साहित्यिक जीवन की तरफ झुकाव के कारणों को स्पष्ट किया है। बकौल शमशेर बालकृष्ण राव जब "प्रशासकीय दायित्व से मुक्ति पाकर इलाहाबाद आते और अपने आप को नए सम्बन्ध–सूत्रों के परिवेश में देखेते हैं...तो 'कवि और छवि' के छन्द और गीत का अभ्यस्त उनका कवि मुक्त–छन्द की नई राह पर, और अन्वेषण की सर्वथा नई और सार्थक दिशा में अपने को पाता है। नया दायित्वबोध। उसके 'विधाता' अब और कोई नहीं। वह स्वयं अपना 'विधाता' है। लेखनी का धनी। 'सॉनेट' जैसा 'फॉर्मल' और जटिल 'प्रकार' सहज ही उसके हाथों में आकर अभिव्यक्ति का एक 'मुक्त' प्रकार बन जाता है। उसके नए व्यक्तित्व के सर्वथा अनुकूल।"[390]

शमशेर ने इलाहाबाद के साहित्यिक परिवेश का असर इस कवि पर देखा है। बालकृष्ण राव के भीतर का कवि अब तक अनुभव संचित कर रहा था जो अब अचानक इस परिवेश में अपना रास्ता तलाश लेता है। अपने आन्तरिक कसाव और सन्तुलन और उन्मुक्तता के साथ युग के हर नए सन्दर्भ, हर नए शब्द और हर नई परिभाषा को सार्थकता की कसौटी पर कसता है, मगर अपनी अलग राह बनाकर। शमशेर लिखते हैं कि हिन्दी का यह गुमनाम, किन्तु सफल कवि "नए प्रयोगों की अनेक उपलब्धियों को आत्मसात् करता हुआ आगे बढ़ता है, जीवन को अच्छी तरह और धैर्य के साथ, और कुल जीवन के क्रम और तर्क को, अपनी टिप्पणी, आलोचना, गद्य और पद्य में सोच–समझकर लिपिबद्ध करता हुआ; और शीघ्र ही नए साहित्यकारों, कवियों और आलोचकों के बीच वह अपना विशिष्ट स्थान बना लेता है।"[391] शमशेर उस समय के भारतीय इतिहास को याद करते हैं जिसमें कई महत्त्वपूर्ण मोड़ और घटनाएँ लगातार उपस्थित होती हैं, लेकिन यह कवि अपनी अद्‌भुत आन्तरिक शक्ति और क्षमता के साथ उस इतिहास के एक–एक पहलू के साथ अपने कवि को ढालता जाता है। कदम से कदम मिलाकर चलते हुए यह कवि साहित्य की विभिन्न प्रवृत्तियों, युगों और हलचलों को आत्मसात् कर अपनी मार्जित शैली में कविताएँ पेश करता है। तब शमशेर को लगता है कि "उसकी नई कविता में भी बहुत काफी हद तक सच्ची नई चेतना का वैशिष्ट्य है। पुराना रख–रखाव भी अन्दर और अनुभूतियाँ जो उसकी शक्ति भी हैं, सीमा भी। मगर नई अनुभूतियाँ भी हैं, जिनसे उसने नई शक्ति अर्जित की है। इसलिए नए परिवेश के लेखे–जोखे के साथ, वह आज की नाना

विडम्बनाओं और अधीर अस्थिर गतियों के बीच एक ऐसा स्वर है जिसको ठिठककर सुनना हमें बहुत संगत लगता है।''[392]

दरअसल, शमशेर के आलोचक की यह महत्त्वपूर्ण विशिष्टता है कि वह चाहे नया कवि हो या छोटा, यदि उसके काव्य और व्यक्तित्व में कुछ बात है जो कहने लायक है, तो वे उसे कहे बिना नहीं रहते। बालकृष्ण राव जैसे नए कवि ने 'सॉनेट' जैसे जटिल प्रकार को अपनाया और कविताओं में उसका सफल प्रयोग भी किया बिलकुल अपने अन्दाज में। शमशेर ने उनकी कविताओं का विश्लेषण कर ऐसे पहलुओं का दिलचस्प जायजा लिया है। वे एक तरफ उसकी खूबियों को गिनाते हैं, तो दूसरी तरफ निष्पक्ष होकर उसकी कमियों को भी रेखांकित करते हैं। शमशेर के अनुसार यह नया कवि अपने विशेष आकर्षण के कारण ग़ालिब की याद दिलाता है। शमशेर को इनकी कविताओं के सन्दर्भ में ग़ालिब का मिसरा याद आता है—''सादगी व पुरकारी बेखुदी व हुशियारी।''[393]

अपने समकालीन कवियों के साथ-साथ अपने समकालीन कथाकारों पर भी शमशेर ने आलोचनात्मक-चिन्तन किया है। शमशेर ने अपने समकालीन कथाकारों में जिनको तथा जिनकी रचनाओं को अपनी आलोचना का विषय बनाया है, उनमें उपेन्द्रनाथ 'अश्क', नेपाल सिंह 'पहाड़ी' और कृश्नचन्दर का नाम आता है। इसके अतिरिक्त शमशेर ने मुक्तिबोध के कहानी-संग्रह 'सतह से उठता आदमी' की भूमिका भी लिखी है जिनमें मुक्तिबोध की कहानियों पर की गई उनकी आलोचनात्मक टिप्पणियाँ प्रेमचन्द के बाद और नई कहानी आन्दोलन के पहले की कहानियों को समझने की दिशा देती हैं। शमशेर ने अपने जिन समकालीन कहानीकारों पर आलोचनात्मक नजरिया पेश किया है, उनको हिन्दी कहानी आलोचकों ने गम्भीरता से नहीं लिया है। पहाड़ी का नाम तो हिन्दी कहानी की दुनिया से लगभग विस्मृत ही हो चुका है। शेष उपेन्द्रनाथ 'अश्क' और कृश्नचन्दर के नाम कहानी क्षेत्र में चर्चित भले ही हैं, लेकिन गम्भीर आलोचना के क्षेत्र में आमतौर पर गुमनाम ही हैं। जैसा कि हम पहले भी देख चुके हैं कि कोई कवि या कहानीकार छोटा हो या गुमनाम, शमशेर को उसकी रचना में यदि ऐसी कोई खूबी दिखती है जो साहित्य की दिशा और परम्परा को प्रभावित करती है, तब शमशेर खासतौर से दिलचस्पी दिखाते हुए उन पर लिखना पसन्द करते हैं। शमशेर और मुक्तिबोध भी ऐसे ही गुमनाम कहानीकार हैं। तब ऐसे मसले पर शमशेर की यह दिलचस्पी साहित्य-जगत् के लिए एक चुनौती ही होती है। इन गुमनाम और हिन्दी आलोचना से उपेक्षित रचनाकारों के विषय में अपनी आलोचना के दौरान शमशेर कुछ ऐसी नामजद बातें कर जाते हैं जो केवल आलोच्य रचनाकार ही नहीं, बल्कि अन्य रचनाकारों से भी सम्बन्ध रखते हैं। शमशेर की आलोचना-दृष्टि की यह एक अतिरिक्त विशेषता है।

शमशेर ने नेपाल सिंह पहाड़ी के दो कहानी-संग्रहों 'सफर' और 'यथार्थवादी

रोमांस' के आधार पर उनकी कहानी-कला पर पहाड़ी की कहानी-कला : 'सफर' शीर्षक से विचार किया है। स्वयं शमशेर ने भी बहुत-सी ऊँचे विषयों पर सरलतम कहानियाँ लिखी हैं, लेकिन उनका जोर इस बात पर विशेष रूप से रहता है कि उनकी कहानियों में लेखक की उपस्थिति पाठकों को स्पष्ट न हो। 'प्लाट का मोर्चा' आदि कहानियों में उनका नायक कई सारे ऊहापोहों से गुजरता है। कहानी कैसी होनी चाहिए इस प्रश्न को लेकर उसके अन्दर संघर्ष चलता रहता है। कहानी सरल एवं उत्कृष्ट होनी चाहिए, उसका प्रयास होता है, क्योंकि वह 'महान' कहानी का प्लाट ढूँढ़ता है, लेकिन इस संघर्ष में उसका जीवन गूढ़तम होता चला जाता है। ऐसे में जाहिर है कि शमशेर भी अपने कथानायक की तरह दूसरों की कहानियों में वैसी ही वस्तु ढूँढ़ते हैं जो बहुत महान प्लाट पर हो। 'प्लाट का मोर्चा' कहानी-संग्रह की भूमिका में अपनी कहानियों की रचना-प्रक्रिया पर बात करते हुए शमशेर ने कविता और कहानी के आपसी रिश्ते को प्रकाशित किया है। लिखते हैं कि "बहुत सी चीजें नींद में होती हैं, या खुलती हैं। कुछ कहानियाँ इन्हीं चीजों की छाया हैं। कहानियाँ कविता के भाव से भी पैदा हो सकती हैं, जहाँ वह भाव किसी समस्या की उलझन होता है और उसका दर्द केवल एक सुलगता हुआ-सा चित्रपट बनना चाहता है। कुछ कहानियाँ इस संग्रह में ऐसी ही हैं, शायद : जी की बात सी कहने की कोशिश, गो ये बातें खत्म तो नहीं होतीं कभी शायद।"[394]

जाहिर है ऐसी मनोभूमि का रचनाकार किसी की आलोचना में प्रवृत्त होता है तो बहुत ही सजगता के साथ। शमशेर ने पहाड़ी की कहानियों का सामाजिक विश्लेषण किया है। विश्लेषण के क्रम में वे कई नए और बड़े सवाल खड़ा करते हैं जो केवल आलोच्य कहानीकार से ही नहीं, और कहानीकारों से भी सम्बन्ध रखते हैं। पहाड़ी के बारे में आम लोगों की धारणा है कि वे समाज से विद्रोह करते हैं। शमशेर ने इसे गलत बताया है और इसकी पुष्टि के लिए पहाड़ी के ही 'दो शब्द' को प्रस्तुत करते हैं। लिखा है—"कहानियों के शौकीन पहाड़ी को जानते तो हैं, पर उनकी यह आम धारणा है, कि वे समाज से विद्रोह करते हैं। गलत है, क्योंकि 'सफर' और 'यथार्थवादी रोमांस' दोनों को ध्यान से पढ़ने पर कहीं भी इसका सबूत नहीं मिलता। लेखक स्वयं कहता है—नग्न चीज वैसे बीभत्स लगती है, मुँह छिपाकर चलना भी एक नैतिक अपराध होगा। इसलिए व्यक्ति से अधिक समाज का सवाल मेरे आगे रहा है।...किन्तु हमारा एक समाज है। उसमें गृहस्थी एक आदरणीय संस्था है। (दो शब्द)"[395]

आगे शमशेर इन कहानियों में चित्रित समाज और उस समाज से विद्रोह करते इसके पात्रों की मनोदशा और सामाजिक बन्धनों के कारण उन पर पड़ रहे दबावों को स्पष्ट करने के लिए कहानियों से ही उद्धरण जुटाते हैं। विश्लेषण के दौरान वह कुछ सवालों से जूझते हैं। मसलन पहाड़ी की कहानियों के सन्दर्भ में वह कहते हैं कि "चारों ओर पुराने सामाजिक बन्धन ढीले होते जा रहे हैं और गम्भीरतापूर्वक उनकी

परवाह भी कौन करता है? पर खैर जैसा भी हृदयहीन और जर्जर यह समाज है, उसकी मौजूदा व्यवस्था को मिटाना कहानीकार, व्यक्ति के लिए हितकर नहीं समझता। वह उसकी रक्षा ही चाहता है।''[396] कहानीकार इस मौजूदा जर्जर समाज को बनाए क्यों रखना चाहता है। शमशेर के अनुसार, ''इसका कारण है। वह यह कि मौजूदा समाज को धूल में मिलाने के बाद जो एक नया समाज कायम करना होगा, उसकी रूप-रेखा लेखक को साफ नहीं मालूम। समाजवाद की तरफ लेखक का कुछ झुकाव हो सकता है, लेकिन अपनी किसी स्पष्ट, प्रबल प्रेरणा से नहीं। इसलिए 'यथार्थवादी रोमांस' और 'सफर' की कहानियों में अगर हम आने वाली दुनिया का नक्शा नहीं देख सकते, तो कुछ ताज्जुब नहीं।''[397] पहाड़ी की ऐसी धारणा शमशेर के लिए समाज से विद्रोह नहीं है और शमशेर का यह विश्लेषण भी केवल पहाड़ी की कहानियों तक सीमित नहीं है। हालाँकि शमशेर को यह एक कमी महसूस होती है, लेकिन इसको पूरा करने की आकांक्षा उन्हें पहाड़ी में फिलहाल दूर तक नहीं दिखाई पड़ती।

सामाजिक सरोकारों का चित्र साहित्य की जिस विधा में सबसे अधिक मुखर होता है वह है—उपन्यास और कहानी। बल्कि उपन्यास में सामाजिक सरोकारों की मुखरता अपेक्षतया ज्यादा होती है। उपन्यास और कहानी साहित्य की वे विधाएँ हैं जिनमें सामाजिक उतार-चढ़ाव, संघर्ष, रीति-रिवाज, संस्कृति और सामाजिक ढाँचा सीधे तौर पर सामने आता है। समाज की गति और दिशा को परिवर्तित करने में इनकी भूमिका सबसे अधिक होती है। पहाड़ी की कहानियों ने मौजूदा समाज की जड़ें कहाँ तक पकड़ी हैं, यह शमशेर के लिए दिलचस्पी का विषय है जिस पर थोड़े में बात नहीं की जा सकती। लेकिन शमशेर को लगता है कि कहानीकार ने इस तहजीब की जड़ों और समाज के एक रुख को सच्चाई और ईमानदारी से पकड़ा है। शमशेर को पहाड़ी की कहानी-कला की यह खासियत लगती है। क्योंकि शमशेर को लगता है कि ''यह वही रुख है जिसमें जवानी की मजबूरियाँ समाज में प्रकट होकर जीवन भर का लांछन बन जाती हैं, और इन मजबूरियों का सिलसिला पहाड़ी ने भावुकता में डूबकर नहीं पकड़ा है, बल्कि अपनी व्यावहारिक-बुद्धि से ही उसने इन मजबूरियों को और उनके साथ लगे मनोभावों को, आँका है।''[398]

इसके पश्चात् शमशेर पहाड़ी की कहानियों के विषयवस्तु, उनके उद्देश्य और भाषा-शैली की विशेषताओं को रेखांकित करते हैं। शमशेर के लिए इस कहानी-संग्रह 'सफर' की सर्वश्रेष्ठ कहानी 'एक अध्याय' है। उपरोक्त सभी विशेषताएँ इसमें मौजूद हैं। पहाड़ी की कहानियों में भाषा की ऐसी कौन-सी विशेषताएँ हैं जो शमशेर को अपने आगोश में लेती हैं। शमशेर के ही शब्दों में—''ऐसे वाक्य-विन्यास, जिनमें एक हल्के व्यंग्य का पुट मिला रहता है, दुनियादारी में झुलसी हुई बुद्धि का पता देते हैं। कभी-कभी भाषा में एक अजीब निस्पृहता-सी होती है, और कभी-कभी भाषा

के प्रवाह में एक बड़ा मोहक अल्हड़पन मिलता है। कहीं-कहीं तो भाषा अपनी सरसता में बहुत ऊपर उठ जाती है।''[399] पहाड़ी की कहानियों की यही विशेषताएँ, यह अल्हड़पन और यही ऊँचाई शमशेर को उन पर बात करने के लिए मजबूर करती है।

उपेन्द्रनाथ 'अश्क' पर शमशेर ने दो आलोचनात्मक लेख लिखे हैं, एक 'उपेन्द्रनाथ 'अश्क' : कहानीकार' तथा दूसरा 'अश्क आधी मंजिल पर'। 'अश्क' को शमशेर महानतम और बड़ा कलाकार नहीं मानते, मगर उन पर लिखते रहना चाहते हैं। ऐसा क्यों ? क्योंकि शमशेर 'अश्क' को एक बहुत होशियार कलाकार मानते हैं जो साहित्य में अपने रास्ते समझदारी से तय कर रहा है। शमशेर लिखते हैं कि '' 'अश्क' उन तीन-चार हिन्दी साहित्यिकों में से हैं जिन पर मैं लिखना चाहता रहूँगा सदैव; कुछ उनकी नौजवान प्रवृत्तियों के कारण, कुछ उनकी साहित्यिक ईमानदारी को मूल्यवान समझकर उनकी चर्चा करने के शौक से, और कुछ इस कारण कि—वे संसार के महानतम कलाकार नहीं हैं; कि उनकी खरी इनसानियत का पहलू मेरी भावनाओं को कुछ अजीब तरह से छू गया है। उनका विकास मुझे अपने ही स्वप्न का एक हिस्सा लगता है, जिससे मुझे दिलचस्पी है।''[400] शमशेर को लगता है कि इनकी कहानियों में कला-कृति के तत्त्वों में बिखराव है, लेकिन 'अश्क' उनमें सामंजस्य स्थापित करने लगे हैं। यही कारण है कि उनमें एक स्वस्थ विकास दिखने लगा है। शमशेर 'अश्क' की विभिन्न कहानी-संग्रहों का हवाला देते हुए बताते हैं कि पाठक आज की कहानियों में जिन बातों की तलाश करना चाहता है, वे बातें अपनी पूरी ईमानदारी के साथ इन कहानियों में दिखती हैं। हम चाहते हैं कि आज कहानियों में हमारा सुख-दुख, हमारी भावनाएँ, हमारी समस्याएँ हमारे ही शब्दों में हमारे हृदय को स्पर्श कर सकें। इन कहानियों में इन सबका पुट है। हम जब कहानी के पात्रों के सुख-दुख का मूल्यांकन करते हैं तो हमारा दुख उन पात्रों का सुख-दुख हो जाता है।

शमशेर को लगता है कि 'डाची' के बाद की कहानियों में अश्क एक व्यापक दृष्टिकोण से किसी विशेष समस्या का हल ढूँढ़ना चाहते हैं। उन्होंने इन समस्याओं को उसकी वास्तविक पृष्ठभूमि में कुछ इस प्रकार प्रस्तुत किया है कि हम उस माहौल को समझने लगते हैं जिसमें कहानी के पात्र साँस ले रहे होते हैं। इस प्रकार अश्क के कहानी-कला की प्रौढ़ता आयु के साथ विकसित होती जाती है और तब उसका असर गहन और गम्भीर होता है। यह असर अपरिचित नहीं होता और न ही विलक्षण, क्योंकि इस विकास की जड़ें हम परम्परा में देख लेते हैं। अश्क की कहानियों को पढ़ते हुए शमशेर को प्रेमचन्द की याद आती है। लेकिन अश्क में एक गड़बड़ी भी है कि ये 'डिटेल्स' पर अतिरिक्त जोर देने लगते हैं। शमशेर को लगता है कि इस 'डिटेल्स' के कारण ''उनके वातावरण और परिस्थितियों के वर्णन-चित्र स्वयं एक कहानी तत्त्व अपने अन्दर जगा लेते हैं। जो कहानी के अन्दर छिपी एक कहानी का-सा मजा जरूर देता है, पर जो कहानी की सम्पूर्ण रस की एकता को मिश्रित कर देता

है। यह कहानीकार की कला की खूबी है कि यह रंगीनी पूरी तस्वीर को बेरंग नहीं होने देती। वही कहानी का कोर होता है।''[401]

शमशेर 'अश्क' की कहानियों का विश्लेषण करते हुए इस प्रकार उसकी खूबियों और खामियों को रेखांकित करते हैं। उन्हें लगता है कि अश्क ''अपूर्ण आकांक्षाओं के जीवन की दबी हुई हाय की कहानी के कलाकार हैं। हास्य उनमें नहीं है। और यह उनकी एक बड़ी कमी है। जहाँ हास्य के उपयुक्त जमीन तैयार भी मिलती है, वहीं पर व्यंग्य-कटु व्यंग्य का समावेश हो जाता है, हास्य का नहीं।''[402] आगे शमशेर अश्क के संग्रह 'डाची' की कहानियों का हवाला देते हुए बताते हैं कि हास्य एक बहुत कठिन रस है, अश्क उसको नहीं पकड़ पाते बल्कि 'Irony'—जो कि नाटक का एक प्रधान गुण है, उस पर ज्यादा जोर देते हैं। शमशेर ने लिखा है—'' 'डाची' संग्रह की अधिकांश कहानियों के किंचित् परिहासोन्मुख प्लाट वास्तव में इसी 'Irony' पर अवलंबित है—जैसे 'लीडर' और 'माया' में। हास्य रस एक कठिन रस है, और यह बहुत सी पीड़ाओं का उत्पादक है, और शायद यह करुणा से भी परे के लोक की विभूति है—पर जिसको यह संसार (अथवा 'ईश्वर') दे।''[403] शमशेर की आकांक्षा है कि यदि अश्क इस बात को समझ पाएँ तो उनकी कहानियों में उत्कृष्टता का समावेश हो सकता है।

उपेन्द्रनाथ 'अश्क' ने अपने कहानी-संग्रह 'कोंपल' की भूमिका में प्रगतिशीलता के प्रश्न को उठाया है और कहा है कि किसी कहानी में प्रगतिशीलता या प्रतिक्रियाशीलता का सन्दर्भ कहानीकार के खुद के दृष्टिकोण के आधार पर आश्रित होता है। और इसी को सामने रखकर वह अपनी कहानी लिखता है। लेकिन शमशेर यह स्पष्ट कर देना चाहते हैं कि ''यह दृष्टिकोण लेखक का अपना होते हुए भी अगर वर्ग-संघर्ष-जनित उस सामाजिक गतिविधि का आधार लिए हुए है जिसमें हम आने वाली वास्तविकता का (जो मौजूदा संघर्ष का नतीजा होगी) पात्रों तथा घटनाओं के चित्रण के अन्दर झलका सकते हैं—तभी वह दृष्टिकोण यथार्थ में प्रगतिशील दृष्टिकोण होगा।''[404] कहने का मतलब सामाजिक समस्याओं की प्रतिबद्धता और वर्ग-संघर्ष की समस्याओं के प्रति जागरूकता के बिना प्रगतिशीलता के प्रति आग्रह रचनाकार के दृष्टिकोण को प्रगतिशील नहीं बन सकता। शमशेर कहते हैं कि ''इस दृष्टिकोण में जो ऐतिहासिकता है वह वर्तमान गति को जकड़कर भविष्य की रूप रेखा को कहानी के प्लाट में, अप्रत्यक्ष रूप में बाँधती है; और भविष्य का यह संकेत, जिस ऐतिहासिक द्वन्द्व के तर्क को लेकर कथा का अन्त प्रस्तुत करता है, मनुष्य के निरन्तर संघर्ष के संबल से अनुप्राणित और उसके विषय के विश्वास में सुदृढ़ होता है।''[405]

प्रगतिशील दृष्टिकोण और यथार्थ की इस बहस को शमशेर इन कहानियों में ढूँढ़ना चाहते हैं, लेकिन ''घटनाओं के अन्त में हमारा जी अगर मसोसकर रह जाता

है, और हमें कोई भी राह मुक्ति की किसी ओर एक हलके किरण संकेत के रूप में भी, दिखाई नहीं देती—यानी पाठक को—तो, वह कथानक कितना ही प्रभावकारी क्यों न हो, प्रगतिशील यथार्थ रूप में नहीं।''[406] आधुनिक कहानी के लिए शमशेर की धारणा है कि प्रगतिशील यथार्थ के सन्दर्भ में कहानी के घटनाक्रम, घटनाओं और कथानक में वर्ग-संघर्ष को लेकर अन्त में वह यदि पाठक को नवचेतनता और नई अन्तर्दृष्टि भविष्य के लिए नहीं देती, तब वह अपने इम्तहान में सफल नहीं है।

शमशेर ने उपेन्द्रनाथ 'अश्क' के उपन्यास 'गिरती दीवारें' का भी आलोचनात्मक विश्लेषण किया है। इस उपन्यास में जैसा कि लेख और शीर्षक ही है—'अश्क आधी मंजिल पर' नजर आते हैं। क्यों आते हैं? इसका जवाब शमशेर इस उपन्यास के नायक मध्यवर्ग के एक युवक चेतन की मनोदशा, उसके आसपास के वातावरण और उसकी परिस्थितियों के विश्लेषण से आरम्भ करते हैं। शमशेर को लगता है कि चेतन इस उपन्यास का 'हीरो' वास्तव में नहीं है। इसका असली 'हीरो' एक के पीछे एक लगा हुआ विभिन्न कड़ियों का सिलसिला है। इसको कसने के लिए अश्क ने इस उपन्यास में एक बड़ा कैनवस खड़ा किया है। शमशेर लिखते हैं—'' 'गिरती दीवारें', इस कैनवस पर, हर उस घटना, दुर्घटना, आशा, आकांक्षा, सफलता-असफलता, प्यार और चोट का, उनकी ऊहापोह का उपन्यास है, जो निचले मध्यवर्गी जीवन का ताना-बाना कसते और ढीला करते हैं—या बुनते हैं।''[407] शमशेर को लगता है कि इस निचली मध्यवर्गी दुनिया का रंग बस यही है। इस उपन्यास में हर मोड़ पर एक नई घटना घटती चलती है। हर घटना, हर बात एक नई कहानी पेश करती है। इस कारण कहीं-कहीं ऐसा लगता है कि इसमें बेकार का खिंचाव भी है। ''मगर मध्यवर्ग का पाठक इस उपन्यास में अपने वर्ग के एक परिवार का एक नमूना इतनी नजदीक से देख लेता है, उस परिवार का अन्दर-बाहर उसके पीछे और आगे का भरा-पूरा 'क्लोजअप' चित्र, और इतनी तरफों से लिया हुआ, उसकी आँखों के सामने आता है, कि उसका जोड़ उसे हिन्दी के किसी एक नॉवेल में कम—और शायद ही कहीं—मिलेगा।''[408]

शमशेर इस नॉवेल के बनावट पर बात करते हुए कहते हैं कि इसमें पिरोए गए इन तमाम क्लोजअप चित्रों, विभिन्न घटनाओं और ढेर सारी कहानियों के सन्तुलन में खासा मुश्किल का सामना करना पड़ा है, लेकिन 'अश्क' इसमें कामयाब हो गए हैं। यह 'अश्क' का दूसरा उपन्यास है लेकिन शमशेर की निगाह में यही पहला महत्त्वपूर्ण उपन्यास लगता है। अपनी जटिलताओं के कारण यह कुछ पाठकों को असफल भी लग सकता है लेकिन शमशेर का खयाल है कि ''दुबारा पढ़ने पर—और इसके कितने ही हिस्सों को फिर से पढ़ने की इच्छा भी होती है—नॉवेल काफी कसा हुआ मालूम होगा।''[409] इस उपन्यास के जटिल-विन्यास में अश्क की सफलता को रेखांकित करते हुए शमशेर इसके तकनीक को समझने के लिए प्राचीन मूर्तिकला की विशेषताओं

से तुलना करते हैं। शमशेर के लिए—" 'गिरती दीवारें' का तकनीक हमारे पुराने मन्दिरों की मूर्तिकला की याद दिलाता है, जिनकी दीवारें मूर्तियों से भरी होती थीं। एक बीच की मूर्ति, फिर अगल-बगल दो-चार, उससे छोटी, फिर इनके चारों तरफ, इन मूर्तियों की कथा चित्रित करती हुई छोटी-छोटी अनेक मूर्तियाँ। ...देवी-देवता; उनके गण; और उनके सेवक; और उनकी लीलाएँ।"[410] चेतन इस मध्यवर्गीय जीवन के मन्दिर में वही बड़ी मूर्ति है बीच का और उसकी माँ, बाप, बड़े भाई साहब, कुन्ती, चन्दा, जगदीश सिंह, प्रकाशो, मुन्नी, दुर्गादास आदि सब चेतन के अलग-अलग की छोटी, उससे भी छोटी, क्रमशः उससे भी छोटी मूर्तियाँ हैं जो एक-दूसरे की कथा चित्रित करती हैं। शमशेर का आलोचक बड़ी बारीकी से इस स्थिति को पहचान लेता है।

इस उपन्यास के शीर्षक और अपने लेख के शीर्षक की सार्थकता को स्पष्ट करने के लिए शमशेर इस उपन्यास की कहानी को ही आधार बनाते हैं। लिखते हैं कि "नॉवेल भर में चेतन पर जो इस बेदर्दी से प्रहार हुए हैं, वे निम्न मध्यवर्ग के खोखलापन को, उसके खाली-पोलेपन को, आखिर में और भी आँखों के आगे मूर्त कर देते हैं—जहाँ कि शार्दा दूर-पार बर्मा में एक अधेड़ से हो रही है; जिसके जवान भतीजे की आँखों में नीला खड़ी हँस रही है। वह गरीब नीला, चेतन की सबसे प्यारी 'चीज' बेचारा चेतन,—आँखों से जीवन के उपहास का आखिरी पर्दा उठ रहा है। 'गिरती दीवारें' का आखिरी सफर खत्म हो जाता है। मगर 'गिरती दीवारें' खत्म नहीं हुई हैं। न उनका गिरना।"[411] दरअसल, शीर्षक एक आईना होता है, जिसमें उस पाठ की पूरी तस्वीर प्रतिबिम्बित होती है। शमशेर ने इस आईने को बखूबी पहचाना है। शमशेर को लगता है कि "इसलिए यह उपन्यास खत्म नहीं होता है, अधूरा रह जाता है। जहाँ आकर यह उपन्यास 'खत्म होता है', वह आधा मंजिल का विराम है।"[412] शमशेर को इसलिए लगता है कि अश्क अभी आधी मंजिल पर हैं जो कभी पूरी होगी आने वाले दिनों में।

शमशेर ने मार्च 1948 में 'हंस' पत्रिका में एक नए कहानीकार कृश्नचन्दर के कहानी-संग्रह 'तिलिस्म-ए-खयाल' पर एक आलोचनात्मक लेख लिखा था। इस लेख के माध्यम से वे उर्दू में कहानी की परम्परा की एक संक्षिप्त झलक पेश करते हुए इस नए कहानीकार के संग्रह में हमारे आज के समाज की वस्तुस्थिति की झाँकी पेश करते हैं। शमशेर की शुरुआत एक डिबेट से होती है वह यह कि "आज के आर्ट में जो भी चीज पेश की जाती है, उसमें खालिस कोई एक चीज पेश की जाती हो—या करना मुमकिन भी हो—यह नहीं है।"[413] दरअसल, आज की कहानियाँ केवल मनोरंजन या रोमांस पैदा करने के लिए नहीं लिखी जातीं, उसमें और भी बहुत कुछ होता है। दरअसल, आज का कहानीकार अपनी कहानी के लिए उस प्लाट की तलाश करता है जिसमें वह समाज की सम्पूर्ण वस्तुस्थिति का जायजा ले सके और पेश कर

सके। शमशेर लिखते हैं कि "कला के कहानी जैसे संक्षिप्त रूप में भी वह सादगी, वह एकदम स्पष्ट आउटलाइन केवल पात्रों की और घटनाओं की हम नहीं पाएँगे : यानी, नई कहानियों में, रेखाचित्रों, पात्रों और घटनाओं के अलावा, समाज की वस्तुस्थिति का भी बनना लाजिमी-सा हो गया है।"[414] आगे शमशेर की अपील है कि इन बातों को ध्यान में रखकर ही कृश्नचन्दर का विश्लेषण किया जाए।

कृश्नचन्दर के कहानी-संग्रह 'तिलिस्म-ए-खयाल' की झाँकी प्रस्तुत करते हुए शमशेर बताते हैं कि "कृश्नचन्दर उर्दू में लिखते हैं। हिन्दी में उनकी लोकप्रियता अभी नई है। विशेषतया उनकी कहानियों का पंजाब और काश्मीर से ताल्लुक है—मगर उसमें छुपा हुआ दिल एक नए, नवजवान भारतीय का है। लहजा उर्दू है—खालिस उर्दू जिसमें कहीं-कहीं रस पंजाब की लय और तानों का है। पश्चिम के कलाकारों का असर लेखक की विचार-शक्ति पर ही अधिक है, निर्णायक और संयोजक शक्ति पर अधिक नहीं।"[415] रामविलास शर्मा ने कहा था कि शमशेर उर्दू के रचनाकारों पर साधिकार लिखते हैं। आलम यहाँ भी देखने को है कि शमशेर उर्दू कविता के साथ-साथ उर्दू की कहानियों पर भी उत्साह से लिखते हैं, क्योंकि सामासिक संस्कृति के पैरोकार शमशेर की धारणा है कि हिन्दुस्तान की तहजीब की जड़ों को ठीक से समझने के लिए उर्दू कविता के साथ-साथ उर्दू कहानियों का अनुशीलन भी आवश्यक है। इसका कारण बताते हुए वे लिखते हैं कि "हमें वास्तव में यह भूलना नहीं चाहिए कि हमारी गाँव और शहर की मिली हुई संस्कृति में सामन्ती विशेषताएँ अब भी बहुत निर्बल नहीं हो सकी हैं : इसलिए एक रोमानी 'कौतुक' उर्दू कहानियों में विशेष रूप से आ ही जाता है। कहानियों के साधारण पाठक इसको छोड़ नहीं सके हैं।"[416] शमशेर की आलोचना-दृष्टि की यह खासियत है कि बात यहाँ कृश्नचन्दर पर चल रही है, लेकिन वे इसी बहाने उर्दू कहानी की पूरी परम्परा और उसकी विशेषताओं को रेखांकित कर रहे हैं।

शमशेर इस आलोचनात्मक लेख में उर्दू कहानी की चर्चा के दौरान कृश्नचन्दर की कई कहानियों के लम्बे-लम्बे और मार्मिक उद्धरण उद्धृत करते हैं और उनकी विशेषताओं की तरफ संकेत करते हैं। लेकिन निरपेक्ष भाव के साथ ही इस कहानीकार के कमजोर पक्षों को भी प्रकाशित करते चलते हैं। शमशेर को इन उद्धरणों में आज की दुनिया के कुछ बिखरे हुए चित्र दिखते हैं। समाज के दुखते घाव दिखते हैं। मगर इनसे निजात पाने का रास्ता या इलाज क्या है, बकौल शमशेर कृश्नचन्दर अभी नहीं दे पाते। कृश्नचन्दर की कहानियों में शमशेर को रंगीनी की प्रचुर मात्रा के साथ-साथ दार्शनिक का-सा भाव भी दिखने लगता है। शमशेर को लगता है कि "कहानी जब शुरू होती है, तो मालूम होता है कि घटनाओं का एक सिलसिला शुरू होगा। पर थोड़ी देर बाद ही, कथानक रुक जाता है, एक भावुक चेतना का व्यापार बढ़ने लगता, और मानसिक और बहिर्जगत् के दृश्यपटों का जाल बुनने लगता है। हमें वास्तविकता

स्वयं अवास्तविक-सी लगने लगती है।''[417] लेकिन साथ ही शमशेर को यह भी लगता है कि ''कहानीकार, जो हो, अपने फन में पटु है, क्योंकि कथानकों की गतिविधि और उसके जोड़-तोड़ और उसके नाना-प्रभाव—इन सबका समावेश बराबर अधिकार से कहानियों में हुआ है।''[418] शमशेर को लगता है कि कहानीकार पाठक को जो चीज देना चाहता था, वह देने में सफल अब तक नहीं हुआ है। लेकिन साथ ही शमशेर को यह उम्मीद भी है कि यह नया कहानीकार अपनी आगे की कहानियों में ये चीजें दे पाएगा और सफल होगा। शमशेर के ये सभी आलोचनात्मक लेख प्रगतिवादी विशेषताओं को ध्यान में रखकर लिखे गए हैं। बेशक इनकी एक सीमा है, लेकिन अपने कलेवर में ये हिन्दी कथा आलोचना को दूर तक प्रभावित करते हैं।

शमशेर ने अपने समकालीन आलोचकों पर भी चिन्तन किया है। शमशेर के समकालीन आलोचकों में डॉ. रामविलास शर्मा और डॉ. नामवर सिंह दो नाम विशेष उल्लेखनीय हैं। डॉ. शर्मा के सन्दर्भ में तो उन्होंने विशेषकर उनकी कविताओं के विश्लेषण और कवि-व्यक्तित्व को अपनी आलोचना का विषय बनाया है। यद्यपि प्रसंगवश वे उनके आलोचक-रूप पर भी अपनी टिप्पणी करते चले गए हैं, जैसे निराला के मूल्यांकन के सन्दर्भ में ही, साथ ही साक्षात्कारों में भी वे डॉ. शर्मा के आलोचक रूप पर अपनी राय व्यक्त करते हैं। अपने निबन्ध 'सामाजिक सत्य और रचना का माध्यम' में शमशेर, डॉ. रामविलास शर्मा द्वारा किए गए निराला-साहित्य के मूल्यांकन के क्रम में डॉ. शर्मा की आलोचना-दृष्टि में मौजूद 'ब्लाइंड स्पॉट' की बात करते हैं। लिखा है—''रामविलास को मैं यथार्थवादी कहने की जगह आदर्शवादी कह रहा हूँ तो इसकी वजह है। कुछ चीजों को लेकर रामविलास में कुछ 'ब्लाइंड स्पॉट्स' हैं। जैसे निराला को ही लेकर।''[419] शमशेर का मानना है कि निराला में भी आदर्शवाद है, लेकिन वे उन्मुक्त भी हैं। इसलिए निराला में यथार्थ से ज्यादा करीबी है। इस सन्दर्भ में शमशेर निराला की कविता 'राम की शक्ति पूजा' का हवाला देते हैं जिसमें निराला का व्यक्तित्व भी साफ उभरकर सामने आता है। जबकि पंत अपनी कविता में अपना व्यक्तित्व छुपा लेते हैं। शमशेर का मानना है कि ''लेकिन रामविलास जब निराला के बारे में लिखते हैं तो उनके व्यक्तित्व और व्यवहार की बहुत-सी चीजों पर पर्दा डाल देते हैं।''[420] शमशेर और रामविलास शर्मा—दोनों के ही प्रिय रचनाकार निराला हैं और दोनों ने ही उनका गहन अध्ययन किया है। लेकिन मान्यताओं के स्तर पर दोनों आलोचकों में आपसी मतभेद दिखता है।

लेकिन शमशेर, डॉ. रामविलास शर्मा के आलोचक-रूप की प्रशंसा भी करते हैं और उसका लोहा भी मानते हैं। एक साक्षात्कार में गोविन्द प्रसाद द्वारा जब शमशेर से यह पूछा गया कि रामविलास शर्मा के आलोचक-व्यक्तित्व के बारे में आपकी क्या राय है? तब शमशेर ने कहा कि ''रामविलास मेरे अच्छे मित्रों में से रहे हैं। हममें समान रुचियाँ भी हैं। रामविलास भी निराला को सर्वश्रेष्ठ कवि मानते हैं और

मैं भी। पहले मैं पंत से अधिक प्रभावित था, बाद में निराला जी का कवि व्यक्तित्व अधिक भाने लगा। आलोचक वह होता है जो पाठक की मदद करे...रास्ता सुझाए और दिशा दे। रामविलास ऐसे आलोचकों में हैं कि जो कवि उन्हें पसन्द आता है, उसके लिए पूरी वकालत करते हैं। भावुक बहुत हैं। लेकिन भावुकता का उन्होंने सदुपयोग किया, केवल बह नहीं गए। जिस पर आँसू बहाते हैं उसके प्रति निर्मम भी होते हैं।''[421] गौरतलब है कि क्या ऐसा ही मिजाज शमशेर के आलोचक का नहीं है जैसा वे डॉ. शर्मा के बारे में बता रहे हैं। शमशेर भी तो जिस रचनाकार को प्रिय मानते हैं उनकी भरपूर वकालत करते नजर आते हैं और साथ ही उनकी कमियों को निर्ममता से पेश करते हैं। आलम खैर जो भी हो, शमशेर को डॉ. शर्मा का कवि ही ज्यादा अपील करता है और वे यह उम्मीद करते हैं कि काश, यह रचनाकार अपने कवि को फिर से सक्रिय करता।

डॉ. नामवर सिंह के आलोचक-व्यक्तित्व पर शमशेर ने विस्तार से लिखा है। सांस्कृतिक समस्याओं की महत्ता के कारण नामवर सिंह का कवि कैसे आलोचक बन गया, इसके विषय में शमशेर ने लिखा है कि ''धीरे-धीरे क्या, जल्द ही नामवर के युवा कवि को उसके वयस्कतर होते मार्क्सिस्ट आलोचक ने दबा दिया। निश्चय ही व्यक्तिगत भावनाओं से अधिक महत्त्वपूर्ण थीं व्यापक सांस्कृतिक समस्याएँ।''[422] दरअसल, नामवर सिंह के आलोचक-व्यक्तित्व से शमशेर की पहली मुलाकात सन् 1948 में 'तुलसीदास' पर प्रकाशित एक लेख के माध्यम से हुई। उस लेख ने शमशेर को बेहद प्रभावित किया। उसको पढ़ने के पश्चात् शमशेर ने अपने मित्र प्रगतिशील उपन्यासकार भैरवप्रसाद गुप्त से कहा कि ''भैरव भाई, हिन्दी आलोचना के क्षेत्र में एक नई प्रतिभा ने पदार्पण किया है।''[423] शमशेर ने पहली मुलाकात में ही भविष्य की इस नई और महत्त्वपूर्ण प्रतिभा को पहचान लिया। 'तुलसीदास' पर उस समय तक बहुत आलोचक लिख चुके थे, आचार्य शुक्ल जैसे महत्त्वपूर्ण आलोचक तुलसीदास को सर्वश्रेष्ठ कवि घोषित कर चुके थे। लेकिन इस प्रचलित और स्थापित विषय पर जब शमशेर ने नामवर सिंह का यह लेख पढ़ा, तब उन्होंने झट से पहचान लिया कि इस आलोचक की दृष्टि पीछे देखने वाली नहीं, बल्कि भविष्योन्मुखी है। दरअसल, साहित्य की परम्परा में इस बात के प्रमाण भरे पड़े हैं कि किसी भी आलोचक का व्यक्तित्व उसके कवि व्यक्तित्व के दमन या फिर साथ-साथ हुआ है। यानी सभी पहले कवि-आलोचक से ही आलोचक बने हैं। आचार्य शुक्ल, डॉ. रामविलास शर्मा जैसे नाम इसके प्रत्यक्ष उदाहरण हैं।

लेकिन शमशेर को इस बात की खुशी है कि नामवर का कवि-रूप भले ही दब गया हो, लेकिन उसके आलोचक का व्यक्तित्व ईमानदार है, अध्ययनशील, मननशील और परिश्रमी है। वह केवल बातें ही नहीं करता काम भी करता है। शमशेर जब इलाहाबाद में इस आलोचक से मिले तो इसकी परिश्रमपूर्वक अध्ययनशीलता का

प्रमाण मिला। तीसरा परिचय शमशेर का इस आलोचक से त्रिलोचन के सन्दर्भ में हुआ। शमशेर जब भी इस आलोचक से मिले तब उन्हें महसूस हुआ कि यह आने वाले दिनों का सबसे महत्त्वपूर्ण आलोचक है, क्योंकि उसमें इस काम के प्रति लगन है। वह सिर्फ कहता नहीं है, करके भी दिखाता है। शमशेर नामवर सिंह को 'सैयद' कहा करते थे। उनकी कर्मठता के लिहाज से शमशेर ने इस 'नामवर' शीर्षक लेख में अकबर इलाहाबादी का एक शेर उद्धृत किया है—

हमारी बातें ही बातें हैं...सैयद काम करता था।
न भूलो फर्क जो है कहने वाले करने वाले में।[424]

नामवर सिंह ने तुलसीदास पर जो लेख लिखा था उसके महत्त्व को रेखांकित करते हुए शमशेर ने लिखा है कि "बहुत लोग लिखते हैं तुलसी पर। मगर इसमें खास बात मैंने यही पाई थी कि...बातों को थोड़े में कहा गया था, हालाँकि बातें बहुत-सी कही गई थीं, और तर्कसंगत, स्पष्ट शैली लेखक के बहुत व्यवस्थित मननशील अध्ययन का पता देती थी।"[425] इस व्यवस्थित अध्ययन-मननशीलता के कारण ही शमशेर को लगा कि यह व्यक्ति पीछे नहीं, भावी युग की ओर देख रहा है।

शमशेर ने आगे डॉ. सिंह की आलोचना शैली की विशेषताओं को रेखांकित करते हुए लिखा है कि "शुरू से ही उनके लेखों में एक मार्के की बात यह होती थी कि उद्धरण जहाँ भी आते इस तरह सटीक आते कि पूर्व कथ्य उनसे चमत्कृत हो उठता, और सम्बद्ध सन्दर्भ जीवन्त।"[426] इस उभरते आलोचक ने शमशेर की दिशा, उनकी समझ और रचनाशीलता को किस प्रकार प्रभावित किया, त्रिलोचन की कविताओं के सन्दर्भ में शमशेर ने इस पर प्रकाश डाला है। शमशेर त्रिलोचन की कविताओं को पहले से पढ़ते और समझने की कोशिश करते रहे लेकिन "एक सामान्यतम अनुभव को बोलचाल के सहजतम क्रिया पदों ने हठात् ही एक अजब असामान्यता-सी प्रदान कर दी थी। और कवि की शैली के इस असामान्य-सामान्य जादू की तरफ पहले-पहल मेरा ध्यान नामवर ने ही दिलाया था। अपनी 'राग' शीर्षक कविता में जब मैंने लिखा—'सरलता का/आकाश था/जैसे त्रिलोचन की रचनाएँ', तो अवचेतन रूप से, हो न हो, अनुभूति में इसी उन्मेष का प्रभाव काम कर रहा था। इसके बाद त्रिलोचन को मैंने ज्यादा गौर से पढ़ना शुरू किया। त्रिलोचन की सामान्य-सी कविताओं के बीच-बीच में ऐसी अद्वितीय अनूठी कविताएँ बिखरी हुई हैं। मेरा खयाल है कि त्रिलोचन की प्रतिभा और उनके विशिष्ट स्वस्थ प्रगतिशील काव्य की ओर ध्यान दिलाने वालों में श्री शिवदान सिंह चौहान और डॉ. नामवर सिंह पहले आलोचक हैं।"[427] डॉ. रामविलास शर्मा के प्रसंग में शमशेर ने एक साक्षात्कार में कहा कि "आलोचक वह होता है जो पाठक की मदद करे...रास्ता सुझाए और दिशा दे।"[428] फिर यहाँ कहना न होगा कि शमशेर के लिए नामवर सिंह वैसे ही आलोचक हैं जिसकी उम्मीद शमशेर करते हैं। यह बात डॉ. रामविलास शर्मा के आलोचक-

व्यक्तित्व पर कही गई है, लेकिन उससे कहीं ज्यादा डॉ. नामवर सिंह पर लागू होती है। दरअसल, नामवर सिंह के आलोचक-व्यक्तित्व ने शमशेर को दूर तक प्रभावित किया है।

नामवर सिंह से शमशेर को त्रिलोचन को ठीक से पढ़ने की प्रेरणा मिली। शमशेर त्रिलोचन के सॉनेटों के कटु आलोचक रहे हैं। एक संस्मरणात्मक शैली में उन्होंने लिखा है कि वे इन सॉनेटों की इतनी नुक्ताचीनी करते थे कि एक बार त्रिलोचन इनको नष्ट करने की योजना बना रहे थे। लेकिन नामवर सिंह ने इस अनहोनी को रोक लिया। शमशेर ने अपने आलोचक-व्यक्तित्व के बारे में लिखा है कि ''दोस्ती का मतलब एकदम बेतकल्लुफी है, माना! मगर ऐसी भी बेतकल्लुफी क्या कि विश्लेषण इतना निर्मम और कठोर हो जाए कि एक कवि दोस्त की सारी रचनाओं को ही सिरे से खत्म कर दे! और कैसी रचनाएँ जिनका चयन आज सरआँखों से लगाने के काबिल है।''[429] यहाँ पर गौर करने लायक है कि शमशेर अपने प्रिय कवियों के कठोर आलोचक रहे हैं, लेकिन ऊपर की बातें सभी आलोचकों के लिए चेतावनी है। कई दफे ऐसा होता है कि कोई स्थापित आलोचक किसी कवि को ठीक से समझे-बूझे बिना उसकी ऐसी आलोचना कर देता है कि उसकी वजह से वह साहित्य क्षेत्र से बाहर ही हो जाता है। बाद में इस 'भूल गलती' का सुधार भले ही हो, उसके द्वारा या किसी और आलोचक के द्वारा। जैसे डॉ. रामविलास शर्मा और मुक्तिबोध का प्रसंग ऐसा ही है। गलती शुरू में किसी से भी हो सकती है, जैसे त्रिलोचन को लेकर शमशेर को हुई थी। इसलिए अपने प्रिय या अप्रिय रचनाकारों के प्रति कठोर आलोचनात्मक दृष्टि रखना ठीक है किसी भी आलोचक के लिए, मगर इतना निर्मम और कठोर नहीं कि उसकी वजह से वह मौलिक प्रतिभा और उसकी उपलब्धियाँ ही साहित्य क्षेत्र से नष्ट हो जाएँ। हिन्दी में ऐसी बातों के प्रमाण भरे पड़े हैं। शमशेर ने अपनी गलती को सँभाला है। डॉ. नामवर सिंह की बदौलत। लिखते हैं—''अगर्चे मैं अपने दोस्तों का ही कठोर आलोचक रहा हूँ। मगर इस घटना के बाद से मैंने अपने आप को बहुत सँभाला है। अब मैं कठोरतम आलोचक केवल अपना ही हूँ...मगर शमशेर! मियाँ, तुम आलोचक कब से!''[430]

नामवर सिंह के वयस्कतर आलोचक ने उनके युवा कवि को भले ही दबा दिया हो, लेकिन शमशेर को ''उनकी थोड़ी-सी कविताएँ विशुद्ध इमेजिस्ट कविताएँ लगी हैं, और सफल इमेजिस्ट कविताएँ।''[431] शमशेर ने नामवर जी के राजनीति सम्बन्धी रुझान को भी रेखांकित किया है। लिखते हैं—''बनारस के हलचल-भरे वातावरण में नामवर का कवि और आलोचक दोनों ही उस समय बनारस कम्यूनिस्ट पार्टी की सक्रिय राजनीति से अनिवार्यतया घिरे हुए थे।''[432] शमशेर ने लिखा है कि नामवर सिंह चुनाव भी लड़े थे और हार भी गए थे। यह कल्पना की जा सकती है कि यदि यह व्यक्ति चुनाव जीत जाता तो आज हिन्दी आलोचना ने कितना सशक्त आलोचक

खो दिया होता। हिन्दी साहित्यकारों में राजनीति के प्रति यह दिलचस्पी परम्परा से ही रही है। रामधारी सिंह दिनकर, रामवृक्ष बेनीपुरी, फणीश्वरनाथ रेणु आदि में यह रुझान देखा जा सकता है। हार-जीत का सिलसिला लगा ही रहता है। लेकिन शमशेर ने नामवर जी के इस रुझान का सकारात्मक रूप ग्रहण किया है। वे तर्क देते हैं कि "यह बात नहीं कि साहित्य का राजनीति से कोई बैर है। बिलकुल नहीं। बल्कि, देखा गया है कि दोनों का गठजोड़ दोनों के लिए वास्तव में लाभकर ही होता है; शायद साहित्य के लिए अपेक्षाकृत कम उपादेय और राजनीति के लिए अधिक उपयोगी। यह सच है कि सामाजिक यथार्थ को गहराई से देखने वाले कलाकार को दोनों पक्षों के बीच में सत्य की एक ही इकाई नजर आएगी। सफलतम उदाहरण ब्रेख्त के नाटक और कविताएँ हैं। अभी तक प्रेमचन्द, गोर्की और लु शिन् की मिसाल हिन्दी लेखन के सामने रही है। प्रेमचन्द राजनीति से कम संपृक्त नहीं थे। मगर वह इलेक्शन नहीं लड़े, कलम की मर्यादा ने ही उनके 'राजनीतिक' मोर्चे भी सँभाले। यह सब सच होते हुए भी कोई दो-टूक नियम हर किसी साहित्यकार के लिए निर्धारित नहीं किया जा सकता।"[433]

नामवर सिंह ने मुक्तिबोध को केन्द्र में रखकर 'कविता के नए प्रतिमान' नामक आलोचनात्मक पुस्तक लिखी। इसमें उन्होंने मार्क्सवादी आलोचना में एक नया मोड़ लाने का सफल प्रयास किया। मार्क्सवादी आलोचना द्वारा शिल्प पक्ष की घोर उपेक्षा शुरू से ही होती रही है। लेकिन नामवर जी ने इस आलोचना के इस कमजोर पक्ष को सबल बनाने का सफल प्रयास किया। उन्होंने काव्य-वस्तु के साथ-साथ काव्य की तकनीक, उसके सम्पूर्ण शिल्प पर भी उतनी ही दिलचस्पी से बात की। इस प्रयास के कारण उन्हें कई सारे आक्षेपों और विरोधों को भी झेलना पड़ा, लेकिन वे साहसपूर्वक सबसे जूझते रहे। नामवर सिंह ने इस पुस्तक के दूसरे संस्करण की भूमिका में यह स्पष्ट किया कि "मार्क्सवादी आलोचना के इस रूप-तिरस्कार की क्षतिपूर्ति के लिए ही कविता के नए प्रतिमान में काव्य के रूप-पक्ष पर अतिरिक्त बल दिया गया है।"[434] नामवर सिंह के सामने नई कविता के मुक्तिबोध और छायावाद के निराला के उत्कृष्ट काव्य-वस्तु के साथ-साथ उत्कृष्ट-शिल्प भी मौजूद था। मार्क्सवादी आलोचना ने इनके काव्य-वस्तु की बात तो की, लेकिन शिल्प पर बात करना मुनासिब नहीं समझा। अपनी इसी मानसिकता के कारण ही मार्क्सवादी आलोचना को रूपवादी आलोचना से कठिन संघर्ष करना पड़ा। नामवर सिंह ने दुश्मन के सबसे सबल पक्ष पर ही चोट कर उसे मात देना चाहा। इस सन्दर्भ में वे अन्तोनियो ग्राम्शी का कथन उद्धृत करते हैं कि "युद्ध क्षेत्र में दुश्मन के सबसे कमजोर मोर्चे पर हमला करके जीत हासिल कर लेना भले ही सफल रणनीति हो, पर बौद्धिक क्षेत्र में सबसे मजबूत और मुश्किल मोर्चे की विजय ही असली विजय है।"[435] शमशेर और मुक्तिबोध भी मार्क्सवादी विचारधारा के लेखक-आलोचक हैं, लेकिन उन्होंने

भी रूप पक्ष की उपेक्षा नहीं की है। शमशेर तो अपनी आलोचना में काव्य के रूप पक्ष या शिल्प पक्ष पर ही ज्यादा जोर देते हैं।

दरअसल, नामवर सिंह ने इस पुस्तक में मुक्तिबोध को अपने आलोचना के केन्द्र में रखा है और साथ ही मुक्तिबोध ने अपनी आलोचनात्मक पुस्तकों और टिप्पणियों के माध्यम से एक मार्क्सवादी आलोचक से जो अपेक्षाएँ रखी हैं, उस पर नामवर जी ने गम्भीरता से अध्ययन-मनन किया है। और उन अपेक्षाओं को काव्य की कसौटी पर रखकर अपनी स्थापनाएँ दी हैं। शमशेर ने पहले से ही स्पष्ट और साफ तौर पर मुक्तिबोध के रचना-सन्दर्भों में कही गई बातों के इस मसले पर कुछ बोलने की आवश्यकता महसूस नहीं की है। इसलिए वे लिखते हैं कि "मुझे बराबर ऐसा लगा है कि मुक्तिबोध ने नए मार्क्सवादी आलोचक से जो-जो अपेक्षाएँ की हैं, डॉ. नामवर सिंह ने उन पर बहुत ध्यान से मनन किया है। दरअसल, नामवर की स्थापनाओं के सन्दर्भ-रूप में मुक्तिबोध का अध्ययन, और उसके बाद फिर नई कविता के प्रतिमान का मूल्यांकन करने की जरूरत है। कुछ विद्वानों ने यह दायित्व निश्चय ही लिया होगा। कोई अजब नहीं जो मैं वही बातें दुहराने लगूँ जो मुक्तिबोध बहुत युक्तियुक्त ढंग से कह गए हैं और जिन्हें डॉ. नामवर सिंह ने अनेक स्थलों पर अपना आधार बनाया है।"[436] जाहिर है कि शमशेर 'कविता के नए प्रतिमान' पुस्तक में डॉ. नामवर सिंह की स्थापनाओं से पूरी तरह सन्तुष्ट हैं। यदि कोई विरोध होता तो शमशेर का आलोचक मन बेझिझक डॉ. सिंह से मुठभेड़ करता जैसे उसने निराला के सन्दर्भ में डॉ. रामविलास शर्मा से किया है।

शमशेर डॉ. नामवर सिंह द्वारा प्रतिपादित काव्यकलात्मक प्रतिमानों पर बात करने से भले ही कतराते हैं और यह दलील देते हैं कि उनके पास मार्क्सिस्ट सिद्धान्तों और भारतीय तथा पाश्चात्य आलोचना शास्त्रों का सम्यक् अध्ययन नहीं है, लेकिन अपने आलोचक और चिन्तक मन को रोक नहीं पाते। वह इस पुस्तक में डॉ. नामवर सिंह द्वारा मुक्तिबोध और उनके काव्य के मार्क्सवादी विश्लेषण-मूल्यांकन में अपना योग देते हुए अपनी सहमति-असहमति भी प्रस्तुत करते हैं। नामवर सिंह ने इस पुस्तक में मुक्तिबोध की कविता 'अँधेरे में' को मुक्तिबोध की 'अस्मिता की खोज' बताया है। शमशेर इसको स्पष्ट करते हुए लिखते हैं कि "अपनी कलात्मक सृष्टि के लिए मुक्तिबोध औरों की अपेक्षा अधिक जागरूकता के साथ अपना रास्ता टटोलते हुए अनुभवों और भावनाओं की जिस जमीन की ओर बढ़ रहे थे, वह यही द्वन्द्वात्मक यथार्थ की सचेतन रूप से ग्रहण की जाने वाली जमीन थी, ...निरन्तर संघर्ष द्वारा अमल दखल में लाई जाने वाली सामाजिक यथार्थ की यही बौद्धिक जमीन। उसी दिशा में वह बढ़ रहे थे लगभग अकेले। उनके बाद वैसा सक्रिय सजग व्यक्तित्व और कोई नहीं आया। हाँ, नागार्जुन पर इस सन्दर्भ में सार्थक बहस हो सकती है। ...इसी को डॉ. नामवर सिंह 'अस्मिता की खोज' कहते हैं तो बिलकुल दुरुस्त है।

यही अपनी अस्मिता की खोज...व्यक्तिगत, सामाजिक, राष्ट्रीय और उससे अधिक व्यापक भी...देशकाल के सभी सन्दर्भों के अर्थ में अस्मिता और यह खोज हमारे साहित्य के रूपों में बराबर प्रतिबिम्बित होती है। भाषा के विकसित रूपों और शिल्प के कसते या खुलते गठन में। मेरी जाती दिलचस्पी काव्य के इस फार्मल पक्ष पर ही अधिकतर रही है। और यह चीज अकसर मुझे बहुत नॉस्टैल्जिक बना देती है।''[437] इसके पश्चात् शमशेर विश्व साहित्य के महान साहित्यकारों की परम्परा को खँगालते हुए अपनी बात को और अधिक स्पष्ट करने की कोशिश करते हैं। और अन्त में लिखते हैं कि ''मैं जिस बात पर बल देना चाहता हूँ वह वस्तुत: अपनी भाषा और उसके सही सामाजिक आधारों में अपने गहरे असल व्यक्तित्व की नई खोज है। इसे 'अस्मिता की खोज' कहने में बात जितनी अधिक व्यापक हो जाती है, सार्थक ही है। यही डॉ. नामवर सिंह के उद्धृत शब्दों में 'आधुनिक मानव की सबसे ज्वलन्त समस्या है'। मैं कहूँगा कि विशेष रूप से आधुनिक एशियाई-अफ्रीकी मानव की, और उसके कलाकारों की।''[438] दरअसल, किसी महत्त्वपूर्ण आलोचक की मान्यताओं और स्थापनाओं पर एक छोटे से लेख में बात करना सम्भव नहीं, क्योंकि बहुत-सी बातें अधूरी रह सकती हैं। शमशेर ने इस बात की चिन्ता भी व्यक्त की है। लेकिन छोटे में ही सही उन्होंने डॉ. सिंह के आलोचक-व्यक्तित्व और उसके महत्त्वपूर्ण पहलुओं पर जो बातचीत की है वह बेहद महत्त्वपूर्ण और मार्के की है।

सन्दर्भ

1. शमशेर बहादुर सिंह की कुछ गद्य रचनाएँ, (संपा.) मलयज, पृ. 27
2. वही, पृ. 18
3. वही, पृ. 18
4. वही, पृ. 18
5. वही, पृ. 27
6. वही, पृ. 27
7. कुछ कविताएँ व कुछ और कविताएँ—शमशेर बहादुर सिंह (भूमिका से उद्धृत), पृ. 76
8. शमशेर बहादुर सिंह की कुछ गद्य रचनाएँ, (संपा.) मलयज, पृ. 28
9. वही, पृ. 29
10. वही, पृ. 29
11. वही, पृ. 32
12. वही, पृ. 32
13. शमशेर बहादुर सिंह—प्रकाशन विभाग, सूचना एवं प्रसारण मंत्रालय, भारत सरकार, पृ. 53
14. शमशेर बहादुर सिंह की कुछ गद्य रचनाएँ, (संपा.) मलयज, पृ. 32-33
15. वही, पृ.. 33
16. वही, पृ. 33
17. वही, पृ. 33

18. 'भारत-भारती'—मैथिलीशरण गुप्त, पृ. 6
19. शमशेर बहादुर सिंह की कुछ गद्य रचनाएँ, (संपा.) मलयज, पृ. 34
20. वही, पृ. 35
21. वही, पृ. 35
22. वही, पृ. 35
23. वही, पृ. 35
24. वही, पृ. 35
25. वही, पृ. 35-36
26. वही, पृ. 36
27. वही, पृ. 36
28. वही, पृ. 36-37
29. वही, पृ. 37
30. वही, पृ. 37
31. शमशेर बहादुर सिंह—प्रकाशन विभाग, सूचना और प्रसारण मंत्रालय, भारत सरकार, पृ. 54
32. शमशेर बहादुर सिंह की कुछ गद्य रचनाएँ, (संपा.) मलयज, पृ. 37
33. वही, पृ. 37-38
34. वही, पृ. 40
35. वही, पृ. 41
36. कुछ और गद्य रचनाएँ—शमशेर बहादुर सिंह, (संपा.) रंजना अरगड़े, पृ. 42
37. वही, पृ. 43
38. वही, पृ. 43
39. वही, पृ. 67
40. वही, पृ. 67
41. वही, पृ. 67
42. वही, पृ. 67-68
43. वही, पृ. 68
44. वही, पृ. 68
45. वही, पृ. 68
46. शमशेर बहादुर सिंह—प्रकाशन विभाग, सूचना और प्रसारण मंत्रालय, भारत सरकार, पृ. 115
47. शमशेर बहादुर सिंह की कुछ गद्य रचनाएँ, (संपा.) मलयज, पृ. 122
48. वही, पृ. 122
49. वही, पृ. 122
50. वही, पृ. 122
51. वही, पृ. 122-123
52. वही, पृ. 124
53. वही, पृ. 18-19
54. वही, पृ. 127-128
55. वही, पृ. 19
56. वही, पृ. 19

57. वही, पृ. 135
58. वही, पृ. 137–138
59. वही, पृ. 136
60. वही, पृ. 42
61. शमशेर बहादुर सिंह—प्रकाशन विभाग, सूचना और प्रसारण मंत्रालय, भारत सरकार, पृ. 127
62. शमशेर बहादुर सिंह की कुछ गद्य रचनाएँ, (संपा.) मलयज, पृ. 42
63. वही, पृ. 43
64. वही, पृ. 43
65. वही, पृ. 45
66. वही, पृ. 43
67. वही, पृ. 10
68. वही, पृ. 43
69. वही, पृ. 10
70. कुछ और गद्य रचनाएँ—शमशेर बहादुर सिंह, (संपा.) रंजना अरगड़े, पृ. 86
71. वही, पृ. 86
72. वही, पृ. 86–87
73. वही, पृ. 87–88
74. वही, पृ. 86–87
75. वही, पृ. 88
76. वही, पृ. 88–89
77. वही, पृ. 90
78. वही, पृ. 91
79. वही, पृ. 91
80. शमशेर बहादुर सिंह की कुछ गद्य रचनाएँ, (संपा.) मलयज, पृ. 74
81. वही, पृ. 74
82. वही, पृ. 74
83. वही, पृ. 74
84. वही, पृ. 75
85. वही, पृ. 77
86. वही, पृ. 77
87. वही, पृ. 77
88. वही, पृ. 77
89. वही, पृ. 78
90. वही, पृ. 78
91. वही, पृ. 78
92. वही, पृ. 79
93. वही, पृ. 79
94. वही, पृ. 48
95. वही, पृ. 48

96. वही, पृ. 49
97. वही, पृ. 12
98. वही, पृ. 13
99. वही, पृ. 49
100. वही, पृ. 49
101. वही, पृ. 50
102. वही, पृ. 50
103. वही, पृ. 51
104. वही, पृ. 51
105. वही, पृ. 14
106. वही, पृ. 52
107. वही, पृ. 53
108. वही, पृ. 55
109. वही, पृ. 55
110. वही, पृ. 14
111. वही, पृ. 59
112. वही, पृ. 59-60
113. 'सापेक्ष'—शमशेर जी (शमशेर बहादुर सिंह विशेषांक, 1994), (संपा.) महावीर अग्रवाल, पृ. 207
114. कुछ और गद्य रचनाएँ—शमशेर बहादुर सिंह, (संपा.) रंजना अरगड़े, पृ. 70
115. प्रतिनिधि कविताएँ—शमशेर बहादुर सिंह, (संपा.) नामवर सिंह, पृ. 43
116. कुछ और गद्य रचनाएँ—शमशेर बहादुर सिंह, (संपा.) रंजना अरगड़े, पृ. 71
117. वही, पृ. 76
118. वही, पृ. 76
119. वही, पृ. 77
120. वही, पृ. 77
121. वही, पृ. 77
122. वही, पृ. 77-78
123. वही, पृ. 78
124. वही, पृ. 81
125. वही, पृ. 81
126. 'होड़ में पराजित काल'—('उद्भावना'—शमशेर बहादुर सिंह विशेषांक), (संपा.) विष्णु खरे, पृ. 388
127. वही, पृ. 388
128. कुछ और गद्य रचनाएँ—शमशेर बहादुर सिंह, (संपा.) रंजना अरगड़े, पृ. 11
129. वही, पृ. 11
130. वही, पृ. 12
131. वही, पृ. 13
132. वही, पृ. 13

133. वही, पृ. 13
134. वही, पृ. 13
135. वही, पृ. 14
136. वही, पृ. 14
137. वही, पृ. 15
138. वही, पृ. 15
139. वही, पृ. 15
140. वही, पृ. 15–16
141. वही, पृ. 16
142. वही, पृ. 16
143. वही, पृ. 16–17
144. शमशेर बहादुर सिंह की कुछ गद्य रचनाएँ, (संपा.) मलयज, पृ. 66
145. वही, पृ. 66
146. वही, पृ. 66
147. वही, पृ. 66
148. वही, पृ. 67
149. वही, पृ. 67
150. वही, पृ. 67
151. वही, पृ. 68
152. वही, पृ. 68
153. वही, पृ. 69
154. वही, पृ. 69
155. वही, पृ. 69
156. शमशेर, (संपा.) सर्वेश्वरदयाल सक्सेना, मलयज, पृ. 136
157. शमशेर बहादुर सिंह की कुछ गद्य रचनाएँ, (संपा.) मलयज, पृ. 70
158. वही, पृ. 70
159. वही, पृ. 70
160. 'उद्भावना' (शमशेर बहादुर सिंह विशेषांक का शेषांश), (संपा.) अजेय कुमार, पृ. 82
161. कुछ और गद्य रचनाएँ—शमशेर बहादुर सिंह, (संपा.) रंजना अरगड़े, पृ. 165
162. वही, पृ. 165–166
163. वही, पृ. 166
164. वही, पृ. 166
165. वही, पृ. 166
166. वही, पृ. 166
167. वही, पृ. 167
168. वही, पृ. 167
169. वही, पृ. 167
170. वही, पृ. 167–168
171. वही, पृ. 168

172. वही, पृ. 168
173. वही, पृ. 169
174. वही, पृ. 227
175. वही, पृ. 227
176. वही, पृ. 227
177. वही, पृ. 228
178. वही, पृ. 228
179. वही, पृ. 228–229
180. वही, पृ. 229
181. वही, पृ. 229
182. वही, पृ. 229
183. वही, पृ. 230
184. वही, पृ. 238
185. वही, पृ. 238
186. वही, पृ. 238
187. वही, पृ. 238
188. वही, पृ. 238–239
189. वही, पृ. 231
190. वही, पृ. 231
191. वही, पृ. 231
192. वही, पृ. 232
193. वही, पृ. 233
194. वही, पृ. 233
195. वही, पृ. 233
196. वही, पृ. 233
197. वही, पृ. 236
198. वही, पृ. 157
199. वही, पृ. 163
200. शमशेर बहादुर सिंह की कुछ गद्य रचनाएँ, (संपा.) मलयज, पृ. 141
201. वही, पृ. 141
202. वही, पृ. 141
203. वही, पृ. 141–142
204. वही, पृ. 144
205. वही, पृ. 149
206. वही, पृ. 156
207. वही, पृ. 161
208. वही, पृ. 19
209. वही, पृ. 20
210. वही, पृ. 20

211. वही, पृ. 20
212. कुछ और गद्य रचनाएँ—शमशेर बहादुर सिंह, (संपा.) रंजना अरगड़े, पृ. 47
213. वही, पृ. 48
214. वही, पृ. 48
215. वही, पृ. 52
216. वही, पृ. 176
217. 'तारसप्तक', (संपा.) अज्ञेय, पृ. 9
218. शमशेर बहादुर सिंह की कुछ गद्य रचनाएँ, (संपा.) मलयज, पृ. 80
219. वही, पृ. 80
220. वही, पृ. 80-81
221. 'तारसप्तक', (संपा.) अज्ञेय, पृ. 10
222. वही, पृ. 11
223. वही, पृ. 11
224. शमशेर बहादुर सिंह की कुछ गद्य रचनाएँ, (संपा.) मलयज, पृ. 81
225. 'होड़ में पराजित काल' ('उद्भावना'—शमशेर बहादुर सिंह विशेषांक), (संपा.) —विष्णु खरे, पृ. 520
226. 'दूसरा सप्तक', (संपा.) अज्ञेय, पृ. 86
227. शमशेर बहादुर सिंह की कुछ गद्य रचनाएँ, (संपा.) मलयज, पृ. 81
228. वही, पृ. 81
229. वही, पृ. 81
230. वही, पृ. 82
231. वही, पृ. 82
232. वही, पृ. 82
233. वही, पृ. 83
234. वही, पृ. 84
235. वही, पृ. 84
236. वही, पृ. 85
237. वही, पृ. 85
238. वही, पृ. 85-86
239. वही, पृ. 86
240. वही, पृ. 87
241. वही, पृ. 22
242. वही, पृ. 274
243. कुछ और गद्य रचनाएँ—शमशेर बहादुर सिंह, (संपा.) रंजना अरगड़े, पृ. 171
244. 'दूसरा सप्तक', (संपा.) अज्ञेय, पृ. 6
245. कुछ और गद्य रचनाएँ—शमशेर बहादुर सिंह, (संपा.) रंजना अरगड़े, पृ. 171
246. वही, पृ. 171
247. 'दूसरा सप्तक', (संपा.) अज्ञेय, पृ. 6
248. कुछ और गद्य रचनाएँ—शमशेर बहादुर सिंह, (संपा.) रंजना अरगड़े, पृ. 171

249. वही, पृ. 171
250. वही, पृ. 173
251. वही, पृ. 173–174
252. वही, पृ. 174
253. वही, पृ. 174
254. वही, पृ. 174
255. वही, पृ. 174
256. वही, पृ. 176
257. शमशेर बहादुर सिंह की कुछ गद्य रचनाएँ, (सपा.) मलयज, पृ. 311
258. शमशेर बहादुर सिंह—प्रकाशन विभाग, सूचना एवं प्रसारण मंत्रालय, भारत सरकार, पृ. 111
259. विवेक के रंग, (संपा.) देवीशंकर अवस्थी, पृ. 89
260. वही, पृ. 89–90
261. वही, पृ. 90
262. वही, पृ. 90
263. वही, पृ. 90
264. वही, पृ. 90
265. वही, पृ. 91
266. वही, पृ. 91
267. वही, पृ. 91
268. वही, पृ. 92
269. वही, पृ. 92
270. वही, पृ. 92–93
271. वही, पृ. 93
272. कुछ और गद्य रचनाएँ—शमशेर बहादुर सिंह, (संपा.) रंजना अरगड़े, पृ. 18
273. वही, पृ. 18
274. वही, पृ. 18
275. वही, पृ. 18
276. वही, पृ. 18–19
277. वही, पृ. 19
278. वही, पृ. 19
279. वही, पृ. 19
280. वही, पृ. 19
281. वही, पृ. 19–20
282. वही, पृ. 20
283. वही, पृ. 20–21
284. वही, पृ. 21
285. वही, पृ. 21
286. वही, पृ. 21
287. वही, पृ. 22

288. वही, पृ. 22
289. वही, पृ. 23
290. वही, पृ. 23
291. वही, पृ. 24
292. वही, पृ. 25
293. वही, पृ. 26
294. वही, पृ. 26
295. वही, पृ. 26
296. वही, पृ. 26
297. वही, पृ. 27
298. वही, पृ. 27
299. वही, पृ. 27
300. वही, पृ. 28
301. वही, पृ. 28
302. वही, पृ. 29
303. वही, पृ. 29
304. वही, पृ. 29
305. वही, पृ. 29
306. वही, पृ. 29
307. 'होड़ में पराजित काल' ('उद्भावना'—शमशेर बहादुर सिंह विशेषांक), (संपा.) विष्णु खरे, पृ. 535
308. कुछ और गद्य रचनाएँ—शमशेर बहादुर सिंह, (संपा.) रंजना अरगड़े, पृ. 29-30
309. वही, पृ. 30
310. वही, पृ. 32
311. वही, पृ. 34
312. वही, पृ. 34
313. वही, पृ. 36
314. वही, पृ. 36
315. वही, पृ. 38
316. वही, पृ. 38
317. वही, पृ. 38
318. वही, पृ. 41
319. शमशेर, (संपा.) स्र्वेश्वरदयाल सक्सेना, मलयज, पृ. 42
320. शमशेर बहादुर सिंह की कुछ गद्य रचनाएँ, (संपा.) मलयज, पृ. 71
321. वही, पृ. 71
322. वही, पृ. 71
323. वही, पृ. 72
324. वही, पृ. 72
325. वही, पृ. 15

326. वही, पृ. 15
327. वही, पृ. 15
328. कुछ और गद्य रचनाएँ—शमशेर बहादुर सिंह, (संपा.) रंजना अरगड़े, पृ. 103
329. वही, पृ. 103-104
330. वही, पृ. 104
331. वही, पृ. 104
332. वही, पृ. 104
333. वही, पृ. 105
334. वही, पृ. 105
335. वही, पृ. 106
336. वही, पृ. 106
337. वही, पृ. 137
338. वही, पृ. 137
339. वही, पृ. 137
340. वही, पृ. 137
341. वही, पृ. 137
342. वही, पृ. 137
343. वही, पृ. 138
344. वही, पृ. 138
345. वही, पृ. 139-140
346. 'चाँद का मुँह टेढ़ा है'—गजानन माधव मुक्तिबोध (भूमिका), पृ. 11
347. वही, पृ. 11
348. 'कबीर ग्रन्थावली', (संपा.) डॉ. श्यामसुन्दर दास, पृ. 72
349. 'चाँद का मुँह टेढ़ा है'—गजानन माधव मुक्तिबोध (भूमिका), पृ. 11
350. वही, पृ. 13
351. वही, पृ. 11
352. वही, पृ. 16
353. वही, पृ. 17
354. वही, पृ. 17
355. वही, पृ. 18
356. वही, पृ. 18
357. मुक्तिबोध रचनावली (भाग-4), (संपा.), नेमिचन्द्र जैन, पृ. 151
358. 'चाँद का मुँह टेढ़ा है'—गजानन माधव मुक्तिबोध (भूमिका), पृ. 19
359. वही, पृ. 20
360. वही, पृ. 20
361. वही, पृ. 21
362. वही, पृ. 22
363. वही, पृ. 23
366. वही, पृ. 27

365. वही, पृ. 24
366. कुछ और गद्य रचनाएँ—शमशेर बहादुर सिंह, (संपा.) रंजना अरगड़े, पृ. 35
367. वही, पृ. 35
368. 'होड़ में पराजित काल' (उद्भावना'—शमशेर बहादुर सिंह विशेषांक), (संपा.) विष्णु खरे, पृ. 448
369. कुछ और गद्य रचनाएँ—शमशेर बहादुर सिंह, (संपा.) रंजना अरगड़े, पृ. 193
370. वही, पृ. 193
371. वही, पृ. 194
372. वही, पृ. 195
373. वही, पृ. 195
374. वही, पृ. 197
375. वही, पृ. 197
376. वही, पृ. 200
377. वही, पृ. 207
378. वही, पृ. 208
379. 'आलोचना' (शमशेर बहादुर सिंह पर केन्द्रित 2011), (संपा.) अरुण कमल, पृ. 180
380. कुछ और गद्य रचनाएँ—शमशेर बहादुर सिंह, (संपा.) रंजना अरगड़े, पृ. 210
381. वही, पृ. 209
382. वही, पृ. 120
383. वही, पृ. 120
384. वही, पृ. 121
385. वही, पृ. 122
386. वही, पृ. 123
387. वही, पृ. 126
388. वही, पृ. 134
389. वही, पृ. 134
390. वही, पृ. 108
391. वही, पृ. 108
392. वही, पृ. 109
393. वही, पृ. 119
394. शमशेर बहादुर सिंह की कुछ गद्य रचनाएँ, (संपा.) मलयज, पृ. 163
395. वही, पृ. 89
396. वही, पृ. 89
397. वही, पृ. 89
398. वही, पृ. 91
399. वही, पृ. 91
400. वही, पृ. 93
401. वही, पृ. 94
402. वही, पृ. 95

403. वही, पृ. 95-96
404. वही, पृ. 96
405. वही, पृ. 96
406. वही, पृ. 96
407. कुछ और गद्य रचनाएँ—शमशेर बहादुर सिंह, (संपा.) रंजना अरगड़े, पृ. 223
408. वही, पृ. 224
409. वही, पृ. 224
410. वही, पृ. 224
411. वही, पृ. 225
412. वही, पृ. 225
413. शमशेर बहादुर सिंह की कुछ गद्य रचनाएँ, (संपा.) मलयज, पृ. 98
414. वही, पृ. 98
415. वही, पृ. 99
416. वही, पृ. 99
417. वही, पृ. 106
418. वही, पृ. 107
419. कुछ और गद्य रचनाएँ—शमशेर बहादुर सिंह, (संपा.) रंजना अरगड़े, पृ. 13
420. वही, पृ. 13
421. होड़ में पराजित काल—('उद्भावना'—शमशेर बहादुर सिंह विशेषांक), (संपा.) विष्णु खरे, पृ. 523
422. कुछ और गद्य रचनाएँ—शमशेर बहादुर सिंह, (संपा.) रंजना अरगड़े, पृ. 145
423. वही, पृ. 145
424. वही, पृ. 145
425. वही, पृ. 145
426. वही, पृ. 145-146
427. वही, पृ. 146
428. होड़ में पराजित काल—('उद्भावना'—शमशेर बहादुर सिंह विशेषांक), (संपा.) विष्णु खरे, पृ. 523
429. कुछ और गद्य रचनाएँ—शमशेर बहादुर सिंह, (संपा.) रंजना अरगड़े, पृ. 146-147
430. वही, पृ. 147
431. वही, पृ. 147
432. वही, पृ. 147
433. वही, पृ. 148
434. कविता के नए प्रतिमान—नामवर सिंह, पृ. 11
435. वही, पृ. 11
436. कुछ और गद्य रचनाएँ—शमशेर बहादुर सिंह, (संपा.) रंजना अरगड़े, पृ. 152
437. वही, पृ. 152-153
438. वही, पृ. 154-155

शमशेर की आलोचना-भाषा

भाषा एक ऐसा महत्त्वपूर्ण औजार है जिसके बिना कोई भी रचनात्मक कार्य सम्भव ही नहीं हो सकता। हर कला की एक भाषा होती है जिसमें वह कलाकार से बातें करती है और कलाकार भी अपनी कला से उसी भाषा में बातें करता है। भाषा जब कला और कलाकार के संस्कारों से पूर्णतया समृद्ध हो जाती है तब वह कलाकार द्वारा कला में अभिव्यक्त उसके भावों और विचारों की अभिव्यक्ति का पूर्ण द्वार खोल देती है। और इस माध्यम से कलाकार के भाव तथा उसके विचार पाठक से सीधे संवाद स्थापित करते हैं। शमशेर ने 'दूसरा सप्तक' के वक्तव्य में अपनी कविताओं के भाषागत संस्कारों की चर्चा करते हुए लिखा है कि "अपनी कविता में मेरी खास कोशिश यह रही है कि हर चीज की, हर भावना की जो एक अपनी भाषा होती है, जिसमें वह कलाकार से बातें करती है, उसको सीखूँ। इस तरह की कोशिश जहाँ-जहाँ भी कामयाब होती देख सका, मैंने उससे असर लिया।"[1] शमशेर की आलोचना की भाषा में भी हमें कुछ ऐसी ही बानगी देखने को मिलती है।

शमशेर की आलोचना-भाषा रचनात्मक कौशल से समृद्ध है। यह बरबस ही हमें रचना बनाम आलोचना के विमर्श की याद दिलाती है, क्योंकि शमशेर के आलोचनात्मक गद्य को पढ़ते हुए हमें यह महसूस नहीं होता कि हम किसी की आलोचना पढ़ रहे हैं। इसके बरक्स यह महसूस होता है कि हम किसी रचना को पढ़ रहे हैं, क्योंकि शमशेर कोई अकादमिक आलोचक नहीं हैं, एक कवि-आलोचक हैं। इस नाते उनकी आलोचना की भाषा में रचनात्मकता का पुट आना स्वाभाविक ही है। कवि-आलोचकों का आलोचनात्मक गद्य ऐसा ही होता है। कवि-आलोचकों की भाषा कई बार कष्टसाध्य भी दिखाई पड़ती है। उसमें पांडित्यपूर्ण प्रदर्शन के कारण दुरूहता भी होती है, लेकिन इसके बावजूद वह सार्थक और प्रसंगानुकूल भाषा होती है जिसमें समकालीन दबावों और तनावों के प्रति खुला रहकर एक तलाश और सम्भावनाओं की अपील काम करती है। कवि-आलोचकों में शीर्षस्थ गजानन माधव मुक्तिबोध की आलोचना-भाषा भी ऐसे ही रचनात्मक उत्तेजना से परिपूर्ण और एक जीवन्त वार्तालाप है। उनका निजीपन और उनकी वैचारिकता उनके आलोचनात्मक गद्य को रचनात्मकता से समृद्ध करती है।

एक कवि–आलोचक के रूप में अशोक वाजपेयी ने अपनी पुस्तक 'फिलहाल' में आलोचना की भाषा पर विचार करते हुए लिखा है कि "आलोचना का बुनियादी काम है महत्त्वपूर्ण रचना चुनकर उसमें जो घटता है उसका ऐसी उत्कटता से बखान करना कि पाठक के लिए वह रचना अपनी सार्थकता में गहरे अधिक उपलभ्य हो सके। पर इसके लिए जरूरी है कि आलोचना रचना की सार्थकता की खोज करे, उसे परिभाषित करे और इस परिभाषा को भरसक मनुष्य की दूसरी खोजों की सार्थकता और उसके द्वारा पाई गई दूसरी परिभाषाओं से जोड़ सके। जाहिर है कि यह सब कर पाने में समर्थ होने के लिए आलोचना को ऐसे औजारों से लैस होना चाहिए जो सूक्ष्म हों, प्रसंगानुकूल और समकालीन हों और जिनकी विश्वसनीयता की पड़ताल उन्हें इस्तेमाल करने वाला बराबर सावधान रहकर करता चले! ऐसे औजारों में प्रमुख है आलोचना की भाषा। लेकिन भाषा से मतलब सिर्फ शब्द–क्रीडा नहीं है, उसमें धारणाएँ और दृष्टि शामिल है।"[2] कहना न होगा कि शमशेर की आलोचना–भाषा केवल शब्द–क्रीडा नहीं है, बल्कि उसमें वह सभी विशिष्टताएँ मौजूद हैं जो किसी रचना की आलोचना को जीवन्त वार्तालाप बनाकर उसे सार्थकता प्रदान करती है। अशोक वाजपेयी की अपेक्षाओं से कहीं आगे बढ़कर शमशेर की आलोचना की भाषा में उनकी स्पष्ट धारणा, और स्वस्थ दृष्टिकोण, रचनात्मकता और सार्थकता, उनका निजीपन और वैचारिकता और एक जीवन्त वार्तालाप है।

शमशेर के आलोचनात्मक गद्य की संरचना को समझने के लिए यह आवश्यक है कि हम उनकी आलोचना की भाषा की एक–एक बारीकियों पर बात करें क्योंकि शमशेर की आलोचना की भाषा में शमशेर का निजी स्वर प्रमुख है, बिलकुल मुक्तिबोध सरीखे। शमशेर की आलोचना की भाषा में विचार आते नहीं, बल्कि आकर बोलते हैं। शमशेर की आलोचना की भाषा के प्रति यह निजता और वैचारिकता का आग्रह ही उनकी आलोचना को जीवन्त वार्तालाप बनाता है। शमशेर की आलोचना–भाषा में केवल हिन्दी या केवल उर्दू की विरासत नहीं है, बल्कि उनकी भाषा में उर्दू–हिन्दी की समरसता या उर्दू–हिन्दी की मिली–जुली शैली है जो खड़ी बोली के सच्चे स्वरूप 'हिन्दुस्तानी' की विरासत है। उनकी आलोचना की भाषा में भाषिक–विधान के अन्तर्गत रेटॉरिक–कौशल और गद्य की लय विद्यमान है जो उनकी आलोचना–भाषा को अन्य कवि–आलोचकों की भाषा से श्रेष्ठता प्रदान करती है। अतः शमशेर की आलोचना की भाषा की इन बारीकियों पर अलग–अलग शीर्षकों के अन्तर्गत थोड़ी–बहुत बातचीत कर लेना सुविधाजनक होगा।

निजता और वैचारिकता का आग्रह

शमशेर के दोनों निबन्ध–संग्रहों 'दोआब' और 'कुछ और गद्य रचनाएँ' को जब हम देखते हैं तो मोटे तौर पर उनमें प्रवृत्तिगत भेद दिखाई देता है, क्योंकि शमशेर ने

व्यावहारिक आलोचनात्मक निबन्ध, सैद्धान्तिक आलोचनात्मक निबन्ध तथा वैयक्तिक निबन्ध आदि सभी पर अपनी लेखनी चलाई है। लेकिन इन आलोचनात्मक निबन्धों की भाषा की प्रकृति कुछ ऐसी है जो इन प्रवृत्तिगत भेदों को अधिकांशत: नहीं के बराबर कर देती है। इसका कारण आलोचना-भाषा के प्रति शमशेर की निजता है जो इन भेदों को मिटा देती है। जिस प्रकार शमशेर का समस्त साहित्यिक-व्यक्तित्व अविभाज्य रूप से अपनी कविताओं, कहानियों, आलोचनाओं और डायरियों में व्याप्त है, इसके आधार पर उनमें भेद करना मुनासिब नहीं है। निबन्ध लेखन में उनकी भाषा ऐसी निजता लिए रहती है और वे जिस अन्तरंगता से इसमें लीन होते हैं, उसके आधार पर इनके सभी निबन्ध वैयक्तिकता की कोटि में ही आते हैं। भाषा को लेकर निजता और वैचारिकता का यह आग्रह शमशेर को अपने समकालीन सन्दर्भों में समय और समाज के प्रति सहज-स्वाभाविक व्यक्तिगत प्रतिक्रिया के लिए प्रेरित करता है। शमशेर जब साहित्यकारों, रचनाकारों और काव्य-प्रकारों या विमर्शों पर सैद्धान्तिक आलोचनात्मक-चिन्तन भी करते हैं तब किसी विशेष काव्य-सिद्धान्त को आधार बनाकर अपनी बात नहीं कहते, बल्कि रचनाओं, रचनाकारों पर अपनी वैयक्तिक प्रतिक्रिया व्यक्त करते हुए सहज और स्वाभाविक रूप से आलोचना करते चलते हैं।

दरअसल, भाषा के प्रति निजता और वैचारिकता का यह आग्रह और उनका ऐसा व्यक्तित्व ही काव्य-सिद्धान्तों एवं उसके सामाजिक प्रभावों का ऐसा ध्येता है कि उनकी बिलकुल सहज-स्वाभाविक व्यक्तिगत प्रतिक्रिया भी आलोचना का रूप ले लेती है। शमशेर के आलोचनात्मक गद्य में उनकी निजता और वैचारिकता की प्रशंसा करते हुए डॉ. रामविलास शर्मा ने लिखा है कि ''शमशेर की कविताओं का महत्त्व कई आलोचकों ने पहचाना है, लेकिन उनके गद्य पर किसी ने ध्यान दिया हो, ऐसा मेरे देखने में नहीं आया। गद्य में विचारों का महत्त्व पहचानना आसान भी नहीं है। विचारक की मौलिकता, दूरदर्शिता, अन्तर्दृष्टि, तर्कयोजना, उसके चिन्तन का घनत्व वही पहचानता है जिसकी अपनी मेधा परिपक्व और विकसित हो। हिन्दी **गद्य** पर कितनी किताबें हैं। और हिन्दी **गद्य** पर? उपन्यास, कहानी आलोचना की विषयवस्तु पर नहीं, गद्य के कलात्मक प्रयोग पर? नहीं के बराबर। लोग कविता का सम्बन्ध मुख्यतया भाव से जोड़ते हैं, भाव से जल्दी प्रभावित होते हैं, जहाँ विचार की गहराई हुई या काव्य-निर्माण में रचनाकार ने मेधा का चमत्कार दिखाया, वहाँ विवेक कुछ कहे-सुने बिना चुपचाप बगल से निकल जाता है। इसलिए शमशेर के गद्य पर लोगों ने ज्यादा ध्यान न दिया तो आश्चर्य नहीं।''[3]

शमशेर दरअसल रस्मी, तारीफी, मजलिसी और सन्तुलित आलोचना के कायल नहीं हैं, बल्कि वह अपनी बात पूरी बेबाकी से कहते हैं बिलकुल अपनी निजी शैली में। फिर उनकी बात किसी को बुरी लगे या अच्छी, इसकी उन्हें परवाह नहीं है। उनका मानना है कि वह अपनी बात कह रहे हैं किसी और की नहीं और न ही किसी

के दबाव में। अपनी आलोचना और उसकी भाषा को लेकर उनका निजीपन ही उनके आलोचक को किसी गिरोह और गुट में शामिल नहीं होने देता और वह शामिल होना भी नहीं चाहते। फरवरी, 58 की डायरी में उन्होंने लिखा है कि ''तारीफ करना, गुण बखानना, तो बेहद आसान है; मगर दोष गिनाना और समझाना मुश्किल और खासा महँगा काम है। शुक्र यही है कि इसकी न सम्पादकों को जरूरत है, न लेखकों को, आमतौर से। सबके गिरोह और गुट हैं। उनको मद्देनजर रखकर आप बातें कहें, तो आपको आजादी है कि जैसे चाहे और जो चाहे, कहें। मगर बस, जरा खयाल रहे।''[4] शमशेर अपनी आलोचना में इसका खयाल नहीं रखते क्योंकि वे किसी गुट या गिरोह के नुमाइंदे नहीं हैं। क्योंकि वे अपनी बात अपने विवेक और अपनी समझ के आधार पर कहते हैं जिसमें उनका अपना विचार निहित होता है। इसलिए उनकी आलोचना की भाषा में निजता और वैचारिकता का आग्रह हर जगह दिखाई पड़ता है।

शमशेर ने ज्यादातर अपने पसन्दीदा रचनाकारों पर ही आलोचनात्मक-चिन्तन किया है और उनकी धारणा भी है कि अपने पसन्दीदा कवियों पर लिखूँ। लेकिन उनकी पसन्दगी का दायरा तंग नहीं है, उसमें हर विचारधारा और हर मानसिकता के रचनाकारों के लिए बराबर जगह है। शमशेर की आलोचना-भाषा में उनकी निजता और उनके वैचारिक आग्रह को क्रमवार, एक व्यवस्था के रूप में पेश करना मुश्किल काम है। इसलिए उनके विभिन्न आलोचनात्मक निबन्धों से उदाहरण जुटाकर इस विशेषता को रेखांकित किया जा सकता है। भाषा के प्रति उनका निजी स्वर कैसे हमारे सामने आता है, इसके लिए सबसे दिलचस्प उदाहरण उनका 'एक बिलकुल पर्सनल एसे' है। इसमें अज्ञेय के विषय में वे अपनी निजी धारणा और विचार व्यक्त करते हुए लिखते हैं कि ''अज्ञेय को मैं चुपचाप अपना एक फ़ेवरिट कवि मानता हूँ...और मैं अपने फेवरिट कवि के प्रति अत्यधिक कड़ी आलोचनात्मक दृष्टि भी रखता हूँ...मगर अपनी समझ के लिए : सार्वजनिक व्याख्या के लिए नहीं। ऐसे अपने कवियों के साथ नागार्जुन और त्रिलोचन आते हैं, बल्कि Somehow पहले आते हैं। अज्ञेय से निश्चय ही कुछ ज्यादा ये मेरे इतने अपने कवि हैं कि उनकी हर कमजोरी पर गुस्सा आए और मैं उसे सरेआम भी व्यक्त कर दूँ; मगर इन तीनों की सफलताएँ मुझे विभोर कर देती हैं, और मैं अत्यधिक अपने को उनका ऋणी पाता हूँ।''[5]

एक दूसरा उदाहरण यह कि ''मैं अज्ञेय की कविता को प्यार करने के साथ-साथ उसको विशेष आदर से पढ़ता हूँ, उससे सीखने की कोशिश करता हूँ। गुनाह यही करता हूँ कि उसको ज्यादा नहीं पढ़ता।''[6] और ''अज्ञेय में सबसे अधिक चीज जो मुझे मोहती है, वह है उनकी व्यापक और गहरी सुरुचि, ...जिस पर भरोसा किया जा सकता है; और भावों की सच्ची गम्भीरता; और अभिव्यक्ति में कुछ वह सादगी-सी, जो एक उस्ताद शिल्पी के यहाँ ही मिलती है। उनको वातावरण में एक क्लासिकल उदासी—मैं और किस तरह उसको व्यक्त करूँ!''[7] अज्ञेय के गद्य के बारे में उनकी

निजी राय देखिए—"इनका गद्य, स्पष्ट कहूँ, मुझे अच्छा नहीं लगता ('अपने प्रिय लेखक' के अर्थ में कह रहा हूँ); यद्यपि मैं उसका बहुत आदर करता और उसे बहुत मूल्यवान समझता हूँ। ...मुझे उनका कवि, उनके कवि का शालीन-गम्भीर व्यक्तित्व पसन्द है।"[8] एक और दिलचस्प उदाहरण यह कि "अज्ञेय में जो चीज मुझे खटकती और साथ ही आकर्षित करती रही, वह है उनका सदैव अपनी भावनाओं के प्रति सचेत रहना। कभी वह अपने को भूल नहीं सकते, खो नहीं सकते। (मैं कविता की ही बात जानता हूँ।) वह बड़ी बात भी है। ऐसा आर्टिस्ट निरन्तर ऊपर उठता जाएगा—अगर प्रज्ञावान है और विनम्रता और क्षमा उसका आन्तरिक स्वभाव है।"[9]

ये कुछ दिलचस्प उदाहरण हैं शमशेर की आलोचना-भाषा की निजता और वैचारिकता के। यह 'मैं' शैली, यह अधिकार भाव, यह पसन्दगी-नापसन्दगी की कसौटी, अज्ञेय की कविताओं के प्रति यह प्यार, सम्मान और मोह, अपनी बात को व्यक्त करने की बेचैनी, यह गुस्सा और खीज और साथ ही यह आत्म-स्वीकृति कि "मैं कोई आलोचक नहीं हूँ। एक पाठक, एक एकान्त कवि-पाठक हूँ।"[10] और कमाल की सादगी और विनम्रता—यह सब शमशेर की भाषा-शैली की निजता का ही कमाल है। ऐसा लगता है कि शमशेर अज्ञेय की आलोचना नहीं कर रहे हैं, बल्कि किसी से जीवन्त वार्तालाप कर रहे हैं। इस वार्तालाप में कितनी आत्मीयता, कैसी सहानुभूति, कैसा दो-टूकपन और साथ ही तीक्ष्णता भी है। इस आत्मीयता के बावजूद भी शमशेर इतनी आसानी और कलाकारी से अपनी निजी शैली में अज्ञेय के बारे में अपनी खरी-खरी बात कह जाते हैं। पहली दफा लगता है कि शमशेर अपनी निजी बातें कह रहे हैं, लेकिन बाद में उसका प्रभाव इतना गहरा पड़ता है कि उनकी निजी बातें 'पब्लिक स्फेयर' की बातें हो जाती हैं। यही शमशेर की आलोचना की भाषा का अद्‌भुत कमाल है।

'एक बिलकुल पर्सनल एसे' में ही ऐसे और भी कई दिलचस्प उदाहरण हैं जहाँ शमशेर ने अनेक कवियों के विषय में अपनी निजी राय व्यक्त की है जो उनकी आलोचना-भाषा की निजता को सामने लाते हैं। जैसे नागार्जुन के बारे में—"उसके शब्द बड़ी पोढ़ी उँगलियों से हमारी चेतना को पकड़ते हैं। उसके भाव हमारी आँखों में आँखें डालकर हमसे बात करते हैं। यह मुँहफट कवि अकसर मुझे सबसे बड़ा, सुलझा हुआ, सबसे आधुनिक; सबसे जागरूक कवि लगता है।"[11] और केदारनाथ अग्रवाल के बारे में यह कि "मैं उसकी कविताओं में उसका दिल जैसे आर-पार देखता हूँ और वह दिल कितना हर तरह के **हम्बग** और **स्नॉबरी** से पाक है। वह सहज ही किसी जादूगरी में फँसता नहीं। खिलवाड़ उसे अच्छा नहीं लगता। जो बात या उक्ति समझ में नहीं आती, वह उसे खामखाह ही गूढ़ नहीं लगती। एक होता है कविता का अपना मर्म, शब्द जिसका माध्यम मात्र होता है : वह मर्म जैसे चमकती हुई आँखें रखता हो—स्पष्ट, गम्भीर और सहज-तरल। केदार उसी को खोजता है।"[12]

और त्रिलोचन "साहित्य के ऐसे हनुमान हैं जो अपने राम में ही रमे रहते हैं। पहाड़ उठाने का जब मौका आता है, तभी पहाड़ उठाते हैं, मगर कुछ इस तरह कि पहाड़ उठाएँ और किसी को पता न चले कि पहाड़ उठाया गया।—जो थोड़े से लोग इनकी कवि-आत्मा से परिचित हैं, वही महसूस कर सकते हैं।"[13]

दरअसल, ये कुछ ऐसे उदाहरण हैं जो शमशेर की आलोचना-भाषा के निजी स्वर और उनकी वैचारिक पृष्ठभूमि को जानने के लिए बेहद महत्त्वपूर्ण हैं। गौरतलब है कि इन उद्धरणों को पढ़ने के बाद हमें ऐसा महसूस होता है कि शमशेर इन कवियों की आलोचना नहीं कर रहे हैं, बल्कि इनके बारे में किसी से बात कर रहे हैं, बिलकुल अपनी बात, अपनी समझ और विवेक के आधार पर, किसी के प्रभाव में नहीं। लेकिन इन पर्सनल बातों में ही वे इन कवियों के काव्य और उनके व्यक्तित्व के बारे में बिलकुल सटीक, सार्थक और गम्भीर कुछ ऐसी बातें कह जाते हैं जो इन कवियों की काव्यकला को समझने-समझाने का सूत्र बन जाते हैं। 'सापेक्ष' पत्रिका में कमला प्रसाद ने शमशेर की आलोचना की भाषा में उनकी निजता और वैचारिकता को स्पष्ट करते हुए लिखा है कि "पर्सनल का अर्थ यह नहीं कि वे विवेक को छोड़ देते हैं। वे सोचते और विश्लेषण करते हैं। वे पूरी तैयारी करते हैं। दिल में बसाते हैं और खूब मथते हैं। प्रभाव को व्यक्त करते हैं। जैसे खेत में पानी बरसे, बादल चले जाएँ, बाद में किसान अपने खेत के कण-कण को टटोलकर देखे, बारिश के असर को। उससे उपजी गन्ध को सूँघ-सूँघकर। शमशेर का आस्वादक आलोचना रचनाओं को पढ़ता भर नहीं, ऐन्द्रिय बनाकर उसे अपने सामने खड़ा करता है।"[14]

शमशेर आलोचना की भाषा में अपनी बात रखने के लिए अपने निजी मुहावरे गढ़ते हैं। चालू मुहावरों से उनका काम नहीं चलता। हिन्दी आलोचना की भाषा के चालू मुहावरों को आत्मसात् करना शमशेर की फितरत में है भी नहीं। अपनी भाषा में अपने निजी मुहावरों के बल पर ही वे अपने समकालीन सामाजिक-राजनीतिक समस्याओं और उसके यथार्थ रूप को अभिव्यक्ति प्रदान करने में सफल होते हैं। शमशेर चाहे प्राचीन साहित्य पर बात कर रहे हों या अपनी समकालीन रचनाशीलता पर, हर जगह वह अपने समय की समस्याओं और उसके यथार्थ के परिप्रेक्ष्य में साहित्यिक रचनाओं की सार्थकता की तलाश करते चलते हैं और इस तलाश में उनकी भाषागत निजता और वैचारिकता उनका बड़ा साथ निभाती है। डॉ. रामविलास शर्मा ने यह लिखा था कि "शमशेर में बहुत बड़ी क्षमता इस बात की है कि वह राजनीतिक उतार-चढ़ाव को सीधी-सादी लेकिन समर्थ शैली में मूर्तिमान कर सकते हैं।"[15] डॉ. शर्मा ने इसके लिए सुभद्राकुमारी चौहान पर लिखे शमशेर के निबन्ध का हवाला दिया था। शमशेर अपने समकालीन यथार्थ को सुभद्रा जी की आलोचना करते हुए अपनी निजी शैली में अपने निजी मुहावरे गढ़ते हुए किस प्रकार व्यक्त करते हैं और उनकी वैचारिकता कैसे काम करती है, इसका दिलचस्प उदाहरण ये

पंक्तियाँ हैं—"उस अपराजेयता की बँधी हुई मुट्ठी को साम्राज्यवाद की बेमिसाल कूटनीति ने किस तरह मसल-मसलकर धीरे-धीरे ढीला किया है—तब से आज तक का इतिहास यही है—उसको आज नेताओं की जख्मी उँगलियों की दुखती नसें और जोड़-बन्द ही जानते हैं—कलाई से पंजा जैसे अलग हो गया है, और उँगलियाँ आपस में नहीं मिलतीं। शब्द शक्तियाँ अलग-अलग; और कैसी अलग-अलग।"[16]

यह सब शमशेर की व्यावहारिक आलोचना है लेकिन भाषागत निजता के कारण यह पर्सनल-सा जान पड़ता है। शमशेर दरअसल, साहित्य को जीवन्त अनुभूति के रूप में आत्मसात् करते हैं। और जब उसकी अभिव्यक्ति करते हैं तो उसमें व्यापक जनसमूह की भावनाओं के प्रति उनके विचार पूरी ईमानदारी से सामने आते जाते हैं। हमें लगता है कि यह सब उनके पर्सनल विचार हैं, लेकिन उसके पीछे की पृष्ठभूमि नितान्त सामाजिक समस्याओं से गुँथी हुई होती है। जैसे सुभद्रा जी की ही राष्ट्रीय कविताओं की वो व्याख्या करते हैं कि "उन आवाजों के साथ मिलकर कोई गाएगा, तो जन-गान की बड़ी मजबूत धारा उसके स्वर में गूँजेगी।"[17] तब वह राष्ट्रीय आन्दोलन के व्यापक जनभावनाओं को स्पर्श कर रहे होते हैं। शमशेर अपनी भाषिक निजता के बल पर किसी रचनाकार की आलोचना में इतनी अन्तरंगता से तल्लीन होते हैं कि पाठकों को उस आलोचना के जरिए अपनी निजी अनुभूति का एहसास होने लगता है। एक ऐसा ही उदाहरण सुभद्रा जी के छन्दों के विषय में है कि "गम्भीर तो जैसे शपथ ले रहा है; उद्‌दाम और मस्त, तो जैसे झमाझम बारिश हो रही है; सरल और सरस, तो जैसे हवाएँ मल्हार गा रही हैं। जो बातें होंगी, वह ऐसी, गोया पहले से ही हमारे दिल में थी।"[18] कोई कहेगा कि शमशेर किसी की आलोचना कर रहे हैं? लेकिन यह आलोचना है। शमशेर की भाषागत निजता और उनकी वैचारिकी साहित्य की आलोचना को सजीव अनुभूति बना देती है।

शमशेर की भाषागत निजता और उनकी वैचारिकता उनकी विनम्रता और साहस और गहन अध्ययनशीलता का परिणाम है। 'मुक्त-छन्द' पर बहस करने से पहले वे लिखते हैं कि "वास्तव में इस विषय को उठाने की योग्यता मैं अपने अन्दर कम पाता हूँ। केवल इसलिए कि मुक्त-छन्द का मैं शुरू से हामी और समर्थक और अपनी सीमा में एक प्रयोगक रहा हूँ, मुझे इस समस्या पर कलम उठाने का कोई विशेष अधिकार नहीं मिल जाता।"[19] वही जब 'काल और सृजन' पर लिखने चलते हैं तो साहस का परिचय देते हुए कहते हैं कि "मेरा मुँह खोलना धृष्टता है। मगर जब-तब कविता का सृजन करता रहता हूँ इसलिए आधी बात कहने का हकदार अपने को मान लिया और गुस्ताखी करने बैठ गया।"[20] यह विनयशीलता और यह साहस ही शमशेर को अपनी बात दूसरों तक पहुँचाने और उसे मनवाने का सबसे सबल पक्ष है। शमशेर की भाषा और उनके विचारों को देखकर लगता है कि वह अपनी बातें कहने जा रहे हैं या कह रहे हैं, लेकिन उनका प्रभाव इतना गहरा और तीक्ष्ण होता है

कि आलोच्य विषय या रचनाकार की नब्ज हमारे सामने आने लगती है। और शमशेर अपनी बातें दो-टूक लहजे में कह जाते हैं।

अपनी व्यावहारिक समीक्षा में शमशेर जब मुक्तिबोध पर लिखते हैं तब उनकी भाषा और वैचारिकी देखते ही बनती है। शमशेर लिखते हैं कि "गजानन माधव मुक्तिबोध मुझे खासतौर से शायद इसलिए ज्यादा अपील करता है कि वह मुझसे इतना भिन्न है। ऐब्स्ट्रैक्ट नहीं, ठोस। बहती हवाओं-सा लिरिकल, अर्थहीन-सा कोमल, न कुछ नहीं बल्कि प्रत्येक पंक्ति में चित्र के उभार को और भी घूरती और भी ताड़ती हुई आँख से प्रत्यक्ष करता हुआ। अनुभूति के यथार्थ से कतराता हुआ नहीं बल्कि अपने तक और भावना के कुशल से अनुभव की कड़ी धरती को लगातार गहरे खोदता जाता। थककर बैठ जाता—अपने दायित्व को भूल जाता नहीं; कभी नहीं : बल्कि उनके सिलसिलों को कसकर बाँधता।"[21] मुक्तिबोध की ऐसी आलोचना हिन्दी में मिलना दुर्लभ ही है। ऐसी जानदार भाषा, ऐसे सटीक शब्दों का प्रयोग और जगह-जगह स्पेस और आवृत्ति सब मिलकर एक ऐसी छटा कायम करते हैं जैसे हमें लगता है कि मुक्तिबोध हमारे सामने बैठकर कारीगरी कर रहे हैं—कविता नहीं लिख रहे और शमशेर हैं कि उनकी कारीगरी के एक-एक स्टेप को बयाँ कर रहे हैं, लेकिन ध्यान रहे कि यह बयान शमशेर कर रहे हैं, कोई और बयाँ करता, तो शायद 'रस' परिवर्तित हो जाता। यह सब शमशेर की निजी शैली है जो मुक्तिबोध की आलोचना में भी नहीं मिलती। एक और दिलचस्प उदाहरण कि "मुक्तिबोध की कविता को किसी राजदाँ की बातों की तरह सँभल-सँभलकर सोच-सोचकर, बल्कि कभी-कभी दोहरा-दोहराकर, पढ़ना चाहिए।"[22] यहाँ शमशेर मुक्तिबोध की आलोचना नहीं कर रहे हैं, बल्कि ऐसा लगता है कि हमें मुक्तिबोध के संसार में प्रवेश करने का एक सूत्र दे रहे हैं। क्या यही बातें शमशेर की आलोचना पढ़ने पर भी लागू नहीं होतीं ? यह सब शमशेर के अपने नए गढ़े हुए मुहावरे का कमाल है। ऐसे और भी तमाम उदाहरण शमशेर की व्यावहारिक आलोचना में भरे पड़े हैं जो भाषा के प्रति उनके निजीपन और उनकी वैचारिकी को स्पष्ट करते हैं।

ग़ालिब पर लिखा शमशेर का लेख भी उनकी निजता का ही प्रमाण है। 'ग़ालिब : मेरी दृष्टि में' नाम से ही स्पष्ट है कि ग़ालिब पर जो विचार है वह शमशेर के नितान्त निजी विचार हैं। शमशेर की भाषिक शैली और उनके विचार यहाँ देखने लायक है जब शमशेर लिखते हैं कि "ग़ालिब खुद एक बड़ा हीरो है अपनी व्यापकता के केन्द्र में, जो कि स्पष्ट एक आधुनिक चीज है। व्यक्ति का निर्बाध अपनापन। हर बात में अपने व्यक्तित्व को—अपने निजी दृष्टिकोण को सामने रखना। मैं खुद किस पहलू से सोचता हूँ, किस ढंग से महसूस करता हूँ, यह उसके लिए महत्त्व की बात है।"[23] क्या यह शमशेर के लिए खुद कम महत्त्व की बात है ? शमशेर भी तो जिस चीज पर सोचते हैं उसमें उनका निजी विचार और उसकी अभिव्यक्ति के लिए वैसी ही भाषिक

निजता और शैली होती है। शमशेर को किसी के बारे में जो बात समझ में आती है या उन्हें खुद जैसा लगता है वह उसकी अभिव्यक्ति बिलकुल अपनी भाषा में करते हैं। यह अलग बात है कि वह अपनी बातों को स्पष्ट करने के लिए दूर-दूर से उदाहरण जुटा लेते हैं। लेकिन इससे जो कुछ भी बन पाता है वह उनका अपना ही होता है। उदाहरण के लिए जब वह लिखते हैं कि "मुझे ऐसा लगता है कि ग़ालिब की दिलचस्पी किसी भी प्रकार के आदर्शवाद में नहीं थी। थी तो केवल इनसान में। उसके विडम्बनापूर्ण मगर हौसलेमन्द जीवन्त नाटक में। और इसलिए कि आदमी को भी मयस्सर नहीं इन्साँ होना। वह स्वयं कितना बड़ा इनसान था, हाली के मार्मिक शब्द इसकी पुष्टि करते हैं।"[24] तब उनके विचार और उनका भाषिक-विधान किसी का उधार लिया हुआ नहीं, उनका खुद का अपना होता है।

वह चाहे व्यावहारिक आलोचना हो या सैद्धान्तिक आलोचना या फिर शमशेर का वैयक्तिक आलोचनात्मक निबन्ध ही क्यों न हो, शमशेर हर जगह अपनी निजता और वैचारिकी के साथ संगति बैठा लेते हैं। उनके सैद्धान्तिक निबन्धों जैसे 'सामाजिक सत्य और रचना का माध्यम', 'काल और सृजन', 'मुक्त-छन्द', 'अर्मूत कला' 'कला और साहित्य में प्रयोगवाद', 'कवि कर्म : प्रतिभा और अभिव्यक्ति-1', 'कवि कर्म : प्रतिभा और अभिव्यक्ति-2', 'भाषा और साहित्य के बारे में एक नए दृष्टिकोण की माँग' और 'आशु कविता' आदि सब में शमशेर के अपने विचार भाषिक निजता के बल पर ही सामने आ पाते हैं। सामाजिक समस्याओं, रचना-प्रक्रिया, काव्य प्रकारों आदि सब विषयों पर शमशेर अपने अनुभव के आधार पर ही अपने विचार हमारे सामने रखते हैं और इन सब में भाषा की उनकी अपनी बनावट अभिव्यक्ति में उनका बहुत साथ निभाती है। शमशेर के निबन्ध चाहे व्यावहारिक हों या सैद्धान्तिक, हिन्दी के रचनाकारों या विमर्शों पर हो या उर्दू या अंग्रेजी के रचनाकारों पर, हर जगह उनके निबन्धों में लालित्य मौजूद रहता है। 'कुछ और गद्य रचनाएँ' की भूमिका में रंजना अरगड़े ने इस तरफ संकेत करते हुए लिखा है कि "शमशेर जी के इन निबन्धों में किस तरह लालित्य छिपा है। एकाध निबन्धों को छोड़ प्रायः सभी निबन्धों में शमशेर जी के व्यक्तित्व के विभिन्न पहलू नजर आते हैं। इन निबन्धों के विषय ललित नहीं हैं। पर अपनी प्रस्तुति और प्रभाव में ये बहुत दूर तक ललित हैं।"[25] कहना न होगा कि यह लालित्य शमशेर की वैचारिकी और उनकी भाषागत निजता से ही उत्पन्न हुआ है। शमशेर की बहुत बड़ी ताकत है अपनी बात अपनी निजी शैली में कह जाने की, मगर उनका यह 'निजी' अपने प्रभाव में 'सार्वजनिक' हो जाता है।

शमशेर की यह खासियत है कि वे अपने समकालीन यथार्थ और परिवेश के अनुरूप किसी महान रचना या रचनाशीलता की सार्थकता तलाश करने के लिए, उसमें प्रवेश पाने के लिए एक पृष्ठभूमि तैयार करते हैं, और अपनी निजी शैली में

अपना रास्ता बनाते हैं। इसमें उनकी भाषा दूर तक साथ देती है। उदाहरण के लिए शमशेर निराला जैसे महान कवि-साधक की आलोचना करने के लिए विनम्रतापूर्वक यह लिखते हैं कि "मैं कोई आलोचक या साहित्य के इतिहास का—आधुनिक इतिहास का भी, कोई आलिम नहीं। कोई विद्वान् नहीं—एक शायर हूँ, एक कवि—बहुतों की निगाह में उलझा हुआ, मुश्किलपसन्द किस्म का कवि।"[26] और आगे यह कि "ऐसे शख्स से आप क्या सुनने की आशा बाँधे हुए होंगे, मैं यही सोच रहा हूँ। यानी, शायर की जबानी, शायरी की बातें? हाँ, आलोचना की बातें नहीं। कवि से कविता की बातें। कैसी कविता की बातें? जैसी वह खुद करता हो। ज्यादातर आधुनिक कविता की...है, न?"[27] ऐसी कमाल की सादगी और विनम्रता शमशेर की निजी सम्पत्ति है। यदि शमशेर कवि-आलोचक न होकर कोई अकादमिक आलोचक होते तो शायद ऐसी आलोचना नहीं लिख पाते। उनमें अगर किसी रचना या रचनाकार के प्रति इतना सम्मान का भाव है तो वह एक कवि-आलोचक के नाते ही है। और शीर्षक भी वैसा ही है—'कविता की बातें : निराला की कविताएँ'। निराला का मूल्यांकन या आलोचना नहीं।

शमशेर की आलोचना की भाषा की निजी बनावट का पता हमें तब चलता है जब वे अपने ऊपर निराला की 'मौन' शीर्षक कविता का प्रभाव निरूपित करते हैं। शमशेर लिखते हैं कि "बहुत दिनों से...बहुत दिनों से क्या...सोलह-सत्रह साल की उम्र से, जब से...वो एक पंक्ति, बल्कि वो गीत, जो अनायास ही, खामखाह, गूँजता रहा है मेरी चेतना में, वह है 'मौन' निराला जी की पहली कविता जो मैंने पढ़ी आज से कोई इक्यावन-बावन साल पहले।"[28] यह सब शमशेर की निजी अनुभूति है जो आलोचना की भाषा बनकर यहाँ सामने आई है। शमशेर को अपनी निजता पर पूरा भरोसा है और वो इसके लिए रचना की ही बातों का सहारा लेते हैं। जैसे निराला के ही बारे में ही लिखते हैं कि "दो बातें, मेरा खयाल है कि निराला के छन्दों में खासतौर से महसूस की गई हैं। एक तो ये कि हरेक पंक्ति आगे आने वाली पंक्ति के साथ गुँथी हुई होती है।"[29] और इसके स्पष्टीकरण के बाद यह कि "मुझे निराला में यह चीज बहुत अधिक आकर्षक लगती है।"[30] दरअसल, शमशेर की आलोचना को, आलोचना को नहीं उनकी बातों को रुक-रुककर, पचा-पचाकर न पढ़ा जाए तो हम उनकी निजता को नहीं समझ सकते, क्योंकि उनकी भाषा ही ऐसी होती है जो धैर्य की माँग करती है और इस धैर्य के साथ ही हम किसी रचना या रचनाकार पर अभिव्यक्त शमशेर के विचारों को समझ पाते हैं। क्योंकि शमशेर की अभिव्यक्ति की मनोवैज्ञानिक प्रक्रिया भाषागत निजी रचाव-बसाव के कारण अपने पाठक को अनेक स्थलों पर बाँधती है और उसे सोचने-समझने पर मजबूर करती है। शमशेर अपनी अनुभूतियों को और भी अधिक सबल अभिव्यक्ति प्रदान करने के लिए अपनी भाषा के साथ हमेशा संघर्षरत रहते हैं।

दरअसल, शमशेर ने अपने आलोचनात्मक गद्य की भाषा में रंग-भाषा और चित्र-भाषा का बहुतायत समावेश किया है जिसके कारण उनका आलोचनात्मक गद्य बिलकुल अलहदा और एक खास किस्म की आलोचना की श्रेणी में आ खड़ा हुआ है। शमशेर किसी रचना या रचनाकार की खूबियों और खामियों को प्रकट करने के लिए, रचना के काव्य-सौन्दर्य को उद्‌घाटित करने के लिए अपनी आलोचना की भाषा में भाषा के विभिन्न प्रकारों और उपकरणों का भरपूर प्रयोग करते हैं। अपने सृजनात्मक विवेक के आधार पर वे रचना और रचनाकार को भरपूर आत्मीयता और अपनेपन की दृष्टि से देखते हैं और इस प्रकरण में भाषा के ये विभिन्न प्रकार उनकी मदद करते हैं, लेकिन इस अपनेपन के बावजूद कमियों पर उनकी भाषा तीखा रुख भी अपना लेती है। सुलतान अहमद लिखते हैं कि "उनकी आलोचना में अपनेपन की इतनी जबरदस्त खुशबू रहती है कि आप चाहें तो बहुतेरे संस्मरणों को छोड़कर उनकी आलोचना पढ़ सकते हैं। उनकी आलोचना की खूबी यह है कि उसके द्वारा हमें उनके समय की हिन्दी कविता के माहौल का आत्मीय परिचय प्राप्त हो जाता है। वे हर रचना को जिस अपनेपन से देखते हैं, उसमें अगर मुरव्वत का पुट नहीं आता तो समीक्षा बड़ी जानदार बन जाती है। 'तारसप्तक' आदि पर लिखी गई आलोचनाएँ इसीलिए उल्लेखनीय बनती हैं।"[31]

शमशेर एक प्रगतिशील विचारधारा (मैं हिन्दी के प्रचलित मुहावरे का प्रयोग जानबूझकर कर रहा हूँ, क्योंकि भारतीय विद्वानों को ऐसे ही 'मस्का' लगाने वाले मुहावरों की आदत पड़ी है और लेखकों को सुनने की भी। अन्यथा मेरी नजर में कोई भी लेखक या कोई भी विचारधारा अपनी प्रकृति में प्रगतिशील ही होती है। क्योंकि उस लेखक या विचारधारा के हिमायती किसी-न-किसी रूप में हर युग में मौजूद होते हैं। अगर ऐसा नहीं होता तो वह लेखक, लेखक नहीं होता और वह विचारधारा, विचारधारा नहीं कहलाती। खैर!) कवि-आलोचक हैं। वे रचना के कलात्मक-सौष्ठव पर मुग्ध भी होते हैं, लेकिन साथ ही उसके सामाजिक सार्थकता पर भी चिन्तन करते हैं। शमशेर के भावुक कवि-हृदय और उनकी लयबद्ध भाषा को देखकर यह गलतफहमी हो सकती है कि वे भावुकता के शिकार हो जाते हैं किसी की आलोचना करते वक्त। लेकिन वास्तविकता इससे कुछ अलग भी है। "शमशेर की आलोचना का सबसे बड़ा आकर्षण ही उसकी प्रगतिशीलता है। इस सिलसिले में वे आमतौर पर भावुकता के शिकार नहीं होते। रचनाकारों को दी जाने वाली तमाम रियायतों के बावजूद वे बड़ी तीक्ष्ण दृष्टि का परिचय देते हैं। मिसाल के लिए उन्होंने बच्चन के 'बंगाल का काल' की बहुत तारीफ की थी। इसके बावजूद वे यह बताना नहीं भूले कि 'इस रचना को दो-तीन बार बहुत ध्यान से अगर पढ़ें तो हमें लगेगा कि कवि की भावनाएँ अकाल की वास्तविक स्थिति के गहरे विश्लेषण का पता नहीं देतीं।"[32] यही शमशेर की निजी शैली और उनकी वैचारिकता है। उनकी

आलोचना की भाषा इसका सबसे बड़ा प्रमाण है कि भावुक होते हुए भी उनके विचार बहुत सन्तुलित होते हैं। वह किसी विचारधारा या आलोचना की किसी परिपाटी के प्रभावस्वरूप अपनी बात नहीं कहते, वह वही कहते हैं जिसकी गवाही उनका खुद का विवेक देता है। यही कारण है कि शमशेर की निजता की प्रशंसा करते हुए दिविक रमेश ने लिखा है कि "शमशेर अपनी निजता, अपने विवेक, अपनी विनम्रता का संरक्षण करते हुए साफगोई के धनी थे। एक हद तक अपना सब कुछ दाँव पर लगा देने वाले निर्भीक।"[33]

शमशेर अपने आलोचना-कर्म में ही नहीं, बल्कि अपने व्यक्तिगत जीवन में भी अपनी निजता को किसी कदर छोड़कर नहीं चलते थे। त्रिलोचन ने शमशेर के बारे में एक साक्षात्कार में बताया है कि "दोस्तों में भी, जिनसे वो जुड़ते थे, उनको अपना लेते थे। और इस अपनाने का मतलब मृदुल और मधुर ही मत समझिए, कठोर भी होता है। वे कटुतम आलोचना भी करते थे।"[34] अपनी इसी निजता और भाषा के बल पर ही शमशेर का आलोचनात्मक गद्य बहुत समृद्ध और सघन है। आलोचनात्मक गद्य की इस रचनाशीलता पर भी जब त्रिलोचन से उनकी राय पूछी गई तो उन्होंने बताया कि "जैसा वो बोलते थे, उस तरह के वाक्य। और यह कविता में भी है उनकी। अगर रुक के न पढ़ें तो पकड़ में नहीं आएगी। जैसे एक मछली होती है, अगर आप ताल में उतरे हों कभी मछली पकड़ने—तो मान लीजिए, आपने पकड़ लिया उसे, तो वह फिसल जाएगी! इतनी चिकनी होती है।"[35] यही कारण है कि त्रिलोचन की तरह डॉ. रामविलास शर्मा ने भी शमशेर के आलोचनात्मक गद्य की संरचना को रेखांकित करते हुए उसे ठहर-ठहरकर पढ़ने की अपील की है।

त्रिलोचन और डॉ. रामविलास शर्मा की तरह अन्य कई आलोचकों और विद्वानों ने भी शमशेर की आलोचना-भाषा और उसके बनावट में इस मिजाज को पहचाना और रेखांकित किया है। डॉ. भोलाभाई पटेल ने डॉ. रंजना अरगड़े को दिए एक साक्षात्कार में शमशेर के आलोचनात्मक गद्य की भाषागत निजता और उसमें निहित शमशेर की वैचारिकता की तरफ इशारा करते हुए इस गद्य को सृजनशील और एक अलहदा किस्म का गद्य बताया है। बातचीत के दौरान वह कहते हैं कि "शमशेर जी के गद्य में एक तरह का Introspection दिखाई पड़ता है। उनका गद्य सहज नहीं है, तराशा हुआ गद्य है। शिल्पित गद्य है। इस अर्थ में प्रोज भी अपने साध्य है। यानी गद्य साधन भी साध्य भी है। उनके गद्य की अपनी एक इबारत है। बंगाल में सुधीन्द्रनाथ दत्त ऐसे गद्यकार हैं। आपको उन्हें रुक-रुककर ही पढ़ना पड़ता है। महादेवी का गद्य भी बहुत अच्छा है। पर शमशेर जी व उनके गद्य में यही अन्तर है कि वैचारिकता महादेवी के गद्य में कम है। शमशेर जी विचारों को महत्त्व देते हैं। शमशेर जी का आलोचनात्मक गद्य अलग ही है। गद्य रीति की दृष्टि से अधिक सृजनशील है।"[36] कहना न होगा कि इस सृजनशील गद्य में शमशेर विचारों का महत्त्व अपनी भाषागत

निजता के बल पर ही सामने लाते हैं। ऐसे में एक आलोचक के रूप में शमशेर का कैसा रूप हम देख पाते हैं, इस विषय में डॉ. पटेल की राय है कि "उनके पास एक अन्तर्दृष्टि है। बौद्धिक विवेक के साथ बात करते हैं। लगता है पढ़ते हुए कि Intelectual हैं। अगर ऐसा कोई कहता है कि वे सबकी तारीफ करते हैं, तो यह उनकी दूसरों को दुख न पहुँचाने की वृत्ति है, जो उनके व्यक्तित्व में भी हम देखते हैं। पर उन्हें जो कहना है, वह तो कहते ही हैं।"[37] दरअसल, आज के आलोचकों को शमशेर की आलोचना और उसकी भाषा से प्रेरणा लेने की आवश्यकता है जिससे वह अपने काव्य-विवेक और बौद्धिकता और उसकी मर्यादा को समृद्ध कर सकें। क्योंकि "शमशेर बहादुर सिंह के गद्य में विचार, काव्य-विवेक और वैयक्तिक अनुभवों की संचित राशि मिली-जुली है जिसमें दोआबी भाषा ही नहीं दोआबी संस्कृति की पूरी परम्परा और संस्कृति बोलती हुई-सी लगती है। अद्भुत यह कि जिसे वे महज 'पर्सनल एसे' कहते हैं, वह भी निजी से सार्वजनिक हो जाता है।"[38] आगे हम शमशेर की आलोचना-भाषा में इसी दोआबी संस्कृति के मिले-जुले रूप और उसकी समरसता की परख करेंगे।

उर्दू-हिन्दी की समरसता

शमशेर की आलोचना की भाषा में उर्दू-हिन्दी की समरसता या उर्दू-हिन्दी की मिली-जुली शैली का प्रयोग हिन्दी आलोचना के इतिहास में एक दुर्लभ और अद्वितीय उदाहरण बनकर हमारे सामने आता है। हिन्दी आलोचना में शायद ही ऐसा कोई मिले जो अपनी आलोचना की भाषा में हिन्दी-उर्दू का ऐसा समभाव और ऐसी समरसता पूरी तन्मयता के साथ पेश करता हो। शमशेर को हिन्दी और उर्दू जो कि खड़ी बोली के ही दो रूप हैं, दोनों भाषाओं पर समान अधिकार था। जिस प्रकार प्रेमचन्द उर्दू से हिन्दी में आए थे, ठीक उसी प्रकार शमशेर ने भी उर्दू से ही हिन्दी की तरफ अपना रुख किया था। शमशेर पहले उर्दू में ही लिखा करते थे, लेकिन बाद में हरिवंशराय बच्चन के प्रयासों से वह हिन्दी में लिखने लगे। आज शमशेर पूरी तरह हिन्दी के कवि और आलोचक भले ही हों, लेकिन उनकी पहली भाषा उर्दू ही है जो उनके भाषागत संस्कारों और उनके रग-रग में गहरे तक बैठी है। लेकिन शमशेर ने कभी भी केवल हिन्दी या केवल उर्दू की वकालत नहीं की है, बल्कि दोनों भाषाओं के मिले-जुले रूप को ही अपनी रचनात्मक शक्ति के रूप में इस्तेमाल किया है। यह बात हमें शमशेर की कविताओं तथा आलोचनाओं या अन्य गद्य रचनाओं में समान रूप से देखने को मिलती है।

ऐसे में एक दिलचस्प सवाल हमारे सामने खड़ा होता है कि शमशेर अपनी आलोचना की भाषा में हिन्दी-उर्दू की मिली-जुली शैली का प्रयोग कर भाषिक समरसता कायम करने की कवायद क्यों करते हैं? क्या इसलिए कि उनकी पहली

भाषा उर्दू है या इसलिए कि उर्दू के प्रति उनका रागात्मक सम्बन्ध गहरा है? बेशक ये दोनों बातें भी हो सकती हैं, लेकिन इसके अलावा भी एक सबसे महत्त्वपूर्ण बात जो है वह यह कि शमशेर के सामने कुछ लोगों की संकीर्ण मानसिकता और सोची-समझी रणनीति के तहत उर्दू-हिन्दी के बीच खड़ी की गई दीवार और इन दोनों के बीच उत्पन्न किए गए अलगाव और झगड़े का इतिहास भी था। ये लोग उर्दू-हिन्दी की समरसता को खंडित कर इन दोनों की एकता में फूट डालना चाहते थे। ये लोग कौन थे और ऐसा करने के पीछे इनका मनसूबा क्या था? आधुनिक हिन्दी कविता के आरम्भिक दौर में भाषा-विषयक विवाद 19वीं सदी से शुरू होकर छायावाद के आरम्भिक दौर तक चलता रहा। शमशेर का भाषिक संस्कार इस इतिहास का कायल नहीं हो सका। यही कारण है कि शमशेर ने अपनी आलोचना की भाषा में उर्दू-हिन्दी की समरसता पर बल दिया है। इस पर चर्चा करने से पहले हमें उर्दू-हिन्दी के बीच के अलगाव और झगड़े के इतिहास पर थोड़ी-बहुत बात कर लेना आवश्यक है।

दरअसल, हिन्दी और उर्दू के बीच फूट डालने का काम अंग्रेजों द्वारा सम्पन्न हुआ। और इस आग में घी डालने का काम किया भारतीय साहित्य का इतिहास लिखने वाले विदेशी इतिहासकारों ने। 'हिन्दी साहित्य का इतिहास' में आचार्य रामचन्द्र शुक्ल ने 19वीं शताब्दी में हिन्दी-उर्दू के बीच अलगाव और बढ़ते विवादों का जायजा लिया है। उन्होंने बताया है कि किस प्रकार फ्रांस और ब्रिटेन में बैठे हिन्दी और उर्दू साहित्य के इतिहासकारों ने हिन्दी और उर्दू के बीच के आपसी तनावों को बढ़ावा दिया। आचार्य शुक्ल ने फ्रांसीसी विद्वान् गार्सा द तासी, ग्रियर्सन और भारतीय विद्वान् सर सैयद अहमद खाँ, राजा शिवप्रसाद सितारेहिन्द, राजा लक्ष्मण सिंह आदि का उदाहरण देते हुए संकेत किया है कि इस विवाद को गति और दिशा देने का काम सोची-समझी रणनीति के तहत किस प्रकार किया गया। कुछ ने इसे बढ़ाने का काम किया तो कुछ ने इस खाई को पटाने का। आचार्य शुक्ल ने गार्सा द तासी के व्याख्यानों का हवाला देते हुए संकेत किया है कि किस प्रकार फ्रांस में बैठे तासी ने सर सैयद अहमद खाँ से गठजोड़ कर धीरे-धीरे एक सोची-समझी रणनीति और एक विशेष प्रकार की अलगाववादी मानसिकता के तहत हिन्दी और उर्दू के बीच एक गहरी खाई खोदने की कोशिश की थी। आचार्य शुक्ल लिखते हैं कि "तासी के व्याख्यानों से पता लगता है कि उर्दू के अदालती भाषा नियत हो जाने पर कुछ दिन सीधी भाषा और नागरी अक्षरों में भी कानूनों और सरकारी आज्ञाओं के हिन्दी अनुवाद छपते रहे। जान पड़ता है कि उर्दू के पक्षपातियों का जोर जब बढ़ा तब उनका छपना एकदम बन्द हो गया जैसा कि अभी कह आए हैं। राजा शिवप्रसाद और भारतेन्दु के समय तक हिन्दी-उर्दू का झगड़ा चलता रहा। गार्सा द तासी ने भी फ्रांस में बैठे-बैठे इस झगड़े में योग दिया। ये अरबी-फारसी के अभ्यासी और हिन्दुस्तानी या उर्दू के अध्यापक थे। उस समय के अधिकांश और यूरोपियनों के समान उनका भी मजहबी संस्कार

प्रबल था। जहाँ जब हिन्दी-उर्दू का सवाल उठा तब सर सैयद अहमद, जो अंग्रेजी से मेल-जोल रखने की विधा में एक ही थे, हिन्दी विरोध में और बल लाने के लिए मजहबी नुस्खा भी काम में लाए। अंग्रेजों को सुझाया गया कि हिन्दी हिन्दुओं की जबान है, जो 'बुतपरस्त' हैं और उर्दू मुसलमानों की जिनके साथ अंग्रेजों का मजहबी रिश्ता है—दोनों 'सामी' या 'पैगम्बरी' मत के मानने वाले हैं।''[39]

स्पष्ट है कि आचार्य शुक्ल का इशारा तासी और सर सैयद के संकीर्ण मानसिकता की तरफ है जो राष्ट्रीय संस्कृति और सामासिकता को ताक पर रखकर अपने मजहबी संस्कारों से ग्रसित हो रहे थे और हिन्दी-उर्दू की एकता को बाँटने का उपक्रम कर रहे थे। सर सैयद और तासी द्वारा अपने मजहब को अंग्रेजों से जोड़ना उनकी स्वार्थलोलुपता ही थी। दरअसल, इस पूरे प्रकरण में अंग्रेजों के साथ-साथ हिन्दी साहित्य का इतिहास लिखने वाले विदेशी इतिहासकारों की साम्राज्यवादी मानसिकता भी काम कर रही थी। आचार्य शुक्ल ने हिन्दी साहित्य का इतिहास लिखने से पहले गार्सा द तासी और ग्रियर्सन के इतिहासों का अध्ययन किया हुआ था। अत: उन्हें इन इतिहासकारों की साम्राज्यवादी आकांक्षाओं को समझने में देर न लगी। आचार्य शुक्ल इस बात से बखूबी परिचित थे कि साम्राज्यवादी आकांक्षाएँ किस प्रकार दुराग्रह का शिकार होकर किसी राष्ट्र की भाषा, संस्कृति और साहित्य और समाज को आपस में टकराने के लिए मजबूर करती हैं। वे जानते थे कि ये आकांक्षाएँ कैसे अपने साम्राज्य विस्तार के लिए किसी राष्ट्र की एकता और अखंडता को चकनाचूर करती हैं और इस दुराग्रह के सांस्कृतिक परिणाम कितने खतरनाक होते हैं। यही कारण है कि उन्होंने लिखा कि ''जिस गार्सा द तासी ने संवत् 1909 के आसपास हिन्दी और उर्दू दोनों का रहना आवश्यक समझा था और कहा भी था कि—'यद्यपि मैं खुद उर्दू का बड़ा भारी पक्षपाती हूँ, लेकिन मेरे विचार में हिन्दी को विभाषा या बोली कहना उचित नहीं।'

वहीं गार्सा द तासी आगे चलकर मजहबी कट्टरपन की प्रेरणा से, सर सैयद अहमद, की भरपेट तारीफ करके हिन्दी के सम्बन्ध में फरमाते हैं—

'इस वक्त हिन्दी की हैसियत भी एक बोली (डायलेक्ट) की-सी रह गई है, जो हर गाँव में अलग-अलग ढंग से बोली जाती है।''[40] दरअसल कोई किसी राष्ट्र की एकता और सांस्कृतिक समन्वय को ताख पर रखकर केवल अपने मजहब के हिसाब से भाषा, साहित्य और संस्कृति की वकालत कर रहा हो, तो उसकी नीयत में कहीं-न-कहीं खोट हो सकता है। साम्राज्यवादी मानसिकता और मजहबी संस्कार वही खोट है जो तथाकथित इतिहासकारों और हिन्दी-उर्दू के दुराग्रही विचारकों में उस समय घर कर गई थी।

दरअसल, प्राच्यवादियों ने जब-जब भी भारतीय साहित्य, संस्कृति, भाषा और राष्ट्रीय इतिहास की व्याख्या की है तब-तब वे इसकी मूल प्रकृति को गलत दिशा

की ओर ले गए हैं। यहाँ के भौगोलिक और सांस्कृतिक परिवेश को समझे बिना उन्होंने उसे मनमाने ढंग से अपनी साम्राज्यवादी नीतियों के अनुरूप मोड़ने का काम किया है। और इसमें भारत के दुराग्रही और संकीर्ण मानसिकता वाले विचारकों का भी योगदान कम नहीं है। वह चाहे हिन्दी का समर्थक हो या उर्दू का, सबने अपनी संकीर्णता और मजहबी दकियानूसी को आधार बनाकर भारत की भाषायी एकता और सांस्कृतिक समन्वय को तोड़ने का प्रयास किया है। इसके फलस्वरूप प्राच्यवादियों को भारत की व्याख्या मनचाहे ढंग से करने में मदद ही मिली है। जिस हिन्दी और उर्दू को भारतवासी तहे दिल से अपनी जुबान मानते आए हैं और उसके सामासिक स्वरूप को अपनाने में गर्व अनुभव करते रहे हैं, उसको कुछ लोगों ने अपने धर्म और मजहब के साथ जोड़कर लोगों को यह सोचने पर मजबूर किया कि हिन्दी केवल हिन्दू धर्म और उर्दू केवल मुस्लिम धर्म की भाषा है। हालात आज सामने हैं।

आचार्य शुक्ल ने गार्सा द तासी के उस व्याख्यान को अपने इतिहास में उद्धृत किया है जिसमें वे सर सैयद अहमद खाँ के मजहबी संस्कार की तारीफ कर हिन्दी को हिन्दू धर्म और उर्दू को इस्लाम धर्म की बपौती बता रहे हैं। जो तासी आरम्भ में हिन्दी–उर्दू को समान महत्त्व देने के आग्रही थे उसी तासी पर जब मजहबी संस्कार हावी होता है, तब वे कहने लगते हैं कि "हिन्दी में हिन्दू धर्म का आभास है—वह हिन्दू धर्म जिसके मूल में बुतपरस्ती और उसके आनुषंगिक विधान हैं। इसके विपरीत उर्दू में इस्लामी संस्कृति और आचार–व्यवहार का संचय है। इस्लाम भी 'सामी' मत है और एकेश्वरवाद उसका मूल सिद्धान्त है; इसलिए इस्लामी तहजीब में ईसाई या मसीही तहजीब की विशेषताएँ पाई जाती हैं।"[41]

एक ही भाषा की दो शैलियों को मजहब के आधार पर बाँटना कहाँ तक जायज है? गार्सा द तासी का ऐसा लेखन उनके बौद्धिक दिवालियापन की ओर संकेत करता है। भाषा वैज्ञानिव जिस हिन्दी और उर्दू को एक ही भाषा की दो बहनों की संज्ञा देते आए हैं और उनके बीच खून का रिश्ता बताते हैं, उस हिन्दी और उर्दू को ऐसे लोगों द्वारा मजहब के साथ जोड़कर अलग–अलग बताना साम्राज्यवादी प्रवृत्तियों को बढ़ावा देना ही है। अगर मजहब के आधार पर यह अलग–अलग हैं तो फिर प्रेमचन्द, फिराक गोरखपुरी आदि अन्य बड़े रचनाकारों ने हिन्दू होते हुए उर्दू जबान में अपना लेखन क्यों किया? बहरहाल, आचार्य शुक्ल जब अपनी भाषा और साहित्य के बारे में बात करते हैं तब ऐसा नहीं कि वे हिन्दी–उर्दू को समान महत्त्व दे रहे हैं, लेकिन उनके लेखन से यह पता अवश्य लग जाता है कि भारतीय भाषाओं की परम्परा और इतिहास की व्याख्या में साम्राज्यवादी हथकंडे किस प्रकार अपनी भूमिका निभा रहे थे। भारतीय संस्कृति की सामासिकता को कैसे बाँटने का उपक्रम कर रहे थे। फिर भी आचार्य शुक्ल की यह चिन्ता रही है कि इन दोनों भाषाओं में यदि शब्दावली की भिन्नता न लाई जाती तब उर्दू और हिन्दी का एक ही साहित्य माना जाता।

शमशेर जब हिन्दी और उर्दू साहित्य की परम्परा का मूल्यांकन कर रहे थे तब उनके सामने ये सारे विवाद और सभी प्रश्न मौजूद थे। यही कारण है कि उन्होंने हिन्दी-उर्दू के बजाय हिन्दुस्तानी जबान में लिखना आवश्यक समझा। दरअसल, शमशेर हिन्दी-उर्दू को साम्प्रदायिकता से जोड़कर नहीं देखते और न ही मजहब से। वे इन भाषाओं के सामासिक रूप को महत्त्व देते हैं। अकसर हमें देखने को मिल जाता है कि किसी रचनाकार की कविता की भाषा अलग होती है, आलोचना की अलग। लेकिन शमशेर जिस भाषा में कविता लिखते हैं उसी में आलोचना भी। और वह भाषा है हिन्दुस्तानी जिसकी बात महात्मा गांधी ने भी की है। शमशेर प्राच्यवादियों की मानसिकता और साम्राज्यवादी नीतियों को समझ चुके थे। हिन्दू-मुस्लिम एकता की फौलादी ताकत हमें 1857 की क्रान्ति के रूप में देखने को मिलती है। इस समय साम्राज्यवाद इस एकता के आगे घुटने टेकने लगा था। लेकिन उसने सोची-समझी चाल चली और इस एकता को ही तोड़ने की सफल कोशिश की जिसकी सबसे बड़ी त्रासदी हमें देश-विभाजन के रूप में आगे देखने को मिली।

दरअसल, शमशेर के यहाँ कविता की भाषा और आलोचना की भाषा एक ही है और वह केवल हिन्दी नहीं है और न ही केवल उर्दू, बल्कि वह भाषाा हिन्दी-उर्दू के मिले-जुले रूप से बनी है जिसे 'हिन्दुस्तानी' की संज्ञा विद्वानों ने दी है। किसी के यहाँ कविता की भाषा और आलोचना की भाषा एक ही हो—ऐसा देखने में कम ही मिलता है, लेकिन शमशेर के यहाँ यह दुर्लभ उदाहरण मौजूद है। दरअसल, शमशेर ने भारतीय संस्कृति के सामासिक रूप और उसकी समृद्ध परम्परा को अपनी आलोचना में महत्त्व दिया है। वह अपनी आलोचनाओं तथा काव्य रचनाओं में हिन्दी-उर्दू की दोआबी संस्कृति को ही महत्त्व देते हैं। उन्होंने लिखा भी है—

मैं उर्दू और हिन्दी का दोआब हूँ
मैं वह आईना हूँ जिसमें आप हैं।[42]

शमशेर उर्दू और हिन्दी की दोआबी संस्कृति और इन दानों की समरसता पर बल देते हैं, तो इसका कारण शमशेर का अपने पूर्वजों से प्राप्त संस्कार है और उसकी एक स्वस्थ परम्परा है। इस परम्परा में इन दोनों भाषाओं को लेकर कोई भाषायी द्वैत नहीं रहा है। शमशेर लिखते भी हैं कि "जो संस्कार मुझे अपने पूर्वजों से मिले, उनमें कम-से-कम उर्दू-हिन्दी के बीच दीवारें नहीं थीं, बल्कि उनके बीच एक ऐसी जमीन थी, जहाँ दोनों लगभग एक नजर आती हैं। बेशक दोनों को एक-दूसरे से इतना भिन्न रूप दिया जा सकता है कि दोनों के लेखक और वक्ता एक-दूसरे का मुँह देखें; मगर उनका एक ऐसा भी सहज रूप है, गद्य-पद्य दोनों में जहाँ वे सुनने या पढ़ने वालों को अभिन्न-सी जान पड़े, या उनमें बराय नाम ही अन्तर मालूम हो। हर भाषा की जान होता है मुहावरा। और मुहावरे हिन्दी-उर्दू दोनों के बिलकुल एक हैं। उर्दू का सम्मुन्नत गद्य-पद्य मैं खड़ी बोली की ही निधि समझता हूँ। इन दोनों के

भेदभाव के पीछे 'राजनीति' और जातीयता के स्वार्थों का और गुलामी के जमाने की शिक्षण-नीति का इतिहास है। मैं इस इतिहास का कायल नहीं हूँ, ठीक जैसे सामान्य जीवन में खड़ी बोली का व्यवहार करने वाली साधारण जनता इसकी कायल नहीं है।"[43] शमशेर की आलोचना की भाषा में हम अनेक स्थानों पर हिन्दी-उर्दू के मुहावरों और उनकी मिली-जुली शैली को देख सकते हैं।

शमशेर दरअसल, किसी भी भाषा को किसी सम्प्रदाय विशेष से जोड़कर नहीं देखते। हिन्दी-उर्दू के सन्दर्भ में भी हम उनकी आलोचना तथा उनकी कविताओं की भाषा के आधार पर यही कह सकते हैं कि उन्होंने इन दोनों भाषाओं का प्रयोग किसी सम्प्रदाय के आधार पर नहीं किया है। वह चाहे हिन्दी की रचना या रचनाकार पर आलोचनात्मक-चिन्तन कर रहे हों या फिर उर्दू के रचना या रचनाकार पर, हर जगह हमें हिन्दी और उर्दू की मिली-जुली शैली और इन दोनों की समरसता ही नजर आती है। शमशेर ने लिखा भी है कि "किसी भाषा को लेकर कभी कोई दीवार मेरे चारों तरफ खड़ी न हो सकी जो मेरे हृदय या मस्तिष्क को घेर लेती। अफसोस इतना ही है कि मैं जमकर कोई साधना भाषा या शिल्प की नहीं कर सका।"[44] शमशेर का हिन्दी की तरफ रुझान कैसे हुआ और इसका प्रभाव उन पर क्या पड़ा, इसके सन्दर्भ में उन्होंने लिखा है कि "हिन्दी ने क्यों मुझे उस समय अपनी ओर खींचा, इसका स्पष्ट कारण तो मेरी चेतना में निराला और पंत थे, उनसे प्राप्त संस्कार, और इलाहाबाद-प्रवास और इलाहाबाद के हिन्दी साहित्यिक वातावरण में मित्रों से मिलने वाला प्रोत्साहन। और हिन्दी आज भी अपनी ओर खींचती है, बावजूद कम से कम मुझ जैसों को दुखी और विरक्त करने वाले अपने संकीर्ण, साम्प्रदायिक वातावरण के। (बच्चन इस वातावरण को आज मर्दानावार झेल ही नहीं रहे हैं अपनी कविता में उच्च घोष से बार-बार बता भी रहे हैं कि यह वातावरण किसी भी जाति के सांस्कृतिक इतिहास में कैसी हीन-संकुचित मन:स्थिति का द्योतक होता है!)"[45]

शमशेर की ज्यादातर आलोचनाएँ उस वक्त की हैं जब देश साम्प्रदायिकता की आग में झुलस रहा था और हर तरफ भाषा, जाति और धर्म के नाम पर साम्प्रदायिकता का विकृत वातावरण कायम था। हम जानते हैं कि साम्प्रदायिकता एक प्रकार की विचारधारा है। चूँकि कुछ लोग किसी एक धर्म विशेष को मानते हैं, इसलिए वे यह भी मानते हैं कि उनका सामाजिक, आर्थिक, धार्मिक, सांस्कृतिक, राजनीति, भाषायी अस्मिता आदि से सम्बन्धित हित एक समान हैं। यहीं से साम्प्रदायिकता का पहला चरण आरम्भ होता है। इसका दूसरा चरण यह होता है कि एक सम्प्रदाय के लोग यह मानते हैं कि उनका पार्थिव हित दूसरे सम्प्रदाय से अलग है। और इसका तीसरा और विकृत चरण तब आरम्भ होता है जब एक सम्प्रदाय के लोग यह मानने लगते हैं कि दूसरा सम्प्रदाय उनके हितों के बरक्स उनका दुश्मन और विरोधी है। शमशेर जब अपनी आलोचनाएँ लिख रहे थे तब यह विचारधारा पूरे भारत के जनमानस में घर

कर चुकी थी। लेकिन शमशेर ने पूरी दृढ़ता के साथ इस विचारधारा का विरोध अपनी आलोचनाओं के माध्यम से किया। यही कारण है कि उन्होंने अपनी आलोचना की भाषा में उर्दू-हिन्दी की मिली-जुली शैली का प्रयोग कर दोनों भाषाओं की समरसता और साम्प्रदायिक सद्भाव पर बल दिया। यह काम उन्होंने अपनी आलोचनाओं की भाषा से किया ही, साथ ही कविताओं की भाषा में भी हमें यही मिली-जुली शैली और हिन्दी-उर्दू का समरस भाव देखने को मिलता है। शमशेर हिन्दी-उर्दू की अलग-अलग नहीं, बल्कि उनकी साझी विरासत को मानने वाले थे। उन्होंने लिखा था—

वो अपनों की बातें, वो अपनों की खू बू
हमारी ही हिन्दी हमारी ही उर्दू।[46]

यही कारण है कि शमशेर ने हिन्दी और उर्दू, दोनों ही भाषाओं के रचनाओं और रचनाकारों पर समान अधिकार से लिखा। शमशेर की आलोचना की भाषा में कहीं भी पंडिताऊपन नहीं है। न हिन्दी को लेकर और न ही उर्दू को लेकर। शमशेर चाहे हिन्दी के रचनाकार पर लिख रहे हों या फिर उर्दू के रचनाकार पर, हर जगह उनकी आलोचना की भाषा हिन्दी-उर्दू की मिली-जुली शैली के साथ ही हमारे सामने आती है। शमशेर कोई अकादमिक आलोचक नहीं हैं और न ही आलोचना की रूढ़िवादी भाषा के पंडित। यही कारण है कि उनकी आलोचना की भाषा में जनसामान्य की बोलचाल की भाषा होती है। उनकी आलोचनाओं से यदि उदाहरण जुटाने की कोशिश की जाए तो ऐसे कितने उदाहरण मिल जाएँगे जहाँ हिन्दी-उर्दू की मिली-जुली शैली और समरसता पर बल दिया गया है। उदाहरण के लिए शमशेर जब सुभद्राकुमारी चौहान पर लिखते हैं तो उनकी भाषा उर्दू-हिन्दी के मिश्रित स्वरूप को हमारे सामने लाती है। जैसे—"आजादी की पहली किस्त में यह हमारी पहली बहार थी; अगर्चे खून और काँटों से लिपटी हुई, मातमपोश। और उसमें एक आजाद तराने गाने वाला कवि था, जिसका बाना ही शुरू से शहीदों का था। और वह अपने पूज्य शहीद नायक के फूल विसर्जन करते ही, खुद भी उसके पीछे-पीछे एक खुशबू की तरह चला गया।"[47] शब्द-प्रयोग देखिए—आजादी, किस्त, बहार, मातपोश, तराने और हिन्दी के भी शब्द—पूज्य, नायक, विसर्जन आदि-आदि। कोई कहेगा कि यह हिन्दी या उर्दू की पंडिताऊ भाषा है? हिन्दी-उर्दू के एक-एक शब्द चाहे वह तत्सम हों या अन्य प्रचलित शब्द अपनी पूरी जिन्दादिली से एक साथ समरस होकर हमारे सामने आते हैं। यही शमशेर की आलोचना-भाषा का कमाल है जो उन्हें अन्य आलोचकों से अलग करता है।

सुभद्रा जी के ही बारे में एक और उदाहरण जिसे ज्यादातर आलोचकों ने समय-समय पर शमशेर के आलोचनात्मक गद्य की भाषा के लिए उद्धृत किया है कि "गम्भीर, तो जैसे शपथ ले रहा है; उद्दाम और मस्त, तो जैसे झमाझम बारिश हो

रही है; सरल और सरस, जो जैसे हवाएँ मल्हार गा रही हैं।''[48] हिन्दी और उर्दू के शब्दों का इस तरह से एक साथ प्रयोग शमशेर की आलोचना की भाषा में एक प्रकार की लय और गति उत्पन्न करता है। इस भाषा में हिन्दी के तत्सम, तद्भव और साथ ही उर्दू के शब्द एक साथ अपनी प्रकृति में सामने आते हैं। और यह भाषा आलोचना की अकादमिक भाषा नहीं, बोलचाल की भाषा है। यही कारण है कि इसमें एक प्रकार की लय और गति कायम है। डॉ. रामविलास शर्मा ने लिखा है कि ''शमशेर बोलचाल के गद्य की लय पहचानते हैं। बोलचाल के गद्य की यह लय उनकी कविताओं के गद्य की भी लय है। उनकी वाक्य रचना बदलती है, कभी सीधे-सादे वाक्य, कभी अनेक वाक्यांशों को गूँथकर रचे हुए लम्बे वाक्य, जवाहरलाल नेहरू की शैली में ठहर-ठहरकर बढ़ने वाले वाक्य, आगे के हिस्से पीछे और पीछे के हिस्से आगे—कभी तत्सम शब्द ज्यादा कभी हिन्दी का उर्दू रूप—लेकिन चाहे जैसी वाक्य रचना हो, चाहे जैसा शब्द-चयन हो, उनके गद्य की लय प्रायः एक-सी रहती है। इस गद्य को आप जल्दी नहीं पढ़ सकते, जल्दी पढ़ना उसकी हत्या करना होगा।''[49] शमशेर के आलोचनात्मक गद्य की भाषा में यह लय हिन्दी-उर्दू की मिश्रित शैली और उसकी समरसता का ही कमाल है। वाक्य-रचना की सार्थकता के लिए हिन्दी-उर्दू के सटीक शब्दों की तलाश शमशेर आसानी से कर लेते हैं, क्योंकि ये दोनों भाषाएँ संस्कार रूप में उनमें गहरे तक बैठी हुई हैं।

शमशेर ने अपनी कविताओं और आलोचनाओं में हिन्दी और उर्दू दोनों शैलियों का साहस और दृढ़ता के साथ सकारात्मक रूप में इस्तेमाल किया है। शमशेर की धारणा है कि इन दोनों भाषाओं का मिला-जुला रूप जिसे महात्मा गांधी ने 'हिन्दुस्तानी' की संज्ञा दी है, ही भारत की जनता की असली भाषा और शैली है। इनके मिश्रित रूप को ही भारत के विभिन्न सम्प्रदायों के लोग अपनी बोलचाल की शैली के रूप में प्रयोग करते हैं। एक साक्षात्कार में शमशेर से यह पूछा गया कि क्या साहित्य रचना के सन्दर्भ में इन दोनों भाषाओं के बीच में एक समान शैली विकसित की जा सकती है? तब उनका जवाब था कि ''दोनों भाषाएँ वास्तव में एक ही हैं। इनका जीवन्त रूप है। जितनी अच्छी रचनाएँ उर्दू की सुगम शैली में लिखी गईं उसका जवाब नहीं। ऐसा कोई लिख नहीं सकता। न उर्दू में न हिन्दी में। इतनी सरल, सरस साहित्यिक। खड़ी बोली को, जिसमें उर्दू प्रधान है, लोकभाषा के रूप में ही ग्रहण करना चाहिए। यह सब जगह बोली जाती है। लखनऊ से चलिए, इलाहाबाद, फैजाबाद, पीलीभीत, आगरा, मेरठ इन सब जगहों में बातचीत के लहजे में खड़ी बोली मिल जाएगी। उर्दू का मिजाज है जनता में। वह वापस अपने स्थान पर आएगी।''[50] जो लोग खड़ी बोली के इन दो रूपों को धर्म और सम्प्रदाय के आधार पर अलग-अलग करने की फिराक में रहते हैं और इसी प्रेरणावश साहित्य रचना करते हैं, उसको शमशेर तरजीह नहीं देते। ऐसी मानसिकता के लोगों और साहित्यकारों को शमशेर

ने अपनी कविताओं और आलोचनाओं में इन दोनों भाषाओं की मिश्रित शैली का प्रयोग कर और भाषिक समरसता कायम कर करारा जवाब दिया है।

शमशेर एक ऐसे कवि-आलोचक हैं जिसमें साम्प्रदायिक संकीर्णता की बू आरम्भ से अन्त तक उनके पूरे रचनात्मक जीवन में दूर-दूर तक नहीं दिखाई देती। हिन्दी और उर्दू ही नहीं, शमशेर ने अन्य भाषाओं को भी समान महत्त्व के साथ देखा और आत्मसात् किया है। भारतीय साहित्य की परम्परा में शमशेर ने हिन्दी-उर्दू के अनेक महान रचनाकारों पर आलोचनाएँ और कविताएँ लिखी, जिसमें किसी भी प्रकार की साम्प्रदायिक संकीर्णता नहीं थी। इन रचनाकारों से हमेशा उन्होंने कुछ न कुछ सीखने का ही प्रयास किया। यही कारण है कि वे अपनी आलोचना और कविता की भाषा में हिन्दी-उर्दू की समरसता कायम कर सके। 'मैं, मेरा समय और रचना-प्रक्रिया' शीर्षक अपने निबन्ध में शमशेर लिखते हैं कि "उर्दू-हिन्दी में मेरे लिए कोई भेद नहीं था। जरा भी। जो चीज लिखूँ—जो—उसके अपने स्टैंडर्ड के अनुसार, मापदंडों के अनुसार वो अच्छी-अच्छी हो, जैसी मैं लिख सकता हूँ। और कवियों को जो अंग्रेजी के हैं और हिन्दी के हैं, उर्दू के हैं, उन्हें आत्मसात् करने की कोशिश—उनके अन्दर क्या है जो बोल रहा है, वो क्या कह रहे हैं, कैसा उनका अभिव्यक्ति का ढंग है—उसको बहुत बारीकी से पकड़ने की कोशिश, निरन्तर। और ये मेरा बहुत एकान्त स्वभाव और एकान्त व्यसन बन गया जिसको मैं बहुत बाद में किसी से शेयर कर सका।"[51]

लेकिन आज हिन्दी और उर्दू की अन्ध-भक्ति और अन्ध-हिन्दी-उर्दू प्रेमियों ने दोनों भाषाओं के बीच ऐसी दीवार खड़ी कर दी है कि इस संकल्प और स्वभाव के बावजूद भी शमशेर भीतर तक आहत हो उठते हैं। वे लिखते हैं कि "हिन्दी में आना 'भूलकर' क्यों महसूस होता है? यूँ महसूस होता है कि (जैसा कि कई दोस्तों-आलोचकों ने कहा भी है) हिन्दी परम्परा से मैं पूरी तरह अपने आप को अन्दर तक जोड़ नहीं सका। हिन्दी परम्परा में मैं पूरी तरह अपनी रचना को नहीं ला सका। मेरी आत्मा हिन्दी ही हिन्दी, मात्र हिन्दी ही हिन्दी की नहीं बन सकी। हालाँकि मेरी आत्मा में तुलसी की रामायण खासी हद तक बसी हुई है। कबीर और सूर भी अपने अन्तर से प्यारे हैं, मगर मेरी आत्मा में और भी बहुत कुछ घुला-मिला हुआ है—जो अंग्रेजी का है उर्दू का है। मेरी भाषा का परिवेश उर्दू था।"[52] हिन्दी और उर्दू शमशेर की आत्मा में, उनके संस्कारों में, बल्कि उनके रग-रग में बसी हुई भाषाएँ हैं। यही कारण है कि वे अपनी आलोचनाओं में इन दोनों के मिश्रित शैली का प्रयोग स्वाभाविक रूप से कर पाते हैं। इस स्वभाववश शमशेर अपनी डायरी में यह घोषणा भी करते हैं कि "मैं एक 'हिन्दी नॉवेल' का इतिहास लिखूँगा, जिसमें उर्दू-हिन्दी का भेद कतई न होगा। कतई न होगा। उपन्यास की दुनिया की एक धारा, सरशार वगैरह से शुरू होता हुआ। उसमें से फिजूल नाम, मसलन बाज हिन्दी के (जो चाहे वहाँ 'मशहूर'

और बहुत अहम भी हो), महज नाम होंगे, या महज एक पैरा। बहरहाल, बेहद ही जरूरी और अहम यह किताब होगी।''[53] अफसोस, शमशेर यह किताब नहीं लिख सके और उनका यह सपना, सपना ही रह गया। लेकिन अपनी कविताओं और आलोचनाओं की भाषा में हिन्दी-उर्दू की मिली-जुली शैली का प्रयोग कर शमशेर ने दोनों भाषाओं के बीच जो समरसता और जो साम्प्रदायिक सद्‌भाव कायम किया है, उसे किसी कदर भी भुलाया नहीं जा सकता।

भाषिक-विधान में रेटॉरिक

शमशेर की आलोचना की भाषा में रेटॉरिक कौशल भी देखने को मिलता है। रेटॉरिक कौशल को हिन्दी में 'वक्तृत्व कला' भी कह सकते हैं। वक्तृत्व कला का प्रयोग जिस किसी भी साहित्यिक विधा में किया जाता है उसकी भाषा उपदेशपरक होती है और उसमें सूक्ति वाक्यों की अधिकता होती है। इस कला के प्रयोग द्वारा किसी के लिए स्पष्ट कर्तव्य-निर्देश दिया जाता है। हिन्दी कविता के इतिहास में वक्तृत्व कला का प्रयोग भाषा के माध्यम से आदिकाल से होता रहा है। आधुनिक काल में कविता के साथ-साथ गद्य की विभिन्न विधाओं में वक्तृत्व कला का प्रयोग उनकी भाषा में होता रहा है। लेकिन आज विद्वानों की धारणा है कि वक्तृत्व कला का प्रयोग गद्य विधाओं की भाषा में ही सफल हो सकता है और होना भी चाहिए। लेकिन यदि कविता की भाषा में रेटॉरिक कौशल का प्रयोग किया जाता है तो वह फलप्रद नहीं है, क्योंकि आधुनिक कविता उपदेशपरकता को नकारती है। यद्यपि द्विवेदी युग तक इसको सकारात्मक रूप में देखा जाता रहा है।

'कविता के नए प्रतिमान' में डॉ. नामवर सिंह ने कविता की भाषा में रेटॉरिक कौशल को कविता की कलात्मकता की दृष्टि से अहितकर बताया है। उनकी धारणा है कि गद्य की भाषा में इसका प्रयोग उसकी कलात्मकता को नष्ट नहीं करता, लेकिन कविता की भाषा में इसका प्रयोग कविता को उसकी कलात्मक ऊँचाई से अलग कर देता है। क्योंकि आज के जमाने का मिजाज बदल चुका है और कविता में सूक्तियों और उपदेश को लोग उसकी कमजोरी के रूप में देखते हैं। निराला ने भी कविता में वक्तृत्व कला के प्रयोग को कवि की कमजोरी माना है। शमशेर ने भी कविता में 'रेटॉरिक' के प्रयोग को अहितकर माना है और इसके प्रयोग की अधिकता को लेकर द्विवेदीयुगीन कवियों और प्रयोगवादी-प्रगतिवादी कवियों पर तीखा कटाक्ष भी अपनी आलोचनाओं में किया है। हाँ, वे भी नामवर सिंह और निराला की भाँति गद्य विधाओं में 'रेटॉरिक' के सकारात्मक प्रयोग की सराहना करते हैं। शायद यही कारण है कि वे अपनी आलोचनाओं तथा गद्य विधाओं में 'रेटॉरिक' का सफल और सकारात्मक प्रयोग भी करते हैं। खैर! 'रेटॉरिक' के प्रयोग के सन्दर्भ में डॉ. नामवर सिंह लिखते हैं कि ''सूक्तियाँ-उपदेश मैंने बहुत कम लिखे हैं, प्रायः नहीं; केवल चित्रण किया

है। उपदेश को मैं कवि की कमजोरी मानता हूँ।''[54] खैर, शमशेर की कविता की भाषा में हम रेटॉरिक कौशल का प्रयोग तो नहीं देखते, लेकिन उन्होंने अपनी आलोचनाओं में भाषिक-विधान के अन्तर्गत इसका प्रयोग सफलतापूर्वक किया है। उनकी आलोचना की भाषा में सूक्ति-वाक्यों का प्रयोग और उपदेशात्मकता प्रसंगानुकूल विभिन्न स्थानों पर देखने को मिल जाती है। यह उपदेशपरकता हिन्दी-उर्दू के महान रचनाकारों की आलोचना में तो नहीं, लेकिन अपने समानधर्मा रचनाकारों तथा नए उभरते रचनाकारों के आलोचनात्मक-चिन्तन में विशेषकर दिखाई देती है।

शमशेर के निबन्ध 'कवि-कर्म : प्रतिभा और अभिव्यक्ति-1' में रेटॉरिक कौशल का सफल प्रयोग देखने को मिलता है। इस निबन्ध की भाषा पूरी तरह उपदेशपरक है, क्योंकि इसमें शमशेर ने नए कवियों को शीर्ष पर पहुँचने के लिए स्पष्ट कर्तव्य-निर्देश दिया है। यह निबन्ध अन्य कई पत्रिकाओं में 'होने वाले महाकवि के लिए' शीर्षक से प्रकाशित हुआ है। इसमें शमशेर एक उपदेशक की भाँति नए कवियों को यह निर्देश देते हैं कि उसे यदि कलात्मकता से उत्कृष्ट शिखर पर पहुँचने की महत्त्वाकांक्षा है तो ''उसे आज की कम-से-कम अपने देश की सारी सामाजिक, राजनीतिक और दार्शनिक गतिविधियों को समझना होगा। अर्थात् वह जीवन के आधुनिक विकास का अध्येता होगा। साथ ही विज्ञान में गहरी और जीवन्त रुचि होगी।''[55] साथ ही इस नए कवि के लिए ''संस्कृत, उर्दू, फारसी, अरबी, बंगला, अंग्रेजी और फ्रेंच भाषाएँ और उनके साहित्य से गहरा परिचय उसके लिए अनिवार्य है।''[56] और उसको ''तुलसी, सूर , कबीर, जायसी, मतिराम, देव, रत्नाकर और विद्यापति को , साथ ही नजीर और मीर, ग़ालित्र, दाग़, इक़बाल, जौक और फ़ैज़ के चुने हुए कलाम और उर्दू के क्लासिकी गद्य को अपने साहित्यगत और भाषागत संस्कारों में पूरी-पूरी तरह बसा लेना इसके लिए आवश्यक होगा।''[57] आदि-आदि। आलोचना की भाषा में रेटॉरिक कौशल को देखने के लिए यह निबन्ध सबसे दिलचस्प उदाहरण है। इसी प्रकार जब शमशेर 'काल और सृजन' शीर्षक निबन्ध में एक दार्शनिक की भाँति अपने विचार व्यक्त करते हैं तो ऐसा लगता है कि वे सूक्ति वाक्यों द्वारा काल को समझने के लिए हमें सूत्र दे रहे हैं। वे लिखत है कि ''छोटे-से-छोटे भी कालखंड किसी अखंड काल-प्रवाह को इंगित करता है। छोटे-से-छोटे भी कालखंड बड़े-से-बड़े कालखंड के किसी-न-किसी अखंड प्रवाह का प्रतीक है। एक गति जहाँ हम उसे महसूस कर रहे हैं, वो केवल वहाँ ही नहीं है; उसके सिरे न जाने कहाँ तक हैं। यह टिम-टिम और दिप-दिप और धक्-धक् हमारे ही अन्दर और बाहर और चारों तरफ नहीं है, वह न जाने कहाँ तक, न जाने कितनी दिशाओं और दशाओं में अनन्त तक चले गए हैं।''[58] जब केदारनाथ अग्रवाल के बारे में लिखते हैं तो कविता और कवि-कर्म के स्पष्टीकरण में उनकी भाषा उपदेशपरक ही होती है, जैसे— ''कुछ चीजें कविता का भाव होती हैं, कविता नहीं। कभी-कभी इन दोनों में अन्तर

बहुत थोड़ा होता है, मगर उतना ही दोनों को दो खानों में रखने के लिए काफी हो जाता है। सचेत रूप से एक उद्देश्य रखकर कवि-कर्म में प्रवृत्त होने में कोई हानि नहीं—कई बड़े कवियों ने ऐसा किया है—मगर (पंत जी के शब्दों में) तार सधे हुए होने चाहिए; इतने कि हर चीज 'कसी हुई' निकले।''[59] यह सभी उदाहरण शमशेर की आलोचना-भाषा के कलात्मक उत्कर्ष को सामने लाते हैं जो भाषा में 'रेटॉरिक' कौशल के सफल प्रयोग के कारण सम्भव हो सका है।

शमशेर जब 'अमूर्त कला' पर लिखते हैं तब भी उनके भाषिक-विधान में यही कौशल देखने को मिलता है। लेकिन उनकी भाषा में सपाटबयानी नहीं होती है, बल्कि गाम्भीर्य होता है, जैसे—''अमूर्त का विधान लेने वाली कला खासतौर से हमारे मन की अन्दरूनी सच्चाइयों के जितना निकट होती है, उतना—उस ढंग से—मूर्त यानी साफ-सीधी सामने नजर आने वाली सच्चाई नहीं होती क्योंकि हम अपनी भावनाओं में बहुत कुछ अपने अन्दर का ही जीवन जीते हैं।''[60] हमारे सामाजिक सम्बन्धों की बनावट कैसी होती है, इसके सन्दर्भ में शमशेर एक उपदेशक की भाँति कहते हैं कि ''हमारे सामाजिक सम्बन्धों की डोरियाँ सिर्फ शब्द या स्वर या रंग या हरकत या वेशभूषा या रीति-रिवाज ही नहीं, बल्कि इन सबके मिले-जुले इतिहास की गति भी है, जिसको कि एक चित्र में रखा या एक सिम्फनी में संगीत का रूप दिया जा सकता है।''[61] 'आशु कविता' पर विचार करते हुए शमशेर कहते हैं कि निरन्तर अभ्यास से आशु कवि बना जा सकता है और करतब दिखाया जा सकता है, लेकिन सच्चे कवि के लिए यह निर्देश कि ''सच्चे कवि के लिए ये करतब दिखाना जरूरी नहीं, न ही उसके लिए इसकी कोई अनिवार्यता है।''[62] एक प्रकार से शमशेर के उपदेशक रूप को ही सामने लाता है।

'आज की कविता : कल क्या होगी' शीर्षक निबन्ध की भाषा में रेटॉरिक कौशल देखते ही बनता है। इस निबन्ध में उपदेशपरक शैली में आज की कविता अर्थात् 'नई कविता' का भविष्य निर्धारण करते हुए शमशेर उसकी वर्तमान स्थिति का भी जायजा लेते हैं। वह लिखते हैं कि ''आज कविता हम पर हावी हो गई है, हम उस पर हावी नहीं रहे। आज की बहुत सी नई कविता में महज नएपन का धोखा है। जो कुछ कविता के नाम पर आज छपता है उसमें नया भी नाम को है और कविता भी। मौलिक में जब अनुवाद का 'रस' मिले, तो उसको हद से हद एक सुन्दर भाष्य कह सकते हैं, याद में भरमाई हुई और की कविता का, या गद्य काव्य जो अपनी भावना में अब रोमानी न होकर आत्मकथात्मक है। नई कविता क्लासिक (श्रेष्ठ) कविता से ऊब की, अर्थात् सामाजिक रूप से सुरुचि के आदर्शों से गिरावट का पता देती है। वह केवल हमारी भावनाओं की डायरी है। कविता में आज जो तत्त्व हम खोजते हैं, वह अकसर कहानी, स्केच और उपन्यास के भावुक और गहरे स्थलों में सहज ही मिल जाता है। इसलिए कवि भी उसको केवल स्केच की गहरी भावुकता की आत्मीयता

के साथ देने की कोशिश करता है; इसी सन्दर्भ में हम चाहें तो उसे सफल नया कवि कह सकते हैं।''[63]

इसी प्रकार नई कविता की भाषा को कृत्रिम भाषा की संज्ञा देते हुए शमशेर उसे साहित्य की भाषा नहीं मानते हैं और खड़ी बोली का भविष्य निर्धारण करते हुए लिखते हैं कि ''खड़ी बोली हिन्दी का आधार वास्तव में उर्दू है, और एकदम उसका अभिन्न अंग। जहाँ साहित्य के रूप में आज हिन्दी खड़ी है, वहाँ भोजपुरी, अवधी, ब्रज और बुन्देलखंडी भाषाएँ होंगी और खड़ी बोली का साहित्य मुख्य रूप से पश्चिमी उत्तर प्रदेश की बोली में रचा जाएगा, जो उर्दू की परम्परा आत्मसात् कर चुकी या कर रही होगी। वह भाषा अत्यधिक सरल, प्रवाहमय और व्यंजना की सहज विदग्धता और लोच लिए हुए होगी।''[64] हिन्दी में महाकवि कैसे पैदा होगा, इसके लिए शमशेर लिखते हैं कि ''निराला के बाद दूसरा महाकवि तभी पैदा होगा, जिसके अधिकार में उर्दू, फारसी, संस्कृत और अरबी, अवधी और ब्रज की सांस्कृतिक पूँजी होगी।''[65] आदि-आदि।

एक महाकवि के स्तर तक उठने के लिए नए कवियों को अपने अन्दर क्या सुधार करना होगा, इसके लिए शमशेर निर्देश देते हैं कि ''गहरे Basic संस्कारों को अपने अन्दर पैदा करना। मसलन, किसके संस्कार को? लोकगीत के, तुलसी के मर्म के, कबीर की सामाजिक अनुभूति के, मीर और अनीस और मतिराम और रत्नाकर के भाषागत और ग़ालिब और निराला और रवीन्द्रनाथ के भावगत श्रेष्ठ कलात्मक सुरुचि के। देश के निर्माण की समस्याओं को अपनी 'व्यक्तिगत' समस्या बनाना। संसार की महान संस्कृतियों के जीवन्त तत्त्वों की मदद से अपनी संस्कृति को पहचानना और उससे अपनी अनुभूतियों को मूल्यवान बनाना और उसकी मार्मिक अभिव्यंजना के लिए सुरुचि-प्रवण शक्ति ग्रहण करना। विनम्रता ग्रहण करना, दलबन्दी और साहित्यिक (!!) विद्वेषों को दूर से नमस्कार करना : अगर सचमुच कुछ उठना चाहते हैं हम, तो। यह न भूलना कि किसी भी कला माध्यम की सार्थक साधना के लिए एक पूरी लम्बी उम्र भी काफी नहीं। आलोचना में सदैव निष्पक्ष, निर्भीक विश्लेषण की माँग करना, लिबलिबेपन की नहीं जो सच्चे नौजवान साहित्यिकों के हमेशा खिलाफ है।''[66] यहाँ पर शमशेर की भाषा की बनावट वक्तृत्व कला से पूर्णतया सराबोर है। यहाँ शमशेर किसी काव्य या उसके रचनाकार या उसकी भाषा या उसके व्यक्तित्व का विश्लेषण नहीं कर रहे हैं, बल्कि अपने अनुभव, अपनी सोच और अपनी कल्पना शक्ति के आधार पर नई रचनात्मक प्रतिभाओं को उपदेश दे रहे हैं। और यह उपदेश कोई बयान या बखान नहीं है, बल्कि उसका वाक्य-विन्यास एक तरह से सूक्ति वाक्यों की याद दिलाता है।

दरअसल, शमशेर एक कवि-आलोचक के साथ-साथ एक सृजनशील वरिष्ठ साहित्यकार भी हैं। उनका अनुभव सृजनात्मकता के क्षेत्र में बहुत व्यापक है। और

उनकी आलोचना में ज्यादातर उनका अनुभव ही विचार का रूप लेकर सामने आता है। वह इस बात को भली-भाँति जानते हैं कि कौन-सी चूक साहित्यकार को साहित्य के क्षेत्र से बाहर फेंक सकती है और कौन-सी साधना उसे महान बना सकती है। यही कारण है कि वह जब किसी रचनाकार पर चिन्तन करते हैं तो इन सभी बातों का ध्यान रखते हुए उस रचनाकार को सही दिशा-निर्देश प्रदान करते हैं। ऐसे में उनकी आलोचना की भाषा में रेटॉरिक कौशल अपनी सकारात्मकता के साथ अपनी भूमिका निभाने लगता है। अन्त में हम इस निष्कर्ष पर पहुँचते हैं कि शमशेर की आलोचना-भाषा में निजता और वैचारिकता का आग्रह, हिन्दी-उर्दू की समरसता और भाषिक-विधान में रेटॉरिक कौशल के साथ-साथ उनकी आलोचना को रचना का रूप प्रदान करने वाली जीवन्त भाषा और उसके गुण मौजूद हैं। अपनी भाषा के बल पर ही शमशेर का आलोचनात्मक गद्य हिन्दी आलोचना में एक मिसाल है। शायद ही कोई ऐसा आलोचक या कवि-आलोचक होगा जो आलोचना की भाषा को इस ऊँचाई तक पहुँचा पाया हो।

सन्दर्भ

1. 'दूसरा सप्तक'—(संपा.) अज्ञेय, पृ. 85
2. 'फिलहाल'—अशोक वाजपेयी, पृ. 186
3. शमशेर बहादुर सिंह की कुछ गद्य रचनाएँ, (संपा.) मलयज, पृ. 10
4. वही, पृ. 311
5. कुछ और गद्य रचनाएँ—शमशेर बहादुर सिंह, (संपा.) रंजना अरगड़े, पृ. 28-29
6. वही, पृ. 29
7. वही, पृ. 29
8. वही, पृ. 29
9. वही, पृ. 30
10. वही, पृ. 29
11. वही, पृ. 18
12. वही, पृ. 19
13. वही, पृ. 21
14. 'सापेक्ष' (शमशेर जी—शमशेर बहादुर सिंह विशेषांक, जनवरी-मार्च, 1994), (संपा.) महावीर अग्रवाल, पृ. 18
15. शमशेर बहादुर सिंह की कुछ गद्य रचनाएँ, (संपा.) मलयज, पृ. 10
16. वही, पृ. 43
17. वही, पृ. 43
18. वही, पृ. 45
19. वही, पृ. 66
20. कुछ और गद्य रचनाएँ—शमशेर बहादुर सिंह, (संपा.) रंजना अरगड़े, पृ. 227

21. वही, पृ. 185
22. वही, पृ. 188
23. वही, पृ. 67
24. वही, पृ. 68
25. वही, पृ. 6
26. वही, पृ. 70
27. वही, पृ. 70
28. वही, पृ. 70
29. वही, पृ. 77
30. वही, पृ. 77
31. 'होड़ में पराजित काल'—('उद्भावना'—शमशेर बहादुर सिंह विशेषांक, 2011), (संपा.) विष्णु खरे, पृ. 244
32. वही, पृ. 245
33. वही, पृ. 161
34. वही, पृ. 547
35. वही, पृ. 555
36. वही, पृ. 565
37. वही, पृ. 565
38. 'आलोचना' (शमशेर बहादुर सिंह पर केन्द्रित, 2011), (संपा.) अरुण कमल, पृ. 171
39. हिन्दी साहित्य का इतिहास—आचार्य रामचन्द्र शुक्ल, पृ. 298
40. वही, पृ. 298
41. वही, पृ. 298-299
42. 'स्रवंति' (शमशेर बहादुर सिंह विशेषांक, अप्रैल, 2011), (सह संपा.) डॉ. जी. नीरजा, पृ. 5
43. 'कुछ और कविताएँ'—शमशेर बहादुर सिंह, (भूमिका से उद्धृत), पृ. 76
44. कुछ और गद्य रचनाएँ—शमशेर बहादुर सिंह, (संपा.) रंजना अरगड़े, पृ. 100
45. वही, पृ. 100
46. 'स्रवन्ति' (शमशेर बहादुर सिंह विशेषांक, अप्रैल, 2011), (सह संपा.) डॉ. जी. नीरजा, पृ. 6
47. शमशेर बहादुर सिंह की कुछ गद्य रचनाएँ, (संपा.) मलयज, पृ. 42
48. वही, पृ. 45
49. वही, पृ. 10-11
50. 'होड़ में पराजित काल' ('उद्भावना'—शमशेर बहादुर सिंह विशेषांक, 2011), (संपा.) विष्णु खरे, पृ. 515-516
51. 'सापेक्ष' (शमशेर जी—शमशेर बहादुर सिंह विशेषांक, जनवरी-मार्च, 1994), (संपा.) महावीर अग्रवाल, पृ. 18
52. 'आलोचना' (शमशेर बहादुर सिंह पर केन्द्रित, 2011), (संपा.) अरुण कमल, पृ. 85
53. शमशेर बहादुर सिंह की कुछ गद्य रचनाएँ, (संपा.) मलयज, पृ. 325
54. कविता के नए प्रतिमान—नामवर सिंह, पृ. 132

55. कुछ और गद्य रचनाएँ—शमशेर बहादुर सिंह, (संपा.) रंजना अरगड़े, पृ. 231
56. वही, पृ. 231
57. वही, पृ. 231
58. वही, पृ. 227
59. वही, पृ. 211
60. वही, पृ. 166
61. वही, पृ. 167
62. वही, पृ. 238
63. 'सापेक्ष' (शमशेर जी—शमशेर बहादुर सिंह विशेषांक, जनवरी-मार्च, 1994), (संपा.) महावीर अग्रवाल, पृ. 99
64. वही, पृ. 99-100
65. वही, पृ. 100
66. वही, पृ. 100

सन्दर्भ ग्रन्थ सूची

आधार ग्रन्थ

1. मलयज (संपा.) : शमशेर बहादुर सिंह की कुछ गद्य रचनाएँ; सम्भावना प्रकाशन, हापुड़, प्रथम संस्करण : 1989
2. रंजना अरगड़े (संपा.) : कुछ और गद्य रचनाएँ—शमशेर बहादुर सिंह; राधाकृष्ण प्रकाशन प्रा.लि., नई दिल्ली, प्रथम संस्करण : 1992

सहायक ग्रन्थ

1. अपूर्वानन्द : सुन्दर का स्वप्न; वाणी प्रकाशन, नई दिल्ली, प्रथम संस्करण : 2001
2. अशोक वाजपेयी : कवि कह गया है; भारतीय ज्ञानपीठ, नई दिल्ली, दूसरा संस्करण : 2006
3. अशोक वाजपेयी : फिलहाल; राजकमल प्रकाशन प्रा.लि., नई दिल्ली, छठा संस्करण : 2007
4. अज्ञेय (संपा.) : 'तारसप्तक'; भारतीय ज्ञानपीठ, नई दिल्ली, नौवाँ संस्करण : 2009
5. अज्ञेय (संपा.) : 'दूसरा सप्तक'; भारतीय ज्ञानपीठ, नई दिल्ली, दूसरा पेपरबैक संस्करण :2002
6. आचार्य रामचन्द्र शुक्ल : हिन्दी साहित्य का इतिहास; अनुपम प्रकाशन, अशोक राजपथ, पटना, संस्करण : 2009
7. गजानन माधव मुक्तिबोध : एक साहित्यिक की डायरी; भारतीय ज्ञानपीठ, नई दिल्ली, आठवाँ संस्करण : 2007
8. गजानन माधव मुक्तिबोध : 'चाँद का मुँह टेढ़ा है'; भारतीय ज्ञानपीठ, नई दिल्ली, उन्नीसवाँ संस्करण : 2009
9. गोस्वामी तुलसीदास : श्रीरामचरितमानस; गीताप्रेस, गोरखपुर, मझला, सटीक (विशिष्ट संस्करण) : संवत् 2066 चौदहवाँ पुनर्मुद्रण
10. जयशंकर प्रसाद : काव्य और कला तथा अन्य निबन्ध; लोकभारती प्रकाशन, इलाहाबाद, द्वितीय संस्करण : 2007
11. डॉ. किरण नन्दा : सन्त काव्य में विद्रोह का स्वर; नचिकेता प्रकाशन, नई दिल्ली,

प्रथम संस्करण : 1983
12. डॉ. जय जय राम उपाध्याय (प्राक्कथन) : भारत का संविधान (Bare Act Diglot); लॉ पब्लिकेशन, इलाहाबाद
13. डॉ. देवीशंकर अवस्थी (संपा.) : विवेक के रंग; वाणी प्रकाशन, नई दिल्ली, संस्करण : 1995
14. डॉ. धर्मपाल मैनी (संपा.) : मानव-मूल्य-परक शब्दावली का विश्वकोश (खंड-चतुर्थ); सरूप एंड संज प्रकाशन, नई दिल्ली, प्रथम संस्करण : 2005
15. डॉ. धर्मपाल मैनी (संपा.) : मानव-मूल्य-परक शब्दावली का विश्वकोश (खंड-पंचम); सरूप एंड संज प्रकाशन, नई दिल्ली, प्रथम संस्करण : 2005
16. डॉ. नगेन्द्र (संपा.): हिन्दी साहित्य का इतिहास; मयूर पेपरबैक्स, नोएडा, पैंतीसवाँ पुनर्मुद्रण : 2009
17. डॉ. भगीरथ मिश्र : पाश्चात्य काव्यशास्त्र; विश्वविद्यालय प्रकाशन, वाराणसी, पंचम संस्करण : 2007
18. डॉ. रामबक्ष : समकालीन हिन्दी आलोचक और आलोचना; हरियाणा साहित्य अकादमी, चंडीगढ़, प्रथम संस्करण : 1991
19. डॉ. श्यामसुन्दर दास (संपा.) : कबीर ग्रन्थावली; प्रकाशन संस्थान, नई दिल्ली, संस्करण : 2010
20. डॉ. सुरेश गौतम (संपा.) : भारतीय साहित्यकोश (खंड-1); संजय प्रकाशन, नई दिल्ली, प्रथम संस्करण : 2008
21. देवेन्द्रनाथ शर्मा : पाश्चात्य काव्यशास्त्र; मयूर पेपरबैक्स, नोएडा, दसवाँ संस्करण : 2007
22. नन्दकिशोर नवल (संपा.) : दिनकर रचनावली (भाग-8); लोकभारती प्रकाशन, दिल्ली, प्रथम संस्करण : 2011
23. नन्दकिशोर नवल : हिन्दी आलोचना का विकास; राजकमल प्रकाशन प्रा.लि., नई दिल्ली, पहली आवृत्ति : 2000
24. नामवर सिंह : कविता के नए प्रतिमान; राजकमल प्रकाशन प्रा.लि., नई दिल्ली, आठवीं आवृत्ति : 2009
25. नामवर सिंह (संपा.) : प्रतिनिधि कविताएँ-शमशेर बहादुर सिंह; राजकमल प्रकाशन प्रा.लि., नई दिल्ली, चौथी आवृत्ति : 2008
26. निर्मला जैन, कुसुम बाँठिया : पाश्चात्य साहित्य-चिन्तन; राधाकृष्ण प्रकाशन प्रा.लि., नई दिल्ली, आवृत्ति : 2006
27. निर्मला जैन (संपा.) : साहित्य का समाजशास्त्रीय चिन्तन; हिन्दी माध्यम कार्यान्वय निदेशालय, दिल्ली विश्वविद्यालय, दिल्ली, संशोधित संस्करण : सितम्बर 2009
28. निर्मला जैन : हिन्दी आलोचना की बीसवीं सदी; राधाकृष्ण प्रकाशन प्रा.लि., नई दिल्ली, प्रथम संस्करण : 1992 एवं पाँचवीं आवृत्ति : 2011

29. नेमिचन्द्र जैन (संपा.) : मुक्तिबोध रचनावली (भाग-4); राजकमल प्रकाशन प्रा.लि., नई दिल्ली, द्वितीय आवृत्ति : 2007
30. नेमिचन्द्र जैन (संपा.) : मुक्तिबोध रचनावली (भाग-5); राजकमल प्रकाशन प्रा.लि., नई दिल्ली, द्वितीय आवृत्ति : 2007
31. मैथिलीशरण गुप्त : भारत-भारती; साकेत प्रकाशन, झाँसी, नौवाँ संस्करण : 2009
32. मधुरेश : हिन्दी आलोचना का विकास; सुमित प्रकाशन, इलाहाबाद, द्वितीय संस्करण : 2004
33. रामधारी सिंह 'दिनकर' : संस्कृति के चार अध्याय; लोकभारती प्रकाशन, इलाहाबाद, पुनर्मुद्रण : 2012
34. रामस्वरूप चतुर्वेदी : हिन्दी साहित्य और संवेदना का विकास; लोकभारती प्रकाशन, इलाहाबाद, बाईसवाँ संस्करण : 2009
35. विजयपाल सिंह (संपा.) : केशवदास; राधाकृष्ण प्रकाशन प्रा.लि., दिल्ली, संस्करण : 1970
36. विश्वनाथप्रसाद मिश्र (संपा.) : घनआनन्द और आनन्दघन (ग्रन्थावली); प्रसाद परिषद, काशी, संस्करण : 1945
37. विश्वनाथ त्रिपाठी : हिन्दी आलोचना; राजकमल प्रकाशन प्रा.लि., नई दिल्ली, आठवीं आवृत्ति : 2004
38. शमशेर बहादुर सिंह : उदिता; वाणी प्रकाशन, नई दिल्ली, प्रथम संस्करण : 1980
39. शमशेर बहादुर सिंह : काल तुमसे होड़ है मेरी; वाणी प्रकाशन, नई दिल्ली, प्रथम संस्करण : 1988
40. शमशेर बहादुर सिंह : कुछ कविताएँ व कुछ और कविताएँ; राधाकृष्ण प्रकाशन, दिल्ली, प्रथम नया संस्करण : 1984
41. शमशेर बहादुर सिंह : प्रकाशन विभाग, सूचना और प्रसारण मंत्रालय, भारत सरकार, संस्करण : अक्टूबर 1996
42. सतीश धर, रमेश शर्मा (संपा.) : भारत और भारतीय संस्कृति—परमानन्द शास्त्री; भावना प्रकाशन, नई दिल्ली, प्रथम संस्करण : 1990
43. सुमित्रानन्दन पंत : पल्लव; राजकमल प्रकाशन प्रा.लि., नई दिल्ली, आवृत्ति : 2010
44. सर्वेश्वरदयाल सक्सेना, मलयज (संपा.) : शमशेर; राधाकृष्ण प्रकाशन, दिल्ली, संस्करण : 1971

पत्र-पत्रिकाएँ

1. अजेय कुमार (संपा.) : उद्भावना; अंक-100, जुलाई 2012
2. अरुण कमल (संपा.) : आलोचना (त्रैमासिक); सहस्राब्दी अंक चालीस, जनवरी-मार्च, 2011

3. डॉ. जी. नीरजा (सह संपा.) : स्रवंति; अप्रैल 2011
4. महावीर अग्रवाल (संपा.) : सापेक्ष; अंक–30, वर्ष–1994
5. विष्णु खरे (संपा.) : उद्भावना; अंक–97, फरवरी 2012

शोध ग्रन्थ

1. रमण प्रसाद सिन्हा : समकालीन काव्य विकास और शमशेर के काव्य के मूल्यांकन की समस्याएँ; (पीएच.डी. उपाधि हेतु स्वीकृत शोध–प्रबन्ध, वर्ष–1990, जवाहरलाल नेहरू विश्वविद्यालय, दिल्ली)

अन्य स्त्रोत

1. www.blogspot.com
2. www.google.co.in
3. www.wekipedia.org.in

ooo